中华人民共和国
新法规汇编

2018
第1辑

国务院法制办公室　编

中国法制出版社

编辑说明

一、《中华人民共和国新法规汇编》是国家出版的法律、行政法规汇编正式版本，是刊登报国务院备案并予以登记的部门规章的指定出版物。

二、本汇编收集的内容包括：上一个月内由全国人民代表大会及其常务委员会通过的法律和有关法律问题的决定，国务院公布的行政法规和国务院文件，报国务院备案并予以登记的部门规章，最高人民法院和最高人民检察院公布的司法解释。另外，还收入了上一个月内报国务院备案并予以登记的地方性法规和地方政府规章目录。

三、本汇编所收的内容，按下列分类顺序编排：法律，行政法规，国务院文件，国务院部门规章，司法解释。每类中按公布的时间顺序排列。报国务院备案并予以登记的地方性法规和地方政府规章目录按 1987 年国务院批准的行政区划顺序排列；同一行政区域报备两件以上者，按公布时间顺序排列。

四、本汇编每年出版 12 辑，每月出版 1 辑。本辑为 2018 年度第 1 辑，收入 2017 年 12 月份内公布的法律 4 件，有关法律问题的决定 2 件，行政法规 2 件，选收国务院文件 7 件，报国务院备案并经审查予以登记编号的部门规章 20 件，司法解释 5 件，补收 2017 年 7 月份至 11 月份内公布司的法解释 5 件，共计 45 件。

五、本汇编在编辑出版过程中，得到了国务院有关部门和有关方面以及广大读者的大力支持和协助，在此谨致谢意。

国务院法制办公室

2018 年 1 月

目　录

法　律

有关法律问题的决定

行政法规

国务院文件

国务院部门规章

司法解释

法　律

中华人民共和国农民专业合作社法

（2006年10月31日第十届全国人民代表大会常务委员会第二十四次会议通过　2017年12月27日第十二届全国人民代表大会常务委员会第三十一次会议修订　2017年12月27日中华人民共和国主席令第八十三号公布　自2018年7月1日起施行）

目　录

第一章　总　　则

第一条　为了规范农民专业合作社的组织和行为，鼓励、支持、引导农民专业合作社的发展，保护农民专业合作社及其成员的合法权益，推进农业农村现代化，制定本法。

第二条　本法所称农民专业合作社，是指在农村家庭承包经营基础上，农产品的生产经营者或者农业生产经营服务的提供者、利用者，自愿联合、民主管理的互助性经济组织。

第三条 农民专业合作社以其成员为主要服务对象，开展以下一种或者多种业务：

（一）农业生产资料的购买、使用；

（二）农产品的生产、销售、加工、运输、贮藏及其他相关服务；

（三）农村民间工艺及制品、休闲农业和乡村旅游资源的开发经营等；

（四）与农业生产经营有关的技术、信息、设施建设运营等服务。

第四条 农民专业合作社应当遵循下列原则：

（一）成员以农民为主体；

（二）以服务成员为宗旨，谋求全体成员的共同利益；

（三）入社自愿、退社自由；

（四）成员地位平等，实行民主管理；

（五）盈余主要按照成员与农民专业合作社的交易量（额）比例返还。

第五条 农民专业合作社依照本法登记，取得法人资格。

农民专业合作社对由成员出资、公积金、国家财政直接补助、他人捐赠以及合法取得的其他资产所形成的财产，享有占有、使用和处分的权利，并以上述财产对债务承担责任。

第六条 农民专业合作社成员以其账户内记载的出资额和公积金份额为限对农民专业合作社承担责任。

第七条 国家保障农民专业合作社享有与其他市场主体平等的法律地位。

国家保护农民专业合作社及其成员的合法权益，任何单位和个人不得侵犯。

第八条 农民专业合作社从事生产经营活动，应当遵守法律，遵守社会公德、商业道德，诚实守信，不得从事与章程规定无关的活动。

第九条 农民专业合作社为扩大生产经营和服务的规模，发展产业化经营，提高市场竞争力，可以依法自愿设立或者加入农民专业合作社联合社。

第十条 国家通过财政支持、税收优惠和金融、科技、人才的扶持以及产业政策引导等措施，促进农民专业合作社的发展。

国家鼓励和支持公民、法人和其他组织为农民专业合作社提供帮助和服务。

对发展农民专业合作社事业做出突出贡献的单位和个人，按照国家有关规定予以表彰和奖励。

第十一条 县级以上人民政府应当建立农民专业合作社工作的综合协调机制，统筹指导、协调、推动农民专业合作社的建设和发展。

县级以上人民政府农业主管部门、其他有关部门和组织应当依据各自职责，对农民专业合作社的建设和发展给予指导、扶持和服务。

第二章　设立和登记

第十二条　设立农民专业合作社，应当具备下列条件：

（一）有五名以上符合本法第十九条、第二十条规定的成员；

（二）有符合本法规定的章程；

（三）有符合本法规定的组织机构；

（四）有符合法律、行政法规规定的名称和章程确定的住所；

（五）有符合章程规定的成员出资。

第十三条　农民专业合作社成员可以用货币出资，也可以用实物、知识产权、土地经营权、林权等可以用货币估价并可以依法转让的非货币财产，以及章程规定的其他方式作价出资；但是，法律、行政法规规定不得作为出资的财产除外。

农民专业合作社成员不得以对该社或者其他成员的债权，充抵出资；不得以缴纳的出资，抵销对该社或者其他成员的债务。

第十四条　设立农民专业合作社，应当召开由全体设立人参加的设立大会。设立时自愿成为该社成员的人为设立人。

设立大会行使下列职权：

（一）通过本社章程，章程应当由全体设立人一致通过；

（二）选举产生理事长、理事、执行监事或者监事会成员；

（三）审议其他重大事项。

第十五条　农民专业合作社章程应当载明下列事项：

（一）名称和住所；

（二）业务范围；

（三）成员资格及入社、退社和除名；

（四）成员的权利和义务；

（五）组织机构及其产生办法、职权、任期、议事规则；

（六）成员的出资方式、出资额，成员出资的转让、继承、担保；

（七）财务管理和盈余分配、亏损处理；

（八）章程修改程序；

（九）解散事由和清算办法；

（十）公告事项及发布方式；

（十一）附加表决权的设立、行使方式和行使范围；

（十二）需要载明的其他事项。

第十六条 设立农民专业合作社，应当向工商行政管理部门提交下列文件，申请设立登记：

（一）登记申请书；

（二）全体设立人签名、盖章的设立大会纪要；

（三）全体设立人签名、盖章的章程；

（四）法定代表人、理事的任职文件及身份证明；

（五）出资成员签名、盖章的出资清单；

（六）住所使用证明；

（七）法律、行政法规规定的其他文件。

登记机关应当自受理登记申请之日起二十日内办理完毕，向符合登记条件的申请者颁发营业执照，登记类型为农民专业合作社。

农民专业合作社法定登记事项变更的，应当申请变更登记。

登记机关应当将农民专业合作社的登记信息通报同级农业等有关部门。

农民专业合作社登记办法由国务院规定。办理登记不得收取费用。

第十七条 农民专业合作社应当按照国家有关规定，向登记机关报送年度报告，并向社会公示。

第十八条 农民专业合作社可以依法向公司等企业投资，以其出资额为限对所投资企业承担责任。

第三章 成 员

第十九条 具有民事行为能力的公民，以及从事与农民专业合作社业务直接有关的生产经营活动的企业、事业单位或者社会组织，能够利用农民专业合作社提供的服务，承认并遵守农民专业合作社章程，履行章程规定的入社手续的，可以成为农民专业合作社的成员。但是，具有管理公共事务职能的单位不得加入农民专业合作社。

农民专业合作社应当置备成员名册，并报登记机关。

第二十条 农民专业合作社的成员中，农民至少应当占成员总数的百分之八十。

成员总数二十人以下的，可以有一个企业、事业单位或者社会组织成员；成员总数超过二十人的，企业、事业单位和社会组织成员不得超过成员总数的百分之五。

第二十一条 农民专业合作社成员享有下列权利：

（一）参加成员大会，并享有表决权、选举权和被选举权，按照章程规定对本社实行民主管理；

（二）利用本社提供的服务和生产经营设施；

（三）按照章程规定或者成员大会决议分享盈余；

（四）查阅本社的章程、成员名册、成员大会或者成员代表大会记录、理事会会议决议、监事会会议决议、财务会计报告、会计账簿和财务审计报告；

（五）章程规定的其他权利。

第二十二条 农民专业合作社成员大会选举和表决，实行一人一票制，成员各享有一票的基本表决权。

出资额或者与本社交易量（额）较大的成员按照章程规定，可以享有附加表决权。本社的附加表决权总票数，不得超过本社成员基本表决权总票数的百分之二十。享有附加表决权的成员及其享有的附加表决权数，应当在每次成员大会召开时告知出席会议的全体成员。

第二十三条 农民专业合作社成员承担下列义务：

（一）执行成员大会、成员代表大会和理事会的决议；

（二）按照章程规定向本社出资；

（三）按照章程规定与本社进行交易；

（四）按照章程规定承担亏损；

（五）章程规定的其他义务。

第二十四条 符合本法第十九条、第二十条规定的公民、企业、事业单位或者社会组织，要求加入已成立的农民专业合作社，应当向理事长或者理事会提出书面申请，经成员大会或者成员代表大会表决通过后，成为本社成员。

第二十五条 农民专业合作社成员要求退社的，应当在会计年度终了的三个月前向理事长或者理事会提出书面申请；其中，企业、事业单位或者社会组织成员退社，应当在会计年度终了的六个月前提出；章程另有规定的，从其规定。退社成员的成员资格自会计年度终了时终止。

第二十六条 农民专业合作社成员不遵守农民专业合作社的章程、成员大会或者成员代表大会的决议，或者严重危害其他成员及农民专业合作社利益的，可以予以除名。

成员的除名，应当经成员大会或者成员代表大会表决通过。

在实施前款规定时，应当为该成员提供陈述意见的机会。

被除名成员的成员资格自会计年度终了时终止。

第二十七条 成员在其资格终止前与农民专业合作社已订立的合同，应当继续履行;章程另有规定或者与本社另有约定的除外。

第二十八条 成员资格终止的,农民专业合作社应当按照章程规定的方式和期限,退还记载在该成员账户内的出资额和公积金份额;对成员资格终止前的可分配盈余,依照本法第四十四条的规定向其返还。

资格终止的成员应当按照章程规定分摊资格终止前本社的亏损及债务。

第四章 组织机构

第二十九条 农民专业合作社成员大会由全体成员组成,是本社的权力机构,行使下列职权:

(一)修改章程;

(二)选举和罢免理事长、理事、执行监事或者监事会成员;

(三)决定重大财产处置、对外投资、对外担保和生产经营活动中的其他重大事项;

(四)批准年度业务报告、盈余分配方案、亏损处理方案;

(五)对合并、分立、解散、清算,以及设立、加入联合社等作出决议;

(六)决定聘用经营管理人员和专业技术人员的数量、资格和任期;

(七)听取理事长或者理事会关于成员变动情况的报告,对成员的入社、除名等作出决议;

(八)公积金的提取及使用;

(九)章程规定的其他职权。

第三十条 农民专业合作社召开成员大会,出席人数应当达到成员总数三分之二以上。

成员大会选举或者作出决议,应当由本社成员表决权总数过半数通过;作出修改章程或者合并、分立、解散,以及设立、加入联合社的决议应当由本社成员表决权总数的三分之二以上通过。章程对表决权数有较高规定的,从其规定。

第三十一条 农民专业合作社成员大会每年至少召开一次,会议的召集由章程规定。有下列情形之一的,应当在二十日内召开临时成员大会:

(一)百分之三十以上的成员提议;

(二)执行监事或者监事会提议;

(三)章程规定的其他情形。

第三十二条 农民专业合作社成员超过一百五十人的,可以按照章程规定设立成员代表大会。成员代表大会按照章程规定可以行使成员大会的部分或者全部职权。

依法设立成员代表大会的,成员代表人数一般为成员总人数的百分之十,最低人数为五十一人。

第三十三条 农民专业合作社设理事长一名,可以设理事会。理事长为本社的法定代表人。

农民专业合作社可以设执行监事或者监事会。理事长、理事、经理和财务会计人员不得兼任监事。

理事长、理事、执行监事或者监事会成员,由成员大会从本社成员中选举产生,依照本法和章程的规定行使职权,对成员大会负责。

理事会会议、监事会会议的表决,实行一人一票。

第三十四条 农民专业合作社的成员大会、成员代表大会、理事会、监事会,应当将所议事项的决定作成会议记录,出席会议的成员、成员代表、理事、监事应当在会议记录上签名。

第三十五条 农民专业合作社的理事长或者理事会可以按照成员大会的决定聘任经理和财务会计人员,理事长或者理事可以兼任经理。经理按照章程规定或者理事会的决定,可以聘任其他人员。

经理按照章程规定和理事长或者理事会授权,负责具体生产经营活动。

第三十六条 农民专业合作社的理事长、理事和管理人员不得有下列行为:

(一)侵占、挪用或者私分本社资产;

(二)违反章程规定或者未经成员大会同意,将本社资金借贷给他人或者以本社资产为他人提供担保;

(三)接受他人与本社交易的佣金归为己有;

(四)从事损害本社经济利益的其他活动。

理事长、理事和管理人员违反前款规定所得的收入,应当归本社所有;给本社造成损失的,应当承担赔偿责任。

第三十七条 农民专业合作社的理事长、理事、经理不得兼任业务性质相同的其他农民专业合作社的理事长、理事、监事、经理。

第三十八条 执行与农民专业合作社业务有关公务的人员,不得担任农民专业合作社的理事长、理事、监事、经理或者财务会计人员。

第五章 财务管理

第三十九条 农民专业合作社应当按照国务院财政部门制定的财务会计

制度进行财务管理和会计核算。

第四十条 农民专业合作社的理事长或者理事会应当按照章程规定,组织编制年度业务报告、盈余分配方案、亏损处理方案以及财务会计报告,于成员大会召开的十五日前,置备于办公地点,供成员查阅。

第四十一条 农民专业合作社与其成员的交易、与利用其提供的服务的非成员的交易,应当分别核算。

第四十二条 农民专业合作社可以按照章程规定或者成员大会决议从当年盈余中提取公积金。公积金用于弥补亏损、扩大生产经营或者转为成员出资。

每年提取的公积金按照章程规定量化为每个成员的份额。

第四十三条 农民专业合作社应当为每个成员设立成员账户,主要记载下列内容:

(一)该成员的出资额;

(二)量化为该成员的公积金份额;

(三)该成员与本社的交易量(额)。

第四十四条 在弥补亏损、提取公积金后的当年盈余,为农民专业合作社的可分配盈余。可分配盈余主要按照成员与本社的交易量(额)比例返还。

可分配盈余按成员与本社的交易量(额)比例返还的返还总额不得低于可分配盈余的百分之六十;返还后的剩余部分,以成员账户中记载的出资额和公积金份额,以及本社接受国家财政直接补助和他人捐赠形成的财产平均量化到成员的份额,按比例分配给本社成员。

经成员大会或者成员代表大会表决同意,可以将全部或者部分可分配盈余转为对农民专业合作社的出资,并记载在成员账户中。

具体分配办法按照章程规定或者经成员大会决议确定。

第四十五条 设立执行监事或者监事会的农民专业合作社,由执行监事或者监事会负责对本社的财务进行内部审计,审计结果应当向成员大会报告。

成员大会也可以委托社会中介机构对本社的财务进行审计。

第六章 合并、分立、解散和清算

第四十六条 农民专业合作社合并,应当自合并决议作出之日起十日内通知债权人。合并各方的债权、债务应当由合并后存续或者新设的组织承继。

第四十七条 农民专业合作社分立,其财产作相应的分割,并应当自分立决议作出之日起十日内通知债权人。分立前的债务由分立后的组织承担连带责任。但是,在分立前与债权人就债务清偿达成的书面协议另有约定的除外。

第四十八条 农民专业合作社因下列原因解散：

(一)章程规定的解散事由出现；

(二)成员大会决议解散；

(三)因合并或者分立需要解散；

(四)依法被吊销营业执照或者被撤销。

因前款第一项、第二项、第四项原因解散的,应当在解散事由出现之日起十五日内由成员大会推举成员组成清算组,开始解散清算。逾期不能组成清算组的,成员、债权人可以向人民法院申请指定成员组成清算组进行清算,人民法院应当受理该申请,并及时指定成员组成清算组进行清算。

第四十九条 清算组自成立之日起接管农民专业合作社,负责处理与清算有关未了结业务,清理财产和债权、债务,分配清偿债务后的剩余财产,代表农民专业合作社参与诉讼、仲裁或者其他法律程序,并在清算结束时办理注销登记。

第五十条 清算组应当自成立之日起十日内通知农民专业合作社成员和债权人,并于六十日内在报纸上公告。债权人应当自接到通知之日起三十日内,未接到通知的自公告之日起四十五日内,向清算组申报债权。如果在规定期间内全部成员、债权人均已收到通知,免除清算组的公告义务。

债权人申报债权,应当说明债权的有关事项,并提供证明材料。清算组应当对债权进行审查、登记。

在申报债权期间,清算组不得对债权人进行清偿。

第五十一条 农民专业合作社因本法第四十八条第一款的原因解散,或者人民法院受理破产申请时,不能办理成员退社手续。

第五十二条 清算组负责制定包括清偿农民专业合作社员工的工资及社会保险费用,清偿所欠税款和其他各项债务,以及分配剩余财产在内的清算方案,经成员大会通过或者申请人民法院确认后实施。

清算组发现农民专业合作社的财产不足以清偿债务的,应当依法向人民法院申请破产。

第五十三条 农民专业合作社接受国家财政直接补助形成的财产,在解散、破产清算时,不得作为可分配剩余资产分配给成员,具体按照国务院财政部门有关规定执行。

第五十四条 清算组成员应当忠于职守,依法履行清算义务,因故意或者重大过失给农民专业合作社成员及债权人造成损失的,应当承担赔偿责任。

第五十五条 农民专业合作社破产适用企业破产法的有关规定。但是,破产财产在清偿破产费用和共益债务后，应当优先清偿破产前与农民成员已发生交易但尚未结清的款项。

第七章　农民专业合作社联合社

第五十六条　三个以上的农民专业合作社在自愿的基础上，可以出资设立农民专业合作社联合社。

农民专业合作社联合社应当有自己的名称、组织机构和住所，由联合社全体成员制定并承认的章程，以及符合章程规定的成员出资。

第五十七条　农民专业合作社联合社依照本法登记，取得法人资格，领取营业执照，登记类型为农民专业合作社联合社。

第五十八条　农民专业合作社联合社以其全部财产对该社的债务承担责任；农民专业合作社联合社的成员以其出资额为限对农民专业合作社联合社承担责任。

第五十九条　农民专业合作社联合社应当设立由全体成员参加的成员大会，其职权包括修改农民专业合作社联合社章程，选举和罢免农民专业合作社联合社理事长、理事和监事，决定农民专业合作社联合社的经营方案及盈余分配，决定对外投资和担保方案等重大事项。

农民专业合作社联合社不设成员代表大会，可以根据需要设立理事会、监事会或者执行监事。理事长、理事应当由成员社选派的人员担任。

第六十条　农民专业合作社联合社的成员大会选举和表决，实行一社一票。

第六十一条　农民专业合作社联合社可分配盈余的分配办法，按照本法规定的原则由农民专业合作社联合社章程规定。

第六十二条　农民专业合作社联合社成员退社，应当在会计年度终了的六个月前以书面形式向理事会提出。退社成员的成员资格自会计年度终了时终止。

第六十三条　本章对农民专业合作社联合社没有规定的，适用本法关于农民专业合作社的规定。

第八章　扶持措施

第六十四条　国家支持发展农业和农村经济的建设项目，可以委托和安排有条件的农民专业合作社实施。

第六十五条 中央和地方财政应当分别安排资金，支持农民专业合作社开展信息、培训、农产品标准与认证、农业生产基础设施建设、市场营销和技术推广等服务。国家对革命老区、民族地区、边疆地区和贫困地区的农民专业合作社给予优先扶助。

县级以上人民政府有关部门应当依法加强对财政补助资金使用情况的监督。

第六十六条 国家政策性金融机构应当采取多种形式，为农民专业合作社提供多渠道的资金支持。具体支持政策由国务院规定。

国家鼓励商业性金融机构采取多种形式，为农民专业合作社及其成员提供金融服务。

国家鼓励保险机构为农民专业合作社提供多种形式的农业保险服务。鼓励农民专业合作社依法开展互助保险。

第六十七条 农民专业合作社享受国家规定的对农业生产、加工、流通、服务和其他涉农经济活动相应的税收优惠。

第六十八条 农民专业合作社从事农产品初加工用电执行农业生产用电价格，农民专业合作社生产性配套辅助设施用地按农用地管理，具体办法由国务院有关部门规定。

第九章　法律责任

第六十九条 侵占、挪用、截留、私分或者以其他方式侵犯农民专业合作社及其成员的合法财产，非法干预农民专业合作社及其成员的生产经营活动，向农民专业合作社及其成员摊派，强迫农民专业合作社及其成员接受有偿服务，造成农民专业合作社经济损失的，依法追究法律责任。

第七十条 农民专业合作社向登记机关提供虚假登记材料或者采取其他欺诈手段取得登记的，由登记机关责令改正，可以处五千元以下罚款；情节严重的，撤销登记或者吊销营业执照。

第七十一条 农民专业合作社连续两年未从事经营活动的，吊销其营业执照。

第七十二条 农民专业合作社在依法向有关主管部门提供的财务报告等材料中，作虚假记载或者隐瞒重要事实的，依法追究法律责任。

第十章　附　　则

第七十三条 国有农场、林场、牧场、渔场等企业中实行承包租赁经营、从事农业生产经营或者服务的职工，兴办农民专业合作社适用本法。

第七十四条 本法自2018年7月1日起施行。

中华人民共和国烟叶税法

（2017年12月27日第十二届全国人民代表大会常务委员会第三十一次会议通过 2017年12月27日中华人民共和国主席令第八十四号公布 自2018年7月1日起施行）

第一条 在中华人民共和国境内，依照《中华人民共和国烟草专卖法》的规定收购烟叶的单位为烟叶税的纳税人。纳税人应当依照本法规定缴纳烟叶税。

第二条 本法所称烟叶，是指烤烟叶、晾晒烟叶。

第三条 烟叶税的计税依据为纳税人收购烟叶实际支付的价款总额。

第四条 烟叶税的税率为百分之二十。

第五条 烟叶税的应纳税额按照纳税人收购烟叶实际支付的价款总额乘以税率计算。

第六条 烟叶税由税务机关依照本法和《中华人民共和国税收征收管理法》的有关规定征收管理。

第七条 纳税人应当向烟叶收购地的主管税务机关申报缴纳烟叶税。

第八条 烟叶税的纳税义务发生时间为纳税人收购烟叶的当日。

第九条 烟叶税按月计征，纳税人应当于纳税义务发生月终了之日起十五日内申报并缴纳税款。

第十条 本法自2018年7月1日起施行。2006年4月28日国务院公布的《中华人民共和国烟叶税暂行条例》同时废止。

中华人民共和国船舶吨税法

（2017年12月27日第十二届全国人民代表大会常务委员会第三十一次会议通过 2017年12月27日中华人民共和国主席令第八十五号公布 自2018年7月1日起施行）

第一条 自中华人民共和国境外港口进入境内港口的船舶（以下称应税

船舶),应当依照本法缴纳船舶吨税(以下简称吨税)。

第二条 吨税的税目、税率依照本法所附的《吨税税目税率表》执行。

第三条 吨税设置优惠税率和普通税率。

中华人民共和国籍的应税船舶,船籍国(地区)与中华人民共和国签订含有相互给予船舶税费最惠国待遇条款的条约或者协定的应税船舶,适用优惠税率。

其他应税船舶,适用普通税率。

第四条 吨税按照船舶净吨位和吨税执照期限征收。

应税船舶负责人在每次申报纳税时,可以按照《吨税税目税率表》选择申领一种期限的吨税执照。

第五条 吨税的应纳税额按照船舶净吨位乘以适用税率计算。

第六条 吨税由海关负责征收。海关征收吨税应当制发缴款凭证。

应税船舶负责人缴纳吨税或者提供担保后,海关按照其申领的执照期限填发吨税执照。

第七条 应税船舶在进入港口办理入境手续时,应当向海关申报纳税领取吨税执照,或者交验吨税执照(或者申请核验吨税执照电子信息)。应税船舶在离开港口办理出境手续时,应当交验吨税执照(或者申请核验吨税执照电子信息)。

应税船舶负责人申领吨税执照时,应当向海关提供下列文件:

(一)船舶国籍证书或者海事部门签发的船舶国籍证书收存证明;

(二)船舶吨位证明。

应税船舶因不可抗力在未设立海关地点停泊的,船舶负责人应当立即向附近海关报告,并在不可抗力原因消除后,依照本法规定向海关申报纳税。

第八条 吨税纳税义务发生时间为应税船舶进入港口的当日。

应税船舶在吨税执照期满后尚未离开港口的,应当申领新的吨税执照,自上一次执照期满的次日起续缴吨税。

第九条 下列船舶免征吨税:

(一)应纳税额在人民币五十元以下的船舶;

(二)自境外以购买、受赠、继承等方式取得船舶所有权的初次进口到港的空载船舶;

(三)吨税执照期满后二十四小时内不上下客货的船舶;

(四)非机动船舶(不包括非机动驳船);

(五)捕捞、养殖渔船;

(六)避难、防疫隔离、修理、改造、终止运营或者拆解,并不上下客货的船舶；

（七）军队、武装警察部队专用或者征用的船舶；

（八）警用船舶；

（九）依照法律规定应当予以免税的外国驻华使领馆、国际组织驻华代表机构及其有关人员的船舶；

（十）国务院规定的其他船舶。

前款第十项免税规定，由国务院报全国人民代表大会常务委员会备案。

第十条　在吨税执照期限内，应税船舶发生下列情形之一的，海关按照实际发生的天数批注延长吨税执照期限：

（一）避难、防疫隔离、修理、改造，并不上下客货；

（二）军队、武装警察部队征用。

第十一条　符合本法第九条第一款第五项至第九项、第十条规定的船舶，应当提供海事部门、渔业船舶管理部门或者出入境检验检疫部门等部门、机构出具的具有法律效力的证明文件或者使用关系证明文件，申明免税或者延长吨税执照期限的依据和理由。

第十二条　应税船舶负责人应当自海关填发吨税缴款凭证之日起十五日内缴清税款。未按期缴清税款的，自滞纳税款之日起至缴清税款之日止，按日加收滞纳税款万分之五的税款滞纳金。

第十三条　应税船舶到达港口前，经海关核准先行申报并办结出入境手续的，应税船舶负责人应当向海关提供与其依法履行吨税缴纳义务相适应的担保；应税船舶到达港口后，依照本法规定向海关申报纳税。

下列财产、权利可以用于担保：

（一）人民币、可自由兑换货币；

（二）汇票、本票、支票、债券、存单；

（三）银行、非银行金融机构的保函；

（四）海关依法认可的其他财产、权利。

第十四条　应税船舶在吨税执照期限内，因修理、改造导致净吨位变化的，吨税执照继续有效。应税船舶办理出入境手续时，应当提供船舶经过修理、改造的证明文件。

第十五条　应税船舶在吨税执照期限内，因税目税率调整或者船籍改变而导致适用税率变化的，吨税执照继续有效。

因船籍改变而导致适用税率变化的，应税船舶在办理出入境手续时，应当提供船籍改变的证明文件。

第十六条　吨税执照在期满前毁损或者遗失的，应当向原发照海关书面申请核发吨税执照副本，不再补税。

第十七条 海关发现少征或者漏征税款的，应当自应税船舶应当缴纳税款之日起一年内，补征税款。但因应税船舶违反规定造成少征或者漏征税款的，海关可以自应当缴纳税款之日起三年内追征税款，并自应当缴纳税款之日起按日加征少征或者漏征税款万分之五的税款滞纳金。

海关发现多征税款的，应当在二十四小时内通知应税船舶办理退还手续，并加算银行同期活期存款利息。

应税船舶发现多缴税款的，可以自缴纳税款之日起三年内以书面形式要求海关退还多缴的税款并加算银行同期活期存款利息；海关应当自受理退税申请之日起三十日内查实并通知应税船舶办理退还手续。

应税船舶应当自收到本条第二款、第三款规定的通知之日起三个月内办理有关退还手续。

第十八条 应税船舶有下列行为之一的，由海关责令限期改正，处二千元以上三万元以下的罚款；不缴或者少缴应纳税款的，处不缴或者少缴税款百分之五十以上五倍以下的罚款，但罚款不得低于二千元：

（一）未按照规定申报纳税、领取吨税执照；

（二）未按照规定交验吨税执照（或者申请核验吨税执照电子信息）以及提供其他证明文件。

第十九条 吨税税款、税款滞纳金、罚款以人民币计算。

第二十条 吨税的征收，本法未作规定的，依照有关税收征收管理的法律、行政法规的规定执行。

第二十一条 本法及所附《吨税税目税率表》下列用语的含义：

净吨位，是指由船籍国（地区）政府签发或者授权签发的船舶吨位证明书上标明的净吨位。

非机动船舶，是指自身没有动力装置，依靠外力驱动的船舶。

非机动驳船，是指在船舶登记机关登记为驳船的非机动船舶。

捕捞、养殖渔船，是指在中华人民共和国渔业船舶管理部门登记为捕捞船或者养殖船的船舶。

拖船，是指专门用于拖（推）动运输船舶的专业作业船舶。

吨税执照期限，是指按照公历年、日计算的期间。

第二十二条 本法自 2018 年 7 月 1 日起施行。2011 年 12 月 5 日国务院公布的《中华人民共和国船舶吨税暂行条例》同时废止。

附：

吨税税目税率表

税目 （按船舶净吨位划分）	税率（元/净吨）						备注
	普通税率 （按执照期限划分）			优惠税率 （按执照期限划分）			
	1年	90日	30日	1年	90日	30日	
不超过2000净吨	12.6	4.2	2.1	9.0	3.0	1.5	1. 拖船按照发动机功率每千瓦折合净吨位0.67吨。 2. 无法提供净吨位证明文件的游艇，按照发动机功率每千瓦折合净吨位0.05吨。 3. 拖船和非机动驳船分别按相同净吨位船舶税率的50%计征税款。
超过2000净吨，但不超过10000净吨	24.0	8.0	4.0	17.4	5.8	2.9	
超过10000净吨，但不超过50000净吨	27.6	9.2	4.6	19.8	6.6	3.3	
超过50000净吨	31.8	10.6	5.3	22.8	7.6	3.8	

全国人民代表大会常务委员会关于修改《中华人民共和国招标投标法》、《中华人民共和国计量法》的决定

（2017年12月27日第十二届全国人民代表大会常务委员会第三十一次会议通过　2017年12月27日中华人民共和国主席令第八十六号公布　自2017年12月28日起施行）

第十二届全国人民代表大会常务委员会第三十一次会议决定：

一、对《中华人民共和国招标投标法》作出修改

（一）删去第十三条第二款第三项。

（二）删去第十四条第一款。

（三）将第五十条第一款中的“情节严重的，暂停直至取消招标代理资格”修改为“情节严重的，禁止其一年至二年内代理依法必须进行招标的项目并予以公告，直至由工商行政管理机关吊销营业执照”。

二、对《中华人民共和国计量法》作出修改

（一）将第三条第一款修改为：“国家实行法定计量单位制度。”

第三款修改为：“因特殊需要采用非法定计量单位的管理办法，由国务院计量行政部门另行制定。”

（二）删去第九条第二款中的“县级以上人民政府计量行政部门应当进行监督检查”。

（三）将第十二条修改为：“制造、修理计量器具的企业、事业单位，必须具有与所制造、修理的计量器具相适应的设施、人员和检定仪器设备。”

（四）将第十四条修改为：“任何单位和个人不得违反规定制造、销售和进口非法定计量单位的计量器具。”

（五）删去第十五条第二款。

（六）删去第十七条第二款。

（七）第四章增加一条作为第十八条：“县级以上人民政府计量行政部门应当依法对制造、修理、销售、进口和使用计量器具，以及计量检定等相关计量活动进行监督检查。有关单位和个人不得拒绝、阻挠。”

（八）删去第二十二条。

本决定自2017年12月28日起施行。

《中华人民共和国招标投标法》、《中华人民共和国计量法》根据本决定作相应修改，重新公布。

有关法律问题的决定

全国人民代表大会常务委员会关于延长授权国务院在北京市大兴区等二百三十二个试点县(市、区)、天津市蓟州区等五十九个试点县(市、区)行政区域分别暂时调整实施有关法律规定期限的决定

(2017 年 12 月 27 日第十二届全国人民代表大会常务委员会第三十一次会议通过)

为了进一步深化农村金融改革创新,稳妥有序推进农村承包土地的经营权和农民住房财产权抵押贷款试点,更好地总结试点经验,为深化农村土地制度改革打好基础,第十二届全国人民代表大会常务委员会第三十一次会议决定:2015 年 12 月 27 日第十二届全国人民代表大会常务委员会第十八次会议授权国务院在北京市大兴区等二百三十二个试点县(市、区)、天津市蓟县(现蓟州区)等五十九个试点县(市、区)行政区域分别暂时调整实施有关法律规定的决定施行期限届满后,试点期限延长一年至 2018 年 12 月 31 日。延长期满,国务院应当就暂时调整实施有关法律规定的情况向全国人民代表大会常务委员会作出报告。对实践证明可行的,国务院应当提出修改相关法律的意见;对实践证明不宜调整的,在试点期限届满后恢复施行有关法律规定。

本决定自 2017 年 12 月 28 日起施行。

全国人民代表大会常务委员会关于批准《内地与香港特别行政区关于在广深港高铁西九龙站设立口岸实施“一地两检”的合作安排》的决定

（2017 年 12 月 27 日第十二届全国人民代表大会常务委员会第三十一次会议通过）

第十二届全国人民代表大会常务委员会第三十一次会议审议了国务院关于提请审议《关于批准〈内地与香港特别行政区关于在广深港高铁西九龙站设立口岸实施“一地两检”的合作安排〉的决定（草案）》的议案。全国人民代表大会常务委员会在审议中充分考虑了香港特别行政区和内地各有关方面对广深港高铁连接口岸设置及通关查验模式的意见。

会议认为，建设广深港高铁并实现香港特别行政区与全国高铁网络的互联互通，有利于促进香港特别行政区与内地之间的人员往来和经贸活动，有利于深化香港特别行政区与内地的互利合作，有利于香港特别行政区更好地融入国家发展大局，对保持香港特别行政区长期繁荣稳定具有重要意义。为充分发挥高铁高速高效优势，使广大乘客充分享受快捷便利的服务，确保广深港高铁香港段的运输、经济和社会效益，在广深港高铁香港特别行政区西九龙站（以下简称西九龙站）实施“一地两检”，设立内地口岸区，专门用于高铁乘客及其随身物品和行李的通关查验，是必要的。

会议认为，《合作安排》符合“一国两制”方针，符合宪法和香港特别行政区基本法。根据宪法，香港特别行政区基本法授权香港特别行政区实行高度自治，包括实行单独的出入境管理制度等。香港特别行政区政府与内地有关方面就在西九龙站设立口岸并实施“一地两检”的相关问题协商作出适当安排，是香港特别行政区依法行使高度自治权的具体体现。在西九龙站设立内地口岸区，不改变香港特别行政区行政区域范围，不影响香港特别行政区依法享有的高度自治权，不减损香港特别行政区居民依法享有的权利和自由。出于在西九龙站实施“一地两检”的需要，《合作安排》对内地和香港特别行政区管辖权（包括司法管辖权）划分和法律适用作出规定，并明确西九龙站内地口岸区视为处于内地，是适当的。内地派驻西九龙站内地口岸区的机构依照内地法律履行职责，其范围严格限制在内地口岸区之内，不同于香港特别行政区基本法第十八条规定的将全国性法律在整个香港特别行政区实施的情况。西九龙站内地口岸区场地使用权的取得、期限和费用由香港特别行政区政府与内地有关机构签订合同作出规定，符合香港特别行政区基本法第七条关于香港特别行政区土地所有权和使用管理的规定。在西九龙站实施"一地两检"，符合香港特别行政区基本法关于香港特别行政区政府应当制定适当政策促进和协调各行业发展、提供适当的经济和法律环境促进经济发展等规定，符合"一国两制"方针和香港特别行政区基本法的根本宗旨。

根据《中华人民共和国宪法》和《中华人民共和国香港特别行政区基本法》，全国人民代表大会常务委员会决定：

一、批准 2017 年 11 月 18 日广东省人民政府与香港特别行政区政府签署的《合作安排》，并确认《合作安排》符合宪法和香港特别行政区基本法。

香港特别行政区应当立法保障《合作安排》得以落实。

二、西九龙站内地口岸区的设立及具体范围，由国务院批准。

西九龙站内地口岸区自启用之日起，由内地依照内地法律和《合作安排》实施管辖，并派驻出入境边防检查机关、海关、检验检疫机构、口岸综合管理机构和铁路公安机关依法履行职责，上述机构及其人员不在西九龙站内地口岸区以外区域执法。

三、西九龙站口岸启用后，对《合作安排》如有修改，由国务院批准，并报全国人民代表大会常务委员会备案。

内地与香港特别行政区关于在广深港高铁西九龙站设立口岸实施"一地两检"的合作安排

为实现香港特别行政区(下称"香港特区")与内地高速铁路交通设施互联互通，促进两地人员交流和经贸往来，推动两地经济实现优势互补、共同发展，充分发挥广深港高铁香港段的效益，经协商，内地和香港特区就在广深港高铁西九龙站设立口岸实施"一地两检"达成如下安排：

第一章　口岸设置

第一条　双方同意在香港特区西九龙站设立口岸实施"一地两检"，由双方分别按照各自法律，对往来内地和香港特区的出入境人员及其随身物品和行李进行出入境边防检查、海关监管、检验检疫等出入境监管。

西九龙站口岸分为香港口岸区和内地口岸区。香港口岸区由香港特区依据特区法律设立和管辖，实行过境限制区管理。内地口岸区由内地根据本合作安排和内地法律设立和管辖，实行口岸管理制度。

第二条 内地口岸区的范围为西九龙站地下二、三层的划定区域、地下四层月台区域及有关连接通道，包括内地监管查验区、办公备勤区、离港乘客候车区、车站月台和连接通道及电梯。内地口岸区范围的详情见附件。

在香港特区境内的广深港高铁营运中的列车车厢（包括行驶中、停留中和上下乘客期间）亦视作在内地口岸区范围之内。

除上述纳入内地口岸区范围的场地和高铁列车车厢，广深港高铁香港段的所有其他营运范围及设施（包括石岗列车停放处、路轨及行车隧道）均不属于内地口岸区范围。

内地口岸区由香港特区交予内地根据本合作安排使用和实施管辖。内地口岸区场地使用权的取得、期限及费用（包括内地口岸区内有关建筑物及相关设施的维修养护费用）等事宜，由双方签订合同作出规定。

第三条 内地口岸区的设立不影响广深港高铁香港段的建造权及施工权、服务经营权及营运和监管，亦不影响广深港高铁香港段相关资产（包括相关土地及土地上不动产或动产）及设施的权益，该等事宜仍由香港特区依特区法律处理及依照本合作安排行使管辖权。

第二章 内地口岸区的管辖权划分

第一节 内地管辖事项

第四条 内地口岸区自启用之日起，除本合作安排第三条和第七条规定的事项外，由内地根据本合作安排和内地法律实施管辖（包括司法管辖）。

处理上款规定的内地管辖事项时，就内地法律和香港特区法律的适用以及管辖权（包括司法管辖权）的划分而言，内地口岸区视为处于内地。

第五条 内地出入境边防检查机关、海关、检验检疫机构对列车按照进出境运输工具进行监管，在内地口岸区办理相关出入境边防检查、海关监管、检验检疫手续。

第六条 内地派驻出入境边防检查机关、海关、检验检疫机构、口岸综合管理机构和铁路公安机关（下称“内地派驻机构”），根据内地法律在内地口岸区履行职责,不进入内地口岸区以外的区域执法,在内地口岸区以外的区域没有执法权。

第二节　香港特区管辖事项

第七条　下列事项,由香港特区依据特区法律实施管辖(包括司法管辖):

1. 有关特定人员,即持有香港特区政府或广深港高铁香港营运商核发的有效证件进入内地口岸区或通过该口岸区进入西九龙站其他地点执行职务的工作人员,履行职务或与履行职务相关的事项,除以上情况外,该等人员在内地口岸区应遵守内地法律并接受内地派驻机构的监管;

2. 有关建筑物及相关设施(包括消防、危险品贮存设施、升降机、自动梯、水管装置、废物及污水装置、扩音系统、通风、电力及能源效益等)的建设、保险和设计、维修养护标准和责任的事项,但内地派驻机构自行提供或依据本合作安排执行职务时专用的设施设备除外;

3. 有关广深港高铁香港营运商及服务供应商的经营、相关保险、税务及其员工税务及雇佣责任和权益、保障和保险的事项,前述服务供应商不包括向内地派驻机构或广深港高铁内地营运商提供服务而又不在内地口岸区以外的香港特区区域范围经营之服务供应商;

4. 有关规管及监察广深港高铁香港段铁路系统安全运作及环境管制的事项;

5. 下列在内地口岸区的机构或人士之间的合约或其他民事法律关系的事宜:广深港高铁香港营运商、西九龙站承建商、物料或服务供应商、上述单位的员工及广深港高铁乘客;但当事人以协议(包括书面、口头或双方实际行为)作出相反意思表示者除外;

6. 由广深港高铁香港营运商及内地营运商签订的《广深港高铁运营合作协议》(包括日后的修改或补充协议)中规定由广深港高铁香港营运商负责的事项。

第八条　西九龙站的铁路运输服务管理由香港特区负责。有关铁路运输服务管理方面的制度由内地与香港特区相关机构另行协商制定,并应包括以下内容:

1. 香港特区对高铁(包括广深港高铁香港段)乘客实行实名制售票,并进行实名制查验;

2. 香港特区对进入西九龙站离境的高铁乘客进行安全检查。

第三章 对高铁香港段乘客的出入境监管

第九条 前往香港特区的乘客离开内地口岸区前视为处于内地，由内地出入境边防检查机关、海关、检验检疫机构依照内地法律对其进行出境监管。符合内地法律的，依法允许其出境。违反内地法律的，由上述内地机构根据具体情况依法采取相应法律措施。

第十条 前往内地的乘客进入内地口岸区后即视为处于内地，由内地出入境边防检查机关、海关、检验检疫机构依照内地法律对其进行入境监管。符合内地法律的，依法允许其入境。违反内地法律的，由上述内地机构根据具体情况依法采取相应法律措施。

第四章 联络协调与应急处理机制

第十一条 双方同意建立口岸协商联络机制，加强在通关协调、联合打私、治安消防、反恐防暴等各个方面的沟通与合作，确保内地口岸区安全、顺畅、高效运行和有效监管。

第十二条 双方同意建立应急处理机制，共同编制应急预案，以协助内地处理内地口岸区运行中可能出现的突发、紧急事件，包括突发公共卫生事件、重大水电供应事故、恐怖袭击、消防事故、严重暴力事件、危险化学品或爆炸品事件、传染病疫情、核生化事件、动植物疫病疫情、列车运行异常等。双方并同意为此建立联络员制度，进行沟通并定期安排联合演练。

为协助处理突发、紧急事件的目的，经内地派驻机构请求并授权，香港特区有关人员可在内地口岸区协助进行相关活动，并享有如在香港特区法律及内地法律享有的保障和豁免。

第十三条 双方同意在本合作安排确定的原则下，制定和签署关于西九龙站口岸运行管理的协作实施方案，规定双方在西九龙站口岸运行管理中的具体协作事宜。

第十四条 双方同意在内地口岸区进行任何活动和处理相关事项时，根据本合作安排和其他有关协议规定的原则，采取合理谨慎的措施，确保内地口岸区内人员和财产的安全。一方因违反上述规定导致另一方受到损害或损失的，须承担责任，包括合理的赔偿，并通过协商作出适当安排。

第五章　附　则

第十五条　双方同意本着互相合作、互相支持、互谅互让的精神，协商解决本合作安排实施中产生的争议。

第十六条　本合作安排未尽事宜，由双方协商一致后签署补充协议加以明确。

如因西九龙站口岸运行条件和监管发生变化或其他因素影响需对本合作安排进行修改，须经双方协商达成一致后签署书面文件，并报中央人民政府批准。

第十七条　本合作安排报中央人民政府提请全国人民代表大会常务委员会批准后生效，内地有关部门和香港特区各自履行相关法律程序（其中香港特区的法律程序包括进行本地立法）加以落实。

本合作安排于 2017 年 11 月 18 日在香港签署。一式 8 份，双方各执 4 份。

内地代表：	香港特区代表：
马兴瑞	林郑月娥
（广东省省长）	（香港特区行政长官）

附件

本附件所显示的「内地口岸区」范围及其他资料只供说明之用，相关具体情况最终根据全国人民代表大会常务委员会的有关决定确定。

西九龙站B2入境层

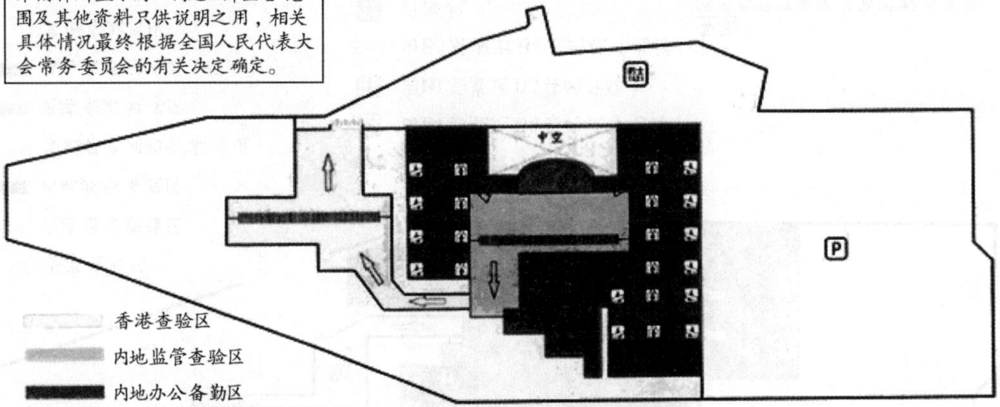

香港查验区

内地监管查验区

内地办公备勤区

查验区之间的乘客通道

入境乘客通道

入境乘客通道(预留部分)

离港乘客候车区(由B3层直达)

其他车站用地

内地口岸区 界线

入境乘客路线

出入境通道/柜枱

出闸机

由B4层直达B2层的扶手电梯

升降机

的士站

公众停车场

备注:

随着广深港高铁香港段投入营运西九龙站日后可能需要新增月台以应付更多列车班次,预留部分为B2入境层相应新增的位置。

西九龙站B3离境层

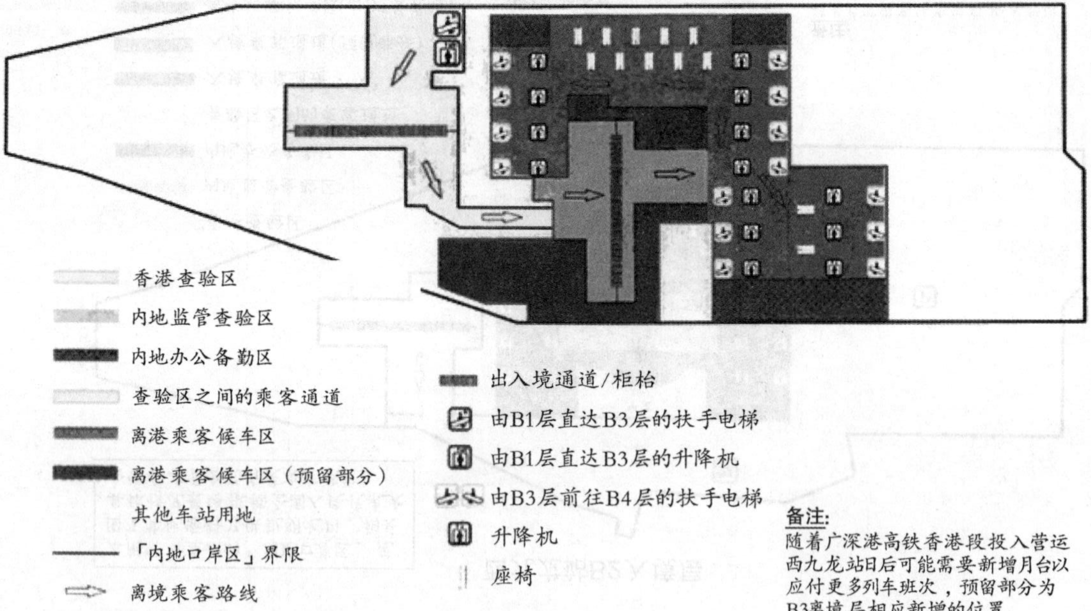

备注:
随着广深港高铁香港段投入营运西九龙站日后可能需要新增月台以应付更多列车班次，预留部分为B3离境层相应新增的位置。

西九龙站B4月台层

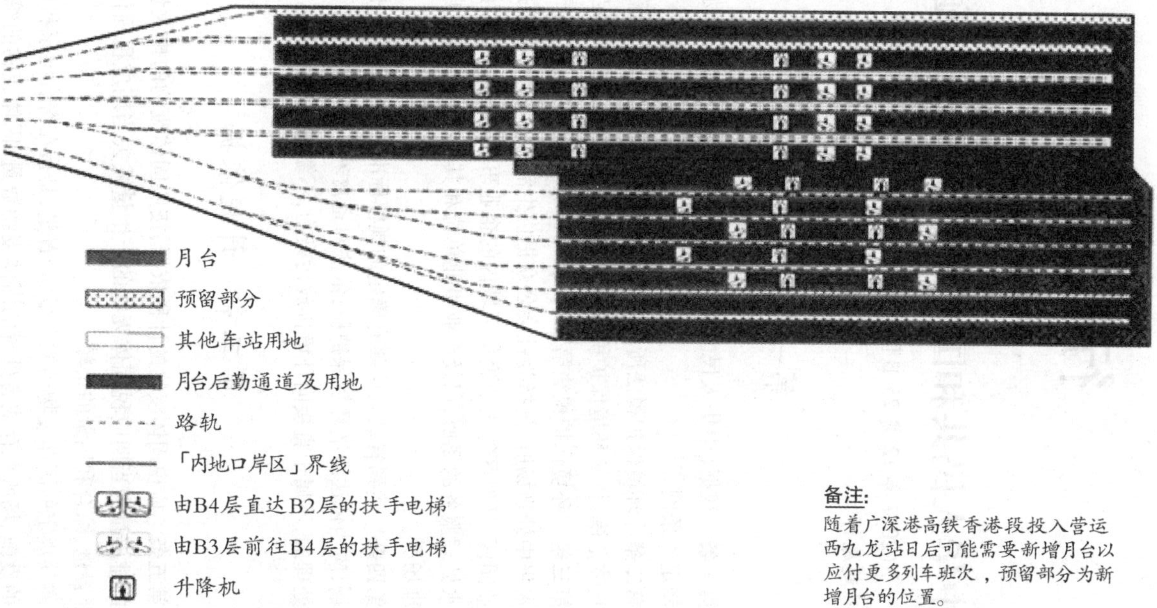

备注:
随着广深港高铁香港段投入营运西九龙站日后可能需要新增月台以应付更多列车班次，预留部分为新增月台的位置。

行政法规

中华人民共和国环境保护税法实施条例

（2017 年 12 月 25 日国务院令第 693 号公布　自 2018 年 1 月 1 日起施行）

第一章　总　　则

第一条　根据《中华人民共和国环境保护税法》（以下简称环境保护税法），制定本条例。

第二条　环境保护税法所附《环境保护税税目税额表》所称其他固体废物的具体范围，依照环境保护税法第六条第二款规定的程序确定。

第三条　环境保护税法第五条第一款、第十二条第一款第三项规定的城乡污水集中处理场所，是指为社会公众提供生活污水处理服务的场所，不包括为工业园区、开发区等工业聚集区域内的企业事业单位和其他生产经营者提供污水处理服务的场所，以及企业事业单位和其他生产经营者自建自用的污水处理场所。

第四条　达到省级人民政府确定的规模标准并且有污染物排放口的畜禽养殖场，应当依法缴纳环境保护税；依法对畜禽养殖废弃物进行综合利用和无害化处理的，不属于直接向环境排放污染物，不缴纳环境保护税。

第二章　计税依据

第五条　应税固体废物的计税依据，按照固体废物的排放量确定。固体废物的排放量为当期应税固体废物的产生量减去当期应税固体废物的贮存量、处置量、综合利用量的余额。

前款规定的固体废物的贮存量、处置量，是指在符合国家和地方环境保护标准的设施、场所贮存或者处置的固体废物数量；固体废物的综合利用量，是指按照国务院发展改革、工业和信息化主管部门关于资源综合利用要求以及国家和地方环境保护标准进行综合利用的固体废物数量。

第六条 纳税人有下列情形之一的，以其当期应税固体废物的产生量作为固体废物的排放量：

（一）非法倾倒应税固体废物；

（二）进行虚假纳税申报。

第七条 应税大气污染物、水污染物的计税依据，按照污染物排放量折合的污染当量数确定。

纳税人有下列情形之一的，以其当期应税大气污染物、水污染物的产生量作为污染物的排放量：

（一）未依法安装使用污染物自动监测设备或者未将污染物自动监测设备与环境保护主管部门的监控设备联网；

（二）损毁或者擅自移动、改变污染物自动监测设备；

（三）篡改、伪造污染物监测数据；

（四）通过暗管、渗井、渗坑、灌注或者稀释排放以及不正常运行防治污染设施等方式违法排放应税污染物；

（五）进行虚假纳税申报。

第八条 从两个以上排放口排放应税污染物的，对每一排放口排放的应税污染物分别计算征收环境保护税；纳税人持有排污许可证的，其污染物排放口按照排污许可证载明的污染物排放口确定。

第九条 属于环境保护税法第十条第二项规定情形的纳税人，自行对污染物进行监测所获取的监测数据，符合国家有关规定和监测规范的，视同环境保护税法第十条第二项规定的监测机构出具的监测数据。

第三章 税收减免

第十条 环境保护税法第十三条所称应税大气污染物或者水污染物的浓度值，是指纳税人安装使用的污染物自动监测设备当月自动监测的应税大气污染物浓度值的小时平均值再平均所得数值或者应税水污染物浓度值的日平均值再平均所得数值，或者监测机构当月监测的应税大气污染物、水污染物浓度值的平均值。

依照环境保护税法第十三条的规定减征环境保护税的，前款规定的应税大气污染物浓度值的小时平均值或者应税水污染物浓度值的日平均值，以及监测机构当月每次监测的应税大气污染物、水污染物的浓度值，均不得超过国家和地方规定的污染物排放标准。

第十一条 依照环境保护税法第十三条的规定减征环境保护税的，应当对每一排放口排放的不同应税污染物分别计算。

第四章 征收管理

第十二条 税务机关依法履行环境保护税纳税申报受理、涉税信息比对、组织税款入库等职责。

环境保护主管部门依法负责应税污染物监测管理，制定和完善污染物监测规范。

第十三条 县级以上地方人民政府应当加强对环境保护税征收管理工作的领导，及时协调、解决环境保护税征收管理工作中的重大问题。

第十四条 国务院税务、环境保护主管部门制定涉税信息共享平台技术标准以及数据采集、存储、传输、查询和使用规范。

第十五条 环境保护主管部门应当通过涉税信息共享平台向税务机关交送在环境保护监督管理中获取的下列信息：

（一）排污单位的名称、统一社会信用代码以及污染物排放口、排放污染物种类等基本信息；

（二）排污单位的污染物排放数据（包括污染物排放量以及大气污染物、水污染物的浓度值等数据）；

（三）排污单位环境违法和受行政处罚情况；

（四）对税务机关提请复核的纳税人的纳税申报数据资料异常或者纳税人未按照规定期限办理纳税申报的复核意见；

（五）与税务机关商定交送的其他信息。

第十六条 税务机关应当通过涉税信息共享平台向环境保护主管部门交送下列环境保护税涉税信息：

（一）纳税人基本信息；

（二）纳税申报信息；

（三）税款入库、减免税额、欠缴税款以及风险疑点等信息；

（四）纳税人涉税违法和受行政处罚情况；

（五）纳税人的纳税申报数据资料异常或者纳税人未按照规定期限办理纳税申报的信息；

（六）与环境保护主管部门商定交送的其他信息。

第十七条 环境保护税法第十七条所称应税污染物排放地是指：

（一）应税大气污染物、水污染物排放口所在地；

（二）应税固体废物产生地；

（三）应税噪声产生地。

第十八条 纳税人跨区域排放应税污染物，税务机关对税收征收管辖有争议的，由争议各方按照有利于征收管理的原则协商解决；不能协商一致的，报请共同的上级税务机关决定。

第十九条 税务机关应当依据环境保护主管部门交送的排污单位信息进行纳税人识别。

在环境保护主管部门交送的排污单位信息中没有对应信息的纳税人，由税务机关在纳税人首次办理环境保护税纳税申报时进行纳税人识别，并将相关信息交送环境保护主管部门。

第二十条 环境保护主管部门发现纳税人申报的应税污染物排放信息或者适用的排污系数、物料衡算方法有误的，应当通知税务机关处理。

第二十一条 纳税人申报的污染物排放数据与环境保护主管部门交送的相关数据不一致的，按照环境保护主管部门交送的数据确定应税污染物的计税依据。

第二十二条 环境保护税法第二十条第二款所称纳税人的纳税申报数据资料异常，包括但不限于下列情形：

（一）纳税人当期申报的应税污染物排放量与上一年同期相比明显偏低，且无正当理由；

（二）纳税人单位产品污染物排放量与同类型纳税人相比明显偏低，且无正当理由。

第二十三条 税务机关、环境保护主管部门应当无偿为纳税人提供与缴纳环境保护税有关的辅导、培训和咨询服务。

第二十四条 税务机关依法实施环境保护税的税务检查，环境保护主管部门予以配合。

第二十五条 纳税人应当按照税收征收管理的有关规定，妥善保管应税污染物监测和管理的有关资料。

第五章 附 则

第二十六条 本条例自2018年1月1日起施行。2003年1月2日国务院公布的《排污费征收使用管理条例》同时废止。

食盐专营办法

（1996 年 5 月 27 日中华人民共和国国务院令第 197 号发布 根据 2013 年 12 月 7 日《国务院关于修改部分行政法规的决定》修订 2017 年 12 月 26 日中华人民共和国国务院令第 696 号修订 自公布之日起施行）

第一章 总 则

第一条 为了加强对食盐的管理，保障食盐科学加碘工作的有效实施，确保食盐质量安全和供应安全，保护公民的身体健康，制定本办法。

第二条 国家实行食盐专营管理。

本办法所称食盐，是指直接食用和制作食品所用的盐。

第三条 本办法适用于中华人民共和国境内的食盐生产、销售和储备活动。

第四条 国务院盐业主管部门主管全国盐业工作，负责管理全国食盐专营工作。县级以上地方人民政府确定的盐业主管部门负责管理本行政区域的食盐专营工作。

国务院食品药品监督管理部门负责全国食盐质量安全监督管理。县级以上地方人民政府确定的食盐质量安全监督管理部门负责本行政区域的食盐质量安全监督管理。

第五条 盐业主管部门应当加强对工业用盐等非食用盐的管理，防止非食用盐流入食盐市场。

第六条 国务院盐业主管部门应当会同有关部门加强对食盐生产、批发企业及其董事、监事、高级管理人员的信用管理，建立健全信用信息记录、公示制度，提高食盐行业信用水平。

第七条 依法成立的盐业行业组织依照法律、行政法规和章程，保护企业合法权益，加强行业自律，促进企业守法、诚信经营，引导企业公平竞争。

第二章 食盐生产

第八条 国家实行食盐定点生产制度。非食盐定点生产企业不得生产食盐。

第九条 省、自治区、直辖市人民政府盐业主管部门按照统一规划、合理布局的要求审批确定食盐定点生产企业,颁发食盐定点生产企业证书,及时向社会公布食盐定点生产企业名单,并报国务院盐业主管部门备案。

第十条 食盐定点生产企业和非食用盐生产企业应当建立生产销售记录制度,如实记录并保存相关凭证。记录和凭证保存期限不得少于2年。

食盐应当按照规定在外包装上作出标识,非食用盐的包装、标识应当明显区别于食盐。

第十一条 禁止利用井矿盐卤水熬制食盐。

第三章 食盐销售

第十二条 国家实行食盐定点批发制度。非食盐定点批发企业不得经营食盐批发业务。

第十三条 省、自治区、直辖市人民政府盐业主管部门按照统一规划、合理布局的要求审批确定食盐定点批发企业,颁发食盐定点批发企业证书,及时向社会公布食盐定点批发企业名单,并报国务院盐业主管部门备案。

食盐定点生产企业申请经营食盐批发业务的,省、自治区、直辖市人民政府盐业主管部门应当确定其为食盐定点批发企业并颁发食盐定点批发企业证书。

第十四条 食盐定点批发企业应当从食盐定点生产企业或者其他食盐定点批发企业购进食盐,在国家规定的范围内销售。

食盐定点批发企业在国家规定的范围内销售食盐,任何单位或者个人不得阻止或者限制。

第十五条 食盐定点批发企业应当建立采购销售记录制度,如实记录并保存相关凭证。记录和凭证保存期限不得少于2年。

第十六条 食盐零售单位应当从食盐定点批发企业购进食盐。

第十七条 食盐价格由经营者自主确定。

县级以上地方人民政府价格主管部门应当加强对食盐零售价格的市场日常监测。当食盐价格显著上涨或者有可能显著上涨时,省、自治区、直辖市人民政府可以依法采取价格干预或者其他应急措施。

第十八条 县级以上地方人民政府应当根据实际情况,采取必要措施,保障边远地区和民族地区的食盐供应。

第十九条 禁止销售不符合食品安全标准的食盐。

禁止将下列产品作为食盐销售:

（一）液体盐（含天然卤水）；

（二）工业用盐和其他非食用盐；

（三）利用盐土、硝土或者工业废渣、废液制作的盐；

（四）利用井矿盐卤水熬制的盐；

（五）外包装上无标识或者标识不符合国家有关规定的盐。

第四章　食盐的储备和应急管理

第二十条　省、自治区、直辖市人民政府盐业主管部门应当根据本行政区域食盐供需情况，建立健全食盐储备制度，承担政府食盐储备责任。

第二十一条　食盐定点生产企业和食盐定点批发企业应当按照食盐储备制度要求，承担企业食盐储备责任，保持食盐的合理库存。

第二十二条　盐业主管部门应当会同有关部门制定食盐供应应急预案，在发生突发事件时协调、保障食盐供应。

第五章　监督管理

第二十三条　盐业主管部门依法履行监督检查职责，可以采取下列措施：

（一）向有关单位和个人了解情况；

（二）查阅或者复制有关合同、票据、账簿、购销记录及其他有关资料；

（三）查封、扣押与涉嫌盐业违法行为有关的食盐及原材料，以及用于违法生产或者销售食盐的工具、设备；

（四）查封涉嫌违法生产或者销售食盐的场所。

采取前款第三项、第四项规定的措施，应当向盐业主管部门主要负责人书面报告，并经批准。

盐业主管部门调查涉嫌盐业违法行为，应当遵守《中华人民共和国行政强制法》和其他有关法律、行政法规的规定。

第二十四条　盐业主管部门、食盐质量安全监督管理部门应当各司其职，加强协作，相互配合，通过政务信息系统等实现信息共享，建立健全行政执法协作配合制度。

盐业主管部门、食盐质量安全监督管理部门在监督管理工作中发现依法不属于本部门处理权限的涉嫌违法行为，应当及时移交有权处理的部门；有权处理的部门应当依法及时处理，并及时反馈处理结果。

第二十五条　盐业主管部门、食盐质量安全监督管理部门应当向社会公布本部门的联系方式，方便公众举报违法行为。

盐业主管部门、食盐质量安全监督管理部门接到举报，应当及时依法调查处理。对实名举报，盐业主管部门、食盐质量安全监督管理部门应当为举报人保密，并将处理结果告知举报人。

第六章　法律责任

第二十六条　有下列情形之一的，由县级以上地方人民政府盐业主管部门予以取缔，没收违法生产经营的食盐和违法所得。违法生产经营的食盐货值金额不足1万元的，可以处5万元以下的罚款；货值金额1万元以上的，并处货值金额5倍以上10倍以下的罚款：

（一）非食盐定点生产企业生产食盐；

（二）非食盐定点批发企业经营食盐批发业务。

第二十七条　有下列情形之一的，由县级以上地方人民政府盐业主管部门责令改正，处5000元以上5万元以下的罚款；情节严重的，责令停产停业整顿，直至吊销食盐定点生产、食盐定点批发企业证书：

（一）食盐定点生产企业、非食用盐生产企业未按照本办法规定保存生产销售记录；

（二）食盐定点批发企业未按照本办法规定保存采购销售记录；

（三）食盐定点批发企业超出国家规定的范围销售食盐；

（四）将非食用盐产品作为食盐销售。

第二十八条　有下列情形之一的，由县级以上地方人民政府盐业主管部门责令改正，没收违法购进的食盐，可以处违法购进的食盐货值金额3倍以下的罚款：

（一）食盐定点批发企业从除食盐定点生产企业、其他食盐定点批发企业以外的单位或者个人购进食盐；

（二）食盐零售单位从食盐定点批发企业以外的单位或者个人购进食盐。

第二十九条　未按照本办法第十条的规定作出标识的，由有关主管部门依据职责分工，责令改正，可以处5万元以下的罚款。

第三十条　经营者的行为违反本办法的规定同时违反《中华人民共和国食品安全法》的，由县级以上地方人民政府食盐质量安全监督管理部门依照《中华人民共和国食品安全法》进行处罚。

第三十一条　食盐定点生产企业、食盐定点批发企业违反本办法的规定，被处以吊销食盐定点生产、食盐定点批发企业证书行政处罚的，其法定代表人、直接负责的主管人员和其他直接责任人员自处罚决定作出之日起5年内不得从事食盐生产经营管理活动，不得担任食盐定点生产企业、食盐定点批发企业的董事、监事或者高级管理人员。

食盐定点生产企业、食盐定点批发企业违反前款规定聘用人员的，由盐业主管部门责令改正；拒不改正的，吊销其食盐定点生产、食盐定点批发企业证书。

第三十二条 违反本办法的规定，构成违反治安管理行为的，依法给予治安管理处罚；构成犯罪的，依法追究刑事责任。

第三十三条 盐业主管部门以及其他有关部门的工作人员滥用职权、玩忽职守、徇私舞弊，构成犯罪的，依法追究刑事责任；尚不构成犯罪的，依法给予处分。

第七章 附 则

第三十四条 除本办法的规定外，食盐质量安全监督管理、食盐加碘工作还应当依照有关法律、行政法规的规定执行。

第三十五条 渔业、畜牧用盐管理办法，由国务院盐业主管部门会同国务院农业行政主管部门另行制定。

第三十六条 本办法自公布之日起施行。1990年3月2日国务院发布的《盐业管理条例》同时废止。

国务院文件

国务院办公厅关于推进重大建设项目批准和实施领域政府信息公开的意见

（2017 年 12 月 4 日　国办发〔2017〕94 号）

按照党中央、国务院决策部署和《中共中央办公厅 国务院办公厅印发〈关于全面推进政务公开工作的意见〉的通知》等文件要求，为进一步推进重大建设项目批准和实施领域政府信息公开，经国务院同意，现提出以下意见。

一、总体要求

（一）指导思想。

全面贯彻党的十九大精神，坚持以习近平新时代中国特色社会主义思想为指导，统筹推进"五位一体"总体布局和协调推进"四个全面"战略布局，牢固树立和贯彻落实创新、协调、绿色、开放、共享的发展理念，按照党中央、国务院关于全面推进政务公开工作的重要部署要求，把重大建设项目批准和实施领域政府信息公开作为全面推进政务公开工作的重要内容，积极回应社会关切，更好保障人民群众知情权、参与权、表达权、监督权。

（二）基本原则。

以公开为常态、不公开为例外。除涉及国家秘密、商业秘密和个人隐私及其他依法不予公开的内容外，重大建设项目批准和实施过程中的信息要尽可能对外公开，以公开提升项目批准、实施的透明度和效率，保障人民群众合法权益。

突出重点，有序推进。以重大建设项目批准和实施过程中社会关注度高的信息为重点，以政府信息公开为先导，推动项目法人单位信息有效归集、及时公开。

明确主体，落实责任。重大建设项目批准和实施过程中，各级政府和有关部门负责公开其在履行职责过程中制作或保存的信息，并依法监督项目法人单位公开项目信息。法律、法规、规章未作出明确规定的，鼓励项目法人单位主动公开项目信息。

二、主要任务

本意见所称重大建设项目，是指按照有关规定由政府审批或核准的，对经济社会发展、民生改善有直接、广泛和重要影响的固定资产投资项目（不包括境外投资项目和对外援助项目）。各省（区、市）政府、国务院有关部门应当根据区域、行业特点和工作侧重点，进一步明确本地区、本领域重大建设项目范围。

（一）突出公开重点。

在重大建设项目批准和实施过程中，重点公开批准服务信息、批准结果信息、招标投标信息、征收土地信息、重大设计变更信息、施工有关信息、质量安全监督信息、竣工有关信息等8类信息。主要内容包括：

1. 批准服务信息：申报要求、申报材料清单、批准流程、办理时限、受理机构联系方式、监督举报方式等。

2. 批准结果信息：项目建议书审批结果、可行性研究报告审批结果、初步设计文件审批结果、项目核准结果、节能审查意见、建设项目选址意见审批结果、建设项目用地（用海）预审结果、环境影响评价审批文件、建设用地规划许可审批结果、建设工程规划类许可审批结果、施工许可（开工报告）审批结果、招标事项审批核准结果，取水许可、水土保持方案、洪水影响评价等涉水事项审批结果等。

3. 招标投标信息：资格预审公告、招标公告、中标候选人公示、中标结果公示、合同订立及履行情况、招标投标违法处罚信息等。

4. 征收土地信息：征地告知书以及履行征地报批前程序的相关证明材料、建设项目用地呈报说明书、农用地转用方案、补充耕地方案、征收土地方案、供地方案、征地批后实施中征地公告、征地补偿安置方案公告等。

5. 重大设计变更信息：项目设计变更原因、主要变更内容、变更依据、批准单位、变更结果等。

6. 施工有关信息：项目法人单位及其主要负责人信息，设计、施工、监理单位及其主要负责人、项目负责人信息、资质情况，施工单位项目管理机构设置、工作职责、主要管理制度，施工期环境保护措施落实情况等。

7. 质量安全监督信息：质量安全监督机构及其联系方式、质量安全行政处罚情况等。

8. 竣工有关信息：竣工验收时间、工程质量验收结果，竣工验收备案时间、备案编号、备案部门、交付使用时间，竣工决算审计单位、审计结论、财务决算金额等。

各省（区、市）政府、国务院有关部门应当参照以上内容，聚焦社会关注度高、与群众切身利益密切相关的项目，分别确定本地区、本部门相关领域信息公开重点，进一步细化公开事项、内容、时限、方式、责任主体、监督渠道等，纳入主动公开基本目录，不断加大公开力度。

（二）明确公开主体。

各级政府和有关部门要坚持以公开为常态、不公开为例外，严格按照《中华人民共和国政府信息公开条例》有关规定，公开所制作或保存的项目信息。要严格履行保密审查程序，做到该公开的信息坚决公开，该保守的国家秘密坚决保守住。批准服务信息、批准结果信息由批准重大建设项目和有关要件的各级政府和有关部门分别负责公开，招标投标信息由招标人或有关行政监督部门依法公开，征收土地信息由辖区政府和有关部门负责公开，重大设计变更信息由批准单位负责公开，施工有关信息、质量安全监督信息、竣工有关信息由制作或保存的部门按照职责分工分别负责公开。

（三）拓展公开渠道。

各级政府和有关部门要通过政府公报、政府网站、新媒体平台、新闻发布会等及时公开各类项目信息，并及时回应公众关切。充分利用全国投资项目在线审批监管平台、全国公共资源交易平台、"信用中国"网站等，推进重大建设项目批准和实施领域信息共享和公开。推动将重大建设项目批准和实施过程中产生的信用信息纳入全国信用信息共享平台，可向社会公开的，依法依规在各地区信用网站和"信用中国"网站公开。畅通依申请公开渠道，确保相关工作有序开展。项目法人单位可利用现场公示、网站公布等多种渠道对项目信息进行公开，方便公众查询和社会监督。

（四）强化公开时效。

重大建设项目批准和实施过程中产生的政府信息，确定为主动公开的，应严格按照《中华人民共和国政府信息公开条例》规定，自政府信息形成或变更之日起 20 个工作日内予以公开；确定为依申请公开的，应严格按照法定时限答复申请人；除法律法规另有规定外，行政许可、行政处罚事项应自作出行政决定之日起 7 个工作日内上网公开。法律、法规、规章对项目法人单位公开项目信息作出明确规定的，各级政府和有关部门要监督项目法人单位依法按时公开项目信息；法律、法规、规章未作出明确规定的，鼓励项目法人单位及时公开项目信息。

三、政策保障和组织实施

（一）加强组织领导。

各级政府和有关部门要高度重视并认真做好重大建设项目批准和实施领域的政府信息公开工作，以点带面、示范带动，以此作为深化政务公开工作的有力抓手。各级政府要建立健全协调机制，明确责任分工，各级政府办公厅（室）作为组织协调部门，要指导监督发展改革、工业和信息化、国土资源、环保、住房城乡建设、交通运输、水利、农业、卫生计生、林业等部门，提出明确工作目标和措施，认真组织实施；各省（区、市）政府要对本地区各级政府的政务公开工作进行督查、指导，确保各项任务落到实处。各有关部门要结合实际，制定本领域重大建设项目批准和实施领域政府信息公开的实施方案。

（二）加大考核力度。

各级政府和有关部门要把重大建设项目批准和实施领域政府信息公开工作作为政务公开工作绩效考核的重要内容，按照政务公开工作绩效考核相关规定，加大考核力度。对工作推动有力、取得明显成效的单位和个人，要按照规定予以表彰；对未按照相关规定和要求履行职责的，要通报批评，并在年度考核中予以体现。

（三）完善监管措施。

各级政府要定期对重大建设项目批准和实施领域信息公开工作进行检查，主要包括政府信息、项目法人信息的公开内容、公开渠道和公开时效等。各有关部门每年应将本部门工作进展情况报同级政务公开主管部门，并在政府信息公开工作年度报告中公布，接受社会公众、新闻媒体的监督。

国务院办公厅关于深化产教融合的若干意见

（2017年12月5日　国办发〔2017〕95号）

进入新世纪以来，我国教育事业蓬勃发展，为社会主义现代化建设培养输送了大批高素质人才，为加快发展壮大现代产业体系作出了重大贡献。但同时，受体制机制等多种因素影响，人才培养供给侧和产业需求侧在结构、质量、水平上还不能完全适应，“两张皮”问题仍然存在。深化产教融合，促进教育链、人才链与产业链、创新链有机衔接，是当前推进人力资源供给侧结构性改革的迫切要求，对新形势下全面提高教育质量、扩大就业创业、推进经济转型升级、培育经济发展新动能具有重要意义。为贯彻落实党的十九大精神，深化产教融合，全面提升人力资源质量，经国务院同意，现提出以下意见。

一、总体要求

（一）指导思想。

全面贯彻党的十九大精神，坚持以习近平新时代中国特色社会主义思想为指导，紧紧围绕统筹推进“五位一体”总体布局和协调推进“四个全面”战略布局，坚持以人民为中心，坚持新发展理念，认真落实党中央、国务院关于教育综合改革的决策部署，深化职业教育、高等教育等改革，发挥企业重要主体作用，促进人才培养供给侧和产业需求侧结构要素全方位融合，培养大批高素质创新人才和技术技能人才，为加快建设实体经济、科技创新、现代金融、人力资源协同发展的产业体系，增强产业核心竞争力，汇聚发展新动能提供有力支撑。

（二）原则和目标。

统筹协调，共同推进。将产教融合作为促进经济社会协调发展的重要举措，融入经济转型升级各环节，贯穿人才开发全过程，形成政府企业学校行业社会协同推进的工作格局。

服务需求，优化结构。面向产业和区域发展需求，完善教育资源布局，加快人才培养结构调整，创新教育组织形态，促进教育和产业联动发展。

校企协同，合作育人。充分调动企业参与产教融合的积极性和主动性，强化政策引导，鼓励先行先试，促进供需对接和流程再造，构建校企合作长效机制。

深化产教融合的主要目标是，逐步提高行业企业参与办学程度，健全多元化办学体制，全面推行校企协同育人，用 10 年左右时间，教育和产业统筹融合、良性互动的发展格局总体形成，需求导向的人才培养模式健全完善，人才教育供给与产业需求重大结构性矛盾基本解决，职业教育、高等教育对经济发展和产业升级的贡献显著增强。

二、构建教育和产业统筹融合发展格局

（三）同步规划产教融合与经济社会发展。制定实施经济社会发展规划，以及区域发展、产业发展、城市建设和重大生产力布局规划，要明确产教融合发展要求，将教育优先、人才先行融入各项政策。结合实施创新驱动发展、新型城镇化、制造强国战略，统筹优化教育和产业结构，同步规划产教融合发展政策措施、支持方式、实现途径和重大项目。

（四）统筹职业教育与区域发展布局。按照国家区域发展总体战略和主体功能区规划，优化职业教育布局，引导职业教育资源逐步向产业和人口集聚区集中。面向脱贫攻坚主战场，积极推进贫困地区学生到城市优质职业学校就学。加强东部对口西部、城市支援农村职业教育扶贫。支持中部打造全国重要的先进制造业职业教育基地。支持东北等老工业基地振兴发展急需的职业教育。加强京津冀、长江经济带城市间协同合作，引导各地结合区域功能、产业特点探索差别化职业教育发展路径。

（五）促进高等教育融入国家创新体系和新型城镇化建设。完善世界一流大学和一流学科建设推进机制，注重发挥对国家和区域创新中心发展的支撑引领作用。健全高等学校与行业骨干企业、中小微创业型企业紧密协同的创新生态系统，增强创新中心集聚人才资源、牵引产业升级能力。适应以城市群为主体的新型城镇化发展，合理布局高等教育资源，增强中小城市产业承载和创新能力，构建梯次有序、功能互补、资源共享、合作紧密的产教融合网络。

（六）推动学科专业建设与产业转型升级相适应。建立紧密对接产业链、创新链的学科专业体系。大力发展现代农业、智能制造、高端装备、新一代信息技术、生物医药、节能环保、新能源、新材料以及研发设计、数字创意、现代交通运输、高效物流、融资租赁、电子商务、服务外包等产业急需紧缺学科专业。积极支持家政、健康、养老、文化、旅游等社会领域专业发展，推进标准化、规范化、品牌化建设。加强智慧城市、智能建筑等城市可持续发展能力相关专业建设。大力支持集成电路、航空发动机及燃气轮机、网络安全、人工智能等事关国家战略、国家安全等学科专业建设。适应新一轮科技革命和产业变革及新经济发展，促进学科专业交叉融合，加快推进新工科建设。

（七）健全需求导向的人才培养结构调整机制。加快推进教育“放管服”改革，注重发挥市场机制配置非基本公共教育资源作用，强化就业市场对人才供给的有效调节。进一步完善高校毕业生就业质量年度报告发布制度，注重发挥行业组织人才需求预测、用人单位职业能力评价作用，把市场供求比例、就业质量作为学校设置调整学科专业、确定培养规模的重要依据。新增研究生招生计划向承担国家重大战略任务、积极推行校企协同育人的高校和学科倾斜。严格实行专业预警和退出机制，引导学校对设置雷同、就业连续不达标专业，及时调减或停止招生。

三、强化企业重要主体作用

（八）拓宽企业参与途径。鼓励企业以独资、合资、合作等方式依法参与举办职业教育、高等教育。坚持准入条件透明化、审批范围最小化，细化标准、简化流程、优化服务，改进办学准入条件和审批环节。通过购买服务、委托管理等，支持企业参与公办职业学校办学。鼓励有条件的地区探索推进职业学校股份制、混合所有制改革，允许企业以资本、技术、管理等要素依法参与办学并享有相应权利。

（九）深化“引企入教”改革。支持引导企业深度参与职业学校、高等学校教育教学改革，多种方式参与学校专业规划、教材开发、教学设计、课程设置、实习实训，促进企业需求融入人才培养环节。推行面向企业真实生产环境的任务式培养模式。职业学校新设专业原则上应有相关行业企业参与。鼓励企业依托或联合职业学校、高等学校设立产业学院和企业工作室、实验室、创新基地、实践基地。

（十）开展生产性实习实训。健全学生到企业实习实训制度。鼓励以引企驻校、引校进企、校企一体等方式，吸引优势企业与学校共建共享生产性实训基地。支持各地依托学校建设行业或区域性实训基地，带动中小微企业参与校企合作。通过探索购买服务、落实税收政策等方式，鼓励企业直接接收学生实习实训。推进实习实训规范化，保障学生享有获得合理报酬等合法权益。

（十一）以企业为主体推进协同创新和成果转化。支持企业、学校、科研院所围绕产业关键技术、核心工艺和共性问题开展协同创新，加快基础研究成果向产业技术转化。引导高校将企业生产一线实际需求作为工程技术研究选题的重要来源。完善财政科技计划管理，高校、科研机构牵头申请的应用型、工程技术研究项目原则上应有行业企业参与并制订成果转化方案。完善高校科研后评价体系，将成果转化作为项目和人才评价重要内容。继续加强企业技术中心和高校技术创新平台建设，鼓励企业和高校共建产业技术实验室、中试和工程化基地。利用产业投资基金支持高校创新成果和核心技术产业化。

（十二）强化企业职工在岗教育培训。落实企业职工培训制度，足额提取教育培训经费，确保教育培训经费60%以上用于一线职工。创新教育培训方式，鼓励企业向职业学校、高等学校和培训机构购买培训服务。鼓励有条件的企业开展职工技能竞赛，对参加培训提升技能等级的职工予以奖励或补贴。支持企业一线骨干技术人员技能提升，加强产能严重过剩行业转岗就业人员再就业培训。将不按规定提取使用教育培训经费并拒不改正的行为记入企业信用记录。

（十三）发挥骨干企业引领作用。鼓励区域、行业骨干企业联合职业学校、高等学校共同组建产教融合集团（联盟），带动中小企业参与，推进实体化运作。注重发挥国有企业特别是中央企业示范带头作用，支持各类企业依法参与校企合作。结合推进国有企业改革，支持有条件的国有企业继续办好做强职业学校。

四、推进产教融合人才培养改革

（十四）将工匠精神培育融入基础教育。将动手实践内容纳入中小学相关课程和学生综合素质评价。加强学校劳动教育，开展生产实践体验，支持学校聘请劳动模范和高技能人才兼职授课。组织开展“大国工匠进校园”活动。鼓励有条件的普通中学开设职业类选修课程，鼓励职业学校实训基地向普通中学开放。鼓励有条件的地方在大型企业、产业园区周边试点建设普职融通的综合高中。

（十五）推进产教协同育人。坚持职业教育校企合作、工学结合的办学制度，推进职业学校和企业联盟、与行业联合、同园区联结。大力发展校企双制、工学一体的技工教育。深化全日制职业学校办学体制改革，在技术性、实践性较强的专业，全面推行现代学徒制和企业新型学徒制，推动学校招生与企业招工相衔接，校企育人"双重主体"，学生学徒"双重身份"，学校、企业和学生三方权利义务关系明晰。实践性教学课时不少于总课时的50%。

健全高等教育学术人才和应用人才分类培养体系，提高应用型人才培养比重。推动高水平大学加强创新创业人才培养，为学生提供多样化成长路径。大力支持应用型本科和行业特色类高校建设，紧密围绕产业需求，强化实践教学，完善以应用型人才为主的培养体系。推进专业学位研究生产学结合培养模式改革，增强复合型人才培养能力。

（十六）加强产教融合师资队伍建设。支持企业技术和管理人才到学校任教，鼓励有条件的地方探索产业教师（导师）特设岗位计划。探索符合职业教育和应用型高校特点的教师资格标准和专业技术职务（职称）评聘办法。允许职业学校和高等学校依法依规自主聘请兼职教师和确定兼职报酬。推动职业学校、应用型本科高校与大中型企业合作建设"双师型"教师培养培训基地。完善职业学校和高等学校教师实践假期制度，支持在职教师定期到企业实践锻炼。

（十七）完善考试招生配套改革。加快高等职业学校分类招考，完善"文化素质＋职业技能"评价方式。适度提高高等学校招收职业教育毕业生比例，建立复合型、创新型技术技能人才系统培养制度。逐步提高高等学校招收有工作实践经历人员的比例。

（十八）加快学校治理结构改革。建立健全职业学校和高等学校理事会制度，鼓励引入行业企业、科研院所、社会组织等多方参与。推动学校优化内部治理，充分体现一线教学科研机构自主权，积极发展跨学科、跨专业教学和科研组织。

（十九）创新教育培训服务供给。鼓励教育培训机构、行业企业联合开发优质教育资源，大力支持"互联网＋教育培训"发展。支持有条件的社会组织整合校企资源，开发立体化、可选择的产业技术课程和职业培训包。推动探索高校和行业企业课程学分转换互认，允许和鼓励高校向行业企业和社会培训机构购买创新创业、前沿技术课程和教学服务。

五、促进产教供需双向对接

（二十）强化行业协调指导。行业主管部门要加强引导，通过职能转移、授权委托等方式，积极支持行业组织制定深化产教融合工作计划，开展人才需求预测、校企合作对接、教育教学指导、职业技能鉴定等服务。

（二十一）规范发展市场服务组织。鼓励地方政府、行业企业、学校通过购买服务、合作设立等方式，积极培育市场导向、对接供需、精准服务、规范运作的产教融合服务组织（企业）。支持利用市场合作和产业分工，提供专业化服务，构建校企利益共同体，形成稳定互惠的合作机制，促进校企紧密联结。

（二十二）打造信息服务平台。鼓励运用云计算、大数据等信息技术，建设市场化、专业化、开放共享的产教融合信息服务平台。依托平台汇聚区域和行业人才供需、校企合作、项目研发、技术服务等各类供求信息，向各类主体提供精准化产教融合信息发布、检索、推荐和相关增值服务。

（二十三）健全社会第三方评价。积极支持社会第三方机构开展产教融合效能评价，健全统计评价体系。强化监测评价结果运用，作为绩效考核、投入引导、试点开展、表彰激励的重要依据。

六、完善政策支持体系

（二十四）实施产教融合发展工程。“十三五”期间，支持一批中高等职业学校加强校企合作，共建共享技术技能实训设施。开展高水平应用型本科高校建设试点，加强产教融合实训环境、平台和载体建设。支持中西部普通本科高校面向产业需求，重点强化实践教学环节建设。支持世界一流大学和一流学科建设高校加强学科、人才、科研与产业互动，推进合作育人、协同创新和成果转化。

（二十五）落实财税用地等政策。优化政府投入，完善体现职业学校、应用型高校和行业特色类专业办学特点和成本的职业教育、高等教育拨款机制。职业学校、高等学校科研人员依法取得的科技成果转化奖励收入不纳入绩效工资，不纳入单位工资总额基数。各级财政、税务部门要把深化产教融合作为落实结构性减税政策，推进降成本、补短板的重要举措，落实社会力量举办教育有关财税政策，积极支持职业教育发展和企业参与办学。企业投资或与政府合作建设职业学校、高等学校的建设用地，按科教用地管理，符合《划拨用地目录》的，可通过划拨方式供地，鼓励企业自愿以出让、租赁方式取得土地。

（二十六）强化金融支持。鼓励金融机构按照风险可控、商业可持续原则支持产教融合项目。利用中国政企合作投资基金和国际金融组织、外国政府贷款，积极支持符合条件的产教融合项目建设。遵循相关程序、规则和章程，推动亚洲基础设施投资银行、丝路基金在业务领域内将“一带一路”职业教育项目纳入支持范围。引导银行业金融机构创新服务模式，开发适合产教融合项目特点的多元化融资品种，做好政府和社会资本合作模式的配套金融服务。积极支持符合条件的企业在资本市场进行股权融资，发行标准化债权产品，加大产教融合实训基地项目投资。加快发展学生实习责任保险和人身意外伤害保险,鼓励保险公司对现代学徒制、企业新型学徒制保险专门确定费率。

(二十七)开展产教融合建设试点。根据国家区域发展战略和产业布局,支持若干有较强代表性、影响力和改革意愿的城市、行业、企业开展试点。在认真总结试点经验基础上,鼓励第三方开展产教融合型城市和企业建设评价,完善支持激励政策。

(二十八)加强国际交流合作。鼓励职业学校、高等学校引进海外高层次人才和优质教育资源,开发符合国情、国际开放的校企合作培养人才和协同创新模式。探索构建应用技术教育创新国际合作网络,推动一批中外院校和企业结对联合培养国际化应用型人才。鼓励职业教育、高等教育参与配合"一带一路"建设和国际产能合作。

七、组织实施

(二十九)强化工作协调。加强组织领导,建立发展改革、教育、人力资源社会保障、财政、工业和信息化等部门密切配合,有关行业主管部门、国有资产监督管理部门积极参与的工作协调机制,加强协同联动,推进工作落实。各省级人民政府要结合本地实际制定具体实施办法。

(三十)营造良好环境。做好宣传动员和舆论引导,加快收入分配、企业用人制度以及学校编制、教学科研管理等配套改革,引导形成学校主动服务经济社会发展、企业重视"投资于人"的普遍共识,积极营造全社会充分理解、积极支持、主动参与产教融合的良好氛围。

附件

重点任务分工

序号	工作任务	主要内容	责任单位
1	构建教育和产业统筹融合发展格局	同步规划产教融合与经济社会发展。	国家发展改革委会同有关部门，各省级人民政府
2		统筹职业教育与区域发展布局。	教育部、国家发展改革委、人力资源社会保障部，各省级人民政府
3		促进高等教育融入国家创新体系和新型城镇化建设。	教育部、国家发展改革委、科技部，有关省级人民政府
4		推动学科专业建设与产业转型升级相适应。建立紧密对接产业链、创新链的学科专业体系。加快推进新工科建设。	教育部、国家发展改革委会同有关部门
5		健全需求导向的人才培养结构调整机制。严格实行专业预警和退出机制。	教育部会同有关部门
6	强化企业重要主体作用	鼓励企业以独资、合资、合作等方式依法参与举办职业教育、高等教育。坚持准入条件透明化、审批范围最小化，细化标准、简化流程、优化服务，改进办学准入条件和审批环节。	教育部会同有关部门
7		鼓励有条件的地区探索推进职业学校股份制、混合所有制改革，允许企业以资本、技术、管理等要素依法参与办学并享有相应权利。	有关省级人民政府
8		深化“引企入教”改革，促进企业需求融入人才培养环节。	教育部、人力资源社会保障部、工业和信息化部会同有关部门
9		健全学生到企业实习实训制度，推进实习实训规范化。	教育部、国家发展改革委、人力资源社会保障部会同有关部门

续表

序号	工作任务	主要内容	责任单位
10	强化企业重要主体作用	引导高校将企业生产一线实际需求作为工程技术研究选题的重要来源。高校、科研机构牵头申请的应用型、工程技术研究项目原则上应有行业企业参与并制订成果转化方案。完善高校科研后评价体系,将成果转化作为项目和人才评价重要内容。	教育部、科技部会同有关部门
11		继续加强企业技术中心和高校技术创新平台建设,鼓励企业和高校共建产业技术实验室、中试和工程化基地。利用产业投资基金支持高校创新成果和核心技术产业化。	国家发展改革委、教育部、科技部、财政部会同有关部门
12		强化企业职工在岗教育培训。	全国总工会、人力资源社会保障部会同有关部门
13		鼓励区域、行业骨干企业联合职业学校、高等学校共同组建产教融合集团(联盟),带动中小企业参与,推进实体化运作。	有关部门和行业协会,各省级人民政府
14		注重发挥国有企业特别是中央企业示范带头作用,支持各类企业依法参与校企合作。	国务院国资委、全国工商联
15		结合推进国有企业改革,支持有条件的国有企业继续办好做强职业学校。	国务院国资委、国家发展改革委、财政部
16	推进产教融合人才培养改革	将工匠精神培育融入基础教育。深化全日制职业学校办学体制改革,在技术性、实践性较强的专业,全面推行现代学徒制和企业新型学徒制。	教育部、人力资源社会保障部、国家发展改革委、全国总工会会同有关部门
17		健全高等教育学术人才和应用人才分类培养体系,提高应用型人才培养比重。	教育部、国家发展改革委会同有关部门

续表

序号	工作任务	主要内容	责任单位
18		加强产教融合师资队伍建设。支持企业技术和管理人才到学校任教,鼓励有条件的地方探索产业教师(导师)特设岗位计划。	教育部,各省级人民政府
19		适度提高高等学校招收职业教育毕业生比例,建立复合型、创新型技术技能人才系统培养制度。逐步提高高等学校招收有工作实践经历人员的比例。	教育部会同有关部门
20		加快学校治理结构改革。创新教育培训服务供给。	教育部会同有关部门
21	促进产教供需双向对接	强化行业协调指导。规范发展市场服务组织。打造信息服务平台。健全社会第三方评价。	国家发展改革委、教育部、有关部门和行业协会,有关省级人民政府
22	完善政策支持体系	实施产教融合发展工程。	国家发展改革委、教育部、人力资源社会保障部
23		落实财税用地等政策。	财政部、税务总局、国土资源部、国家发展改革委,各省级人民政府
24		强化金融支持。	人民银行、银监会、证监会、保监会、国家发展改革委、财政部
25		开展产教融合建设试点。	国家发展改革委、教育部会同有关部门,各省级人民政府
26		加强国际交流合作。	教育部会同有关部门

国务院办公厅关于印发保障农民工工资支付工作考核办法的通知

（2017 年 12 月 6 日　国办发〔2017〕96 号）

《保障农民工工资支付工作考核办法》已经国务院同意，现印发给你们，请认真贯彻执行。

保障农民工工资支付工作考核办法

第一条　为落实保障农民工工资支付工作的属地监管责任，有效预防和解决拖欠农民工工资问题，切实保障农民工劳动报酬权益，维护社会公平正义，促进社会和谐稳定，根据有关规定，制定本办法。

第二条　本办法适用于对各省（区、市）人民政府及新疆生产建设兵团（以下统称各省级政府）保障农民工工资支付工作的年度考核。

第三条　考核工作在国务院领导下，由解决企业工资拖欠问题部际联席会议（以下简称部际联席会议）负责实施，部际联席会议办公室具体组织落实。考核工作从 2017 年到 2020 年，每年开展一次。

第四条　考核工作坚持目标导向、问题导向和结果导向，遵循客观公正原则，突出重点，注重实效。

第五条　考核内容主要包括加强对保障农民工工资支付工作的组织领导、建立健全工资支付保障制度、治理欠薪特别是工程建设领域欠薪工作成效等情况。

第六条　部际联席会议办公室组织部际联席会议各成员单位制定年度考核方案及细则，明确具体考核指标和分值。

第七条　考核工作于考核年度次年年初开始，4 月底前完成。按照以下步骤进行：

（一）省级自查。各省级政府对照考核方案及细则，对考核年度保障农民工工资支付工作进展情况和成效进行自查，填报自查考核表，形成自查报告，于 2 月底前报送部际联席会议办公室。各省级政府对自查报告真实性、准确性负责。

（二）实地核查。3 月底前，由部际联席会议办公室组织部际联席会议各成员单位组成考核组，采取抽查等方式，对省级政府考核年度保障农民工工资支付工作进展情况和成效进行实地核查，对相关考核指标进行评估。实地核查采取听取汇报、抽样调查、核验资料、明察暗访等方式进行。

（三）综合评议。部际联席会议办公室组织部际联席会议各成员单位根据各地自查情况，结合实地核查和社会治安综合治理、公安、信访等部门掌握的情况，进行考核评议，形成考核报告，报部际联席会议审议。

第八条 考核采取分级评分法，基准分为 100 分，考核结果分为 A、B、C 三个等级。

（一）符合下列条件的，考核等级为 A 级：

1. 领导重视、工作机制健全，各项工资支付保障制度完备、落实得力，工作成效明显；

2. 考核得分排在全国前十名。

（二）有下列情形之一的，考核等级为 C 级：

1. 保障农民工工资支付工作不力、成效不明显、欠薪问题突出，考核得分排在全国后三名的；

2. 发生 5 起及以上因拖欠农民工工资引发 50 人以上群体性事件，或发生 2 起及以上因政府投资工程项目拖欠农民工工资引发 50 人以上群体性事件的；

3. 发生 1 起及以上因拖欠农民工工资引发极端事件并造成严重后果的。

（三）考核等级在 A、C 级以外的为 B 级。

第九条 考核结果报经国务院同意后，由部际联席会议向各省级政府通报，并抄送中央组织部，作为对各省级政府领导班子和有关领导干部进行综合考核评价的参考。考核过程中发现需要问责的问题线索，移交纪检监察机关。

第十条 对考核等级为 A 级的，由部际联席会议予以通报表扬；对考核等级为 C 级的，由部际联席会议对该省级政府有关负责人进行约谈，提出限期整改要求。被约谈省级政府应当制定整改措施，并在被约谈后 2 周内提交书面报告，由部际联席会议办公室负责督促落实。

第十一条 对在考核工作中弄虚作假、瞒报谎报造成考核结果失实的，予以通报批评；情节严重的，依纪依法追究相关人员责任。

第十二条 各省级政府可参照本办法，结合本地区实际制定相关办法，加强对本地区各级政府保障农民工工资支付工作的考核。

第十三条 本办法由部际联席会议办公室负责解释，自印发之日起施行。

国务院关于探索建立涉农资金统筹整合长效机制的意见

（2017年12月8日　国发〔2017〕54号）

探索建立涉农资金统筹整合长效机制，是发挥财税体制改革牵引作用、推进农业供给侧结构性改革的重要途径，是加快农业现代化步伐和农村全面建成小康社会的有力保障。近年来，按照党中央、国务院决策部署，各地区、各有关部门探索推进涉农资金统筹整合，取得了积极进展。但涉农资金统筹整合仍面临一些问题和困难，涉农资金管理的体制机制性问题进一步凸显。为加强涉农资金统筹整合，探索建立长效机制，现提出如下意见。

一、总体要求

（一）指导思想。全面贯彻党的十九大精神，以习近平新时代中国特色社会主义思想为指导，认真落实党中央、国务院决策部署，统筹推进"五位一体"总体布局和协调推进"四个全面"战略布局，坚持稳中求进工作总基调，牢固树立和贯彻落实创新、协调、绿色、开放、共享的发展理念，遵循国家"三农"工作方针政策，紧紧围绕实施乡村振兴战略，将涉农资金统筹整合作为深化财税体制改革和政府投资体制改革的重要内容，优化财政支农投入供给，加强财政支农政策顶层设计，理顺涉农资金管理体系，创新涉农资金使用管理机制，改革和完善农村投融资体制，切实提升国家支农政策效果和支农资金使用效益。

（二）基本原则。

坚持问题导向。主要针对当前涉农资金多头管理、交叉重复、使用分散等问题，优化顶层设计，创新体制机制，完善政策措施，不断提高涉农资金使用效益。支持连片特困地区县和国家扶贫开发工作重点县把专项扶贫资金、相关涉农资金和社会帮扶资金捆绑集中使用。

坚持简政放权。深入推进涉农领域"放管服"改革，进一步推动审批权下放，赋予地方必要的统筹涉农资金的自主权，激励地方积极主动作为。加强事中事后监管，依法依规、有序有效推进涉农资金统筹整合。

坚持统筹协调。各方协作，上下联动，促进中央宏观指导和地方自主统筹的有机结合，推进合理划分农业领域中央与地方财政事权和支出责任，明晰部门职责关系，建立激励约束机制，充分调动各方积极性。

坚持分类施策。按照专项转移支付和基建投资（即预算内投资，下同）管理的职责分工，在中央、省、市、县等层级分类有序推进涉农资金统筹整合，对行业内涉农资金在预算编制环节进行源头整合，行业间涉农资金主要在预算执行环节进行统筹，加强行业内涉农资金整合与行业间涉农资金统筹的衔接配合。

（三）主要目标。到2018年，实现农业发展领域行业内涉农专项转移支付的统筹整合。到2019年，基本实现农业发展领域行业间涉农专项转移支付和涉农基建投资的分类统筹整合。到2020年，构建形成农业发展领域权责匹配、相互协调、上下联动、步调一致的涉农资金（涉农专项转移支付和涉农基建投资）统筹整合长效机制，并根据农业领域中央与地方财政事权和支出责任划分改革以及转移支付制度改革，适时调整完善。

二、推进行业内涉农资金整合

（四）归并设置涉农资金专项。中央涉农资金以党中央、国务院有关决策部署和相关法律法规为依据，根据预算法等相关规定按程序设立。进一步完善现行涉农资金管理体系，按照涉农专项转移支付和涉农基建投资两大类，对行业内交叉重复的中央涉农资金予以清理整合。中央层面构建涉农资金管理体系，其中涉农专项转移支付以农业生产发展、农业资源及生态保护、农村土地承包经营权确权登记颁证、动物防疫、农业综合开发、土地整治、林业生态保护恢复、林业改革发展、水利发展、大中型水库移民后期扶持、农业生产救灾及特大防汛抗旱等大专项为主体，涉农基建投资以重大水利工程、水生态及中小河流治理等其他水利工程、农村饮水安全巩固提升、重大水利项目勘察设计等前期工作、农业生产发展、农业可持续发展、现代农业支撑体系、森林资源培育、重点区域生态保护与修复、生态保护支撑体系、农村民生工程等大专项为主体。对清理整合后的涉农资金，进一步明确政策目标、扶持对象、补助标准、实施期限、绩效管理等。（财政部、国家发展改革委、国土资源部、水利部、农业部、国家林业局等负责，2019年基本完成并逐步完善）

（五）合理设定任务清单。中央涉农资金在建立大专项的基础上，实行“大专项＋任务清单”管理模式。有关部门根据各项涉农资金应当保障的政策内容设立任务清单。任务清单区分约束性任务和指导性任务，给予地方不同的整合权限，实施差别化管理。约束性任务主要包括党中央、国务院明确要求的涉及国计民生的事项、重大规划任务、新设试点任务以及农业生产救灾、对农牧民直接补贴等，其他任务为指导性任务。充分赋予地方自主权，允许地方在完成约束性任务的前提下，根据当地产业发展需要，区分轻重缓急，在同一大专项内调剂使用资金。任务清单按照专项转移支付、基建投资两大类，分别由财政部、国家发展改革委衔接平衡，并会同有关部门对任务清单定期开展评估，建立调整优化和退出机制，为最终形成中央领导、合理授权、依法规范、运转高效的财政事权和支出责任划分模式奠定实践基础。(财政部、国家发展改革委、国土资源部、水利部、农业部、国家林业局等负责,2019年基本完成并逐步完善)

(六)同步下达资金与任务清单。财政部、国家发展改革委按照专项转移支付、基建投资管理的职责分工,分别会同有关部门按照因素法、项目法等方式分配中央涉农资金,统筹考虑任务清单中各项任务的性质,不断完善涉农资金分配指标体系。加强资金分配与任务清单的衔接匹配,确保资金投入与任务相统一。以大专项为单位,实现涉农资金和任务清单集中同步下达。省级有关部门要组织完成约束性任务,因地制宜统筹安排指导性任务,进行细化分解,制定资金使用方案和任务完成计划,并分别报财政部、国家发展改革委和有关部门备案。进一步创新完善省级以下涉农资金管理体制,明确省级与市县级的责任分工,充分调动基层工作积极性。(财政部、国家发展改革委、国土资源部、水利部、农业部、国家林业局、地方人民政府等负责,2019年基本完成并逐步完善)

(七)建立与整合相适应的绩效评价制度。财政部、国家发展改革委要会同有关部门根据省级制定的资金使用方案、任务完成计划和绩效目标开展绩效考核,逐步建立以绩效评价结果为导向的涉农资金大专项和任务清单设置机制及资金分配机制。健全完善科学全面的绩效评价指标体系,逐步由单项任务绩效考核向行业综合绩效考核转变。建立健全奖励激励机制,对涉农资金统筹整合成效突出的地方在资金安排上予以适当倾斜。(财政部、国家发展改革委、国土资源部、水利部、农业部、国家林业局等负责,2019年基本完成并逐步完善)

三、推进行业间涉农资金统筹

(八)充分发挥规划的引领作用。地方各级人民政府要摸清涉农资金底数,根据财政收支形势等情况编制三年滚动财政规划和政府投资规划,并与国民经济和社会发展五年规划纲要及相关涉农专项规划进行衔接。对因地制宜搭建的各类涉农资金统筹整合平台,如支持农村一二三产业融合发展、推进适度规模经营、扶持小农户生产、支持特色优势产业发展等,要科学编制有关专项规划、区域规划,不断提升规划的适用性和可操作性,以规划引领涉农资金统筹使用和集中投入。(地方人民政府负责,2018年起持续推进)

(九)加强性质相同、用途相近的涉农资金统筹使用。针对多个部门安排的性质相同、用途相近的涉农资金,如各类支持高标准农田建设的资金等,加大预算执行环节的统筹协调力度。有关部门要建立部际会商机制,沟通资金流向,统一建设标准,完善支持方式,加强指导服务,为地方推进涉农资金统筹使用创造条件。地方可在确保完成目标任务的前提下，将各级财政安排的性质相同、用途相近的涉农资金纳入同一资金池，统一设计方案、统一资金拨付、统一组织实施、统一考核验收，形成政策合力，提升资金使用效益。财政部、国家发展改革委要会同有关部门及时总结地方在预算执行环节的统筹经验，进一步明确职责分工和资金用途，逐步实现同一工作事项按照部门职责分工由一个行业部门统筹负责。（财政部、国家发展改革委、国土资源部、水利部、农业部、国家林业局、地方人民政府等负责，2018 年起持续推进）

（十）促进功能互补、用途衔接的涉农资金集中投入。支持省、市、县级人民政府围绕改革任务、优势区域、重点项目等，按照“渠道不乱、用途不变、集中投入、各负其责、各记其功、形成合力”的原则，统筹安排各类功能互补、用途衔接的涉农资金。充分发挥地方特别是县级涉农资金统筹整合的主体作用，挖掘亮点典型，总结推广经验，自下而上完善涉农资金统筹整合体制机制。（财政部、国家发展改革委、国土资源部、水利部、农业部、国家林业局、地方人民政府等负责，2018 年起持续推进）

四、改革完善涉农资金管理体制机制

（十一）加强管理制度体系建设。继续对涉农资金管理制度进行清理、修订和完善，做到每一项涉农资金对应一个资金管理办法。加强现行各项管理制度的衔接，指导地方制定与中央涉农资金相对应的管理细则。各地在出台或修订相关管理制度时，要充分考虑中央关于涉农资金统筹整合的要求。切实加强制度培训和执行工作，确保涉农资金统筹整合取得实效。（财政部、国家发展改革委、国土资源部、水利部、农业部、国家林业局、地方人民政府等负责，2019 年基本完成并逐步完善）

（十二）进一步下放审批权限。有关部门要按照简政放权、放管结合、优化服务改革的总体要求，在做好宏观指导的基础上，统筹考虑项目投入、项目性质等因素，进一步下放涉农项目审批权限，赋予地方相机施策和统筹资金的自主权。强化地方人民政府特别是县级人民政府统筹使用涉农资金的责任，不断提高项目决策的自主性和灵活度。（财政部、国家发展改革委、国土资源部、水利部、农业部、国家林业局、地方人民政府等负责，2018 年起持续推进）

（十三）充实涉农资金项目库。依据国家“三农”工作方针政策和相关规划，编制政府投资项目三年滚动计划，加强各类涉农项目储备。完善项目论证、评审等工作流程，对相关项目库内项目实施动态管理。加强财政、发展改革和行业部门之间，中央和地方之间，年度之间项目库的衔接，归并重复设置的涉农项目。加快资金安排进度，适当简化、整合项目报建手续，健全完善考核措施，确保项目发挥效益。根据项目性质，采取投资补助、民办公助、贷款贴息等方式予以支持，不断提升涉农项目的公众参与度。（财政部、国家发展改革委、国土资源部、水利部、农业部、国家林业局、地方人民政府等负责，2018年起持续推进）

（十四）加强涉农资金监管。有关部门及地方各级人民政府要加强对涉农资金的监管，形成权责明确、有效制衡、齐抓共管的监管格局，防止借统筹整合名义挪用涉农资金。探索建立第三方评估体系，通过竞争择优的方式选择专家学者、研究机构等对涉农资金政策进行评估。完善决策程序，健全决策责任追究制度，对违反涉农资金统筹整合相关制度规定、造成涉农资金重大损失的，要对相关责任人予以问责。严肃查处违纪违法违规行为，及时追回被骗取、冒领、挤占、截留、挪用的涉农资金，依纪依法追究相关单位和责任人的责任。加强信用监管，对严重失信主体探索建立联合惩戒机制。（财政部、国家发展改革委、国土资源部、水利部、农业部、国家林业局、地方人民政府等负责，2018 年起持续推进）

（十五）加大信息公开公示力度。全面推进信息公开，健全公告公示制度。地方各级人民政府及有关部门在涉农资金的统筹整合方案决策前要听取各方意见，管理办法、资金规模、扶持范围、分配结果等应按规定向社会公开。利用互联网、大数据等信息化手段，探索实行"互联网+监管"新模式。推动县级建立统一的涉农资金信息公开网络平台。各地应结合涉农资金管理使用情况，明确不同层级公告公示的具体内容、时间要求和工作程序。建立健全村务监督机制，继续完善行政村公告公示制度。（财政部、国家发展改革委、国土资源部、水利部、农业部、国家林业局、地方人民政府等负责，2018 年起持续推进）

五、保障措施

（十六）加强组织领导。地方各级人民政府要高度重视，把涉农资金统筹整合工作摆在突出位置，切实承担主体责任，为推进统筹整合工作提供组织保障。建立政府统一领导、相关部门参与的涉农资金统筹整合领导小组及办公室，统一思想认识，加大协调力度，制定实施方案，狠抓工作落实。（地方人民政府负责，2018 年基本建成并持续加强领导）

（十七）加强部门协同。各有关部门要加强沟通配合，为推进涉农资金统筹整合工作提供机制保障。财政、发展改革部门要以资金、规划和任务清单管理为抓手，指导和支持涉农资金统筹整合。行业部门要科学设置、细化分解任务清单，做好任务落实和考核评价等工作。（财政部、国家发展改革委、国土资源部、水利部、农业部、国家林业局、地方人民政府等负责，2019 年基本完成并逐步完善）

（十八）鼓励探索创新。贫困县涉农资金统筹整合试点、黑龙江省"两大平原"涉农资金整合第二阶段试点、市县涉农资金整合优化试点、省级涉农资金管理改革试点和湖南省以高标准农田建设为平台开展涉农资金整合试点等相关试点，在试点期内，继续按相关规定实施。鼓励各地根据行业内资金整合与行业间资金统筹的工作思路，因地制宜开展多层级、多形式的涉农资金统筹整合，突破现有管理制度规定的，应按管理权限和程序报批或申请授权。在开展涉农资金统筹整合中涉及财政专项扶贫资金时，要遵循精准使用的原则，不得用于非建档立卡贫困户和非扶贫领域。地方各级人民政府可参照“大专项+任务清单”管理模式，在预算编制环节合理设置本级涉农资金大专项，探索实施任务清单差别化管理。（财政部、国家发展改革委、国土资源部、水利部、农业部、国家林业局、地方人民政府等负责，2018 年起持续推进）

（十九）加强舆论宣传。认真总结和推广各地区、各有关部门在涉农资金统筹整合中的好经验、好做法，加强信息报送和政策宣传，注重宣传的引导性和时效性，努力营造全社会关心、支持涉农资金统筹整合的新局面。（财政部、国家发展改革委、国土资源部、水利部、农业部、国家林业局、地方人民政府等负责，2018 年起持续推进）

国务院关于在北京市暂时调整有关行政审批和准入特别管理措施的决定

（2017 年 12 月 10 日　国发〔2017〕55 号）

根据《国务院关于深化改革推进北京市服务业扩大开放综合试点工作方案的批复》（国函〔2017〕86 号），国务院决定，即日起至 2018 年 5 月 5 日，在北京市暂时调整下列行政法规、经国务院批准的部门规章规定的行政审批和准入特别管理措施：

暂时调整《营业性演出管理条例》第十条、《娱乐场所管理条例》第六条、《中华人民共和国外资银行管理条例》第三十四条、《外商投资民用航空业规定》第三条、《外商投资产业指导目录》中“禁止外商投资产业目录”第 22 项规定的有关行政审批和资质要求、股比限制、经营范围限制等准入特别管理措施（目录附后）。

国务院有关部门、北京市人民政府要根据上述调整，及时对本部门、本市制定的规章和规范性文件作相应调整，建立与试点工作相适应的管理制度。

北京市服务业扩大开放综合试点期满，国务院将根据实施情况对本决定的内容进行调整。

附件

国务院决定在北京市暂时调整有关行政法规和经国务院批准的部门规章规定的行政审批和准入特别管理措施目录

序号	行政法规和经国务院批准的部门规章的有关规定	调整实施情况
1	《营业性演出管理条例》 第十条第一款、第二款:外国投资者可以与中国投资者依法设立中外合资经营、中外合作经营的演出经纪机构、演出场所经营单位;不得设立中外合资经营、中外合作经营、外资经营的文艺表演团体,不得设立外资经营的演出经纪机构、演出场所经营单位。 设立中外合资经营的演出经纪机构、演出场所经营单位,中国合营者的投资比例应当不低于51%;设立中外合作经营的演出经纪机构、演出场所经营单位,中国合作者应当拥有经营主导权。	选择文化娱乐业聚集的特定区域,允许外商投资设立演出场所经营单位,不设投资比例的限制。
2	《娱乐场所管理条例》 第六条:外国投资者可以与中国投资者依法设立中外合资经营、中外合作经营的娱乐场所,不得设立外商独资经营的娱乐场所。	选择文化娱乐业聚集的特定区域,允许外商投资设立娱乐场所,不设投资比例的限制。
3	《中华人民共和国外资银行管理条例》 第三十四条第一款第一项:外资银行营业性机构经营本条例第二十九条或者第三十一条规定业务范围内的人民币业务的,应当具备下列条件,并经国务院银行业监督管理机构批准: (一)提出申请前在中华人民共和国境内开业1年以上;	研究允许新设或改制成立的外商独资银行、中外合资银行或者外国银行分行在提交开业申请时可以同时申请人民币业务。
4	《外商投资民用航空业规定》 第三条:外商投资民航业范围包括民用机场、公共航空运输企业、通用航空企业和航空运输相关项目……	允许外商投资航空运输销售代理企业。
5	《外商投资产业指导目录》 禁止外商投资产业目录 22.音像制品和电子出版物的编辑、出版、制作业务	允许外商投资音像制品制作业务(限于在北京国家音乐产业基地、中国北京出版创意产业园区、北京国家数字出版基地内开展合作,中方应掌握经营主导权和内容终审权)。

国务院办公厅关于推进公共资源配置领域政府信息公开的意见

（2017年12月19日　国办发〔2017〕97号）

按照党中央、国务院决策部署和《中共中央办公厅 国务院办公厅印发〈关于全面推进政务公开工作的意见〉的通知》等文件要求，为进一步推进公共资源配置领域政府信息公开，经国务院同意，现提出如下意见。

一、指导思想

全面贯彻党的十九大精神，坚持以习近平新时代中国特色社会主义思想为指导，统筹推进“五位一体”总体布局和协调推进“四个全面”战略布局，牢固树立和贯彻落实创新、协调、绿色、开放、共享的发展理念，不断推进国家治理体系和治理能力现代化，按照党中央、国务院关于全面推进政务公开工作的重要部署要求，推进公共资源配置决策、执行、管理、服务、结果公开，扩大公众监督，增强公开实效，努力实现公共资源配置全流程透明化，不断提高公共资源使用效益，维护企业和群众合法权益，为稳增长、促改革、调结构、惠民生、防风险作出贡献，促进经济社会持续健康发展。

二、主要任务

本意见所称公共资源配置，主要包括保障性安居工程建设、保障性住房分配、国有土地使用权和矿业权出让、政府采购、国有产权交易、工程建设项目招标投标等社会关注度高，具有公有性、公益性，对经济社会发展、民生改善有直接、广泛和重要影响的公共资源分配事项。各地区、各部门要根据区域、行业特点，进一步明确本地区、本行业公共资源配置信息公开范围，细化公开事项、内容、时限、方式、责任主体、监督渠道等，纳入主动公开目录清单。

（一）突出公开重点。

1.住房保障领域。在项目建设方面，主要公开城镇保障性安居工程规划建设方案、年度建设计划信息（包括建设计划任务量、计划项目信息、计划户型）、建设计划完成情况信息（包括计划任务完成进度、已开工项目基本信息、已竣工项目基本信息、配套设施建设情况）、农村危房改造相关政策措施执行情况信息（包括农村危房改造政策、对象认定过程、补助资金分配、改造结果）；在住房分配方面，主要公开保障性住房分配政策、分配对象、分配房源、分配程序、分配过程、分配结果等信息。

2. 国有土地使用权出让领域。主要公开土地供应计划、出让公告、成交公示、供应结果等信息。

3. 矿业权出让领域。主要公开出让公告公示、审批结果信息、项目信息等信息。

4. 政府采购领域。主要公开采购项目公告、采购文件、采购项目预算金额、采购结果、采购合同等采购项目信息，财政部门作出的投诉和监督检查等处理决定、对集中采购机构的考核结果，违法失信行为记录等监督处罚信息。

5. 国有产权交易领域。除涉及商业秘密外，主要公开产权交易决策及批准信息、交易项目信息、转让价格、交易价格、相关中介机构审计结果等信息。

6. 工程建设项目招标投标领域。主要公开依法必须招标项目的审批核准备案信息、市场主体信用等信息。除涉及国家秘密、商业秘密外，招标公告（包括招标条件、项目概况与招标范围、投标人资格要求、招标文件获取、投标文件递交等）、中标候选人（包括中标候选人排序、名称、投标报价、工期、评标情况、项目负责人、个人业绩、有关证书及编号、中标候选人在投标文件中填报的资格能力条件、提出异议的渠道和方式等）、中标结果、合同订立及履行等信息都应向社会公布。

（二）明确公开主体。

按照“谁批准、谁公开，谁实施、谁公开，谁制作、谁公开”的原则，公共资源配置涉及行政审批的批准结果信息由审批部门负责公开；公共资源项目基本信息、配置（交易）过程信息、中标（成交）信息、合同履约信息由管理或实施公共资源配置的国家机关、企事业单位按照掌握信息的情况分别公开。此外，探索建立公共资源配置“黑名单”制度，逐步把骗取公共资源等不良行为的信息纳入“黑名单”，相关信息由负责管理的部门分别公开。

（三）拓宽公开渠道。

充分发挥政府网站第一平台作用，及时发布公共资源配置领域各类信息，畅通依申请公开渠道。积极利用政务微博微信、新闻媒体、政务客户端等拓宽信息公开渠道，开展在线服务，提升用户体验。构建以全国公共资源交易平台为枢纽的公共资源交易数据共享平台体系，推动实现公共资源配置全流程透明化，各类依法应当公开的公共资源交易公告、资格审查结果、交易过程信息、成交信息、履约信息以及有关变更信息等在指定媒介发布后，要与相应的公共资源交易平台实现信息共享，并实时交互至全国公共资源交易平台汇总发布。公共资源配置领域的信用信息要同时交互至全国信用信息共享平台，并依托“信用中国”网站及时予以公开。要把公共资源交易平台与其他政务信息系统进行整合共享，实现公共资源配置信息与其他政务信息资源共享衔接。

（四）强化公开时效。

坚持以公开为常态、不公开为例外，公共资源配置过程中产生的政府信息，除涉及国家秘密、商业秘密等内容外，应依法及时予以公开。确定为主动公开的信息，除法律法规另有规定外，要严格按照《中华人民共和国政府信息公开条例》规定，自政府信息形成或变更之日起 20 个工作日内予以公开，行政许可、行政处罚事项应自作出行政决定之日起 7 个工作日内上网公开。对于政府信息公开申请，要严格按照法定时限和理由予以答复。

三、保障措施

（一）强化组织领导。

各级政府和有关部门要高度重视公共资源配置领域的政府信息公开工作，加强组织领导，狠抓任务落实，以此作为深化政务公开工作的有效抓手。各级政府要建立健全协调机制，明确分工，夯实责任，政府办公厅（室）作为组织协调部门，要会同发展改革、工业和信息化、财政、国土资源、环保、住房城乡建设、交通运输、水利、农业、商务、卫生计生、审计、国有资产监督管理、税务、林业、铁路、民航等部门以及公共资源交易相关监管机构，提出明确工作目标和具体工作安排，认真组织实施并做好政务舆情监测和回应，确保任务逐项得到落实。

（二）加强监督检查。

各级政府要定期对公共资源配置领域政府信息公开工作进行检查，主要包括政府信息公开情况、公开时效、交易平台掌握信息报送和公开情况等。各有关部门每年要将本领域工作进展情况报同级政务公开主管部门，并在政府信息公开年度报告中公布，接受社会公众、新闻媒体的监督。

（三）做好考核评估。

地方各级政府要按照政务公开工作绩效考核相关规定，把公共资源配置领域政府信息公开工作纳入政务公开工作绩效考核范围，加大考核力度，并探索引入第三方评估机制，推动工作有效开展。建立健全激励约束机制，对未按照相关规定和要求履行公开职责的，要通报批评，并在年度考核中予以体现；对工作成效突出的，给予通报表扬。

国务院关于环境保护税收入归属问题的通知

（2017 年 12 月 22 日　国发〔2017〕56 号）

《中华人民共和国环境保护税法》已由第十二届全国人民代表大会常务委员会第二十五次会议于 2016 年 12 月 25 日通过，自 2018 年 1 月 1 日起施行。《中华人民共和国环境保护税法》第二条规定，在中华人民共和国领域和中华人民共和国管辖的其他海域，直接向环境排放应税污染物的企业事业单位和其他生产经营者为环境保护税的纳税人，应当依法缴纳环境保护税。为促进各地保护和改善环境、增加环境保护投入，国务院决定，环境保护税全部作为地方收入。

国务院部门规章

进出口工业品风险管理办法

（2017年3月6日国家质量监督检验检疫总局令第188号公布
自2017年4月1日起施行　国法备字[2017001587]）

第一章　总　　则

第一条　为了加强进出口工业品质量安全风险管理，促进贸易便利化，根据《中华人民共和国进出口商品检验法》及其实施条例、《中华人民共和国食品安全法》及其实施条例等法律法规的规定，制定本办法。

第二条　本办法适用于对进出口工业品的风险信息收集、风险信息评估、风险预警及快速反应和监督管理等工作。

本办法不适用于食品、化妆品、动植物产品的风险管理工作。

第三条　本办法所称风险即质量安全风险，是指进出口工业品对人类健康和安全、动植物生命和健康、环境保护、国家安全以及对进出口贸易有关各方合法权益造成危害的可能和程度。本办法所称风险信息，是指进出口工业品在安全、卫生、环境保护、健康、反欺诈等方面形成或者可能形成的系统性、区域性危害或者影响，以及为限制、减少或者消除上述危害或者影响需要进行收集、评估、处置的进出口工业品质量安全方面的信息。

本办法所称生产经营者，是指进口工业品的收货人及其代理人，出口工业品的生产企业、发货人及其代理人等。

第四条　国家质量监督检验检疫总局（以下简称国家质检总局）统一管理全国进出口工业品风险信息收集、风险信息评估、风险预警及快速反应工作。

国家质检总局设在各地的出入境检验检疫部门（以下简称"检验检疫部门"）负责辖区内进出口工业品风险信息收集、风险信息评估、风险预警及快速反应工作。

第五条　国家质检总局指定符合规定资质条件的技术机构承担进出口工

业品风险信息国家监测工作(以下简称国家监测中心),对特定时段、特定区域内的特定工业品进行风险信息的收集、评估,并提出相应的风险处置建议。

第六条 国家质检总局建立进出口工业品质量安全风险预警平台(以下简称风险预警平台),依托E-CIQ主干系统,应用信息化技术,收集和发布进出口工业品风险信息。

第七条 进出口工业品生产经营者应当建立进出口工业品风险追溯体系,保证进出口工业品质量安全,接受社会监督,承担社会责任。

第二章 风险信息收集

第八条 进出口工业品风险信息的来源可以包括:进出口检验监管信息、进出口认证监管信息、检验检测机构提供的信息、境外通报召回信息、出口退运信息、抽查检验信息、各级政府部门及行业协会通报信息、境外政府部门通报信息、医院伤害报告信息、交通事故信息、消防事故信息、产品安全事故信息、技术法规标准信息、媒体舆情信息、生产经营者报告信息、消费者投诉信息以及其它风险信息。

第九条 任何组织或者个人可以向国家质检总局、检验检疫部门或者国家监测中心实名提供有关进出口工业品风险信息。

第十条 进出口工业品的生产经营者应当建立风险信息报告制度。发现产品存在风险时,应当及时向国家质检总局、检验检疫部门或者国家监测中心报告相关风险信息。

检验检测机构开展进出口工业品检验检测业务的,应当建立风险报告机制。发现进出口工业品存在风险时,应当及时向国家质检总局、检验检疫部门或者国家监测中心报告相关风险信息。

第十一条 国家质检总局、检验检疫部门和国家监测中心对收集的风险信息进行调查核实,按照规定录入风险预警平台。国家质检总局和检验检疫部门可以委托符合规定资质条件的技术机构(以下简称技术机构)实施。

第三章 风险信息评估

第十二条 国家质检总局、检验检疫部门可以委托技术机构或者组建专家小组对进出口工业品风险信息进行评估。

第十三条 技术机构、专家小组应当在规定时间内运用国际通行的规则完成风险评估工作,得出风险评估结果,出具书面报告。

书面报告应当包括：风险评估的方法、风险类别、等级、危害、范围、残余风险、风险处置建议等内容。

第十四条 产品风险发生重大变化时，做出评估的国家质检总局、检验检疫部门或者国家监测中心应当及时组织对产品风险进行重新评估。

第四章 风险处置

第十五条 国家质检总局或者检验检疫部门依照职责对风险评估报告进行研判，根据研判结论作出风险处置决定。需要采取风险预警措施和快速反应措施的，确定并实施相应的措施。

第十六条 风险预警措施包括：

（一）向相关检验检疫部门发布风险警示通报；

（二）向生产经营者、相关机构发布风险警示通告，提醒或者通知其及时采取措施，消减风险；

（三）发布风险警示公告，确定对进出口工业品的风险和危害的强制性措施，提醒消费者和使用者警惕涉及进出口工业品的风险和危害。

第十七条 快速反应措施包括：

（一）调整检验监管模式；

（二）责令生产经营者对存在风险的进出口工业品实施退运或者销毁、停止进出口、停止销售和使用或者召回；

（三）按照有关法律法规的规定，对存在风险的进出口工业品实施查封或者扣押；

（四）组织调查特定时间段中，同类产品、相关行业或者关联区域内的产品质量安全状况；

（五）通报有关部门和机构，并提出协同处置的建议。

第十八条 紧急情况下，国家质检总局可以参照国际通行做法，对不确定的进出口工业品风险，按照本办法第十六、十七条规定采取风险预警或者快速反应措施。

第十九条 当风险发生变化时，国家质检总局或者检验检疫部门应当及时调整所采取的风险预警和快速反应措施。

第二十条 检验检疫部门应当将采取的风险预警和快速反应措施报告上一级检验检疫部门备案。

第二十一条 风险预警和快速反应措施规定有实施期限的，期满后风险预警和快速反应措施自动解除。

风险预警和快速反应措施实施期限内,风险已经不存在或者已经降低到适当程度时,国家质检总局或者检验检疫部门应当主动或者根据生产经营者的申请解除风险预警和快速反应措施。

生产经营者申请解除风险预警和快速反应措施时,应当提交风险消减评价报告。接受申请的部门应当对提交的风险消减报告的真实性、符合性进行评估。

第二十二条 生产经营者明知其产品已经或者可能存在风险时,应当履行以下义务:

(一)实施风险消减措施;

(二)及时向利益相关方通报真实情况和采取的风险消减措施;

(三)及时向国家质检总局或者检验检疫部门报告采取的风险消减措施及实施结果;

(四)积极配合国家质检总局或者检验检疫部门进行的风险信息调查和风险消减措施的监督。

第五章 监督管理

第二十三条 国家质检总局或者检验检疫部门可以委托技术机构或者组建专家小组对下列事项进行评估:

(一)已采取的风险预警和快速反应措施;

(二)生产经营者采取的风险消减措施。

第二十四条 当进出口工业品存在风险,生产经营者未及时采取消减措施的,国家质检总局或者检验检疫部门可以对其法定代表人或者主要责任人进行责任约谈。

检验检疫部门未及时发现进出口工业品系统性风险,未及时消除辖区内风险的,国家质检总局或者上级检验检疫部门可以对其主要负责人进行责任约谈。

第二十五条 进出口工业品风险预警及快速反应管理工作应当遵守保密规定。需要对外发布的信息应当按照国家质检总局相关规定予以公布。

第二十六条 国家质检总局、检验检疫部门和国家监测中心对收到的进出口工业品风险信息进行分类、归档、统计,并做好风险信息的档案管理工作。

进出口工业品风险信息档案保存期限为3年。涉及重大案件、典型案例等事项的档案,做长期或者永久保存。

第六章　法律责任

第二十七条　生产经营者违反本办法规定,有下列情形之一的,国家质检总局、检验检疫部门可以责令其改正;拒不改正,且造成严重后果的,可以处3万元以下的罚款:

(一)明知其产品存在风险未主动向国家质检总局、检验检疫部门报告相关信息,或者存在瞒报、漏报的;

(二)不配合国家质检总局或者检验检疫部门实施风险预警和快速反应措施或者对其风险消减措施实施监督管理的;

(三)未及时实施退运、销毁、停止进出口、停止销售和使用、召回等风险消减措施或者因措施不当未有效控制风险的;

(四)未向利益相关方通报真实情况以及风险消减措施的。

第二十八条　技术机构、专家小组应当提交客观、真实、准确的评估报告,对提供虚假报告或者篡改评估结果的机构或者个人,依法追究责任。

第二十九条　检验检测机构应当出具真实客观的报告。对提供虚假信息或者瞒报信息的机构,依法追究责任。

第三十条　检验检疫部门工作人员应当秉公执法、忠于职守,不得滥用职权、玩忽职守、徇私舞弊。对违法失职的,依法追究责任。

第七章　附　　则

第三十一条　本办法由国家质检总局负责解释。

第三十二条　本办法自2017年4月1日起施行。

司法部关于修改《取得国家法律职业资格的台湾居民在大陆从事律师职业管理办法》的决定

（2017 年 9 月 21 日司法部令第 136 号公布　自 2017 年 11 月 1 日起施行　国法备字［2018000001］）

为了推进大陆与台湾交流合作、密切两岸人员往来、深化两岸经济社会融合发展和维护两岸同胞合法权益，决定对《取得国家法律职业资格的台湾居民在大陆从事律师职业管理办法》作如下修改：

一、将第三条第一款修改为："台湾居民获准在大陆律师事务所执业，可以担任法律顾问、代理、咨询、代书等方式从事大陆非诉讼法律事务，也可以担任诉讼代理人的方式代理涉台民事案件，代理涉台民事案件的范围由司法部以公告方式作出规定。"

二、将第四条第二款修改为："台湾居民在大陆律师事务所实习，应当按照规定参加集中培训和实务训练，实务训练以办理非诉讼法律事务及代理有关涉台民事案件的训练为主，并遵守有关实习规定和纪律。"

三、本决定自 2017 年 11 月 1 日起施行。

《取得国家法律职业资格的台湾居民在大陆从事律师职业管理办法》（司法部令第 115 号发布）根据本决定作相应修正，重新发布。

取得国家法律职业资格的台湾居民在大陆从事律师职业管理办法

（2008 年 12 月 12 日司法部令第 115 号发布　根据 2017 年 9 月 21 日司法部令第 136 号修正）

第一条　为规范取得国家法律职业资格的台湾居民在大陆从事律师职业的活动及管理，根据《中华人民共和国律师法》（以下简称《律师法》）及《律师执业管理办法》的有关规定，制定本办法。

第二条 参加国家司法考试合格，取得《中华人民共和国法律职业资格证书》的台湾居民，可以依法在大陆申请律师执业。

台湾居民在大陆申请律师执业，还应当符合《律师法》规定的其他条件。

第三条 台湾居民获准在大陆律师事务所执业，可以担任法律顾问、代理、咨询、代书等方式从事大陆非诉讼法律事务，也可以担任诉讼代理人的方式代理涉台民事案件，代理涉台民事案件的范围由司法部以公告方式作出规定。

台湾居民在大陆律师事务所执业，应当遵守国家法律、法规和规章，恪守律师职业道德和执业纪律，接受大陆司法行政机关的监督和管理，接受大陆律师协会的行业管理。

第四条 台湾居民在大陆申请律师执业的，应当根据《律师法》、《律师执业管理办法》和中华全国律师协会制定的《申请律师执业人员实习管理规则》的规定，在大陆律师事务所参加为期一年的实习，并经当地地方律师协会考核合格。

台湾居民在大陆律师事务所实习，应当按照规定参加集中培训和实务训练，实务训练以办理非诉讼法律事务及代理有关涉台民事案件的训练为主，并遵守有关实习规定和纪律。

接收台湾居民实习的律师事务所应当指派擅长办理相关业务的律师指导实务训练。一名指导律师只能指导一名台湾居民实习。

台湾居民实习，应当确保参加实习的时间。因故暂停实习的时间最长不得超过三个月，并应当由接收实习的律师事务所将其暂停实习的原因和时间报所在地地市级律师协会备案。

第五条 台湾居民申请律师执业，应当根据《律师法》和《律师执业管理办法》的有关规定，向设区的市级或者直辖市的区（县）司法行政机关提出申请，并提交与申请执业相关的证明材料。

台湾居民申请律师执业，提交的身份证明和其他在台湾地区出具的证明材料应当经台湾地区的公证机构公证，同时还应当书面说明是否具有台湾、香港、澳门地区或者外国律师资格以及是否受聘于台湾、香港、澳门地区或者外国律师事务所的情况。

第六条 台湾居民申请律师执业，由设区的市级或者直辖市的区（县）司法行政机关受理申请，并进行初审，报省、自治区、直辖市司法行政机关审核，作出是否准予执业的决定。具体许可程序，根据《律师法》和《律师执业管理办法》的规定办理。

第七条 台湾居民获准在大陆执业的，由准予其执业的省、自治区、直辖市司法行政机关自颁发律师执业证书之日起三十日内,将准予执业的决定及相关材料报司法部备案。

第八条 台湾居民在大陆律师事务所执业,依法享有大陆律师相应的执业权利,履行相应的律师义务。

第九条 获准执业的台湾居民,只能在一个大陆律师事务所执业,不得同时受聘于外国律师事务所驻华代表机构或者香港、澳门律师事务所驻内地代表机构。

第十条 获准执业的台湾居民,符合规定条件的,可以成为大陆律师事务所的合伙人。

第十一条 获准执业的台湾居民,应当加入大陆律师协会,享有会员的权利,履行会员的义务,参加大陆律师协会组织的业务培训和交流活动。

第十二条 获准执业的台湾居民,有违反《律师法》、《律师执业管理办法》和本办法规定的行为的,依法给予相应的行政处罚;有违反律师职业道德和执业纪律行为的,给予相应的行业惩戒。

第十三条 在实行国家司法考试前已取得大陆律师资格的台湾居民,在大陆申请律师执业的,依照本办法办理。

第十四条 本办法自 2009 年 1 月 1 日起施行。

野生动物及其制品价值评估方法

(2017 年 11 月 1 日国家林业局令第 46 号公布　自 2017 年 12 月 15 日起施行　国法备字[2017001501])

第一条 为了规范野生动物及其制品价值评估标准和方法,根据《中华人民共和国野生动物保护法》第五十七条规定,制定本方法。

第二条 《中华人民共和国野生动物保护法》规定的猎获物价值、野生动物及其制品价值的评估活动,适用本方法。

本方法所称野生动物,是指陆生野生动物的整体(含卵、蛋);所称野生动物制品,是指陆生野生动物的部分及其衍生物,包括产品。

第三条 国家林业局负责制定、公布并调整《陆生野生动物基准价值标准目录》。

第四条 野生动物整体的价值,按照《陆生野生动物基准价值标准目录》所列该种野生动物的基准价值乘以相应的倍数核算。具体方法是:

（一）国家一级保护野生动物，按照所列野生动物基准价值的十倍核算；国家二级保护野生动物，按照所列野生动物基准价值的五倍核算；

（二）地方重点保护的野生动物和有重要生态、科学、社会价值的野生动物，按照所列野生动物基准价值核算。

两栖类野生动物的卵、蛋的价值，按照该种野生动物整体价值的千分之一核算；爬行类野生动物的卵、蛋的价值，按照该种野生动物整体价值的十分之一核算；鸟类野生动物的卵、蛋的价值，按照该种野生动物整体价值的二分之一核算。

第五条 野生动物制品的价值，由核算其价值的执法机关或者评估机构根据实际情况予以核算，但不能超过该种野生动物的整体价值。但是，省级以上人民政府林业主管部门对野生动物标本和其他特殊野生动物制品的价值核算另有规定的除外。

第六条 野生动物及其制品有实际交易价格的，且实际交易价格高于按照本方法评估的价值的，按照实际交易价格执行。

第七条 人工繁育的野生动物及其制品的价值，按照同种野生动物及其制品价值的百分之五十执行。

人工繁育的列入《人工繁育国家重点保护野生动物名录》的野生动物及其制品的价值，按照同种野生动物及其制品价值的百分之二十五执行。

第八条 《濒危野生动植物种国际贸易公约》附录所列在我国没有自然分布的野生动物，已经国家林业局核准按照国家重点保护野生动物管理的，该野生动物及其制品的价值按照与其同属、同科或者同目的国家重点保护野生动物的价值核算。

《濒危野生动植物种国际贸易公约》附录所列在我国没有自然分布的野生动物、未经国家林业局核准的，以及其他没有列入《濒危野生动植物种国际贸易公约》附录的野生动物及其制品的价值，按照与其同属、同科或者同目的地方重点保护野生动物或者有重要生态、科学、社会价值的野生动物的价值核算。

第九条 本方法施行后，新增加的重点保护野生动物和有重要生态、科学、社会价值的野生动物，尚未列入《陆生野生动物基准价值标准目录》的，其基准价值按照与其同属、同科或者同目的野生动物的基准价值核算。

第十条 本方法自 2017 年 12 月 15 日起施行。

附件

陆生野生动物基准价值标准目录

类群		基准价值(元)	备注
哺乳纲	MAMMALIA		
食虫目	INSECTIVORA		
猬科 所有种	Erinaceidea	200	
鼹科 所有种	Talpidae	100	
鼩鼱科 所有种	Soricinae	100	
攀鼩目	SCANDENTIA		
树鼩科 所有种	Tupaiidae	100	
翼手目 所有种	CHIROPTERA	50	
带甲目	CINGULATA		
犰狳科 所有种	Dasypodidae	1000	
脊尾袋鼠目	DASYUROMORPHIA		
袋鼬科 所有种	Dasyuridae	150	
袋狼科 所有种	Thylacinidae	200	
袋貂目	DIPROTODONTIA		
硕袋鼠科 所有种	Macropodidae	150	
泊托袋鼠科 所有种	Potoroidae	150	
袋熊科 所有种	Vombatidae	200	
灵长目	PRIMATES		
蛛猴科 所有种	Atelidae	300	
鼠狐猴科 所有种	Cheirogaligidae	300	
狐猴科 所有种	Lemuridae	400	
嬉猴科 所有种	Lepilemuridae	400	
大狐猴科 所有种	Indriidae	450	
指猴科 所有种	Daubentoniidae	500	
眼镜猴科 所有种	Tarsiidae	500	

续表

类群		基准价值(元)	备注
狨科 所有种	Callithrichidae	500	
卷尾猴科 所有种	Cebidae	500	
夜猴科 所有种	Aotidae	300	
懒猴科	Lorisidae		
蜂猴属	Nycticebus	2000	
其他所有属		1000	
猴科	Cercopithecidae		
猕猴属	Macaca	2000	
叶猴属	Presbytis	15000	
仰鼻猴属	Rhinopithecus	50000	
白臀叶猴属	Pygathrix	15000	
其他所有属		2000	
长臂猿科 所有种	Hylobatidae	50000	
人科	Hominidae		
猩猩属	Pango	50000	
黑猩猩属	Pan	50000	
大猩猩属	Gorilla	50000	
长鼻目	PROBOSCIDEA		
象科	Elephantidae		
亚洲象	Elephas maximus	200000	
非洲象	Loxodonta africana	100000	
鳞甲目	PHOLIDOTA		
穿山甲科 所有种	Manidae	8000	
长毛目	PILOSA		
树懒科 所有种	Bradypodidae	300	
二趾树懒科 所有种	Megalonychidae	300	
食蚁兽科 所有种	Myrmecophagidae	500	

续表

类群		基准价值(元)	备注
食肉目	CARNIVORA		
犬科	Canidae		
豺属	Cuon	1500	
其他所有属		800	
食蚁狸科 所有种	Eupleridae	1000	
熊科	Ursidae		
懒熊属	Melursus	2000	
眼镜熊属	Tremarctos	2000	
棕熊属	Ursus	8000	
黑熊属	Selenarctos	8000	
马来熊属	Helaratis	10000	
大熊猫科	Ailuropodidae		
大熊猫	Ailuropoda melanoleuca	500000	
小熊猫科	Ailuridae		
小熊猫	Ailurus fulgens	8000	
臭鼬科 所有种	Mephitidae	500	
鼬科 所有种	Mustelidae	800	
浣熊科 所有种	Procyonidae	500	
灵猫科 所有种	Viverridae	1200	
獴科 所有种	Herpestidae	1000	
鬣狗科 所有种	Hyaenidae	500	
猫科	Felidae		
豹属	Panthera		
虎	Panthera tigris	100000	
豹	Panthera pardus	50000	
其他所有种		15000	
雪豹属	Uncia	50000	

续表

类群		基准价值(元)	备注
云豹属	Neofelis	30000	
猎豹属	Acinonyx	10000	
其他所有属		1500	
奇蹄目	PERISSODACTYLA		
犀科	Rhinocerotidae		
白犀	Ceratotherium simum	100000	
其他所有种		200000	
貘科 所有种	Tapiridae	5000	
马科 所有种	Equidae	60000	
偶蹄目	ARTIODACTLA		
猪科 所有种	Suidae	500	
骆驼科	Camelidae		
骆驼属	Camelus	50000	
小羊驼属	Lama	5000	
鼷鹿科 所有种	Tragulidae	2000	
麝科 所有种	Moschidae	3000	
鹿科 所有种	Cervidae	3000	
河马科 所有种	Hippopotamidae	3000	
牛科	Bovidae		
野牛属	Bos	50000	
山羊属	Capra	10000	
鬣羚属	Capricornis	10000	
羚羊属	Gazella	5000	
原羚属	Procapra		
普氏原羚	Procapra przewalskii	20000	
其他所有种		5000	
藏羚属	Pantholops	50000	

续表

类群		基准价值(元)	备注
高鼻羚羊属	Saiga	20000	
羚牛属	Budorcas	50000	
斑羚属	Naemorhedus	10000	
塔尔羊属	Hemitragus	10000	
岩羊属	Pseudois	5000	
盘羊属	Ovis	10000	
其他所有属		3000	
啮齿目	RODENTIA		
毛丝鼠科 所有种	Chinchillidae	20	
兔豚鼠科 所有种	Cuniculidae	20	
美洲豪猪科 所有种	Erethizontidae	300	
松鼠科	Sciuridae		
巨松鼠属	Ratufa	300	
其他所有属		150	
河狸科 所有种	Castoridae	500	
仓鼠科 所有种	Cricetidae	50	
鼠科 所有种	Muridae	50	
刺山鼠科 所有种	Platacanthomyidae	50	
竹鼠科	Rhizomyidae		
小竹鼠属	Cannomys	200	
竹鼠属	Rhizomys	200	
睡鼠科 所有种	Myoxidae	50	
跳鼠科 所有种	Dipodidae	50	
豪猪科 所有种	Hystricidae	500	
树鼩目	SCANDENTIA		
树鼩科 所有种	Upaiidae	80	
羽尾树鼩科 所有种	Ptilocercidae	80	

续表

类群		基准价值(元)	备注
兔形目	LAGOMORPHA		
鼠兔科 所有种	Ochotonidae	80	
兔科 所有种	Leporidae	80	
单孔目	MONOTREMATA		
针鼹科 所有种	Tachyglossidae	200	
袋狸目	PERAMELEMORPHIA		
豚足袋狸科 所有种	Chaeropodidae	200	
袋狸科 所有种	Peramelidae	200	
兔袋狸科 所有种	Thylacomyidae	200	
鸟纲	AVES		
潜鸟目 所有种	GAVIIFORMES	200	
䴙䴘目 所有种	PODICIPEDIFORMES	200	
鹱形目	PROCELLARIIFORMES		
信天翁科 所有种	Diomedeidae	300	
鹱科 所有种	Procellariidae	100	
海燕科 所有种	Hydrobatidae	100	
鹈形目	PELECANIFORMES		
鹲科 所有种	Phaethontidae	200	
鹈鹕科 所有种	Pelecanidae	1000	
鲣鸟科 所有种	Sulidae	400	
鸬鹚科 所有种	Phalacrocoracidae	600	
军舰鸟科 所有种	Fregatidae	200	
鹳形目	CICONIFORMES		
鹭科 所有种	Ardeidae	500	
鹳科	Ciconiidae		
东方白鹳	Ciconia boyciana	10000	
黑鹳	Ciconia nigra	10000	

续表

类群		基准价值(元)	备注
其他所有种		2000	
鹮科	Threskiornithidae	10000	
朱鹮	Nipponia nippon	100000	
黑脸琵鹭	Platalea minor	15000	
其他所有种		5000	
鲸头鹳科 所有种	Balaenicipitidae	5000	
红鹳目	PHOENICOPTERIFORMES		
红鹳科 所有种	Phoenicopteridae	8000	
雁形目	ANSERIFORMES		
鸭科	Anatidae		
中华秋沙鸭	Mergus squamatus	10000	
天鹅属 所有种	Cygnus spp.	3000	
其他所有种		500	
隼形目	FALCONIFORMES		
鹰科	Accipitridae		
金雕	Aquila chrysaetos	8000	
虎头海雕	Haliaeetus pelagicus	8000	
白尾海雕	Haliaeetus albicilla	8000	
鹰科其他所有种		5000	
鹗科 所有种	Pandionidae	3000	
隼科	Falconidae		
猎隼	Falco cherrug	5000	
其他所有种		3000	
美洲鹫科 所有种	Cathartidae	2000	
鸡形目	GALLIFORMES		
松鸡科 所有种	Tetraonidae	1000	
雉科	Pheasianidae		

续表

类群		基准价值(元)	备注
绿孔雀	Pavo muticus	15000	
雉鸡	Phasianus coichicus	300	
其他所有种		1000	
凤冠雉科 所有种	Cracidae	500	
冢雉科 所有种	Megapodiidae	500	
鹤形目	GRUIFORMES		
三趾鹑科 所有种	Turnicidae	500	
鹤科 所有种	Gruidae	10000	
秧鸡科 所有种	Rallidae	300	
鸨科 所有种	Otididae	10000	
鹭鹤科 所有种	Rhynochetidae	500	
鸻形目	CHARDRIFORME		
雉鸻科 所有种	Jacanidae	500	
彩鹬科 所有种	Rostratulidae	500	
蛎鹬科 所有种	Haematopodidae	500	
鸻科 所有种	Charadriidae	300	
鹬科 所有种	Scolopacidae	300	
反嘴鹬科 所有种	Recurvirostridae	300	
鹮嘴鹬科 所有种	Ibidorhynchidae	300	
瓣蹼鹬科 所有种	Phalaropodidae	300	
石鸻科 所有种	Burhinidae	300	
燕鸻科 所有种	Glareolidae	300	
鸥形目	LARIFORMES		
贼鸥科 所有种	Stercorariidae	300	
鸥科	Laridae		
遗鸥	Larus relictus	5000	
黑嘴鸥	Larus saundersi	2000	

续表

类群		基准价值(元)	备注
其他所有种		300	
燕鸥科 所有种	Sternidae	300	
剪嘴鸥科 所有种	Rynchopidae	300	
海雀科 所有种	Alcidae	300	
鸽形目	COLUMBIFORMES		
鸠鸽科 所有种	Columbidae	300	
沙鸡目	PTEROCLIFORMES		
沙鸡科	Pteroclididae	300	
鹦形目	PSITACIFORMES		
鹦鹉科	Psittacidae	2000	
凤头鹦鹉科	Cacatuidae	2000	
吸蜜鹦鹉科	Loriidae	500	
鹃形目	CUCULIFORMES		
杜鹃科	Cuculidae	500	
蕉鹃科	Musophagidae	300	
鸮形目	STRIGIFORMES		
草鸮科	Tytonidae	3000	
鸱鸮科	Strigidae	3000	
夜鹰目	CAPRIMULGIFORMES		
蟆口鸱科	Podargidae	1000	
夜鹰科	Caprimulgidae	1000	
雨燕目 所有种	APODIFORMES	300	
䳍形目 所有种	TINAMIFORMES	300	
咬鹃目 所有种	TROGONIFORMES	300	
佛法僧目 所有种	CORACIIFORMES	500	
戴胜目 所有种	UPUPIFORMES	300	
犀鸟目 所有种	BUCEROTIFORMES	50000	

续表

类群		基准价值(元)	备注
䴕形目 所有种	PICIFORMES	1000	
雀形目	PASSERIFORMES		
阔嘴鸟科所有种	Eurylaimidae	500	
八色鸫科所有种	Pittidae	500	
百灵科	Alaudidae		
蒙古百灵	Melanocorypha mongolica	1000	
其他所有种		300	
椋鸟科	Sturnidae	300	
鹩哥	Gracula religiosa	1000	
其他所有种		300	
鹟科	Muscicapidae		
画眉	Garrulax canorus	1000	
红嘴相思鸟	Leiothrix lutea	1000	
其他所有种		300	
其他所有种		300	
美洲鸵目 所有种	RHEIFORMES	1500	
企鹅目 所有种	SPHENISCIFORMES	3000	
鸵形目 所有种	STRUTHIONIFORMES	1500	
爬行纲	REPTILIA		
鳄形目	CROCODYLIA		
扬子鳄	Alligator sinensis	10000	
其他所有种		500	
龟鳖目	TESTUDINES		
平胸龟科 所有种	Platysternidae	500	
陆龟科	Testudinidae		
四爪陆龟	Testudo horsfieldii	8000	
凹甲陆龟	Manouria impressa	1000	

续表

类群		基准价值(元)	备注
其他所有种		500	
龟科 所有种	Emydidae	500	水生野生动物除外
蜥蜴目	SAURIA		
壁虎科	Gekkonidae		
大壁虎	Gekko gecko	1000	
其他所有种		500	
鳄蜥科 所有种	Shinisauridae	10000	
巨蜥科	Varanidae		
巨蜥	Varanus salvator	1000	
其他所有种		500	
避役科 所有种	Chamaeleonidae	300	
其他所有种		300	
蛇目	SERPENTES		
蟒科	Pythonidae		
蟒	Python molurus	3000	
其他所有种		1000	
蚺科 所有种	Boidae	1000	
蝰科	Viperidae		
莽山烙铁头	Ermia mangshanensis	3000	
其他所有种		300	
眼镜蛇科 所有种	Elapidae	1000	海蛇除外
其他所有种		300	水蛇、瘰鳞蛇除外
两栖纲	AMPHIBIA		
蚓螈目	GYMNOPHIONA		
版纳鱼螈	Ichthyophis bannanica	500	
有尾目	URODELA		
小鲵科	Hynobiidae		

续表

类群		基准价值(元)	备注
安吉小鲵	Hynobius amjiensis	2500	
蝾螈科	Salamandridae		
海南疣螈	Tylototriton hainanensis	300	
无尾目 所有种	ANURA	100	海蛙、棘腹蛙、棘胸蛙、威宁趾沟蛙、叶氏隆肛蛙除外
昆虫纲	INSECTA		
襀翅目	PLECOPTERA		
襀科	Perlidae	20	
扁襀科	Peltoperlidae	20	
螳螂目	MANTODEA		
怪螳科	Amorphoscelidae	20	
竹节虫目	PHASMATODEA		
竹节虫科	Phasmatidae	20	
叶虫脩科	Phyllidae	20	
杆虫脩科	Bacillidae	20	
异虫脩科	Heteronemiidae	20	
啮虫目	PSOCOPTERA		
围啮科	Peripsocidae	20	
啮科	Psocidae	20	
缨翅目	THYSANOPTERA		
纹蓟马科	Aeolothripidae	20	
同翅目	HOMOPTERA		
蛾蜡蝉科	Flatidae	20	
蜡蝉科	Fulgoridae	20	
颜蜡蝉科	Eurybrachidae	20	
蝉科	Cicadidae	20	

续表

类群		基准价值(元)	备注
犁胸蝉科	Aetalionidae	20	
角蝉科	Membracidae	20	
棘蝉科	Machaerotidae	20	
毛管蚜科	Greenideidae	20	
扁蚜科	Hormaphididae	20	
半翅目	HEMIPTERA		
负子蝽科	Belostomatidae	20	
盾蝽科	Scutelleridae	20	
猎蝽科	Reduviidae	20	
广翅目	MEGALOPTERA		
齿蛉科	Corydalidae	20	
蛇蛉目	RAPHIDIOPTERA		
盲蛇蛉科	Inocelliidae	20	
脉翅目	NEUROPTERA		
旌蛉科	Nemopteridae	20	
鞘翅目	COLEOPTERA		
虎甲科	Cicindelidae	50	
步甲科	Carabidae	200	
两栖甲科	Amphizoidae	20	
叩甲科	Elateridae	20	
吉丁虫科	Buprestidae	20	
瓢虫科	Coccinellidae	20	
拟步甲科	Tenebrionidae	50	
臂金龟科	Euchiridae	200	
犀金龟科	Dynastidae	200	
鳃金龟科	Melolonthidae	20	
花金龟科	Cetoniidae	20	

续表

类群		基准价值(元)	备注
锹甲科	Lucanidae	20	
天牛科	Cerambycidae	20	
叶甲科	Chrysomelidae	20	
锥象科	Brentidae	20	
捻翅目	STREPSIPTERA		
栉虫扇科	Halictophagidae	20	
长翅目	MECOPTERA		
蝎蛉科	Parnorpidae	20	
毛翅目	TRICHOPTERA		
石蛾科	Phryganeidae	20	
鳞翅目	LEPIDOPTERA		
蛉蛾科	Neopseustidae	20	
燕蛾科	Uraniidae	20	
灯蛾科	Arctiidae	20	
桦蛾科	Endromidae	20	
大蚕蛾科	Saturniidae	20	
萝纹蛾科	Brahmaeidae	20	
凤蝶科	Papilionidae		
金斑喙凤蝶	Teinopalpus aureus	1000	
其他所有种		200	
粉蝶科	Pieridae	200	
蛱蝶科	Nymphalidae	200	
绢蝶科	Parnassidae	200	
眼蝶科	Satyridae	200	
环蝶科	Amathusiidae	200	
灰蝶科	Lycaenidae	200	
弄蝶科	Hesperiidae	200	

续表

类群		基准价值(元)	备注
双翅目	DIPTERA		
食虫虻科	Asilidae	20	
突眼蝇科	Diopsidae	20	
甲蝇科	Celyphidae	20	
膜翅目	HYMENOPTERA		
叶蜂科	Tenthredinidae	20	
姬蜂科	Ichneumonidae	20	
茧蜂科	Braconidae	20	
金小蜂科	Pteromalidae	20	
离颚细蜂科	Vanhornidae	20	
虫系蜂科	Sclerogibbidae	20	
泥蜂科	Sphecidae	20	
蚁科	Formicidae	20	
蜜蜂科	Apidae	20	

网络餐饮服务食品安全监督管理办法

（2017 年 11 月 6 日国家食品药品监督管理总局令第 36 号公布
自 2018 年 1 月 1 日起施行　国法备字［2017001504］）

第一条　为加强网络餐饮服务食品安全监督管理，规范网络餐饮服务经营行为，保证餐饮食品安全，保障公众身体健康，根据《中华人民共和国食品安全法》等法律法规，制定本办法。

第二条　在中华人民共和国境内，网络餐饮服务第三方平台提供者、通过第三方平台和自建网站提供餐饮服务的餐饮服务提供者（以下简称入网餐饮服务提供者），利用互联网提供餐饮服务及其监督管理，适用本办法。

第三条　国家食品药品监督管理总局负责指导全国网络餐饮服务食品安全监督管理工作，并组织开展网络餐饮服务食品安全监测。

县级以上地方食品药品监督管理部门负责本行政区域内网络餐饮服务食品安全监督管理工作。

第四条　入网餐饮服务提供者应当具有实体经营门店并依法取得食品经营许可证，并按照食品经营许可证载明的主体业态、经营项目从事经营活动，不得超范围经营。

第五条　网络餐饮服务第三方平台提供者应当在通信主管部门批准后 30 个工作日内，向所在地省级食品药品监督管理部门备案。自建网站餐饮服务提供者应当在通信主管部门备案后 30 个工作日内，向所在地县级食品药品监督管理部门备案。备案内容包括域名、IP 地址、电信业务经营许可证或者备案号、企业名称、地址、法定代表人或者负责人姓名等。

网络餐饮服务第三方平台提供者设立从事网络餐饮服务分支机构的，应当在设立后 30 个工作日内，向所在地县级食品药品监督管理部门备案。备案内容包括分支机构名称、地址、法定代表人或者负责人姓名等。

食品药品监督管理部门应当及时向社会公开相关备案信息。

第六条　网络餐饮服务第三方平台提供者应当建立并执行入网餐饮服务提供者审查登记、食品安全违法行为制止及报告、严重违法行为平台服务停止、食品安全事故处置等制度，并在网络平台上公开相关制度。

第七条　网络餐饮服务第三方平台提供者应当设置专门的食品安全管理

机构,配备专职食品安全管理人员,每年对食品安全管理人员进行培训和考核。培训和考核记录保存期限不得少于两年。经考核不具备食品安全管理能力的,不得上岗。

第八条 网络餐饮服务第三方平台提供者应当对入网餐饮服务提供者的食品经营许可证进行审查,登记入网餐饮服务提供者的名称、地址、法定代表人或者负责人及联系方式等信息,保证入网餐饮服务提供者食品经营许可证载明的经营场所等许可信息真实。

网络餐饮服务第三方平台提供者应当与入网餐饮服务提供者签订食品安全协议,明确食品安全责任。

第九条 网络餐饮服务第三方平台提供者和入网餐饮服务提供者应当在餐饮服务经营活动主页面公示餐饮服务提供者的食品经营许可证。食品经营许可等信息发生变更的,应当及时更新。

第十条 网络餐饮服务第三方平台提供者和入网餐饮服务提供者应当在网上公示餐饮服务提供者的名称、地址、量化分级信息,公示的信息应当真实。

第十一条 入网餐饮服务提供者应当在网上公示菜品名称和主要原料名称,公示的信息应当真实。

第十二条 网络餐饮服务第三方平台提供者提供食品容器、餐具和包装材料的,所提供的食品容器、餐具和包装材料应当无毒、清洁。

鼓励网络餐饮服务第三方平台提供者提供可降解的食品容器、餐具和包装材料。

第十三条 网络餐饮服务第三方平台提供者和入网餐饮服务提供者应当加强对送餐人员的食品安全培训和管理。委托送餐单位送餐的,送餐单位应当加强对送餐人员的食品安全培训和管理。培训记录保存期限不得少于两年。

第十四条 送餐人员应当保持个人卫生,使用安全、无害的配送容器,保持容器清洁,并定期进行清洗消毒。送餐人员应当核对配送食品,保证配送过程食品不受污染。

第十五条 网络餐饮服务第三方平台提供者和自建网站餐饮服务提供者应当履行记录义务,如实记录网络订餐的订单信息,包括食品的名称、下单时间、送餐人员、送达时间以及收货地址,信息保存时间不得少于6个月。

第十六条 网络餐饮服务第三方平台提供者应当对入网餐饮服务提供者的经营行为进行抽查和监测。

网络餐饮服务第三方平台提供者发现入网餐饮服务提供者存在违法行为的,应当及时制止并立即报告入网餐饮服务提供者所在地县级食品药品监督管理部门；发现严重违法行为的，应当立即停止提供网络交易平台服务。

第十七条 网络餐饮服务第三方平台提供者应当建立投诉举报处理制度，公开投诉举报方式，对涉及消费者食品安全的投诉举报及时进行处理。

第十八条 入网餐饮服务提供者加工制作餐饮食品应当符合下列要求：

（一）制定并实施原料控制要求，选择资质合法、保证原料质量安全的供货商，或者从原料生产基地、超市采购原料，做好食品原料索证索票和进货查验记录，不得采购不符合食品安全标准的食品及原料；

（二）在加工过程中应当检查待加工的食品及原料，发现有腐败变质、油脂酸败、霉变生虫、污秽不洁、混有异物、掺假掺杂或者感官性状异常的，不得加工使用；

（三）定期维护食品贮存、加工、清洗消毒等设施、设备，定期清洗和校验保温、冷藏和冷冻等设施、设备，保证设施、设备运转正常；

（四）在自己的加工操作区内加工食品，不得将订单委托其他食品经营者加工制作；

（五）网络销售的餐饮食品应当与实体店销售的餐饮食品质量安全保持一致。

第十九条 入网餐饮服务提供者应当使用无毒、清洁的食品容器、餐具和包装材料，并对餐饮食品进行包装，避免送餐人员直接接触食品，确保送餐过程中食品不受污染。

第二十条 入网餐饮服务提供者配送有保鲜、保温、冷藏或者冷冻等特殊要求食品的，应当采取能保证食品安全的保存、配送措施。

第二十一条 国家食品药品监督管理总局组织监测发现网络餐饮服务第三方平台提供者和入网餐饮服务提供者存在违法行为的，通知有关省级食品药品监督管理部门依法组织查处。

第二十二条 县级以上地方食品药品监督管理部门接到网络餐饮服务第三方平台提供者报告入网餐饮服务提供者存在违法行为的，应当及时依法查处。

第二十三条 县级以上地方食品药品监督管理部门应当加强对网络餐饮服务食品安全的监督检查，发现网络餐饮服务第三方平台提供者和入网餐饮服务提供者存在违法行为的，依法进行查处。

第二十四条 县级以上地方食品药品监督管理部门对网络餐饮服务交易活动的技术监测记录资料，可以依法作为认定相关事实的依据。

第二十五条 县级以上地方食品药品监督管理部门对于消费者投诉举报反映的线索，应当及时进行核查，被投诉举报人涉嫌违法的，依法进行查处。

第二十六条 县级以上地方食品药品监督管理部门查处的入网餐饮服务提供者有严重违法行为的，应当通知网络餐饮服务第三方平台提供者，要求其立即停止对入网餐饮服务提供者提供网络交易平台服务。

第二十七条 违反本办法第四条规定，入网餐饮服务提供者不具备实体经营门店，未依法取得食品经营许可证的，由县级以上地方食品药品监督管理部门依照食品安全法第一百二十二条的规定处罚。

第二十八条 违反本办法第五条规定，网络餐饮服务第三方平台提供者以及分支机构或者自建网站餐饮服务提供者未履行相应备案义务的，由县级以上地方食品药品监督管理部门责令改正，给予警告；拒不改正的，处5000元以上3万元以下罚款。

第二十九条 违反本办法第六条规定，网络餐饮服务第三方平台提供者未按要求建立、执行并公开相关制度的，由县级以上地方食品药品监督管理部门责令改正，给予警告；拒不改正的，处5000元以上3万元以下罚款。

第三十条 违反本办法第七条规定，网络餐饮服务第三方平台提供者未设置专门的食品安全管理机构，配备专职食品安全管理人员，或者未按要求对食品安全管理人员进行培训、考核并保存记录的，由县级以上地方食品药品监督管理部门责令改正，给予警告；拒不改正的，处5000元以上3万元以下罚款。

第三十一条 违反本办法第八条第一款规定，网络餐饮服务第三方平台提供者未对入网餐饮服务提供者的食品经营许可证进行审查，未登记入网餐饮服务提供者的名称、地址、法定代表人或者负责人及联系方式等信息，或者入网餐饮服务提供者食品经营许可证载明的经营场所等许可信息不真实的，由县级以上地方食品药品监督管理部门依照食品安全法第一百三十一条的规定处罚。

违反本办法第八条第二款规定，网络餐饮服务第三方平台提供者未与入网餐饮服务提供者签订食品安全协议的，由县级以上地方食品药品监督管理部门责令改正，给予警告；拒不改正的，处5000元以上3万元以下罚款。

第三十二条 违反本办法第九条、第十条、第十一条规定，网络餐饮服务第三方平台提供者和入网餐饮服务提供者未按要求进行信息公示和更新的，由县级以上地方食品药品监督管理部门责令改正，给予警告；拒不改正的，处5000元以上3万元以下罚款。

第三十三条 违反本办法第十二条规定，网络餐饮服务第三方平台提供者提供的食品配送容器、餐具和包装材料不符合规定的，由县级以上地方食品药品监督管理部门按照食品安全法第一百三十二条的规定处罚。

第三十四条 违反本办法第十三条规定，网络餐饮服务第三方平台提供者和入网餐饮服务提供者未对送餐人员进行食品安全培训和管理，或者送餐单位未对送餐人员进行食品安全培训和管理，或者未按要求保存培训记录的，由县级以上地方食品药品监督管理部门责令改正，给予警告；拒不改正的，处5000元以上3万元以下罚款。

第三十五条 违反本办法第十四条规定，送餐人员未履行使用安全、无害的配送容器等义务的，由县级以上地方食品药品监督管理部门对送餐人员所在单位按照食品安全法第一百三十二条的规定处罚。

第三十六条 违反本办法第十五条规定，网络餐饮服务第三方平台提供者和自建网站餐饮服务提供者未按要求记录、保存网络订餐信息的，由县级以上地方食品药品监督管理部门责令改正，给予警告；拒不改正的，处5000元以上3万元以下罚款。

第三十七条 违反本办法第十六条第一款规定，网络餐饮服务第三方平台提供者未对入网餐饮服务提供者的经营行为进行抽查和监测的，由县级以上地方食品药品监督管理部门责令改正，给予警告；拒不改正的，处5000元以上3万元以下罚款。

违反本办法第十六条第二款规定，网络餐饮服务第三方平台提供者发现入网餐饮服务提供者存在违法行为，未及时制止并立即报告入网餐饮服务提供者所在地县级食品药品监督管理部门的，或者发现入网餐饮服务提供者存在严重违法行为，未立即停止提供网络交易平台服务的，由县级以上地方食品药品监督管理部门依照食品安全法第一百三十一条的规定处罚。

第三十八条 违反本办法第十七条规定，网络餐饮服务第三方平台提供者未按要求建立消费者投诉举报处理制度，公开投诉举报方式，或者未对涉及消费者食品安全的投诉举报及时进行处理的，由县级以上地方食品药品监督管理部门责令改正，给予警告；拒不改正的，处5000元以上3万元以下罚款。

第三十九条 违反本办法第十八条第(一)项规定，入网餐饮服务提供者未履行制定实施原料控制要求等义务的，由县级以上地方食品药品监督管理部门依照食品安全法第一百二十六条第一款的规定处罚。

违反本办法第十八条第(二)项规定，入网餐饮服务提供者使用腐败变质、油脂酸败、霉变生虫、污秽不洁、混有异物、掺假掺杂或者感官性状异常等原料加工食品的，由县级以上地方食品药品监督管理部门依照食品安全法第一百二十四条第一款的规定处罚。

违反本办法第十八条第(三)项规定，入网餐饮服务提供者未定期维护食品贮存、加工、清洗消毒等设施、设备，或者未定期清洗和校验保温、冷藏和冷冻等设施、设备的，由县级以上地方食品药品监督管理部门依照食品安全法第一百二十六条第一款的规定处罚。

违反本办法第十八条第（四）项、第（五）项规定，入网餐饮服务提供者将订单委托其他食品经营者加工制作，或者网络销售的餐饮食品未与实体店销售的餐饮食品质量安全保持一致的，由县级以上地方食品药品监督管理部门责令改正，给予警告；拒不改正的，处5000元以上3万元以下罚款。

第四十条 违反本办法第十九条规定，入网餐饮服务提供者未履行相应的包装义务的，由县级以上地方食品药品监督管理部门责令改正，给予警告；拒不改正的，处5000元以上3万元以下罚款。

第四十一条 违反本办法第二十条规定，入网餐饮服务提供者配送有保鲜、保温、冷藏或者冷冻等特殊要求食品，未采取能保证食品安全的保存、配送措施的，由县级以上地方食品药品监督管理部门依照食品安全法第一百三十二条的规定处罚。

第四十二条 县级以上地方食品药品监督管理部门应当自对网络餐饮服务第三方平台提供者和入网餐饮服务提供者违法行为作出处罚决定之日起20个工作日内在网上公开行政处罚决定书。

第四十三条 省、自治区、直辖市的地方性法规和政府规章对小餐饮网络经营作出规定的，按照其规定执行。

本办法对网络餐饮服务食品安全违法行为的查处未作规定的，按照《网络食品安全违法行为查处办法》执行。

第四十四条 网络餐饮服务第三方平台提供者和入网餐饮服务提供者违反食品安全法规定，构成犯罪的，依法追究刑事责任。

第四十五条 餐饮服务连锁公司总部建立网站为其门店提供网络交易服务的，参照本办法关于网络餐饮服务第三方平台提供者的规定执行。

第四十六条 本办法自2018年1月1日起施行。

中医医术确有专长人员医师资格考核注册管理暂行办法

（2017年11月10日中华人民共和国国家卫生和计划生育委员会令第15号公布　自2017年12月20日起施行　国法备字[2017001489]）

第一章　总　　则

第一条　为做好中医医术确有专长人员医师资格考核注册管理工作，根据《中华人民共和国中医药法》有关规定，制定本办法。

第二条　以师承方式学习中医或者经多年实践，医术确有专长的人员参加医师资格考核和执业注册，适用本办法。

第三条　国家中医药管理局负责全国中医医术确有专长人员医师资格考核及执业工作的管理。

省级中医药主管部门组织本省、自治区、直辖市中医医术确有专长人员医师资格考核；负责本行政区域内取得医师资格的中医医术确有专长人员执业管理。

省级中医药主管部门应当根据本办法制定本省、自治区、直辖市中医医术确有专长人员医师资格考核注册管理实施细则。

设区的市和县级中医药主管部门负责本行政区域内中医医术确有专长人员医师资格考核组织申报、初审及复审工作，负责本行政区域内取得医师资格的中医医术确有专长人员执业日常管理。

第二章　考核申请

第四条　以师承方式学习中医或者经多年实践，医术确有专长的人员，可以申请参加中医医术确有专长人员医师资格考核。

第五条　以师承方式学习中医的，申请参加医师资格考核应当同时具备下列条件：

（一）连续跟师学习中医满五年，对某些病证的诊疗，方法独特、技术安全、疗效明显，经指导老师评议合格；

（二）由至少两名中医类别执业医师推荐，推荐医师不包括其指导老师。

第六条　经多年中医医术实践的，申请参加医师资格考核应当同时具备下列条件：

（一）具有医术渊源，在中医医师指导下从事中医医术实践活动满五年或者《中华人民共和国中医药法》施行前已经从事中医医术实践活动满五年的；

（二）对某些病证的诊疗，方法独特、技术安全、疗效明显，并得到患者的认可；

（三）由至少两名中医类别执业医师推荐。

第七条　推荐医师应当为被推荐者长期临床实践所在省、自治区、直辖市相关专业中医类别执业医师。

第八条　以师承方式学习中医的，其指导老师应当具有中医类别执业医师资格，从事中医临床工作十五年以上或者具有中医类副主任医师以上专业技术职务任职资格。指导老师同时带徒不超过四名。

第九条　符合本办法第五条或者第六条规定的人员，可以向其长期临床实践所在地县级中医药主管部门提出考核申请。

第十条　申请参加中医医术确有专长人员医师资格考核的，应当提交以下材料：

（一）国家中医药管理局统一式样的《中医医术确有专长人员医师资格考核申请表》；

（二）本人有效身份证明；

（三）中医医术专长综述，包括医术的基本内容及特点描述、适应症或者适用范围、安全性及有效性的说明等，以及能够证明医术专长确有疗效的相关资料；

（四）至少两名中医类别执业医师的推荐材料；

（五）以师承方式学习中医的，还应当提供跟师学习合同，学习笔记、临床实践记录等连续跟师学习中医满五年的证明材料，以及指导老师出具的跟师学习情况书面评价意见、出师结论；经多年中医医术实践的，还应当提供医术渊源的相关证明材料，以及长期临床实践所在地县级以上中医药主管部门或者所在居委会、村委会出具的从事中医医术实践活动满五年证明，或者至少十名患者的推荐证明。

第十一条　县级中医药主管部门和设区的市级中医药主管部门分别对申请者提交的材料进行初审和复审，复审合格后报省级中医药主管部门。省级中医药主管部门对报送材料进行审核确认，对符合考核条件的人员、指导老师和推荐医师信息应当予以公示。申请者在临床实践中存在医疗纠纷且造成严重后果的，取消其报名资格。

第三章　考核发证

第十二条　中医医术确有专长人员医师资格考核实行专家评议方式，通过现场陈述问答、回顾性中医医术实践资料评议、中医药技术方法操作等形式对实践技能和效果进行科学量化考核。专家人数应当为不少于五人的奇数。

第十三条　考核专家应当对参加考核者使用中医药技术方法的安全性进行风险评估，并针对风险点考核其安全风险意识、相关知识及防范措施。根据参加考核者使用的中医药技术方法分为内服方药和外治技术两类进行考核。

第十四条　内服方药类考核内容包括：医术渊源或者传承脉络、医术内容及特点；与擅长治疗的病证范围相关的中医基础知识、中医诊断技能、中医治疗方法、中药基本知识和用药安全等。

考核程序分为医术专长陈述、现场问答、诊法技能操作和现场辨识相关中药等。

考核专家应当围绕参加考核者使用的中药种类、药性、药量、配伍等进行安全性评估，根据风险点考核相关用药禁忌、中药毒性知识等。

第十五条　外治技术类考核内容包括：医术渊源或者传承脉络、外治技术内容及特点；与其使用的外治技术相关的中医基础知识、擅长治疗的病证诊断要点、外治技术操作要点、技术应用规范及安全风险防控方法或者措施等。

考核程序分为医术专长陈述、现场问答、外治技术操作等。

考核专家应当围绕参加考核者使用外治技术的操作部位、操作难度、创伤程度、感染风险等进行安全性评估，根据风险点考核其操作安全风险认知和有效防范方法等；外敷药物中含毒性中药的，还应当考核相关的中药毒性知识。

第十六条　治疗方法以内服方药为主、配合使用外治技术，或者以外治技术为主、配合使用中药的，应当增加相关考核内容。

第十七条　考核专家根据参加考核者的现场陈述，结合回顾性中医医术实践资料等，围绕相关病证的疗效评价关键要素进行分析评估并提问，对其医术专长的效果进行现场评定。必要时可采用实地调查核验等方式评定效果。

第十八条　经综合评议后，考核专家对参加考核者作出考核结论，并对其在执业活动中能够使用的中医药技术方法和具体治疗病证的范围进行认定。

第十九条　考核合格者，由省级中医药主管部门颁发《中医（专长）医师资格证书》。

第二十条　县级以上地方中医药主管部门应当加强对考核合格人员有关

卫生和中医药法律法规基本知识、基本急救技能、临床转诊能力、中医医疗技术相关性感染防控指南、传染病防治基本知识及报告制度、中医病历书写等知识的培训，提高其执业技能，保障医疗安全。

第四章　考核组织

第二十一条　省级中医药主管部门应当加强考核工作的组织领导，完善考核制度，强化考核工作人员和专家培训，严格考核管理，确保考核公平、公正、安全、有序进行。

第二十二条　省级中医药主管部门每年定期组织中医医术确有专长人员医师资格考核，考核时间应当提前三个月向社会公告。

第二十三条　省级中医药主管部门应当建立中医医术确有专长人员医师资格考核专家库。考核专家应当同时符合下列条件：

(一)中医类别执业医师；

(二)具有丰富的临床经验和技术专长，具备副主任医师以上专业技术职务任职资格或者从事中医临床工作十五年以上具有师承或者医术确有专长渊源背景人员；

(三)遵纪守法，恪守职业道德，公平公正，原则性强，工作认真负责。

第二十四条　根据参加考核人员申报的医术专长，由省级中医药主管部门在中医医术确有专长人员医师资格考核专家库内抽取考核专家。考核专家是参加考核人员的近亲属或者与其有利害关系的，应当予以回避。

第五章　执业注册

第二十五条　中医(专长)医师实行医师区域注册管理。取得《中医(专长)医师资格证书》者，应当向其拟执业机构所在地县级以上地方中医药主管部门提出注册申请，经注册后取得《中医(专长)医师执业证书》。

第二十六条　中医(专长)医师按照考核内容进行执业注册，执业范围包括其能够使用的中医药技术方法和具体治疗病证的范围。

第二十七条　中医(专长)医师在其考核所在省级行政区域内执业。中医(专长)医师跨省执业的，须经拟执业所在地省级中医药主管部门同意并注册。

第二十八条　取得《中医(专长)医师执业证书》者，即可在注册的执业范围内，以个人开业的方式或者在医疗机构内从事中医医疗活动。

第六章 监督管理

第二十九条 县级中医药主管部门负责对本行政区域内中医(专长)医师执业行为的监督检查,重点对其执业范围、诊疗行为以及广告宣传等进行监督检查。

第三十条 中医(专长)医师应当参加定期考核,每两年为一个周期。定期考核有关要求由省级中医药主管部门确定。

第三十一条 县级以上地方中医药主管部门应当加强对中医(专长)医师的培训,为中医(专长)医师接受继续教育提供条件。

第三十二条 中医(专长)医师通过学历教育取得省级以上教育行政部门认可的中医专业学历的,或者执业时间满五年、期间无不良执业记录的,可以申请参加中医类别执业医师资格考试。

第三十三条 国家建立中医(专长)医师管理信息系统,及时更新中医(专长)医师注册信息,实行注册内容公开制度,并提供中医(专长)医师注册信息查询服务。

第七章 法律责任

第三十四条 参加中医医术确有专长人员资格考核的人员和考核工作人员,违反本办法有关规定,在考核过程中发生违纪违规行为的,按照国家医师资格考试违纪违规处理有关规定处罚;通过违纪违规行为取得《中医(专长)医师资格证书》、《中医(专长)医师执业证书》的人员,由发证部门撤销并收回《中医(专长)医师资格证书》、《中医(专长)医师执业证书》,并进行通报。

第三十五条 中医医术确有专长人员医师资格考核专家违反本办法有关规定,在考核工作中未依法履行工作职责的,省级中医药主管部门应当停止其参与考核工作;情节严重的,应当进行通报批评,并建议其所在单位依法给予相应的处分;存在其他违纪违规行为的,按照国家医师资格考试违纪违规处理有关规定处罚;构成犯罪的,依法追究刑事责任。

第三十六条 推荐中医医术确有专长人员的中医医师、以师承方式学习中医的医术确有专长人员的指导老师,违反本办法有关规定,在推荐中弄虚作假、徇私舞弊的,由县级以上中医药主管部门依法责令暂停六个月以上一年以下执业活动;情节严重的,吊销其医师执业证书;构成犯罪的,依法追究刑事责任。

第三十七条　中医(专长)医师在执业中超出注册的执业范围从事医疗活动的,由县级以上中医药主管部门责令暂停六个月以上一年以下执业活动,并处一万元以上三万元以下罚款;情节严重的,吊销其执业证书。造成患者人身、财产损害的,依法承担民事责任;构成犯罪的,依法追究刑事责任。

第八章　附　　则

第三十八条　本办法实施前已经取得《乡村医生执业证书》的中医药一技之长人员可以申请参加中医医术确有专长人员医师资格考核,也可继续以乡村医生身份执业,纳入乡村医生管理。自本办法施行之日起,不再开展中医药一技之长人员纳入乡村医生管理工作。

本办法实施前已经按照《传统医学师承和确有专长人员医师资格考核考试办法》规定取得《传统医学师承出师证》的,可以按照本办法规定,在继续跟师学习满两年后申请参加中医医术确有专长人员医师资格考核。

本办法实施前已经按照《传统医学师承和确有专长人员医师资格考核考试办法》规定取得《传统医学医术确有专长证书》的,可以按照本办法规定申请参加中医医术确有专长人员医师资格考核。

第三十九条　港澳台人员在内地以师承方式学习中医的,可在指导老师所在省、自治区、直辖市申请参加中医医术确有专长医师资格考核。

第四十条　《中医(专长)医师资格证书》和《中医(专长)医师执业证书》由国家中医药管理局统一印制。

第四十一条　本办法自2017年12月20日起施行。

国家开发银行监督管理办法

(2017年11月15日中国银行业监督管理委员会令2017年第2号公布　自2018年1月1日起施行　国法备字[2017001552])

第一章　总　　则

第一条　为加强对国家开发银行(以下简称开发银行)的监督管理,督促落实国家战略和政策,规范经营行为,有效防控金融风险,根据《中华人民共和国银行业监督管理法》等法律法规制定本办法。

第二条 开发银行应当坚持依法合规经营、审慎稳健发展，遵守国家法律法规、银行业审慎经营规则，强化资本约束，实现长期可持续发展。

第三条 开发银行应当紧紧围绕服务国家经济重大中长期发展战略，建立市场化运行、约束机制，发展成为资本充足、治理规范、内控严密、运营安全、服务优质、资产优良的开发性金融机构。

第四条 中国银行业监督管理委员会（以下简称银监会）及其派出机构依法对开发银行实施监督管理。

第二章 市场定位

第五条 开发银行应当认真贯彻落实国家经济金融方针政策，充分运用服务国家战略、依托信用支持、市场运作、保本微利的开发性金融功能，发挥中长期投融资作用，加大对经济社会重点领域和薄弱环节的支持力度，促进经济社会持续健康发展。

第六条 开发银行应当坚守开发性金融定位，根据依法确定的服务领域和经营范围开展业务，以开发性业务为主，辅以商业性业务。

第七条 开发银行应当遵守市场秩序，与商业性金融机构建立互补合作关系，积极践行普惠金融，可通过与其他银行业金融机构合作，开展小微企业等经济社会薄弱环节金融服务。

第八条 开发银行董事会应当每三年或必要时对业务开展情况进行评估，制订业务范围和业务划分调整方案，确保符合开发性金融定位，并按规定履行相关程序。

第三章 公司治理

第九条 开发银行党委发挥领导作用，把方向、管大局、保落实，保证监督党和国家的方针、政策得到贯彻执行，把党的领导融入公司治理各个环节。

第十条 开发银行应当按照现代金融企业制度，结合开发性金融机构特点，遵循各治理主体独立运作、有效制衡、相互合作、协调运转的原则，构建决策科学、执行有力、监督有效的公司治理机制。

第十一条 开发银行董事会由执行董事、非执行董事组成。

执行董事指在开发银行担任董事长、行长和其他高级管理职务的董事。非执行董事指在开发银行不担任除董事外其他职务的董事，包括部委董事和股权董事。部委董事由相关部委指派的部委负责人兼任，股权董事由股东单位负责选派。

第十二条 董事会对经营和管理承担最终责任，依照相关法律法规和本行章程履行职责。主要职责包括但不限于下列事项：

（一）制订业务范围和业务划分调整方案、章程修改方案、注册资本调整方案以及组织形式变更方案，按程序报国务院批准；

（二）审议批准中长期发展战略、年度工作计划、年度经营计划和投资方案、年度债券发行计划、风险偏好书、资本管理规划、薪酬和绩效考核体系设置方案、内部审计章程和内部审计机构、年度报告等；

（三）审议批准重大项目，包括重大收购兼并、重大投资、重大资产购置与处置、重大对外担保（银行担保业务除外）等；

（四）制定年度财务预算方案和决算方案、利润分配和弥补亏损方案；

（五）审议批准风险管理、内部控制等基本管理制度；

（六）制定董事会议事规则及其修订方案；

（七）审议批准内部管理机构以及境内外一级分支机构设置、调整和撤销方案，对附属机构的设立、资本金变动等作出决议，审议附属机构章程；

（八）决定对董事长和经营管理层的授权事项，决定聘任或解聘高级管理人员，决定高级管理人员薪酬、绩效考核和奖惩事项，决定派驻子公司的董事（含董事长）、监事（含监事长）和总经理（行长）人选；

（九）决定聘用、解聘或者不再续聘承办开发银行审计业务的会计师事务所；

（十）制定信息披露政策及制度，对开发银行会计和财务报告的真实性、准确性、完整性和及时性承担最终责任；

（十一）积极发挥对外协调作用，定期听取商业性金融机构、企业和政府部门等各方意见；

（十二）定期评估并完善公司治理，监督并确保高级管理层有效履行管理职责；

（十三）法律法规规定以及国务院赋予的其他职责。

第十三条 董事应当依照相关法律法规及本行章程，每年至少出席三分之二的董事会会议，认真履行职责，不得利用职位谋取不正当利益。董事应当具有与职责相适应的专业知识、工作经验、工作能力以及职业操守。

部委董事代表国家利益履行职责，发挥在重大决策方面的统筹协调作用。部委董事不能出席董事会会议时，书面授权本部委其他人员代为出席，并载明授权范围；因退休、调离或其他原因不适合继续履职时，由开发银行提请相关部委推荐继任董事人选。

第十四条 董事会应当建立对高级管理层的授权制度，明确授权范围、授权限额和职责要求等。

第十五条 董事会下设专门委员会，主要包括战略发展和投资管理委员会、风险管理委员会、审计委员会、人事与薪酬委员会、关联交易控制委员会等，其中战略发展和投资管理委员会、审计委员会、人事与薪酬委员会成员原则上应当包含部委董事。各专门委员会向董事会提供专业意见或根据董事会授权就专业事项进行决策，对董事会负责，并承担相应责任。

（一）战略发展和投资管理委员会。主要负责审议开发银行长期发展战略和经营管理目标，提出业务调整建议。负责监督检查年度经营计划、投资方案执行情况以及社会责任履行情况。对服务国家战略情况和配套政策进行研究，向董事会提出政策建议。

（二）风险管理委员会。主要负责审议风险管理战略，监督高级管理层对信用风险、市场风险、流动性风险、操作风险、国别风险、银行账户利率风险、声誉风险和信息科技风险等各类风险的控制及全面风险管理情况，对风险政策、管理状况及风险承受能力进行定期评估，提出完善风险管理和内部控制的意见。风险管理委员会成员应当具有判断和管理各类风险的经验和能力。

（三）审计委员会。经董事会授权，主要负责审核内部审计重要政策和工作报告，审批中长期审计规划和年度审计计划。指导、监督、考核和评价内部审计工作，监督和评价外部审计机构工作，提出外部审计机构聘请与更换建议。审计委员会成员应当具有财务、审计、会计等相关专业知识和工作经验。

（四）人事与薪酬委员会。主要负责审议开发银行激励约束制度和政策，拟定执行董事和高级管理人员的薪酬方案，向董事会提出薪酬方案建议，并监督方案实施。负责拟定董事和高级管理人员的选任程序和标准，对董事和高级管理人员任职资格进行初步审核并向董事会提出建议。

（五）关联交易控制委员会。主要负责关联交易的管理、审查和批准，控制关联交易风险，确保开发银行与其附属机构之间的关联交易符合诚实信用及公允原则。

第十六条 开发银行监事会依照《国有重点金融机构监事会暂行条例》等有关法律法规设置和管理，由国务院派出，对国务院负责。

开发银行监事会代表国家对开发银行的财务管理、资产质量及国有资产保值增值情况实施监督，对董事和高级管理人员的履职行为、尽职情况进行监督，对开发银行经营决策、风险管理和内部控制等情况进行检查监督。

开发银行监事会在履职过程中有权要求董事会和高级管理层提供必要信息，主要包括审计报告、内控评价报告和重大风险事件报告等。监事会主席根据监督检查的需要,可以列席或者委派监事会其他成员列席董事会会议和其他有关会议,可以聘请外部机构就相关工作提供专业协助。

第十七条 高级管理层由总行行长、副行长、董事会秘书以及银监会行政许可的其他高级管理人员组成。开发银行根据经营管理需要可设置首席风险官、首席审计官、首席财务官、首席信息官等职位协助行长工作。

高级管理层按照本行章程及董事会授权开展经营管理活动,对董事会负责。

第四章 风险管理

第十八条 开发银行应当按照分工明确、职责清晰、相互制衡、运行高效的原则构建与开发性金融相适应、覆盖各类风险和业务的全面风险管理体系,制定完善风险管理制度,构建有效的风险管理机制,确保各类业务风险得到有效的识别、计量、监测、控制。

第十九条 开发银行应当建立适应全面风险管理的组织体系,明确董事会、高级管理层、业务部门、风险管理部门和内部审计部门在风险管理中的职责,设立或指定专门部门负责全面风险管理,执行风险管理战略,实施风险管理政策,定期评估风险管理情况。

第二十条 开发银行应当针对各类业务风险建立切实有效的风险管理政策与流程,提高风险管理条线的独立性和专业性;根据开发性业务和商业性业务的不同风险特点,研究制定相应的风险管理模式,明确管理方法和管理责任。

第二十一条 开发银行应当建立全面风险报告体系,明确报告种类、报告内容、报告频率及报告路径等,确保董事会、高级管理层及监事会能够及时了解相关风险信息。风险分析应当按照风险类型、业务种类、支持领域、地区分布等维度进行,至少每季度开展一次。风险分析报告应当至少包括业务经营情况、风险状况、风险发展趋势、异常变化原因和相应的风险管理措施等内容。总行及分支机构的季度和年度风险分析报告应当分别按要求报送银监会及其派出机构。

第二十二条 开发银行应当建立风险评估制度,对信用风险、市场风险、流动性风险、操作风险、国别风险、银行账户利率风险、声誉风险、战略风险、信息科技风险、环境与社会风险以及其他风险等情况进行专项和全面的评估。

第二十三条 开发银行应当根据不同类别的业务特点及本行风险特征,建立健全信用风险管控机制,有效识别、计量、监测和控制信用风险。

（一）建立能够有效识别、量化信用风险的内部信用评级体系，完善客户信用评级和债项评级制度，确保评级结果在风险管理政策制定、信贷审批、资本分配、绩效考核等方面得到充分运用。

（二）建立覆盖表内外、境内外、本外币以及母子公司并表口径的统一授信制度，将具有授信性质的各类业务纳入统一授信管理体系，确定专门部门对客户授信审批进行统一管理。

（三）建立与本行业务特点相适应的评审管理体系，健全信贷审批机制，严格项目授信准入，提高决策的独立性和专业性水平。

（四）按照审慎经营规定开展贷款全流程管理工作，根据项目进度和实际需求发放与支付贷款，通过信贷专户报告、现场核查等多种手段加强风险管控。

（五）制定授信集中度风险管理制度和流程，执行银监会对授信集中度的相关监管要求，定期向银监会报告授信集中度情况。

（六）根据资产风险分类相关规定，结合资产业务特点和风险情况，建立覆盖不同类型业务的资产质量分类制度，真实、全面、动态反映资产质量，按照资产质量状况及时、足额计提减值准备。

（七）严格遵守有关法律法规及相关规定，建立规范的不良资产处置制度，完善决策机制和操作程序，明确内部审核审批权限，确保规范运作、真实出售、风险隔离和公开透明。加强不良资产管理，明确管理职责，做好不良资产档案管理、权益维护、账务管理和风险监测。同时，建立不良资产处置尽职责任追究制度，及时、严格进行责任认定和责任追究。

第二十四条　开发银行应当根据本行的资金来源与运用特点，制定相应的流动性风险管理政策、程序及计量方法，并根据业务发展和市场变化及时进行调整。

开发银行应当做好流动性需求预测，加强现金流缺口和资产负债匹配管理，建立流动性风险缓释机制，确保流动性储备能够覆盖未来一定时间的净现金流出。

第二十五条　开发银行应当建立与本行战略目标、国别风险暴露规模和复杂程度相适应的国别风险管理体系，明确国别风险管理的战略、政策和流程，确保具备足够的资源有效识别、计量、监测和控制国别风险。

（一）对境外借款人进行充分的尽职调查，核查资金实际用途，防止贷款挪用。审慎评估海外抵押品的合法性及其可被强制执行的法律效力。建立完善的贷后管理制度。

（二）完善国别风险评估和内部评级程序，对已经开展和计划开展业务的国家和地区逐一进行风险评估和评级，充分识别业务经营中面临的国别风险，明确在不同情况下应采取的风险缓释措施。

（三）根据风险偏好，合理设定覆盖表内外项目的国别风险限额，有效监测限额管理情况。明确国别风险准备金计提政策，及时足额计提国别风险准备金。

第二十六条 开发银行应当建立与业务性质、规模和复杂程度相适应的市场风险管理体系，充分识别、准确计量、持续监测和有效控制所有交易和非交易业务中的市场风险，确保安全稳健运行。

开发银行应当加强对汇率风险及利率风险的识别与计量，及时评估和应对汇率及利率变化对业务的影响，建立有效的市场风险报告机制和新产品、新业务市场风险管理机制。

第二十七条 开发银行应当建立满足国家金融安全要求的信息科技架构、基础设施和网络信息系统，建立有效的信息科技治理与风险管理机制，实现对信息科技风险的识别、计量、监测和控制，提高信息技术对银行业务和管理的保障水平，确保安全、持续和稳健运行。

第二十八条 开发银行应当根据业务流程、人员岗位、信息科技系统和外包管理等情况建立科学的操作风险管理体系，制定规范员工行为和道德操守的相关制度，加强员工行为管理和案件防控，确保有效识别、评估、监测和控制操作风险。

第二十九条 开发银行应当主动、有效防范声誉风险，加强环境与社会风险评估，制定完善声誉风险监测机制、应急预案和处置措施。

第三十条 开发银行应当树立绿色金融理念，严格遵守环保、产业等领域的法律法规，借鉴赤道原则等国际良好做法，充分评估项目的环境和社会风险，将评估结果作为授信决策的重要依据。

第三十一条 开发银行应当建立与经营范围、组织结构和业务规模相适应的合规管理体系，明确专门负责合规管理的部门、岗位以及相应的权限，制定合规管理政策，优化合规管理流程，强化合规培训和合规文化建设。

第三十二条 开发银行应当遵循风险管理实质性原则，充分考虑金融业务和金融风险的相关性，合理确定并表管理范围，通过并表管理对银行及附属机构的公司治理、资本和财务等进行全面持续的管控，有效识别、计量、监测和控制总体风险。

第三十三条 开发银行应当建立与规模、业务复杂程度和风险状况相适应的压力测试体系，定期开展压力测试，覆盖各类风险和主要业务领域。压力测试结果应当运用于各项经营管理决策。

第三十四条 开发银行应当制定应急计划,说明可能出现的风险以及在压力情况下应采取的措施,涵盖对境内外分支机构和附属机构的应急安排,并定期更新、演练或测试,确保能够及时应对和处理紧急或危机情况。

第五章 内部控制

第三十五条 开发银行应当根据内部控制有关规定,建立健全内部控制与监督评价体系,明确部门职责分工,完善制度建设与业务流程,强化内控保障措施,客观开展内控评价,严格落实问题整改,充分发挥内部控制在经营管理和风险防控中的作用,有效提升自我约束能力。

第三十六条 开发银行应当按照内控优先原则,建立健全科学合理的内部控制组织体系、业务全流程管理措施、会计制度、制衡机制及资产保全机制,加强内控文化建设,确保有效贯彻执行国家法律法规,平稳实现发展战略、经营管理及风险管理目标。

第三十七条 开发银行应当确定内部控制管理工作的牵头部门,明确界定董事会、高级管理层、内控管理牵头部门、内部审计部门及业务部门的内部控制职责,建立全面的内部控制责任制。

第三十八条 开发银行应当坚持制度先行,依照相关法律法规,根据不同业务性质和风险管理需要,事先制定相应的业务规范和管理标准,并根据实施情况不断完善,建立制度后评价机制,确保制度的合规性和有效性。建立完善制度执行监督机制,增强制度执行力,确保各项制度有效落实。

第三十九条 开发银行应当不断优化业务流程,完善前中后台分离制度,制定规范的业务申请、受理和审批规则,形成相互制约的岗位安排,限定重要岗位的最长连续任职期限。

第四十条 开发银行应当按照统一管理、区别授权、权责明确的原则,结合各部门和各分支机构的经营管理水平、服务国家战略情况、资产质量和风险控制能力等建立相应的授权体系,制定授权管理制度,明确各级机构、部门、岗位、人员办理业务和事项的权限,并实施动态调整。

第四十一条 开发银行应当建立健全内部控制信息系统,真实、准确、全面、及时记录业务信息、会计财务信息和其他管理信息,加强对业务和管理活动的系统自动控制。

第四十二条 开发银行应当建立独立、垂直管理的内部审计体系。内部审计部门应当配备满足审计工作需要的、具备专业资质和职业操守的内部审计人员,内部审计的频率和覆盖面应当符合审慎监管要求。内部审计部门对董事会负责并报告工作，接受监事会指导，并应当加强与银监会及其派出机构之间的沟通。内部审计部门应当跟踪整改措施的实施情况，及时向董事会提交有关报告。开发银行应当向银监会及其派出机构报送审计工作情况和审计报告。

第四十三条 开发银行应当建立定期外部审计制度，聘请符合国家有关规定的会计师事务所，每年对财务会计报告进行审计，将审计结果报送银监会，并按照有关要求对会计师事务所进行轮换。

第四十四条 开发银行应当建立健全内控评价体系，持续开展内控评价，及时发现内控缺陷，并建立纠错整改机制，确保评价结果与绩效考核、授权管理等挂钩。年度内控评价报告应当按要求报送银监会。

第六章 资本管理

第四十五条 开发银行应当建立健全以资本充足率为核心的资本约束机制，完善资本管理政策、制度及流程，确保资本能够充分抵御各项风险。

第四十六条 开发银行应当在充分计提贷款损失准备等各项减值准备的基础上，计算并表和未并表的资本充足率，执行银监会有关资本充足率监管要求。

第四十七条 开发银行应当根据业务发展战略、风险状况、资本监管要求，制定有效的资本规划和资本充足率管理计划，经董事会批准后实施，并定期进行审查评估，确保资本水平持续满足监管要求。

第四十八条 开发银行应当建立稳健的内部资本充足评估程序，明确治理结构和管理职责，确保审慎评估各类风险、资本充足水平和资本质量。至少每年实施一次内部资本充足评估，并将评估结果运用于资本预算与分配、授信决策和战略规划。

第四十九条 开发银行应当建立内源性资本积累与外源性资本补充相结合的动态、可持续的资本补充机制，通过优化资产结构、盘活资产存量、减少或免于分红、利润转增资本、国家追加注资、发行符合监管要求的各类资本补充工具等措施，确保资本充足率达到监管标准。

第五十条 开发银行应当制定并表资本管理制度，将符合条件的附属机构纳入并表范围。在计算资本充足率时合理处理银行及附属机构的对外资本投资，特别关注附属机构的对外投资和对外担保等情况，定期进行资本评估。

第七章 激励约束

第五十一条 开发银行应当围绕服务国家战略和有效防控风险，建立健全适应本行职能定位、覆盖全部机构和人员的考核机制，同时根据业务发展和风险管理需要，建立市场化的人力资源管理体系，实现对决策、监督和执行责任人及全体员工的有效激励和约束。

第五十二条 开发银行应当根据监管要求，结合职能定位、发展战略、风险偏好、业务特点等因素，构建绩效考核体系，确定绩效考核方法、方案以及具体指标和权重，突出对服务国家战略、审慎合规经营和保本微利、长期可持续发展的考核要求。对于开发性业务，应当突出对依法合规、履职尽责、服务国家战略成效的考核；对于商业性业务，应当突出对风险管理、合规经营以及可持续发展能力的考核。

绩效考核指标应当分定性和定量两种，服务国家战略类、合规经营类和风险管理类指标的权重应当高于其他类型指标。

第五十三条 开发银行应当根据开发性金融特点建立科学合理的薪酬管理制度，通过对高级管理人员以及对风险有重要影响的岗位实施薪酬延期支付（国家另有规定的除外）和追索扣回等制度确保激励约束并重。

第五十四条 开发银行应当建立科学有效的责任追究制度和问责机制，明确问责牵头部门、职责划分和问责流程，建立问责台账。对违法违规行为的直接责任人和相应的管理人员进行严肃问责。

第八章 监督管理

第五十五条 银监会依照法律法规制定开发银行监督管理规定。

第五十六条 银监会按照有关规定对开发银行的资本充足率和资本管理情况实施监督检查。银监会有权采取责令暂停部分业务、停止批准开办新业务、限制分配红利和其他收入、停止批准增设机构等监管措施，督促提高资本充足水平。

第五十七条 银监会及其派出机构依照相关行政许可规定对开发银行的机构设立、变更、终止，业务范围以及董事和高级管理人员的任职资格等事项实施行政许可。

第五十八条 银监会及其派出机构依法对开发银行实施持续的非现场监管。包括但不限于：

（一）依法进行信息收集，主要包括各类报表、经营管理资料、内审和外审报告、风险分析报告以及监管需要的其他资料，根据需要列席开发银行相关工作会议等；

（二）定期或不定期对开发银行的业务活动及风险状况进行监管分析，主要包括风险状况、国家战略落实情况等；

（三）结合非现场监管和突发事件情况，预判重大风险变化趋势，及时进行风险提示，依法采取监管措施；

（四）建立监管评估制度和机制，定期或不定期对开发银行公司治理、风险管理、内部控制、资本管理、主要业务风险等情况进行专项或综合评估；

（五）定期总结非现场监管和现场检查工作，对非现场监管数据变化、发展趋势和运行情况以及现场检查情况等进行分析，形成书面监管报告；

（六）定期召开监管通报会，向开发银行通报主要风险和问题，提出监管要求。同时根据风险情况，与开发银行董事会、高级管理层、内设部门等进行监管会谈。

第五十九条 银监会及其派出机构依法对开发银行的公司治理、风险管理、内部控制、资本管理、业务活动和风险状况等开展现场检查。

第六十条 银监会对开发银行及其附属机构实行并表监管，全面掌握银行股权结构，对其从事的银行业务和非银行业务风险进行全面评估，密切关注境外机构、附属非银行金融机构和非金融机构风险对银行的影响。

第六十一条 银监会建立监管联动机制，通过监管联动会议、信息共享等形式与其他金融监管机构、开发银行监事会、外部审计机构进行联动和沟通。

第六十二条 开发银行违反本办法有关规定的，银监会及其派出机构依照《中华人民共和国银行业监督管理法》等法律法规采取审慎监管措施，实施行政处罚，涉嫌犯罪的移送司法机关处理。

第九章　附　　则

第六十三条 开发银行应当根据本办法制定和完善内部管理制度。

第六十四条 本办法施行前开发银行相关监管规定与本办法不一致的，以本办法为准。本办法未尽事宜，按银监会相关规定执行。

第六十五条 本办法由银监会负责解释。

第六十六条 本办法自2018年1月1日起施行。

中国进出口银行监督管理办法

（2017 年 11 月 15 日中国银行业监督管理委员会令 2017 年第 3 号公布　自 2018 年 1 月 1 日起施行　国法备字[2017001553]）

第一章　总　　则

第一条　为加强对中国进出口银行（以下简称进出口银行）的监督管理，督促落实国家战略和政策，规范经营行为，防控金融风险，根据《中华人民共和国银行业监督管理法》等法律法规，制定本办法。

第二条　进出口银行应当坚持依法合规经营、审慎稳健发展，遵守国家法律法规、银行业金融机构审慎经营规则，强化资本约束，实现长期可持续发展。

第三条　进出口银行应当紧紧围绕服务国家战略，建立市场化运行、约束机制，发展成为定位明确、业务清晰、功能突出、资本充足、治理规范、内控严密、运营安全、服务良好的政策性金融机构。

第四条　中国银行业监督管理委员会（以下简称银监会）及其派出机构依法对进出口银行实施监督管理。

第二章　市场定位

第五条　进出口银行应当依托国家信用，紧紧围绕国家战略，充分发挥政策性金融机构在支持国民经济发展方面的重要作用，重点支持外经贸发展、对外开放、国际合作、“走出去”等领域。

第六条　进出口银行应当坚守政策性金融定位，根据依法确定的服务领域和经营范围开展政策性业务和自营性业务。

第七条　进出口银行应当坚持以政策性业务为主体开展经营活动，遵守市场秩序，与商业性金融机构建立互补合作关系。

第八条　进出口银行应当创新金融服务模式，发挥政策性金融作用，加强和改进普惠金融服务，可通过与其他银行业金融机构合作的方式开展小微企业金融服务。

第九条　进出口银行董事会应当每三年或必要时制订业务范围及业务划分调整方案，按规定履行相关程序。

第三章　公司治理

第十条　进出口银行党委发挥领导作用，把方向、管大局、保落实，保证监督党和国家的方针、政策得到贯彻执行，把党的领导融入公司治理各个环节。

第十一条　进出口银行应当构建由董事会、高级管理层和监事会组成的公司治理架构，遵循各治理主体独立运作、有效制衡、相互合作、协调运转的基本原则，形成决策科学、执行有力、监督有效的公司治理机制。

第十二条　进出口银行董事会由执行董事、非执行董事组成。

执行董事指在进出口银行担任董事长、行长和其他高级管理职务的董事。非执行董事指在进出口银行不担任除董事外其他职务的董事，包括部委董事和股权董事。部委董事由相关部委指派的部委负责人兼任，股权董事由股东单位负责选派。

第十三条　董事会对经营和管理承担最终责任，依照相关法律法规和本行章程履行职责。主要职责包括但不限于下列事项：

（一）制订业务范围及业务划分调整方案、章程修改方案、注册资本调整方案以及组织形式变更方案，按程序报国务院批准；

（二）审议批准中长期发展战略、年度经营计划和投资方案、年度债券发行计划、资本管理规划方案、资本补充工具发行方案、薪酬和绩效考核体系设置方案等；

（三）制定年度财务预算方案和决算方案、利润分配和弥补亏损方案；

（四）审议批准风险管理、内部控制等基本管理制度；

（五）审议批准内部审计章程、机构和年度工作计划；

（六）制定董事会议事规则及其修订方案；

（七）审议批准重大项目，包括重大收购兼并、重大投资、重大资产购置与处置、重大对外担保（银行担保业务除外）等；

（八）审议批准内部管理机构以及境内外一级分支机构设置、调整和撤销方案，对一级子行（子公司）的设立、分立、合并、资本金变动等事项作出决议，审议子公司章程；

（九）决定对董事长和经营管理层的授权事项，决定聘任或解聘高级管理人员，决定高级管理人员薪酬、绩效考核和奖惩事项，决定派驻子公司的董事（含董事长）、监事（含监事长）和总经理（行长）人选；

（十）决定聘用、解聘或者不再续聘承办进出口银行审计业务的会计师事务所；

（十一）制定信息披露政策及制度，审议批准年度报告；

（十二）积极发挥部际协调作用，定期听取商业性金融机构、企业和政府部门等各方意见；

（十三）法律法规规定以及国务院赋予的其他职责。

第十四条 董事会应当充分发挥在落实国家政策、制定经营战略、完善公司治理、制定风险管理及资本管理战略、决策重大项目等方面的作用，监督并确保高级管理层有效履行管理职责。

第十五条 董事应当依照相关法律法规及本行章程，勤勉专业履职。董事每年应当至少出席三分之二的董事会会议。

部委董事代表国家利益履行职责，发挥在重大决策方面的统筹协调作用。部委董事不能出席董事会会议时，书面授权本部委其他人员代为出席；出现离职、调任或退休等不适合继续履职情况的，由董事会及时提请派出部委确定继任人选。

第十六条 董事会应当建立对高级管理层的授权制度，明确对高级管理层的授权范围、授权限额和职责要求等。

第十七条 董事会下设专门委员会，负责向董事会提供专业意见或根据董事会授权就专业事项进行决策。专门委员会主要包括战略发展和投资管理委员会、风险管理委员会、审计委员会、人事与薪酬委员会、关联交易控制委员会等，其中战略发展和投资管理委员会、审计委员会、人事与薪酬委员会成员应当包含部委董事。

（一）战略发展和投资管理委员会。负责制定进出口银行经营管理目标和长期发展战略，监督、检查年度经营计划、投资方案的执行情况，对政策性业务开展情况和配套政策进行研究，向董事会提出政策建议。

（二）风险管理委员会。负责监督高级管理层对信用风险、市场风险、流动性风险、操作风险、国别风险、银行账户利率风险、声誉风险和信息科技风险等各类风险的控制及全面风险管理情况，并对风险管理政策、管理状况及风险承受能力进行定期评估，提出完善风险管理和内部控制的意见。

（三）审计委员会。经董事会授权，负责审核内部审计章程等重要制度和工作报告，审批中长期审计规划和年度审计计划。指导、考核和评价内部审计工作，检查风险及合规状况、会计政策、财务报告程序和财务状况，提出外部审计机构聘请与更换建议。

（四）人事与薪酬委员会。负责拟定董事和高级管理人员的选任程序和标准，对董事和高级管理人员任职资格进行初步审核并向董事会提出建议。负责审议全行薪酬管理制度和政策，拟定执行董事和高级管理层成员的薪酬方案，向董事会提出薪酬方案建议，并监督方案实施。

（五）关联交易控制委员会。负责关联交易的管理、审查和批准，控制关联交易风险。

第十八条 专门委员会成员应当具有与专门委员会职责相适应的专业知识和工作经验。各专门委员会负责人原则上不宜相互兼任。

审计委员会成员应当具有财务、审计和会计等专业知识和工作经验。风险管理委员会负责人应当具有对各类风险进行判断与管理的经验。

第十九条 进出口银行监事会依照《国有重点金融机构监事会暂行条例》等有关法律法规设置和管理，由国务院派出，对国务院负责。

第二十条 进出口银行监事会依照《国有重点金融机构监事会暂行条例》等法律法规履行职责，代表国家对进出口银行资产质量及国有资产保值增值情况实施监督，对董事和高级管理人员履职行为和尽职情况进行监督和评价，指导进出口银行内部审计和监察等内部监督部门的工作，并有权要求上述内部监督部门协助监事会履行监督检查职责，对经营决策、风险管理和内部控制等情况进行监督检查并督促整改。

监事会在履职过程中有权要求董事会和高级管理层提供必要信息，主要包括审计报告、内控评价报告和重大风险事件报告等。监事会主席根据监督检查的需要，可以列席或者委派监事会其他成员列席董事会会议和其他有关会议，可以聘请外部机构就相关工作提供专业协助。

第二十一条 高级管理层由行长、副行长、行长助理、董事会秘书及银监会行政许可的其他高级管理人员组成，可根据实际需要设置首席财务官、首席风险官、首席审计官、首席信息官等高级管理人员职位。进出口银行调整首席风险官应当得到董事会批准，并向银监会报告调整原因。

高级管理层对董事会负责，同时接受监事会的监督。高级管理层应当按照进出口银行章程及董事会授权开展经营管理活动，确保进出口银行经营发展与董事会所制定批准的发展战略、风险偏好及其他政策相一致。

第二十二条 高级管理人员应当遵守法律法规及其他相关规定，遵循诚信原则，忠实勤勉履职，不得利用职务上的便利谋取私利或损害本行利益，包括为自己或他人谋取属于本行的商业机会、接受与本行交易有关的利益等。

第四章 风险管理

第二十三条 进出口银行应当建立适合政策性金融机构业务特点的风险管理模式，构建与本行职能定位、风险状况、业务规模和复杂程度相匹配的全面风险管理体系，加强对各类风险的识别、计量、监测、控制和处置。

第二十四条 进出口银行应当建立组织架构健全、职责边界清晰的风险治理体系，明确董事会、高级管理层、业务部门、风险管理部门和内审部门在风险管理中的职责分工，加强对分支机构业务条线、风险条线和内部审计条线的垂直管理，设立独立于业务经营条线的全面风险管理职能部门，由其牵头履行风险管理职责。风险管理职责包括但不限于以下内容：

（一）协助董事会和高级管理层开展全面风险管理体系建设；

（二）识别、计量、监测和控制各类重要风险并报告风险变化及管理情况；

（三）持续监控风险偏好、风险限额以及其他风险管理政策和程序的执行情况，对突破风险偏好、风险限额以及违反风险管理政策和程序的情况及时预警、报告并处理；

（四）组织开展风险评估，及时发现风险隐患和管理漏洞，持续提高风险管理的有效性。

第二十五条 进出口银行应当结合本行业务特点制定风险管理政策，设定风险偏好。风险管理政策应当经董事会批准后实施，并定期进行后评价和必要的调整。

第二十六条 进出口银行应当遵循风险管理实质性原则，充分考虑金融业务和金融风险的相关性，按照相关规定确定会计并表、资本并表和风险并表管理范围，并将各类表内外、境内外、本外币业务纳入并表管理范围。

董事会和高级管理层应当做好进出口银行及附属机构全面风险管理的设计和实施工作，指导附属机构做好风险管理工作，并建立必要的防火墙制度。

第二十七条 进出口银行应当建立覆盖各类风险的风险分析与报告制度，明确报告种类、报告频率，并按规定的报告路径进行报告。风险分析应当按照风险类型、业务种类、支持领域、地区分布等维度进行，至少每季度开展一次。风险分析报告至少包括业务经营情况、风险状况、风险发展趋势、异常变化原因和相应的风险管理措施等内容。总行及分支机构的季度和年度风险分析报告应当按要求分别报送银监会及其派出机构。

第二十八条 进出口银行应当结合业务特点和风险补偿方式，有效识别、计量、监测和控制各项业务面临的信用风险。

（一）建立完整的授信政策、决策机制、决策程序和管理信息系统，明确尽职要求，建立覆盖政策性业务和自营性业务、表内外、境内外、本外币以及并表口径的统一授信制度，将具有授信性质和融资功能的各类业务纳入统一授信管理体系。

树立绿色金融理念，借鉴赤道原则等国际良好做法，严格遵守环保、产业等领域的法律法规，充分评估项目的环境和社会风险，将评估结果作为授信决策的重要依据。

（二）结合职能定位和支持领域，建立涵盖国别、行业和客户的评级体系，将其作为授信客户选择和项目审批的依据，为客户信用风险识别、监测以及制定差别化的授信政策提供基础。

（三）执行银监会有关授信集中度监管要求，并及时向银监会报告授信集中度情况。

（四）建立覆盖政策性业务和自营性业务、表内外业务的全口径资产质量分类及拨备制度，真实、全面、动态地反映资产质量并及时、足额计提减值准备。

（五）综合运用追偿、重组、转让、核销等方式处置不良资产，盘活存量，提高资金使用效率。对于暂时无法处置的政策性不良资产，应当根据政策性业务管理职责认定责任，做好不良资产账务管理，确保不良资产债权法律手续完备。

第二十九条 进出口银行应当根据政策性业务和自营性业务的不同特点，建立与本行职能定位、战略目标、风险敞口规模和业务复杂程度相适应的国别风险管理体系。

（一）完善国别风险评估和内部评级程序，对已经开展和计划开展业务的国家和地区逐一进行风险评估和评级。

（二）建立健全国别风险限额管理制度，在综合考虑跨境业务发展战略、国别风险评级和风险偏好等因素的基础上，合理设定国别风险限额，严格实施限额管理。

（三）加强国别风险的监测、研判，充分识别业务经营中面临的国别风险，明确在不同情况下应当采取的风险缓释措施。

（四）及时足额计提国别风险准备金，并根据国别风险的变化予以动态调整。

（五）加强境外贷款贷后管理，及时了解项目所在地政治、经济、政策、法律法规、市场变化等情况，制定风险防范预案，采取措施加强贷款管理，积极稳妥处置国别风险。

第三十条 进出口银行应当充分识别、准确计量、持续监测和有效控制各项业务的市场风险，确保可持续经营。所承担的市场风险水平应当与市场风险管理能力和资本实力相匹配。

第三十一条 进出口银行应当将银行账户利率风险管理纳入全面风险管理体系，建立与总体发展战略相统一，与业务性质、规模和复杂程度相适应的银行账户利率风险管理体系，采用适当的风险计量技术和方法，计量所承担的银行账户利率风险，运用有效的金融工具进行风险缓释。

第三十二条 进出口银行应当建立与本行业务性质、规模和复杂程度相适应的操作风险管理体系，通过系统收集、跟踪和分析操作风险相关信息，不断提升操作风险管理能力。从事跨业、跨境业务时，应当充分考虑法律、制度等方面差异，建立相应的风险管理政策和程序。

进出口银行应当制定规范员工行为的相关制度，明确对员工的禁止性规定，加强对员工行为的监督，建立员工异常行为举报、排查机制，加大案件查处力度，构建案件专项治理长效机制。

第三十三条 进出口银行应当建立满足国家金融安全要求的信息科技架构、基础设施和网络信息系统，建立有效的信息科技风险管理机制，实现对信息科技风险的识别、计量、监测和控制，提高信息技术对经营管理的保障水平，确保安全、持续、稳健运行。

第三十四条 进出口银行应当监测分析市场流动性情况，合理安排政策性金融债券发行计划和信贷投放计划，控制资产负债期限错配，建立并完善适合本行资金来源和资金运用特点的流动性风险管理体系。

第三十五条 进出口银行应当主动、有效防范声誉风险，制定完善声誉风险监测机制、应急预案和处置措施。

第三十六条 进出口银行应当建立健全境内外合规管理体系，指定专门部门负责合规管理，审核评价本行各项政策、程序和操作指南的合规性，确保合规要求覆盖所有机构、业务、条线、操作环节及人员，实现对合规风险的有效识别和管理。

第三十七条 进出口银行应当建立压力测试体系，定期开展压力测试。压力测试应当覆盖各类风险和表内外主要业务领域，并考虑各类风险间的相互影响。压力测试结果应当运用于风险管理和各项经营管理决策。

第三十八条 进出口银行应当制定应急计划，说明可能出现的风险以及在压力情况下应采取的措施，涵盖对境内外分支机构和附属机构的应急安排，并定期更新、演练或测试，确保能够及时应对和处理紧急或危机情况。

第三十九条 进出口银行应当及时向银监会及其派出机构报告各类重大风险事件，主要包括新增大额不良贷款、发生案件及案件风险事件、重要信息系统故障、重大流动性缺口等。

第五章　内部控制

第四十条 进出口银行应当建立由董事会、高级管理层、内控管理职能部门、内部审计部门、业务部门组成的分工合理、相互制约、职责明确、报告关系清晰的内部控制治理和组织架构，健全符合政策性业务和自营性业务特点的内部控制制度体系，落实内部控制管理责任制，完善信息科技控制措施，培育良好的内部控制文化。持续开展内控合规评价和监督，加强总行对分支机构的管理，强化内部控制问题整改和责任追究。

第四十一条 进出口银行应当强化内控管理、风险管理、合规管理、内部审计部门的职能，保障其履职独立性。建立内部控制问题整改机制，明确整改责任部门，规范整改工作流程，确保整改措施有效落实。

第四十二条 进出口银行应当结合政策性业务和自营性业务特点，按照内控先行原则，对各项业务活动和管理活动制定全面、系统、规范的业务制度和管理制度，明确各项业务活动和管理活动的风险控制点，执行标准统一的业务流程和管理流程，采取适当的控制措施，确保规范有效运作。

第四十三条 进出口银行应当根据经营管理需要，合理确定部门、岗位的职责及权限，明确业务流程和管理活动中的重要岗位和不相容岗位。实行重要岗位轮岗或强制休假制度和不相容岗位分离制度，原则上不相容岗位人员之间不得轮岗，形成相互制约的岗位安排。

第四十四条 进出口银行应当按照统一管理、差别授权、动态调整、权责一致的原则，建立有利于管控风险和开展政策性业务的授权体系。授权范围和大小应当统筹考虑各分支机构和各部门的经营能力、管理水平、风险状况与业务发展需要。

第四十五条 进出口银行应当建立贯穿各级机构、覆盖所有业务和全部流程的管理信息系统和业务操作系统，及时、准确记录经营管理信息，确保信息完整、连续、准确和可追溯，通过内部控制流程与业务操作系统和管理信息系统的有效结合，加强对业务和管理活动的系统自动控制。

第四十六条 进出口银行应当建立独立、垂直管理的内部审计体系及相应的报告制度和报告路径，审查评价并督促改善经营活动、风险状况、内部控制和治理机制，促进合规经营、履职尽责和稳健发展。内部审计部门应当对董事会负责，按照规定及时向董事会报告工作和审计情况。进出口银行应当向银监会及其派出机构报送审计工作情况和审计报告。

第四十七条 进出口银行根据需要外聘符合国家有关规定的审计机构对公司治理、内部控制、经营管理及财务状况进行审计。审计结果应当报送银监会。

第四十八条 进出口银行应当结合机构层级、人员分布、业务特点等因素，建立内部控制评价制度，明确内部控制评价的实施主体、频率、内容、程序、方法和标准等。内部控制评价由董事会指定的部门组织实施,至少每年开展一次,年度内部控制评价报告应当报送银监会。

第四十九条 进出口银行应当加强分支机构及人员管理,认真执行各项规章制度,加强对分支机构内控制度执行情况的检查监督,提升内部控制有效性。

第六章 资本管理

第五十条 进出口银行应当建立健全资本约束机制,完善资本管理的政策、制度及实施流程,将符合条件的附属机构纳入并表管理范围,确保资本能够充分抵御各项风险,满足业务发展需要。

第五十一条 进出口银行应当在充分计提贷款损失准备等各项减值准备的基础上计算并表和未并表的资本充足率,执行银监会有关资本充足率监管要求。

第五十二条 进出口银行应当明确资本管理目标,结合政策性职能定位及业务发展特点制定有效的资本规划和资本补充计划,并根据资本充足率的变动情况合理确定业务发展规模和速度。资本预算与分配应当优先保障政策性业务。资本规划应当经董事会批准后实施并定期审查。

第五十三条 进出口银行应当建立稳健的内部资本充足评估程序。内部资本充足评估应当至少每年开展一次,评估结果应当作为资本预算与分配、授信决策和战略规划的重要依据。

第五十四条 进出口银行应当建立内源性资本积累与外源性资本补充相结合的动态资本补充机制。当资本充足率不足时,应当通过优化资产结构、盘活资产存量、减少或免于分红、利润转增资本、国家追加注资、发行符合监管要求的各类资本补充工具等措施,确保资本充足率达到监管标准。

第七章 激励约束

第五十五条 进出口银行应当以服务国家战略、实现可持续发展为导向,以保障政策性业务为原则,建立市场化的人力资源管理体制,健全激励约束机制,完善绩效考核和问责机制。

第五十六条 进出口银行应当结合业务发展、风险管理需要和人员结构、薪酬水平等因素,建立健全科学的人才规划、招聘、培养、评估、激励和使用机制,逐步建立市场化的人力资源管理体系,确保本行人员素质、数量与业务发展速度、风险管理需要相适应。

第五十七条 进出口银行应当结合本行职能定位、发展战略、业务特点以及风险偏好等因素，建立科学的绩效考核体系，合理确定绩效考核的定性、定量指标及权重。对于政策性业务，应当侧重对依法合规、履职尽责、服务国家战略成效的考核；对于自营性业务，应当侧重对风险管理、合规经营以及可持续发展能力的考核。绩效考核指标至少包括落实国家政策类、合规经营类和风险管理类，上述三类指标权重应当高于其他类型指标。

第五十八条 进出口银行应当结合本行业务特点，建立健全有利于发挥政策性银行功能的激励约束机制。薪酬水平应当综合考虑政策性业务开展情况、合规情况、风险状况和可持续发展等因素确定，对高级管理人员以及对风险有重要影响的岗位应当实行薪酬延期支付（国家另有规定的除外）和追索扣回制度。

第五十九条 进出口银行应当建立与政策性业务、自营性业务决策机制和管理流程相适应的责任追究和问责机制，完善问责制度，明确问责牵头部门、职责划分和问责流程，对违法违规行为的直接责任人和相应的管理人员进行严肃问责。

第八章 监督管理

第六十条 银监会依照法律法规制定进出口银行监督管理规定。

第六十一条 银监会按照有关规定对进出口银行的资本充足率及其管理情况实施监督检查，主要包括全面风险管理框架、资本充足率计量准确性、各类风险及压力测试情况等。

进出口银行资本充足率未达到监管要求时，银监会有权根据具体情况采取责令控制风险资产增长、责令暂停自营性业务、限制分配红利和其他收入、停止批准增设机构等监管措施。

第六十二条 银监会对进出口银行及其附属机构实行并表监管，综合运用定量和定性方法，重点关注进出口银行及其附属机构的整体资本、财务和风险情况，密切关注跨业经营以及内部交易带来的风险。

第六十三条 银监会及其派出机构依照相关行政许可规定对进出口银行的机构设立、机构变更、机构终止、业务范围以及董事和高级管理人员任职资格等事项实施行政许可。

第六十四条 银监会及其派出机构对进出口银行实施持续的非现场监管。包括但不限于：

（一）依法收集董事会会议记录和决议等文件，要求进出口银行报送各类报表、经营管理资料、内控评价报告、风险分析报告、内审工作计划、内审工作报告、整改报告、外部审计报告以及监管需要的其他资料，派员列席经营管理工作会议和其他重要会议；

（二）对进出口银行的经营状况、风险特点和发展趋势进行监测分析，实现对各类风险的及早发现、及时预警和有效监管；

（三）建立监管评估制度和机制，对进出口银行执行国家政策、公司治理、风险管理、内部控制、资本管理以及问题整改等情况开展专项或综合评估；

（四）通过审慎监管会谈、监管通报、监管意见书等形式向进出口银行反馈监管情况，提出监管要求，并对整改情况进行后续评估；

（五）定期对非现场监管工作进行总结，对进出口银行的经营状况、风险特点和发展趋势进行分析，形成监管报告。

第六十五条 银监会及其派出机构依法对进出口银行的公司治理、风险管理、内部控制、资本管理、业务活动和风险状况等开展现场检查。

第六十六条 银监会建立监管联动机制，通过监管联动会议、信息共享等形式与其他金融监管机构、进出口银行监事会、外部审计机构开展联动和沟通。

第六十七条 进出口银行违反本办法规定的，银监会及其派出机构可以依照《中华人民共和国银行业监督管理法》等法律法规采取审慎监管措施，实施行政处罚，涉嫌犯罪的移送司法机关处理。

第九章 附 则

第六十八条 进出口银行应当根据本办法制定和完善内部管理制度。

第六十九条 本办法施行前进出口银行相关监管规定与本办法不一致的，以本办法为准。本办法未尽事宜，按银监会相关规定执行。

第七十条 本办法由银监会负责解释。

第七十一条 本办法自2018年1月1日起施行。

中国农业发展银行监督管理办法

（2017 年 11 月 15 日中国银行业监督管理委员会令 2017 年第 4 号公布　自 2018 年 1 月 1 日起施行　国法备字[2017001554]）

第一章　总　则

第一条　为加强对中国农业发展银行（以下简称农发行）的监督管理，督促落实国家战略和政策，规范经营行为，防控金融风险，根据《中华人民共和国银行业监督管理法》等法律法规，制定本办法。

第二条　农发行应当坚持依法合规经营、审慎稳健发展，遵守国家法律法规、银行业金融机构审慎经营规则，强化资本约束，实现长期可持续发展。

第三条　农发行应当紧紧围绕服务国家战略，建立市场化运行、约束机制，发展成为定位明确、功能突出、业务清晰、资本充足、治理规范、内控严密、运营安全、服务良好的政策性金融机构。

第四条　中国银行业监督管理委员会（以下简称银监会）及其派出机构依法对农发行实施监督管理。

第二章　市场定位

第五条　农发行应当依托国家信用，服务经济社会发展的重点领域和薄弱环节。主要服务维护国家粮食安全、脱贫攻坚、实施乡村振兴战略、促进农业农村现代化、改善农村基础设施建设等领域，在农村金融体系中发挥主体和骨干作用。

第六条　农发行应当坚守政策性金融定位，根据依法确定的服务领域和经营范围开展政策性业务和自营性业务。

第七条　农发行应当坚持以政策性业务为主体开展经营活动，遵守市场秩序，与商业性金融机构建立互补合作关系。

第八条　农发行应当创新金融服务模式，发挥政策性金融作用，加强和改进农村地区普惠金融服务，可通过与其他银行业金融机构合作的方式开展小微企业金融服务和扶贫小额信贷业务。

第九条　农发行董事会应当每三年或必要时制订业务范围及业务划分调

整方案，按规定履行相关程序。

第三章　公司治理

第十条　农发行党委发挥领导作用，把方向、管大局、保落实，保证监督党和国家的方针、政策得到贯彻执行，把党的领导融入公司治理各个环节。

第十一条　农发行应当构建由董事会、高级管理层和监事会组成的公司治理架构，遵循各治理主体独立运作、有效制衡、相互合作、协调运转的基本原则，形成决策科学、执行有力、监督有效的公司治理机制。

第十二条　农发行董事会由执行董事、非执行董事组成。

执行董事指在农发行担任董事长、行长和其他高级管理职务的董事。非执行董事指在农发行不担任除董事外其他职务的董事，包括部委董事和股权董事。部委董事由相关部委指派的部委负责人兼任，股权董事由股东单位负责选派。

第十三条　董事会对经营和管理承担最终责任，依照相关法律法规和本行章程履行职责。主要职责包括但不限于下列事项：

（一）制订业务范围及业务划分调整方案、章程修改方案、注册资本调整方案以及组织形式变更方案，按程序报国务院批准；

（二）审议批准中长期发展战略、年度经营计划和投资方案、年度债券发行计划、资本管理规划方案、资本补充工具发行方案、薪酬和绩效考核体系设置方案等；

（三）制定年度财务预算方案和决算方案、利润分配和弥补亏损方案；

（四）审议批准风险管理、内部控制等基本管理制度；

（五）审议批准内部审计章程、机构和年度工作计划；

（六）制定董事会议事规则及其修订方案；

（七）审议批准重大项目，包括重大收购兼并、重大投资、重大资产购置与处置、重大对外担保（银行担保业务除外）等；

（八）审议批准内部管理机构以及境内外一级分支机构设置、调整和撤销方案，对一级子行（子公司）的设立、分立、合并、资本金变动等事项作出决议，审议子公司章程；

（九）决定对董事长和经营管理层的授权事项，决定聘任或解聘高级管理人员，决定高级管理人员薪酬、绩效考核和奖惩事项，决定派驻子公司的董事（含董事长）、监事（含监事长）和总经理（行长）人选；

（十）决定聘用、解聘或者不再续聘承办农发行审计业务的会计师事务所；

（十一）制定信息披露政策及制度，审议批准年度报告；

（十二）积极发挥部际协调作用，定期听取商业性金融机构、企业和政府部门等各方意见；

（十三）法律法规规定以及国务院赋予的其他职责。

第十四条 董事会应当充分发挥在落实国家政策、制定经营战略、完善公司治理、制定风险管理及资本管理战略、决策重大项目等方面的作用，监督并确保高级管理层有效履行管理职责。

第十五条 董事应当依照相关法律法规及本行章程，勤勉专业履职。董事每年应当至少出席三分之二的董事会会议。

部委董事代表国家利益履行职责，发挥在重大决策方面的统筹协调作用。部委董事不能出席董事会会议时，书面授权本部委其他人员代为出席；出现离职、调任或退休等不适合继续履职情况的，由董事会及时提请派出部委确定继任人选。

第十六条 董事会应当建立对高级管理层的授权制度，明确对高级管理层的授权范围、授权限额和职责要求等。

第十七条 董事会下设专门委员会，负责向董事会提供专业意见或根据董事会授权就专业事项进行决策。专门委员会主要包括战略发展和投资管理委员会、风险管理委员会、审计委员会、人事与薪酬委员会、关联交易控制委员会等，其中战略发展和投资管理委员会、审计委员会、人事与薪酬委员会成员应当包含部委董事。

（一）战略发展和投资管理委员会。负责制定农发行经营管理目标和长期发展战略，监督、检查年度经营计划、投资方案的执行情况，对政策性业务开展情况和配套政策进行研究，向董事会提出政策建议。

（二）风险管理委员会。负责监督高级管理层对信用风险、市场风险、流动性风险、操作风险、国别风险、银行账户利率风险、声誉风险和信息科技风险等各类风险的控制及全面风险管理情况，并对风险管理政策、管理状况及风险承受能力进行定期评估，提出完善风险管理和内部控制的意见。

（三）审计委员会。经董事会授权，负责审核内部审计章程等重要制度和工作报告，审批中长期审计规划和年度审计计划。指导、考核和评价内部审计工作，检查风险及合规状况、会计政策、财务报告程序和财务状况，提出外部审计机构聘请与更换建议。

（四）人事与薪酬委员会。负责拟定董事和高级管理人员的选任程序和标准，对董事和高级管理人员任职资格进行初步审核并向董事会提出建议。负责审议全行薪酬管理制度和政策，拟定执行董事和高级管理层成员的薪酬方案，向董事会提出薪酬方案建议，并监督方案实施。

（五）关联交易控制委员会。负责关联交易的管理、审查和批准，控制关联交易风险。

第十八条 专门委员会成员应当具有与专门委员会职责相适应的专业知识和工作经验。各专门委员会负责人原则上不宜相互兼任。

审计委员会成员应当具有财务、审计和会计等专业知识和工作经验。风险管理委员会负责人应当具有对各类风险进行判断与管理的经验。

第十九条 农发行监事会依照《国有重点金融机构监事会暂行条例》等有关法律法规设置和管理，由国务院派出，对国务院负责。

第二十条 农发行监事会依照《国有重点金融机构监事会暂行条例》等法律法规履行职责，代表国家对农发行资产质量及国有资产保值增值情况实施监督，对董事和高级管理人员履职行为和尽职情况进行监督和评价，指导农发行内部审计和监察等内部监督部门的工作，并有权要求上述内部监督部门协助监事会履行监督检查职责，对经营决策、风险管理和内部控制等情况进行监督检查并督促整改。

监事会在履职过程中有权要求董事会和高级管理层提供必要信息，主要包括审计报告、内控评价报告和重大风险事件报告等。监事会主席根据监督检查的需要，可以列席或者委派监事会其他成员列席董事会会议和其他有关会议，可以聘请外部机构就相关工作提供专业协助。

第二十一条 高级管理层由行长、副行长、行长助理、董事会秘书及银监会行政许可的其他高级管理人员组成，可根据实际需要设置首席财务官、首席风险官、首席审计官、首席信息官等高级管理人员职位。农发行调整首席风险官应当得到董事会批准，并向银监会报告调整原因。

高级管理层对董事会负责，同时接受监事会的监督。高级管理层应当按照农发行章程及董事会授权开展经营管理活动，确保农发行经营发展与董事会所制定批准的发展战略、风险偏好及其他政策相一致。

第二十二条 高级管理人员应当遵守法律法规及其他相关规定，遵循诚信原则，忠实勤勉履职，不得利用职务上的便利谋取私利或损害本行利益，包括为自己或他人谋取属于本行的商业机会、接受与本行交易有关的利益等。

第四章 风险管理

第二十三条 农发行应当深入分析“三农”领域风险特点，构建与本行职能定位、风险状况、业务规模和复杂程度相匹配的全面风险管理体系，加强对各类风险的识别、计量、监测、控制和处置。

第二十四条 农发行应当建立组织架构健全、职责边界清晰的风险治理体系，明确董事会、高级管理层、业务部门、风险管理部门和内审部门在风险管理中的职责分工，加强对分支机构业务条线、风险条线和内部审计条线的垂直管理，设立独立于业务经营条线的全面风险管理职能部门，由其牵头履行风险管理职责。风险管理职责包括但不限于以下内容：

（一）协助董事会和高级管理层开展全面风险管理体系建设；

（二）识别、计量、监测和控制各类重要风险并报告风险变化及管理情况；

（三）持续监控风险偏好、风险限额以及其他风险管理政策和程序的执行情况，对突破风险偏好、风险限额以及违反风险管理政策和程序的情况及时预警、报告并处理；

（四）组织开展风险评估，及时发现风险隐患和管理漏洞，持续提高风险管理的有效性。

第二十五条 农发行应当结合本行业务特点制定风险管理政策，设定风险偏好。风险管理政策应当经董事会批准后实施，并定期进行后评价和必要的调整。

第二十六条 农发行应当遵循风险管理实质性原则，充分考虑金融业务和金融风险的相关性，按照相关规定确定会计并表、资本并表和风险并表管理范围，并将各类表内外、境内外、本外币业务纳入并表管理范围。

董事会和高级管理层应当做好农发行及附属机构全面风险管理的设计和实施工作，指导附属机构做好风险管理工作，并建立必要的防火墙制度。

第二十七条 农发行应当建立覆盖各类风险的风险分析与报告制度，明确报告种类、报告频率，并按规定的报告路径进行报告。风险分析应当按照风险类型、业务种类、支持领域、地区分布等维度进行，至少每季度开展一次。风险分析报告至少包括业务经营情况、风险状况、风险发展趋势、异常变化原因和相应的风险管理措施等内容。总行及分支机构的季度和年度风险分析报告应当按要求分别报送银监会及其派出机构。

第二十八条 农发行应当结合业务特点和风险补偿方式，有效识别、计量、监测和控制各项业务面临的信用风险。

（一）建立完整的授信政策、决策机制、决策程序和管理信息系统，明确尽职要求，建立覆盖政策性业务和自营性业务、表内外、境内外、本外币以及并表口径的统一授信制度，将具有授信性质和融资功能的各类业务纳入统一授信管理体系。

树立绿色金融理念，严格遵守环保、产业等领域的法律法规，充分评估项目的环境和社会风险，将评估结果作为授信决策的重要依据。

（二）结合业务对象的特点建立客户评级体系，将其作为授信客户选择和项目审批的依据，为客户信用风险识别、监测以及制定差别化的授信政策提供基础。

（三）执行银监会有关授信集中度监管要求，并及时向银监会报告授信集中度情况。

（四）建立覆盖政策性业务和自营性业务、表内外业务的全口径资产质量分类及拨备制度，真实、全面、动态地反映资产质量并及时、足额计提减值准备。

（五）综合运用追偿、重组、转让、核销等方式处置不良资产，盘活存量，提高资金使用效率。对于暂时无法处置的政策性不良资产，应当根据政策性业务管理职责认定责任，做好不良资产账务管理，确保不良资产债权法律手续完备。

第二十九条 农发行应当充分识别、准确计量、持续监测和有效控制各项业务的市场风险，确保可持续经营。所承担的市场风险水平应当与市场风险管理能力和资本实力相匹配。

第三十条 农发行应当将银行账户利率风险管理纳入全面风险管理体系，建立与总体发展战略相统一，与业务性质、规模和复杂程度相适应的银行账户利率风险管理体系，采用适当的风险计量技术和方法，计量所承担的银行账户利率风险，运用有效的金融工具进行风险缓释。

第三十一条 农发行应当建立与本行业务性质、规模和复杂程度相适应的操作风险管理体系，通过系统收集、跟踪和分析操作风险相关信息，不断提升操作风险管理能力。从事跨业、跨境业务时，应当充分考虑法律、制度等方面差异，建立相应的风险管理政策和程序。

农发行应当制定规范员工行为的相关制度，明确对员工的禁止性规定，加强对员工行为的监督，建立员工异常行为举报、排查机制，加大案件查处力度，构建案件专项治理长效机制。

第三十二条 农发行应当建立满足国家金融安全要求的信息科技架构、基础设施和网络信息系统，建立有效的信息科技风险管理机制，实现对信息科技风险的识别、计量、监测和控制，提高信息技术对经营管理的保障水平，确保安全、持续、稳健运行。

第三十三条 农发行应当监测分析市场流动性情况，结合政策性业务资金需求，合理安排政策性金融债券发行计划和信贷投放计划，控制资产负债期限错配，建立并完善适合本行资金来源和资金运用特点的流动性风险管理体系。

第三十四条 农发行应当主动、有效防范声誉风险，制定完善声誉风险监测机制、应急预案和处置措施。

第三十五条 农发行应当建立健全合规管理体系，指定专门部门负责合规管理，审核评价本行各项政策、程序和操作指南的合规性，确保符合法律、政策、规则和准则的要求，实现对合规风险的有效识别和管理。

第三十六条 农发行应当建立压力测试体系，定期开展压力测试。压力测试应当覆盖各类风险和表内外主要业务领域，并考虑各类风险间的相互影响。压力测试结果应当运用于风险管理和各项经营管理决策。

第三十七条 农发行应当制定应急计划，说明可能出现的风险以及在压力情况下应采取的措施，涵盖对境内外分支机构和附属机构的应急安排，并定期更新、演练或测试，确保能够及时应对和处理紧急或危机情况。

第三十八条 农发行应当及时向银监会及其派出机构报告各类重大风险事件，主要包括新增大额不良贷款、发生案件及案件风险事件、重要信息系统故障、重大流动性缺口等。

第五章 内部控制

第三十九条 农发行应当建立由董事会、高级管理层、内控管理职能部门、内部审计部门、业务部门组成的分工合理、相互制约、职责明确、报告关系清晰的内部控制治理和组织架构，健全符合政策性业务和自营性业务特点的内部控制制度体系，落实内部控制管理责任制，完善信息科技控制措施，培育良好的内部控制文化。持续开展内控合规评价和监督，加强总行对分支机构的管理，强化内部控制问题整改和责任追究。

第四十条 农发行应当强化内控管理、风险管理、合规管理、内部审计部门的职能，保障其履职独立性。建立内部控制问题整改机制，明确整改责任部门，规范整改工作流程，确保整改措施有效落实。

第四十一条 农发行应当结合政策性业务和自营性业务特点，按照内控先行原则，对各项业务活动和管理活动制定全面、系统、规范的业务制度和管理制度，明确各项业务活动和管理活动的风险控制点，执行标准统一的业务流程和管理流程，采取适当的控制措施，确保规范有效运作。

第四十二条 农发行应当根据经营管理需要，合理确定部门、岗位的职责及权限，明确业务流程和管理活动中的重要岗位和不相容岗位。实行重要岗位轮岗或强制休假制度和不相容岗位分离制度，原则上不相容岗位人员之间不得轮岗，形成相互制约的岗位安排。

第四十三条 农发行应当按照统一管理、差别授权、动态调整、权责一致的原则,建立有利于管控风险和开展政策性业务的授权体系。授权范围和大小应当统筹考虑各分支机构和各部门的经营能力、管理水平、风险状况与业务发展需要。

第四十四条 农发行应当建立贯穿各级机构、覆盖所有业务和全部流程的管理信息系统和业务操作系统,及时、准确记录经营管理信息,确保信息完整、连续、准确和可追溯,通过内部控制流程与业务操作系统和管理信息系统的有效结合,加强对业务和管理活动的系统自动控制。

第四十五条 农发行应当建立独立、垂直管理的内部审计体系及相应的报告制度和报告路径,审查评价并督促改善经营活动、风险状况、内部控制和治理机制,促进合规经营、履职尽责和稳健发展。内部审计部门应当对董事会负责,按照规定及时向董事会报告工作和审计情况。农发行应当向银监会及其派出机构报送审计工作情况和审计报告。

第四十六条 农发行根据需要外聘符合国家有关规定的审计机构对公司治理、内部控制、经营管理及财务状况进行审计。审计结果应当报送银监会。

第四十七条 农发行应当结合机构层级、人员分布、业务特点等因素,建立内部控制评价制度,明确内部控制评价的实施主体、频率、内容、程序、方法和标准等。内部控制评价由董事会指定的部门组织实施,至少每年开展一次,年度内部控制评价报告应当报送银监会。

第四十八条 农发行应当加强分支机构及人员管理,认真执行各项规章制度,加强对分支机构内控制度执行情况的检查监督,提升内部控制有效性。

第六章 资本管理

第四十九条 农发行应当建立健全资本约束机制,完善资本管理的政策、制度及实施流程,将符合条件的附属机构纳入并表管理范围,确保资本能够充分抵御各项风险,满足业务发展需要。

第五十条 农发行应当在充分计提贷款损失准备等各项减值准备的基础上,计算并表和未并表的资本充足率,执行银监会有关资本充足率监管要求。

第五十一条 农发行应当明确资本管理目标,结合政策性职能定位及业务发展特点制定有效的资本规划和资本补充计划,并根据资本充足率的变动情况合理确定业务发展规模和速度。资本预算与分配应当优先保障政策性业务。资本规划应当经董事会批准后实施并定期审查。

第五十二条 农发行应当建立稳健的内部资本充足评估程序。内部资本充足评估应当至少每年开展一次，评估结果应当作为资本预算与分配、授信决策和战略规划的重要依据。

第五十三条 农发行应当建立内源性资本积累与外源性资本补充相结合的动态资本补充机制。当资本充足率不足时，应当通过优化资产结构、盘活资产存量、减少或免于分红、利润转增资本、国家追加注资、发行符合监管要求的各类资本补充工具等措施，确保资本充足率达到监管标准。

第七章 激励约束

第五十四条 农发行应当以服务国家战略、实现可持续发展为导向，以保障政策性业务为原则，建立市场化的人力资源管理体制，健全激励约束机制，完善绩效考核和问责机制。

第五十五条 农发行应当结合业务发展、风险管理需要和人员结构、薪酬水平等因素，建立健全科学的人才规划、招聘、培养、评估、激励和使用机制，逐步建立市场化的人力资源管理体系，确保本行人员素质、数量与业务发展速度、风险管理需要相适应。

第五十六条 农发行应当结合本行职能定位、发展战略、业务特点以及风险偏好等因素，建立科学的绩效考核体系，合理确定绩效考核的定性、定量指标及权重。对于政策性业务，应当侧重对依法合规、履职尽责、服务国家战略成效的考核；对于自营性业务，应当侧重对风险管理、合规经营以及可持续发展能力的考核。绩效考核指标至少包括落实国家政策类、合规经营类和风险管理类，上述三类指标权重应当高于其他类型指标。

第五十七条 农发行应当结合本行业务特点，建立健全有利于发挥政策性银行功能的激励约束机制。薪酬水平应当综合考虑政策性业务开展情况、合规情况、风险状况和可持续发展等因素确定，对高级管理人员以及对风险有重要影响的岗位应当实行薪酬延期支付（国家另有规定的除外）和追索扣回制度。

第五十八条 农发行应当建立与政策性业务、自营性业务决策机制和管理流程相适应的责任追究和问责机制，完善问责制度，明确问责牵头部门、职责划分和问责流程，对违法违规行为的直接责任人和相应的管理人员进行严肃问责。

第八章 监督管理

第五十九条 银监会依照法律法规制定农发行监督管理规定。

第六十条 银监会按照有关规定对农发行的资本充足率及其管理情况实施监督检查,主要包括全面风险管理框架、资本充足率计量准确性、各类风险及压力测试情况等。

农发行资本充足率未达到监管要求时,银监会有权根据具体情况采取责令控制风险资产增长、责令暂停自营性业务、限制分配红利和其他收入、停止批准增设机构等监管措施。

第六十一条 银监会对农发行及其附属机构实行并表监管,综合运用定量和定性方法,重点关注农发行及其附属机构的整体资本、财务和风险情况,密切关注跨业经营以及内部交易带来的风险。

第六十二条 银监会及其派出机构依照相关行政许可规定对农发行的机构设立、机构变更、机构终止、业务范围以及董事和高级管理人员任职资格等事项实施行政许可。

第六十三条 银监会及其派出机构对农发行实施持续的非现场监管。包括但不限于:

(一)依法收集董事会会议记录和决议等文件,要求农发行报送各类报表、经营管理资料、内控评价报告、风险分析报告、内审工作计划、内审工作报告、整改报告、外部审计报告以及监管需要的其他资料,派员列席经营管理工作会议和其他重要会议;

(二)对农发行的经营状况、风险特点和发展趋势进行监测分析,实现对各类风险的及早发现、及时预警和有效监管;

(三)建立监管评估制度和机制,对农发行执行国家政策、公司治理、风险管理、内部控制、资本管理以及问题整改等情况开展专项或综合评估;

(四)通过审慎监管会谈、监管通报、监管意见书等形式向农发行反馈监管情况,提出监管要求,并对整改情况进行后续评估;

(五)定期对非现场监管工作进行总结,对农发行的经营状况、风险特点和发展趋势进行分析,形成监管报告。

第六十四条 银监会及其派出机构依法对农发行的公司治理、风险管理、内部控制、资本管理、业务活动和风险状况等开展现场检查。

第六十五条 银监会建立监管联动机制,通过监管联动会议、信息共享等形式与其他金融监管机构、农发行监事会、外部审计机构开展联动和沟通。

第六十六条 农发行违反本办法规定的,银监会及其派出机构可以依照《中华人民共和国银行业监督管理法》等法律法规采取审慎监管措施,实施行政处罚,涉嫌犯罪的移送司法机关处理。

第九章　附　　则

第六十七条　农发行应当根据本办法制定和完善内部管理制度。

第六十八条　本办法施行前农发行相关监管规定与本办法不一致的，以本办法为准。本办法未尽事宜，按银监会相关规定执行。

第六十九条　本办法由银监会负责解释。

第七十条　本办法自2018年1月1日起施行。

国家食品药品监督管理总局关于修改部分规章的决定

（2017年11月17日国家食品药品监督管理总局令第37号公布　自公布之日起施行　国法备字［2017001544］）

为贯彻落实国务院深化简政放权、放管结合、优化服务改革的要求，食品药品监管总局对涉及行政审批制度改革、商事制度改革等有关规章进行了清理，决定对以下规章的部分条款予以修改。

一、《药品经营许可证管理办法》（2004年2月4日国家食品药品监督管理局令第6号公布）

（一）将第八条第四项中“2.工商行政管理部门出具的拟办企业核准证明文件”修改为“2.企业营业执照”。

（二）将第九条第四项中“2.工商行政管理部门出具的拟办企业核准证明文件”修改为“2.企业营业执照”。

（三）增加一条，作为第三十四条：“食品药品监督管理部门制作的药品经营许可电子证书与印制的药品经营许可证书具有同等法律效力”。

二、《互联网药品信息服务管理办法》（2004年7月8日国家食品药品监督管理局令第9号公布）

将第十三条第一项“企业营业执照复印件（新办企业提供工商行政管理部门出具的名称预核准通知书及相关材料）”修改为“企业营业执照复印件”。

三、《药品生产监督管理办法》（2004年8月5日国家食品药品监督管理局令第14号公布）

（一）将第五条第三项“工商行政管理部门出具的拟办企业名称预先核准

通知书,生产地址及注册地址、企业类型、法定代表人或者企业负责人”修改为“企业营业执照,生产地址及注册地址、企业类型、法定代表人或者企业负责人”。

（二）将第二十八条第一款“注射剂、生物制品(不含疫苗制品、血液制品)和跨省、自治区、直辖市的药品委托生产申请,由国家食品药品监督管理局负责受理和审批”修改为“药品委托生产申请,由委托双方所在地省、自治区、直辖市食品药品监督管理部门负责受理和审批”。

（三）删去第二十九条。

（四）将第三十条改为第二十九条,并将其中“由委托方向国家食品药品监督管理局或者省、自治区、直辖市(食品)药品监督管理部门提出申请”修改为“由委托方向省、自治区、直辖市食品药品监督管理部门提出申请”。

（五）增加一条,作为第五十九条:“食品药品监督管理部门制作的药品生产许可电子证书与印制的药品生产许可证书具有同等法律效力”。

四、《医疗器械生产监督管理办法》(2014 年 7 月 30 日国家食品药品监督管理总局令第 7 号公布)

（一）将第八条第一项“营业执照、组织机构代码证复印件”修改为“营业执照复印件”。

（二）将第三十条第二款第二项“委托方和受托方企业营业执照和组织机构代码证复印件”修改为“委托方和受托方企业营业执照复印件”。

（三）将第三十二条第一款第一项“委托方和受托方营业执照、组织机构代码证复印件”修改为“委托方和受托方营业执照复印件”。

（四）增加一条,作为第七十二条:“食品药品监督管理部门制作的医疗器械生产许可电子证书与印制的医疗器械生产许可证书具有同等法律效力”。

五、《医疗器械经营监督管理办法》(2014 年 7 月 30 日国家食品药品监督管理总局令第 8 号公布)

（一）将第八条第一项“营业执照和组织机构代码证复印件”修改为“营业执照复印件”。

（二）增加一条,作为第六十六条:“食品药品监督管理部门制作的医疗器械经营许可电子证书与印制的医疗器械经营许可证书具有同等法律效力”。

六、《蛋白同化制剂和肽类激素进出口管理办法》(2014 年 9 月 28 日国家食品药品监督管理总局 海关总署 国家体育总局令第 9 号公布)

（一）将第四条第四项“进口单位的《药品经营许可证》、《企业法人营业执照》、《进出口企业资格证书》(或者《对外贸易经营者备案登记表》)、《组织代码证书》复印件;药品生产企业进口本企业所需原料药和制剂中间体(包括境内分包装用制剂)，应当报送《药品生产许可证》、《企业法人营业执照》、《组织代码证书》复印件”修改为“进口单位的《药品经营许可证》、《企业法人营业执照》、《进出口企业资格证书》(或者《对外贸易经营者备案登记表》)复印件；药品生产企业进口本企业所需原料药和制剂中间体(包括境内分包装用制剂)，应当报送《药品生产许可证》、《企业法人营业执照》复印件”。

(二)将第五条第五项“接受使用单位委托代理进口的，还需提供委托代理协议复印件和进口单位的《企业法人营业执照》、《进出口企业资格证书》(或者《对外贸易经营者备案登记表》)、《组织代码证书》复印件”修改为“接受使用单位委托代理进口的，还需提供委托代理协议复印件和进口单位的《企业法人营业执照》、《进出口企业资格证书》(或者《对外贸易经营者备案登记表》)复印件”。

(三)将第十五条第六项“出口企业的《企业法人营业执照》、《进出口企业资格证书》(或者《对外贸易经营者备案登记表》)、《组织代码证书》复印件”修改为“出口企业的《企业法人营业执照》、《进出口企业资格证书》(或者《对外贸易经营者备案登记表》)复印件”。

七、《食品生产许可管理办法》(2015 年 8 月 31 日国家食品药品监督管理总局令第 16 号公布)

增加一条，作为第六十二条：“食品药品监督管理部门制作的食品生产许可电子证书与印制的食品生产许可证书具有同等法律效力”。

八、《食品经营许可管理办法》(2015 年 8 月 31 日国家食品药品监督管理总局令第 17 号公布)

增加一条，作为第五十六条：“食品药品监督管理部门制作的食品经营许可电子证书与印制的食品经营许可证书具有同等法律效力”。

此外，将《药品经营许可证管理办法》《互联网药品信息服务管理办法》《药品生产监督管理办法》中“(食品)药品监督管理部门”“(食品)药品监督管理机构”“(食品)药品监督管理(机构)”“(食品)药品监督管理局”等表述统一修改为“食品药品监督管理部门”，将“国家食品药品监督管理局”修改为“国家食品药品监督管理总局”，将“省级药品检验所”修改为“省级药品检验机构”，将“中国药品生物制品检定所”修改为“中国食品药品检定研究院”。

本决定自公布之日起施行。

根据本决定，对上述规章作相应修改，重新公布。

食品经营许可管理办法

（2015 年 8 月 31 日国家食品药品监督管理总局令第 17 号公布 根据 2017 年 11 月 7 日国家食品药品监督管理总局局务会议《关于修改部分规章的决定》修正）

第一章 总 则

第一条 为规范食品经营许可活动，加强食品经营监督管理，保障食品安全，根据《中华人民共和国食品安全法》《中华人民共和国行政许可法》等法律法规，制定本办法。

第二条 在中华人民共和国境内，从事食品销售和餐饮服务活动，应当依法取得食品经营许可。

食品经营许可的申请、受理、审查、决定及其监督检查，适用本办法。

第三条 食品经营许可应当遵循依法、公开、公平、公正、便民、高效的原则。

第四条 食品经营许可实行一地一证原则，即食品经营者在一个经营场所从事食品经营活动，应当取得一个食品经营许可证。

第五条 食品药品监督管理部门按照食品经营主体业态和经营项目的风险程度对食品经营实施分类许可。

第六条 国家食品药品监督管理总局负责监督指导全国食品经营许可管理工作。

县级以上地方食品药品监督管理部门负责本行政区域内的食品经营许可管理工作。

省、自治区、直辖市食品药品监督管理部门可以根据食品类别和食品安全风险状况，确定市、县级食品药品监督管理部门的食品经营许可管理权限。

第七条 国家食品药品监督管理总局负责制定食品经营许可审查通则。

县级以上地方食品药品监督管理部门实施食品经营许可审查，应当遵守食品经营许可审查通则。

第八条 县级以上食品药品监督管理部门应当加快信息化建设，在行政机关的网站上公布经营许可事项，方便申请人采取数据电文等方式提出经营许可申请，提高办事效率。

第二章 申请与受理

第九条 申请食品经营许可,应当先行取得营业执照等合法主体资格。

企业法人、合伙企业、个人独资企业、个体工商户等,以营业执照载明的主体作为申请人。

机关、事业单位、社会团体、民办非企业单位、企业等申办单位食堂,以机关或者事业单位法人登记证、社会团体登记证或者营业执照等载明的主体作为申请人。

第十条 申请食品经营许可,应当按照食品经营主体业态和经营项目分类提出。

食品经营主体业态分为食品销售经营者、餐饮服务经营者、单位食堂。食品经营者申请通过网络经营、建立中央厨房或者从事集体用餐配送的,应当在主体业态后以括号标注。

食品经营项目分为预包装食品销售(含冷藏冷冻食品、不含冷藏冷冻食品)、散装食品销售(含冷藏冷冻食品、不含冷藏冷冻食品)、特殊食品销售(保健食品、特殊医学用途配方食品、婴幼儿配方乳粉、其他婴幼儿配方食品)、其他类食品销售;热食类食品制售、冷食类食品制售、生食类食品制售、糕点类食品制售、自制饮品制售、其他类食品制售等。

列入其他类食品销售和其他类食品制售的具体品种应当报国家食品药品监督管理总局批准后执行,并明确标注。具有热、冷、生、固态、液态等多种情形,难以明确归类的食品,可以按照食品安全风险等级最高的情形进行归类。

国家食品药品监督管理总局可以根据监督管理工作需要对食品经营项目类别进行调整。

第十一条 申请食品经营许可,应当符合下列条件:

(一)具有与经营的食品品种、数量相适应的食品原料处理和食品加工、销售、贮存等场所,保持该场所环境整洁,并与有毒、有害场所以及其他污染源保持规定的距离;

(二)具有与经营的食品品种、数量相适应的经营设备或者设施,有相应的消毒、更衣、盥洗、采光、照明、通风、防腐、防尘、防蝇、防鼠、防虫、洗涤以及处理废水、存放垃圾和废弃物的设备或者设施;

(三)有专职或者兼职的食品安全管理人员和保证食品安全的规章制度;

(四)具有合理的设备布局和工艺流程,防止待加工食品与直接入口食品、原料与成品交叉污染,避免食品接触有毒物、不洁物;

（五）法律、法规规定的其他条件。

第十二条 申请食品经营许可，应当向申请人所在地县级以上地方食品药品监督管理部门提交下列材料：

（一）食品经营许可申请书；

（二）营业执照或者其他主体资格证明文件复印件；

（三）与食品经营相适应的主要设备设施布局、操作流程等文件；

（四）食品安全自查、从业人员健康管理、进货查验记录、食品安全事故处置等保证食品安全的规章制度。

利用自动售货设备从事食品销售的，申请人还应当提交自动售货设备的产品合格证明、具体放置地点，经营者名称、住所、联系方式、食品经营许可证的公示方法等材料。

申请人委托他人办理食品经营许可申请的，代理人应当提交授权委托书以及代理人的身份证明文件。

第十三条 申请人应当如实向食品药品监督管理部门提交有关材料和反映真实情况，对申请材料的真实性负责，并在申请书等材料上签名或者盖章。

第十四条 县级以上地方食品药品监督管理部门对申请人提出的食品经营许可申请，应当根据下列情况分别作出处理：

（一）申请事项依法不需要取得食品经营许可的，应当即时告知申请人不受理。

（二）申请事项依法不属于食品药品监督管理部门职权范围的，应当即时作出不予受理的决定，并告知申请人向有关行政机关申请。

（三）申请材料存在可以当场更正的错误的，应当允许申请人当场更正，由申请人在更正处签名或者盖章，注明更正日期。

（四）申请材料不齐全或者不符合法定形式的，应当当场或者在5个工作日内一次告知申请人需要补正的全部内容。当场告知的，应当将申请材料退回申请人；在5个工作日内告知的，应当收取申请材料并出具收到申请材料的凭据。逾期不告知的，自收到申请材料之日起即为受理。

（五）申请材料齐全、符合法定形式，或者申请人按照要求提交全部补正材料的，应当受理食品经营许可申请。

第十五条 县级以上地方食品药品监督管理部门对申请人提出的申请决定予以受理的，应当出具受理通知书；决定不予受理的，应当出具不予受理通知书，说明不予受理的理由，并告知申请人依法享有申请行政复议或者提起行政诉讼的权利。

第三章 审查与决定

第十六条 县级以上地方食品药品监督管理部门应当对申请人提交的许可申请材料进行审查。需要对申请材料的实质内容进行核实的,应当进行现场核查。仅申请预包装食品销售(不含冷藏冷冻食品)的,以及食品经营许可变更不改变设施和布局的,可以不进行现场核查。

现场核查应当由符合要求的核查人员进行。核查人员不得少于2人。核查人员应当出示有效证件,填写食品经营许可现场核查表,制作现场核查记录,经申请人核对无误后,由核查人员和申请人在核查表和记录上签名或者盖章。申请人拒绝签名或者盖章的,核查人员应当注明情况。

食品药品监督管理部门可以委托下级食品药品监督管理部门,对受理的食品经营许可申请进行现场核查。

核查人员应当自接受现场核查任务之日起10个工作日内,完成对经营场所的现场核查。

第十七条 除可以当场作出行政许可决定的外,县级以上地方食品药品监督管理部门应当自受理申请之日起20个工作日内作出是否准予行政许可的决定。因特殊原因需要延长期限的,经本行政机关负责人批准,可以延长10个工作日,并应当将延长期限的理由告知申请人。

第十八条 县级以上地方食品药品监督管理部门应当根据申请材料审查和现场核查等情况,对符合条件的,作出准予经营许可的决定,并自作出决定之日起10个工作日内向申请人颁发食品经营许可证;对不符合条件的,应当及时作出不予许可的书面决定并说明理由,同时告知申请人依法享有申请行政复议或者提起行政诉讼的权利。

第十九条 食品经营许可证发证日期为许可决定作出的日期,有效期为5年。

第二十条 县级以上地方食品药品监督管理部门认为食品经营许可申请涉及公共利益的重大事项,需要听证的,应当向社会公告并举行听证。

第二十一条 食品经营许可直接涉及申请人与他人之间重大利益关系的,县级以上地方食品药品监督管理部门在作出行政许可决定前,应当告知申请人、利害关系人享有要求听证的权利。

申请人、利害关系人在被告知听证权利之日起5个工作日内提出听证申请的,食品药品监督管理部门应当在20个工作日内组织听证。听证期限不计算在行政许可审查期限之内。

第四章　许可证管理

第二十二条　食品经营许可证分为正本、副本。正本、副本具有同等法律效力。

国家食品药品监督管理总局负责制定食品经营许可证正本、副本式样。省、自治区、直辖市食品药品监督管理部门负责本行政区域食品经营许可证的印制、发放等管理工作。

第二十三条　食品经营许可证应当载明:经营者名称、社会信用代码(个体经营者为身份证号码)、法定代表人(负责人)、住所、经营场所、主体业态、经营项目、许可证编号、有效期、日常监督管理机构、日常监督管理人员、投诉举报电话、发证机关、签发人、发证日期和二维码。

在经营场所外设置仓库(包括自有和租赁)的,还应当在副本中载明仓库具体地址。

第二十四条　食品经营许可证编号由 JY(“经营”的汉语拼音字母缩写)和 14 位阿拉伯数字组成。数字从左至右依次为:1 位主体业态代码、2 位省(自治区、直辖市)代码、2 位市(地)代码、2 位县(区)代码、6 位顺序码、1 位校验码。

第二十五条　日常监督管理人员为负责对食品经营活动进行日常监督管理的工作人员。日常监督管理人员发生变化的,可以通过签章的方式在许可证上变更。

第二十六条　食品经营者应当妥善保管食品经营许可证,不得伪造、涂改、倒卖、出租、出借、转让。

食品经营者应当在经营场所的显著位置悬挂或者摆放食品经营许可证正本。

第五章　变更、延续、补办与注销

第二十七条　食品经营许可证载明的许可事项发生变化的,食品经营者应当在变化后 10 个工作日内向原发证的食品药品监督管理部门申请变更经营许可。

经营场所发生变化的,应当重新申请食品经营许可。外设仓库地址发生变化的,食品经营者应当在变化后 10 个工作日内向原发证的食品药品监督管理部门报告。

第二十八条　申请变更食品经营许可的,应当提交下列申请材料:

(一)食品经营许可变更申请书;

(二)食品经营许可证正本、副本;

(三)与变更食品经营许可事项有关的其他材料。

第二十九条　食品经营者需要延续依法取得的食品经营许可的有效期的,应当在该食品经营许可有效期届满30个工作日前,向原发证的食品药品监督管理部门提出申请。

第三十条　食品经营者申请延续食品经营许可,应当提交下列材料:

(一)食品经营许可延续申请书;

(二)食品经营许可证正本、副本;

(三)与延续食品经营许可事项有关的其他材料。

第三十一条　县级以上地方食品药品监督管理部门应当根据被许可人的延续申请,在该食品经营许可有效期届满前作出是否准予延续的决定。

第三十二条　县级以上地方食品药品监督管理部门应当对变更或者延续食品经营许可的申请材料进行审查。

申请人声明经营条件未发生变化的,县级以上地方食品药品监督管理部门可以不再进行现场核查。

申请人的经营条件发生变化,可能影响食品安全的,食品药品监督管理部门应当就变化情况进行现场核查。

第三十三条　原发证的食品药品监督管理部门决定准予变更的,应当向申请人颁发新的食品经营许可证。食品经营许可证编号不变,发证日期为食品药品监督管理部门作出变更许可决定的日期,有效期与原证书一致。

第三十四条　原发证的食品药品监督管理部门决定准予延续的,应当向申请人颁发新的食品经营许可证,许可证编号不变,有效期自食品药品监督管理部门作出延续许可决定之日起计算。

不符合许可条件的,原发证的食品药品监督管理部门应当作出不予延续食品经营许可的书面决定,并说明理由。

第三十五条　食品经营许可证遗失、损坏的,应当向原发证的食品药品监督管理部门申请补办,并提交下列材料:

(一)食品经营许可证补办申请书;

(二)食品经营许可证遗失的,申请人应当提交在县级以上地方食品药品监督管理部门网站或者其他县级以上主要媒体上刊登遗失公告的材料;食品经营许可证损坏的,应当提交损坏的食品经营许可证原件。

材料符合要求的,县级以上地方食品药品监督管理部门应当在受理后20

个工作日内予以补发。

因遗失、损坏补发的食品经营许可证，许可证编号不变，发证日期和有效期与原证书保持一致。

第三十六条 食品经营者终止食品经营，食品经营许可被撤回、撤销或者食品经营许可证被吊销的，应当在30个工作日内向原发证的食品药品监督管理部门申请办理注销手续。

食品经营者申请注销食品经营许可的，应当向原发证的食品药品监督管理部门提交下列材料：

（一）食品经营许可注销申请书；

（二）食品经营许可证正本、副本；

（三）与注销食品经营许可有关的其他材料。

第三十七条 有下列情形之一，食品经营者未按规定申请办理注销手续的，原发证的食品药品监督管理部门应当依法办理食品经营许可注销手续：

（一）食品经营许可有效期届满未申请延续的；

（二）食品经营者主体资格依法终止的；

（三）食品经营许可依法被撤回、撤销或者食品经营许可证依法被吊销的；

（四）因不可抗力导致食品经营许可事项无法实施的；

（五）法律法规规定的应当注销食品经营许可的其他情形。

食品经营许可被注销的，许可证编号不得再次使用。

第三十八条 食品经营许可证变更、延续、补办与注销的有关程序参照本办法第二章和第三章的有关规定执行。

第六章 监督检查

第三十九条 县级以上地方食品药品监督管理部门应当依据法律法规规定的职责，对食品经营者的许可事项进行监督检查。

第四十条 县级以上地方食品药品监督管理部门应当建立食品许可管理信息平台，便于公民、法人和其他社会组织查询。

县级以上地方食品药品监督管理部门应当将食品经营许可颁发、许可事项检查、日常监督检查、许可违法行为查处等情况记入食品经营者食品安全信用档案，并依法向社会公布；对有不良信用记录的食品经营者应当增加监督检查频次。

第四十一条 县级以上地方食品药品监督管理部门日常监督管理人员负

责所管辖食品经营者许可事项的监督检查，必要时，应当依法对相关食品仓储、物流企业进行检查。

日常监督管理人员应当按照规定的频次对所管辖的食品经营者实施全覆盖检查。

第四十二条 县级以上地方食品药品监督管理部门及其工作人员履行食品经营许可管理职责，应当自觉接受食品经营者和社会监督。

接到有关工作人员在食品经营许可管理过程中存在违法行为的举报，食品药品监督管理部门应当及时进行调查核实。情况属实的，应当立即纠正。

第四十三条 县级以上地方食品药品监督管理部门应当建立食品经营许可档案管理制度，将办理食品经营许可的有关材料、发证情况及时归档。

第四十四条 国家食品药品监督管理总局可以定期或者不定期组织对全国食品经营许可工作进行监督检查；省、自治区、直辖市食品药品监督管理部门可以定期或者不定期组织对本行政区域内的食品经营许可工作进行监督检查。

第七章 法律责任

第四十五条 未取得食品经营许可从事食品经营活动的，由县级以上地方食品药品监督管理部门依照《中华人民共和国食品安全法》第一百二十二条的规定给予处罚。

第四十六条 许可申请人隐瞒真实情况或者提供虚假材料申请食品经营许可的，由县级以上地方食品药品监督管理部门给予警告。申请人在 1 年内不得再次申请食品经营许可。

第四十七条 被许可人以欺骗、贿赂等不正当手段取得食品经营许可的，由原发证的食品药品监督管理部门撤销许可，并处 1 万元以上 3 万元以下罚款。被许可人在 3 年内不得再次申请食品经营许可。

第四十八条 违反本办法第二十六条第一款规定，食品经营者伪造、涂改、倒卖、出租、出借、转让食品经营许可证的，由县级以上地方食品药品监督管理部门责令改正，给予警告，并处 1 万元以下罚款；情节严重的，处 1 万元以上 3 万元以下罚款。

违反本办法第二十六条第二款规定，食品经营者未按规定在经营场所的显著位置悬挂或者摆放食品经营许可证的，由县级以上地方食品药品监督管理部门责令改正；拒不改正的，给予警告。

第四十九条 违反本办法第二十七条第一款规定，食品经营许可证载明的许可事项发生变化,食品经营者未按规定申请变更经营许可的,由原发证的食品药品监督管理部门责令改正,给予警告;拒不改正的,处2000元以上1万元以下罚款。

违反本办法第二十七条第二款规定或者第三十六条第一款规定,食品经营者外设仓库地址发生变化,未按规定报告的,或者食品经营者终止食品经营,食品经营许可被撤回、撤销或者食品经营许可证被吊销,未按规定申请办理注销手续的,由原发证的食品药品监督管理部门责令改正;拒不改正的,给予警告,并处2000元以下罚款。

第五十条 被吊销经营许可证的食品经营者及其法定代表人、直接负责的主管人员和其他直接责任人员自处罚决定作出之日起5年内不得申请食品生产经营许可,或者从事食品生产经营管理工作、担任食品生产经营企业食品安全管理人员。

第五十一条 食品药品监督管理部门对不符合条件的申请人准予许可,或者超越法定职权准予许可的,依照《中华人民共和国食品安全法》第一百四十四条的规定给予处分。

第八章 附 则

第五十二条 本办法下列用语的含义:

(一)单位食堂,指设于机关、事业单位、社会团体、民办非企业单位、企业等,供应内部职工、学生等集中就餐的餐饮服务提供者;

(二)预包装食品,指预先定量包装或者制作在包装材料和容器中的食品,包括预先定量包装以及预先定量制作在包装材料和容器中并且在一定量限范围内具有统一的质量或体积标识的食品;

(三)散装食品,指无预先定量包装,需称重销售的食品,包括无包装和带非定量包装的食品;

(四)热食类食品,指食品原料经粗加工、切配并经过蒸、煮、烹、煎、炒、烤、炸等烹饪工艺制作,在一定热度状态下食用的即食食品,含火锅和烧烤等烹饪方式加工而成的食品等;

(五)冷食类食品,指一般无需再加热,在常温或者低温状态下即可食用的食品,含熟食卤味、生食瓜果蔬菜、腌菜等;

(六)生食类食品,一般特指生食水产品;

(七)糕点类食品,指以粮、糖、油、蛋、奶等为主要原料经焙烤等工艺现场加工而成的食品,含裱花蛋糕等;

（八）自制饮品，指经营者现场制作的各种饮料，含冰淇淋等；

（九）中央厨房，指由餐饮单位建立的，具有独立场所及设施设备，集中完成食品成品或者半成品加工制作并配送的食品经营者；

（十）集体用餐配送单位，指根据服务对象订购要求，集中加工、分送食品但不提供就餐场所的食品经营者；

（十一）其他类食品，指区域性销售食品、民族特色食品、地方特色食品等。

本办法所称的特殊医学用途配方食品，是指国家食品药品监督管理总局按照分类管理原则确定的可以在商场、超市等食品销售场所销售的特殊医学用途配方食品。

第五十三条 对食品摊贩等的监督管理，按照省、自治区、直辖市制定的具体管理办法执行。

第五十四条 食品经营者在本办法施行前已经取得的许可证在有效期内继续有效。

第五十五条 各省、自治区、直辖市食品药品监督管理部门可以根据本行政区域实际情况，制定有关食品经营许可管理的具体实施办法。

第五十六条 食品药品监督管理部门制作的食品经营许可电子证书与印制的食品经营许可证书具有同等法律效力。

第五十七条 本办法自2015年10月1日起施行。

食品生产许可管理办法

（2015年8月31日国家食品药品监督管理总局令第16号公布 根据2017年11月7日国家食品药品监督管理总局局务会议《关于修改部分规章的决定》修正）

第一章 总 则

第一条 为规范食品、食品添加剂生产许可活动，加强食品生产监督管理，保障食品安全，根据《中华人民共和国食品安全法》《中华人民共和国行政许可法》等法律法规，制定本办法。

第二条 在中华人民共和国境内，从事食品生产活动，应当依法取得食品生产许可。

食品生产许可的申请、受理、审查、决定及其监督检查,适用本办法。

第三条 食品生产许可应当遵循依法、公开、公平、公正、便民、高效的原则。

第四条 食品生产许可实行一企一证原则,即同一个食品生产者从事食品生产活动,应当取得一个食品生产许可证。

第五条 食品药品监督管理部门按照食品的风险程度对食品生产实施分类许可。

第六条 国家食品药品监督管理总局负责监督指导全国食品生产许可管理工作。

县级以上地方食品药品监督管理部门负责本行政区域内的食品生产许可管理工作。

第七条 省、自治区、直辖市食品药品监督管理部门可以根据食品类别和食品安全风险状况,确定市、县级食品药品监督管理部门的食品生产许可管理权限。

保健食品、特殊医学用途配方食品、婴幼儿配方食品的生产许可由省、自治区、直辖市食品药品监督管理部门负责。

第八条 国家食品药品监督管理总局负责制定食品生产许可审查通则和细则。

省、自治区、直辖市食品药品监督管理部门可以根据本行政区域食品生产许可审查工作的需要,对地方特色食品等食品制定食品生产许可审查细则,在本行政区域内实施,并报国家食品药品监督管理总局备案。国家食品药品监督管理总局制定公布相关食品生产许可审查细则后,地方特色食品等食品生产许可审查细则自行废止。

县级以上地方食品药品监督管理部门实施食品生产许可审查,应当遵守食品生产许可审查通则和细则。

第九条 县级以上食品药品监督管理部门应当加快信息化建设,在行政机关的网站上公布生产许可事项,方便申请人采取数据电文等方式提出生产许可申请,提高办事效率。

第二章 申请与受理

第十条 申请食品生产许可,应当先行取得营业执照等合法主体资格。

企业法人、合伙企业、个人独资企业、个体工商户等,以营业执照载明的主体作为申请人。

第十一条　申请食品生产许可,应当按照以下食品类别提出:粮食加工品,食用油、油脂及其制品,调味品,肉制品,乳制品,饮料,方便食品,饼干,罐头,冷冻饮品,速冻食品,薯类和膨化食品,糖果制品,茶叶及相关制品,酒类,蔬菜制品,水果制品,炒货食品及坚果制品,蛋制品,可可及焙烤咖啡产品,食糖,水产制品,淀粉及淀粉制品,糕点,豆制品,蜂产品,保健食品,特殊医学用途配方食品,婴幼儿配方食品,特殊膳食食品,其他食品等。

国家食品药品监督管理总局可以根据监督管理工作需要对食品类别进行调整。

第十二条　申请食品生产许可,应当符合下列条件:

(一)具有与生产的食品品种、数量相适应的食品原料处理和食品加工、包装、贮存等场所,保持该场所环境整洁,并与有毒、有害场所以及其他污染源保持规定的距离。

(二)具有与生产的食品品种、数量相适应的生产设备或者设施,有相应的消毒、更衣、盥洗、采光、照明、通风、防腐、防尘、防蝇、防鼠、防虫、洗涤以及处理废水、存放垃圾和废弃物的设备或者设施;保健食品生产工艺有原料提取、纯化等前处理工序的,需要具备与生产的品种、数量相适应的原料前处理设备或者设施。

(三)有专职或者兼职的食品安全管理人员和保证食品安全的规章制度。

(四)具有合理的设备布局和工艺流程,防止待加工食品与直接入口食品、原料与成品交叉污染,避免食品接触有毒物、不洁物。

(五)法律、法规规定的其他条件。

第十三条　申请食品生产许可,应当向申请人所在地县级以上地方食品药品监督管理部门提交下列材料:

(一)食品生产许可申请书;

(二)营业执照复印件;

(三)食品生产加工场所及其周围环境平面图、各功能区间布局平面图、工艺设备布局图和食品生产工艺流程图;

(四)食品生产主要设备、设施清单;

(五)进货查验记录、生产过程控制、出厂检验记录、食品安全自查、从业人员健康管理、不安全食品召回、食品安全事故处置等保证食品安全的规章制度。

申请人委托他人办理食品生产许可申请的,代理人应当提交授权委托书以及代理人的身份证明文件。

第十四条　申请保健食品、特殊医学用途配方食品、婴幼儿配方食品的生产许可,还应当提交与所生产食品相适应的生产质量管理体系文件以及相关注册和备案文件。

第十五条 从事食品添加剂生产活动,应当依法取得食品添加剂生产许可。

申请食品添加剂生产许可,应当具备与所生产食品添加剂品种相适应的场所、生产设备或者设施、食品安全管理人员、专业技术人员和管理制度。

第十六条 申请食品添加剂生产许可,应当向申请人所在地县级以上地方食品药品监督管理部门提交下列材料:

(一)食品添加剂生产许可申请书;

(二)营业执照复印件;

(三)食品添加剂生产加工场所及其周围环境平面图和生产加工各功能区间布局平面图;

(四)食品添加剂生产主要设备、设施清单及布局图;

(五)食品添加剂安全自查、进货查验记录、出厂检验记录等保证食品添加剂安全的规章制度。

第十七条 申请人应当如实向食品药品监督管理部门提交有关材料和反映真实情况,对申请材料的真实性负责,并在申请书等材料上签名或者盖章。

第十八条 县级以上地方食品药品监督管理部门对申请人提出的食品生产许可申请,应当根据下列情况分别作出处理:

(一)申请事项依法不需要取得食品生产许可的,应当即时告知申请人不受理。

(二)申请事项依法不属于食品药品监督管理部门职权范围的,应当即时作出不予受理的决定,并告知申请人向有关行政机关申请。

(三)申请材料存在可以当场更正的错误的,应当允许申请人当场更正,由申请人在更正处签名或者盖章,注明更正日期。

(四)申请材料不齐全或者不符合法定形式的,应当当场或者在5个工作日内一次告知申请人需要补正的全部内容。当场告知的,应当将申请材料退回申请人;在5个工作日内告知的,应当收取申请材料并出具收到申请材料的凭据。逾期不告知的,自收到申请材料之日起即为受理。

(五)申请材料齐全、符合法定形式,或者申请人按照要求提交全部补正材料的,应当受理食品生产许可申请。

第十九条 县级以上地方食品药品监督管理部门对申请人提出的申请决定予以受理的,应当出具受理通知书;决定不予受理的,应当出具不予受理通知书,说明不予受理的理由,并告知申请人依法享有申请行政复议或者提起行政诉讼的权利。

第三章 审查与决定

第二十条 县级以上地方食品药品监督管理部门应当对申请人提交的申请材料进行审查。需要对申请材料的实质内容进行核实的,应当进行现场核查。

食品药品监督管理部门在食品生产许可现场核查时,可以根据食品生产工艺流程等要求,核查试制食品检验合格报告。在食品添加剂生产许可现场核查时,可以根据食品添加剂品种特点,核查试制食品添加剂检验合格报告、复配食品添加剂组成等。

现场核查应当由符合要求的核查人员进行。核查人员不得少于2人。核查人员应当出示有效证件,填写食品生产许可现场核查表,制作现场核查记录,经申请人核对无误后,由核查人员和申请人在核查表和记录上签名或者盖章。申请人拒绝签名或者盖章的,核查人员应当注明情况。

申请保健食品、特殊医学用途配方食品、婴幼儿配方乳粉生产许可,在产品注册时经过现场核查的,可以不再进行现场核查。

食品药品监督管理部门可以委托下级食品药品监督管理部门,对受理的食品生产许可申请进行现场核查。

核查人员应当自接受现场核查任务之日起10个工作日内,完成对生产场所的现场核查。

第二十一条 除可以当场作出行政许可决定的外,县级以上地方食品药品监督管理部门应当自受理申请之日起20个工作日内作出是否准予行政许可的决定。因特殊原因需要延长期限的,经本行政机关负责人批准,可以延长10个工作日,并应当将延长期限的理由告知申请人。

第二十二条 县级以上地方食品药品监督管理部门应当根据申请材料审查和现场核查等情况,对符合条件的,作出准予生产许可的决定,并自作出决定之日起10个工作日内向申请人颁发食品生产许可证;对不符合条件的,应当及时作出不予许可的书面决定并说明理由,同时告知申请人依法享有申请行政复议或者提起行政诉讼的权利。

第二十三条 食品添加剂生产许可申请符合条件的,由申请人所在地县级以上地方食品药品监督管理部门依法颁发食品生产许可证,并标注食品添加剂。

第二十四条 食品生产许可证发证日期为许可决定作出的日期,有效期为5年。

第二十五条 县级以上地方食品药品监督管理部门认为食品生产许可申请涉及公共利益的重大事项,需要听证的,应当向社会公告并举行听证。

第二十六条 食品生产许可直接涉及申请人与他人之间重大利益关系的,县级以上地方食品药品监督管理部门在作出行政许可决定前,应当告知申请人、利害关系人享有要求听证的权利。

申请人、利害关系人在被告知听证权利之日起5个工作日内提出听证申请的,食品药品监督管理部门应当在20个工作日内组织听证。听证期限不计算在行政许可审查期限之内。

第四章 许可证管理

第二十七条 食品生产许可证分为正本、副本。正本、副本具有同等法律效力。

国家食品药品监督管理总局负责制定食品生产许可证正本、副本式样。省、自治区、直辖市食品药品监督管理部门负责本行政区域食品生产许可证的印制、发放等管理工作。

第二十八条 食品生产许可证应当载明:生产者名称、社会信用代码(个体生产者为身份证号码)、法定代表人(负责人)、住所、生产地址、食品类别、许可证编号、有效期、日常监督管理机构、日常监督管理人员、投诉举报电话、发证机关、签发人、发证日期和二维码。

副本还应当载明食品明细和外设仓库(包括自有和租赁)具体地址。生产保健食品、特殊医学用途配方食品、婴幼儿配方食品的,还应当载明产品注册批准文号或者备案登记号;接受委托生产保健食品的,还应当载明委托企业名称及住所等相关信息。

第二十九条 食品生产许可证编号由SC("生产"的汉语拼音字母缩写)和14位阿拉伯数字组成。数字从左至右依次为:3位食品类别编码、2位省(自治区、直辖市)代码、2位市(地)代码、2位县(区)代码、4位顺序码、1位校验码。

第三十条 日常监督管理人员为负责对食品生产活动进行日常监督管理的工作人员。日常监督管理人员发生变化的,可以通过签章的方式在许可证上变更。

第三十一条 食品生产者应当妥善保管食品生产许可证,不得伪造、涂改、倒卖、出租、出借、转让。

食品生产者应当在生产场所的显著位置悬挂或者摆放食品生产许可证正本。

第五章　变更、延续、补办与注销

第三十二条　食品生产许可证有效期内，现有工艺设备布局和工艺流程、主要生产设备设施、食品类别等事项发生变化，需要变更食品生产许可证载明的许可事项的，食品生产者应当在变化后10个工作日内向原发证的食品药品监督管理部门提出变更申请。

生产场所迁出原发证的食品药品监督管理部门管辖范围的，应当重新申请食品生产许可。

食品生产许可证副本载明的同一食品类别内的事项、外设仓库地址发生变化的，食品生产者应当在变化后10个工作日内向原发证的食品药品监督管理部门报告。

第三十三条　申请变更食品生产许可的，应当提交下列申请材料：

（一）食品生产许可变更申请书；

（二）食品生产许可证正本、副本；

（三）与变更食品生产许可事项有关的其他材料。

第三十四条　食品生产者需要延续依法取得的食品生产许可的有效期的，应当在该食品生产许可有效期届满30个工作日前，向原发证的食品药品监督管理部门提出申请。

第三十五条　食品生产者申请延续食品生产许可，应当提交下列材料：

（一）食品生产许可延续申请书；

（二）食品生产许可证正本、副本；

（三）与延续食品生产许可事项有关的其他材料。

保健食品、特殊医学用途配方食品、婴幼儿配方食品的生产企业申请延续食品生产许可的，还应当提供生产质量管理体系运行情况的自查报告。

第三十六条　县级以上地方食品药品监督管理部门应当根据被许可人的延续申请，在该食品生产许可有效期届满前作出是否准予延续的决定。

第三十七条　县级以上地方食品药品监督管理部门应当对变更或者延续食品生产许可的申请材料进行审查。

申请人声明生产条件未发生变化的，县级以上地方食品药品监督管理部门可以不再进行现场核查。

申请人的生产条件发生变化，可能影响食品安全的，食品药品监督管理部门应当就变化情况进行现场核查。保健食品、特殊医学用途配方食品、婴幼儿配方食品注册或者备案的生产工艺发生变化的,应当先办理注册或者备案变更手续。

第三十八条 原发证的食品药品监督管理部门决定准予变更的,应当向申请人颁发新的食品生产许可证。食品生产许可证编号不变,发证日期为食品药品监督管理部门作出变更许可决定的日期,有效期与原证书一致。但是,对因迁址等原因而进行全面现场核查的,其换发的食品生产许可证有效期自发证之日起计算。

对因产品有关标准、要求发生改变,国家和省级食品药品监督管理部门决定组织重新核查而换发的食品生产许可证,其发证日期以重新批准日期为准,有效期自重新发证之日起计算。

第三十九条 原发证的食品药品监督管理部门决定准予延续的,应当向申请人颁发新的食品生产许可证,许可证编号不变,有效期自食品药品监督管理部门作出延续许可决定之日起计算。

不符合许可条件的,原发证的食品药品监督管理部门应当作出不予延续食品生产许可的书面决定,并说明理由。

第四十条 食品生产许可证遗失、损坏的,应当向原发证的食品药品监督管理部门申请补办,并提交下列材料:

(一)食品生产许可证补办申请书;

(二)食品生产许可证遗失的,申请人应当提交在县级以上地方食品药品监督管理部门网站或者其他县级以上主要媒体上刊登遗失公告的材料;食品生产许可证损坏的,应当提交损坏的食品生产许可证原件。

材料符合要求的,县级以上地方食品药品监督管理部门应当在受理后 20 个工作日内予以补发。

因遗失、损坏补发的食品生产许可证,许可证编号不变,发证日期和有效期与原证书保持一致。

第四十一条 食品生产者终止食品生产,食品生产许可被撤回、撤销或者食品生产许可证被吊销的,应当在 30 个工作日内向原发证的食品药品监督管理部门申请办理注销手续。

食品生产者申请注销食品生产许可的,应当向原发证的食品药品监督管理部门提交下列材料:

(一)食品生产许可注销申请书;

(二)食品生产许可证正本、副本;

(三)与注销食品生产许可有关的其他材料。

第四十二条 有下列情形之一,食品生产者未按规定申请办理注销手续的,原发证的食品药品监督管理部门应当依法办理食品生产许可注销手续:

(一)食品生产许可有效期届满未申请延续的;

(二)食品生产者主体资格依法终止的;

(三)食品生产许可依法被撤回、撤销或者食品生产许可证依法被吊销的;

(四)因不可抗力导致食品生产许可事项无法实施的;

(五)法律法规规定的应当注销食品生产许可的其他情形。

食品生产许可被注销的,许可证编号不得再次使用。

第四十三条 食品生产许可证变更、延续、补办与注销的有关程序参照本办法第二章和第三章的有关规定执行。

第六章 监督检查

第四十四条 县级以上地方食品药品监督管理部门应当依据法律法规规定的职责,对食品生产者的许可事项进行监督检查。

第四十五条 县级以上地方食品药品监督管理部门应当建立食品许可管理信息平台,便于公民、法人和其他社会组织查询。

县级以上地方食品药品监督管理部门应当将食品生产许可颁发、许可事项检查、日常监督检查、许可违法行为查处等情况记入食品生产者食品安全信用档案,并依法向社会公布;对有不良信用记录的食品生产者应当增加监督检查频次。

第四十六条 县级以上地方食品药品监督管理部门日常监督管理人员负责所管辖食品生产者许可事项的监督检查,必要时,应当依法对相关食品仓储、物流企业进行检查。

日常监督管理人员应当按照规定的频次对所管辖的食品生产者实施全覆盖检查。

第四十七条 县级以上地方食品药品监督管理部门及其工作人员履行食品生产许可管理职责,应当自觉接受食品生产者和社会监督。

接到有关工作人员在食品生产许可管理过程中存在违法行为的举报,食品药品监督管理部门应当及时进行调查核实。情况属实的,应当立即纠正。

第四十八条 县级以上地方食品药品监督管理部门应当建立食品生产许可档案管理制度,将办理食品生产许可的有关材料、发证情况及时归档。

第四十九条 国家食品药品监督管理总局可以定期或者不定期组织对全

国食品生产许可工作进行监督检查;省、自治区、直辖市食品药品监督管理部门可以定期或者不定期组织对本行政区域内的食品生产许可工作进行监督检查。

第七章　法律责任

第五十条　未取得食品生产许可从事食品生产活动的,由县级以上地方食品药品监督管理部门依照《中华人民共和国食品安全法》第一百二十二条的规定给予处罚。

第五十一条　许可申请人隐瞒真实情况或者提供虚假材料申请食品生产许可的,由县级以上地方食品药品监督管理部门给予警告。申请人在1年内不得再次申请食品生产许可。

第五十二条　被许可人以欺骗、贿赂等不正当手段取得食品生产许可的,由原发证的食品药品监督管理部门撤销许可,并处1万元以上3万元以下罚款。被许可人在3年内不得再次申请食品生产许可。

第五十三条　违反本办法第三十一条第一款规定,食品生产者伪造、涂改、倒卖、出租、出借、转让食品生产许可证的,由县级以上地方食品药品监督管理部门责令改正,给予警告,并处1万元以下罚款;情节严重的,处1万元以上3万元以下罚款。

违反本办法第三十一条第二款规定,食品生产者未按规定在生产场所的显著位置悬挂或者摆放食品生产许可证的,由县级以上地方食品药品监督管理部门责令改正;拒不改正的,给予警告。

第五十四条　违反本办法第三十二条第一款规定,食品生产者工艺设备布局和工艺流程、主要生产设备设施、食品类别等事项发生变化,需要变更食品生产许可证载明的许可事项,未按规定申请变更的,由原发证的食品药品监督管理部门责令改正,给予警告;拒不改正的,处2000元以上1万元以下罚款。

违反本办法第三十二条第三款规定或者第四十一条第一款规定,食品生产许可证副本载明的同一食品类别内的事项、外设仓库地址发生变化,食品生产者未按规定报告的,或者食品生产者终止食品生产,食品生产许可被撤回、撤销或者食品生产许可证被吊销,未按规定申请办理注销手续的,由原发证的食品药品监督管理部门责令改正;拒不改正的,给予警告,并处2000元以下罚款。

第五十五条　被吊销生产许可证的食品生产者及其法定代表人、直接负责的主管人员和其他直接责任人员自处罚决定作出之日起5年内不得申请食品生产经营许可,或者从事食品生产经营管理工作、担任食品生产经营企业食品安全管理人员。

第五十六条 食品药品监督管理部门对不符合条件的申请人准予许可,或者超越法定职权准予许可的,依照《中华人民共和国食品安全法》第一百四十四条的规定给予处分。

第八章 附 则

第五十七条 取得食品经营许可的餐饮服务提供者在其餐饮服务场所制作加工食品,不需要取得本办法规定的食品生产许可。

第五十八条 食品添加剂的生产许可管理原则、程序、监督检查和法律责任,适用本办法有关食品生产许可的规定。

第五十九条 对食品生产加工小作坊的监督管理,按照省、自治区、直辖市制定的具体管理办法执行。

第六十条 食品生产者在本办法施行前已经取得的生产许可证在有效期内继续有效。

第六十一条 各省、自治区、直辖市食品药品监督管理部门可以根据本行政区域实际情况,制定有关食品生产许可管理的具体实施办法。

第六十二条 食品药品监督管理部门制作的食品生产许可电子证书与印制的食品生产许可证书具有同等法律效力。

第六十三条 本办法自2015年10月1日起施行。

蛋白同化制剂和肽类激素进出口管理办法

(2014年8月5日国家食品药品监督管理局总局令第9号公布 根据2017年11月7日国家食品药品监督管理总局局务会议《关于修改部分规章的决定》修正)

第一条 为规范蛋白同化制剂、肽类激素的进出口管理,根据《中华人民共和国药品管理法》《中华人民共和国海关法》《反兴奋剂条例》等法律、行政法规,制定本办法。

第二条 国家对蛋白同化制剂、肽类激素实行进出口准许证管理。

第三条 进口蛋白同化制剂、肽类激素，进口单位应当向所在地省、自治区、直辖市食品药品监督管理部门提出申请。

第四条 进口供医疗使用的蛋白同化制剂、肽类激素，进口单位应当报送以下资料：

（一）药品进口申请表。

（二）购货合同或者订单复印件。

（三）《进口药品注册证》（或者《医药产品注册证》）（正本或者副本）复印件。

（四）进口单位的《药品经营许可证》《企业法人营业执照》《进出口企业资格证书》（或者《对外贸易经营者备案登记表》）复印件；药品生产企业进口本企业所需原料药和制剂中间体（包括境内分包装用制剂），应当报送《药品生产许可证》《企业法人营业执照》复印件。

（五）《进口药品注册证》（或者《医药产品注册证》）持有者如委托其他公司代理出口其药品的，需提供委托出口函。

上述各类复印件应当加盖进口单位公章。

第五条 因教学、科研需要而进口蛋白同化制剂、肽类激素的，进口单位应当报送以下资料：

（一）药品进口申请表；

（二）购货合同或者订单复印件；

（三）国内使用单位合法资质的证明文件、药品使用数量的测算依据以及使用单位出具的合法使用和管理该药品保证函；

（四）相应科研项目的批准文件或者相应主管部门的批准文件；

（五）接受使用单位委托代理进口的，还需提供委托代理协议复印件和进口单位的《企业法人营业执照》《进出口企业资格证书》（或者《对外贸易经营者备案登记表》）复印件。

上述各类复印件应当加盖进口单位公章。

第六条 境内企业因接受境外企业委托生产而需要进口蛋白同化制剂、肽类激素的，报送本办法第五条第一款第（一）项、第（三）项、第（五）项规定的资料。

上述各类复印件应当加盖进口单位公章。

第七条 省、自治区、直辖市食品药品监督管理部门收到进口申请及有关资料后，应当于15个工作日内作出是否同意进口的决定；对同意进口的，发给药品《进口准许证》；对不同意进口的，应当书面说明理由。

第八条 进口蛋白同化制剂、肽类激素必须经由国务院批准的允许药品进口的口岸进口。进口单位持省、自治区、直辖市食品药品监督管理部门核发的药品《进口准许证》向海关办理报关手续。进口蛋白同化制剂、肽类激素无需办理《进口药品通关单》。

第九条 进口供医疗使用的蛋白同化制剂、肽类激素（包括首次在中国销售的），进口单位应当于进口手续完成后，及时填写《进口药品报验单》，持《进口药品注册证》（或者《医药产品注册证》）原件（正本或者副本）、药品《进口准许证》原件，向进口口岸食品药品监督管理部门报送下列资料一式两份，申请办理《进口药品口岸检验通知书》：

（一）《进口药品注册证》（或者《医药产品注册证》）（正本或者副本）和药品《进口准许证》复印件；

（二）进口单位的《药品生产许可证》或者《药品经营许可证》复印件，《企业法人营业执照》复印件；

（三）原产地证明复印件；

（四）购货合同复印件；

（五）装箱单、提运单和货运发票复印件；

（六）出厂检验报告书复印件；

（七）药品说明书及包装、标签的式样（原料药和制剂中间体除外）。

上述各类复印件应当加盖进口单位公章。

第十条 口岸食品药品监督管理部门接到《进口药品报验单》及相关资料，审查无误后，将《进口药品注册证》（或者《医药产品注册证》）（正本或者副本）原件、药品《进口准许证》原件交还进口单位，并应当于当日向负责检验的口岸药品检验所发出《进口药品口岸检验通知书》，附本办法第九条规定的资料1份。

口岸药品检验所接到《进口药品口岸检验通知书》后，应当在2个工作日内与进口单位联系，到存货地点进行抽样，抽样完成后，应当在药品《进口准许证》原件第一联背面注明“已抽样”字样，并加盖抽样单位的公章。

第十一条 因教学、科研需要而进口的蛋白同化制剂、肽类激素以及境内企业接受境外企业委托生产而需要进口的蛋白同化制剂、肽类激素，予以免检。对免检的进口蛋白同化制剂、肽类激素，其收货人不免除持进口准许证向海关办理手续的义务。

第十二条 有下列情形之一的，口岸食品药品监督管理部门应当及时将有关情况通告发证机关：

（一）口岸食品药品监督管理部门根据《药品进口管理办法》第十七条规定，不予发放《进口药品口岸检验通知书》的；

（二）口岸药品检验所根据《药品进口管理办法》第二十五条规定，不予抽样的。

口岸食品药品监督管理部门对具有前款情形并已进口的全部药品，应当采取查封、扣押的行政强制措施，并于查封、扣押之日起7日内作出责令复运出境决定，通知进口单位按照本办法规定的蛋白同化制剂、肽类激素出口程序办理药品《出口准许证》，将进口药品全部退回原出口国。

进口单位收到责令复运出境决定之日起10日内不答复或者未明确表示复运出境的，已查封、扣押的药品由口岸食品药品监督管理部门监督销毁。

第十三条 进口的蛋白同化制剂、肽类激素经口岸药品检验所检验不符合标准规定的，进口单位应当在收到《进口药品检验报告书》后2日内，将全部进口药品流通、使用的详细情况，报告所在地口岸食品药品监督管理部门。

口岸食品药品监督管理部门收到《进口药品检验报告书》后，应当及时采取对全部药品予以查封、扣押的行政强制措施，并在7日内作出是否立案的决定。

进口单位未在规定时间内提出复验或者经复验仍不符合标准规定的，口岸食品药品监督管理部门应当作出责令复运出境决定，通知进口单位按照本办法规定的蛋白同化制剂、肽类激素出口程序办理药品《出口准许证》，将进口药品全部退回原出口国。进口单位收到责令复运出境决定之日起10日内不答复或者未明确表示复运出境的，由口岸食品药品监督管理部门监督销毁。

经复验符合标准规定的，口岸食品药品监督管理部门应当解除查封、扣押的行政强制措施。

口岸食品药品监督管理部门应当将按照本条第二款、第三款、第四款规定处理的情况及时通告发证机关，同时通告各省、自治区、直辖市食品药品监督管理部门和其他口岸食品药品监督管理部门。

第十四条 国内药品生产企业、经营企业以及医疗机构采购进口蛋白同化制剂、肽类激素时，供货单位应当提供《进口药品注册证》（或者《医药产品注册证》）复印件、药品《进口准许证》复印件和《进口药品检验报告书》复印件，并在上述各类复印件上加盖供货单位公章。

第十五条 出口蛋白同化制剂、肽类激素，出口单位应当向所在地省、自治区、直辖市食品药品监督管理部门提出申请，报送下列资料：

（一）药品出口申请表。

（二）进口国家或者地区的药品管理机构提供的进口准许证正本（或者复印件及公证文本）。

如进口国家或者地区对蛋白同化制剂、肽类激素进口尚未实行许可证管

理制度,需提供进口国家的药品管理机构提供的该类药品进口无需核发进口准许证的证明文件(正本)以及以下文件之一:

1. 进口国家或者地区的药品管理机构提供的同意进口该药品的证明文件正本(或者复印件及公证文本);

2. 进口单位合法资质的证明文件和该药品用途合法的证明文件正本(或者复印件及公证文本)。

(三)购货合同或者订单复印件(自营产品出口的生产企业除外)。

(四)外销合同或者订单复印件。

(五)出口药品如为国内药品生产企业经批准生产的品种,须提供该药品生产企业的《药品生产许可证》《企业法人营业执照》及药品的批准证明文件复印件。

出口药物如为境内企业接受境外企业委托生产的品种,须提供与境外委托企业签订的委托生产合同。委托生产合同应当明确规定双方的权利和义务、法律责任等,产品质量由委托方负责。

(六)出口企业的《企业法人营业执照》《进出口企业资格证书》(或者《对外贸易经营者备案登记表》)复印件。

上述各类复印件应当加盖出口单位公章。

第十六条 按照本办法第十二条、第十三条规定复运出境的,申请药品《出口准许证》时,应当提供下列资料:

(一)出口国原出口单位申请退货的证明材料;

(二)药品《进口准许证》。

第十七条 省、自治区、直辖市食品药品监督管理部门收到出口申请及有关资料后,应当于15个工作日内作出是否同意出口的决定;对同意出口的,发给药品《出口准许证》;对不同意出口的,应当书面说明理由。

对根据本办法第十六条规定申请办理药品《出口准许证》的,发证机关应当在药品《出口准许证》上注明"原货退回"字样。

第十八条 出口单位持省、自治区、直辖市食品药品监督管理部门核发的药品《出口准许证》向海关办理报关手续。

第十九条 进出口单位在办理报关手续时,应当多提交一联报关单,并向海关申请签退该联报关单。海关凭药品《进口准许证》《出口准许证》在该联报关单上加盖"验讫章"后退进出口单位。

进出口完成后1个月内,进出口单位应当将药品《进口准许证》《出口准许证》的第一联、海关签章的报关单退回发证机关。

取得药品进出口准许证后未进行相关进出口贸易的,进出口单位应当于准许证有效期满后 1 个月内将原准许证退回发证机关。

第二十条 药品《进口准许证》有效期 1 年。药品《出口准许证》有效期不超过 3 个月(有效期时限不跨年度)。

药品《进口准许证》《出口准许证》实行“一证一关”,只能在有效期内一次性使用,证面内容不得更改。因故延期进出口的,可以持原进出口准许证办理一次延期换证手续。

第二十一条 药品《进口准许证》《出口准许证》如有遗失,进出口单位应当立即向原发证机关书面报告挂失。原发证机关收到挂失报告后,通知口岸海关。原发证机关经核实无不良后果的,予以重新补发。

第二十二条 药品《进口准许证》《出口准许证》由国家食品药品监督管理总局统一印制。

第二十三条 以加工贸易方式进出口蛋白同化制剂、肽类激素的,海关凭药品《进口准许证》《出口准许证》办理验放手续并实施监管。确因特殊情况无法出口的,移交货物所在地食品药品监督管理部门按规定处理,海关凭有关证明材料办理核销手续。

第二十四条 海关特殊监管区域和保税监管场所与境外进出及海关特殊监管区域、保税监管场所之间进出的蛋白同化制剂、肽类激素,免予办理药品《进口准许证》《出口准许证》,由海关实施监管。

从海关特殊监管区域和保税监管场所进入境内区外的蛋白同化制剂、肽类激素,应当办理药品《进口准许证》。

从境内区外进入海关特殊监管区域和保税监管场所的蛋白同化制剂、肽类激素,应当办理药品《出口准许证》。

第二十五条 个人因医疗需要携带或者邮寄进出境自用合理数量范围内的蛋白同化制剂、肽类激素的,海关按照卫生计生部门有关处方的管理规定凭医疗机构处方予以验放。

第二十六条 除本办法另有规定外,供医疗使用的蛋白同化制剂、肽类激素的进口、口岸检验、监督管理等方面,参照《药品进口管理办法》有关药品进口的规定执行。

第二十七条 本办法所称进口供医疗使用的蛋白同化制剂、肽类激素,是指进口的蛋白同化制剂、肽类激素拟用于生产制剂或者拟在中国境内上市销售。

进口单位:是指依照本办法取得的药品《进口准许证》上载明的进口单位。

出口单位:是指依照本办法取得的药品《出口准许证》上载明的出口单位。

第二十八条 本办法自 2014 年 12 月 1 日起施行。2006 年 7 月 28 日公布的《蛋白同化制剂、肽类激素进出口管理办法(暂行)》(国家食品药品监督管理局、海关总署、国家体育总局令第25号)同时废止。

医疗器械经营监督管理办法

(2014年7月30日国家食品药品监督管理总局令第8号公布 根据2017年11月7日国家食品药品监督管理总局局务会议《关于修改部分规章的决定》修正)

第一章 总 则

第一条 为加强医疗器械经营监督管理,规范医疗器械经营行为,保证医疗器械安全、有效,根据《医疗器械监督管理条例》,制定本办法。

第二条 在中华人民共和国境内从事医疗器械经营活动及其监督管理,应当遵守本办法。

第三条 国家食品药品监督管理总局负责全国医疗器械经营监督管理工作。县级以上食品药品监督管理部门负责本行政区域的医疗器械经营监督管理工作。

上级食品药品监督管理部门负责指导和监督下级食品药品监督管理部门开展医疗器械经营监督管理工作。

第四条 按照医疗器械风险程度,医疗器械经营实施分类管理。

经营第一类医疗器械不需许可和备案,经营第二类医疗器械实行备案管理,经营第三类医疗器械实行许可管理。

第五条 国家食品药品监督管理总局制定医疗器械经营质量管理规范并监督实施。

第六条 食品药品监督管理部门依法及时公布医疗器械经营许可和备案信息。申请人可以查询审批进度和审批结果,公众可以查阅审批结果。

第二章 经营许可与备案管理

第七条 从事医疗器械经营,应当具备以下条件:

(一)具有与经营范围和经营规模相适应的质量管理机构或者质量管理人员,质量管理人员应当具有国家认可的相关专业学历或者职称;

（二）具有与经营范围和经营规模相适应的经营、贮存场所；

（三）具有与经营范围和经营规模相适应的贮存条件，全部委托其他医疗器械经营企业贮存的可以不设立库房；

（四）具有与经营的医疗器械相适应的质量管理制度；

（五）具备与经营的医疗器械相适应的专业指导、技术培训和售后服务的能力，或者约定由相关机构提供技术支持。

从事第三类医疗器械经营的企业还应当具有符合医疗器械经营质量管理要求的计算机信息管理系统，保证经营的产品可追溯。鼓励从事第一类、第二类医疗器械经营的企业建立符合医疗器械经营质量管理要求的计算机信息管理系统。

第八条　从事第三类医疗器械经营的，经营企业应当向所在地设区的市级食品药品监督管理部门提出申请，并提交以下资料：

（一）营业执照复印件；

（二）法定代表人、企业负责人、质量负责人的身份证明、学历或者职称证明复印件；

（三）组织机构与部门设置说明；

（四）经营范围、经营方式说明；

（五）经营场所、库房地址的地理位置图、平面图、房屋产权证明文件或者租赁协议（附房屋产权证明文件）复印件；

（六）经营设施、设备目录；

（七）经营质量管理制度、工作程序等文件目录；

（八）计算机信息管理系统基本情况介绍和功能说明；

（九）经办人授权证明；

（十）其他证明材料。

第九条　对于申请人提出的第三类医疗器械经营许可申请，设区的市级食品药品监督管理部门应当根据下列情况分别作出处理：

（一）申请事项属于其职权范围，申请资料齐全、符合法定形式的，应当受理申请；

（二）申请资料不齐全或者不符合法定形式的，应当当场或者在5个工作日内一次告知申请人需要补正的全部内容，逾期不告知的，自收到申请资料之日起即为受理；

（三）申请资料存在可以当场更正的错误的，应当允许申请人当场更正；

（四）申请事项不属于本部门职权范围的，应当即时作出不予受理的决定，并告知申请人向有关行政部门申请。

设区的市级食品药品监督管理部门受理或者不予受理医疗器械经营许可申请的，应当出具受理或者不予受理的通知书。

第十条 设区的市级食品药品监督管理部门应当自受理之日起 30 个工作日内对申请资料进行审核，并按照医疗器械经营质量管理规范的要求开展现场核查。需要整改的，整改时间不计入审核时限。

符合规定条件的，依法作出准予许可的书面决定，并于 10 个工作日内发给《医疗器械经营许可证》；不符合规定条件的，作出不予许可的书面决定，并说明理由。

第十一条 医疗器械经营许可申请直接涉及申请人与他人之间重大利益关系的，食品药品监督管理部门应当告知申请人、利害关系人依照法律、法规以及国家食品药品监督管理总局的有关规定享有申请听证的权利；在对医疗器械经营许可进行审查时，食品药品监督管理部门认为涉及公共利益的重大许可事项，应当向社会公告，并举行听证。

第十二条 从事第二类医疗器械经营的，经营企业应当向所在地设区的市级食品药品监督管理部门备案，填写第二类医疗器械经营备案表，并提交本办法第八条规定的资料（第八项除外）。

第十三条 食品药品监督管理部门应当当场对企业提交资料的完整性进行核对，符合规定的予以备案，发给第二类医疗器械经营备案凭证。

第十四条 设区的市级食品药品监督管理部门应当在医疗器械经营企业备案之日起 3 个月内，按照医疗器械经营质量管理规范的要求对第二类医疗器械经营企业开展现场核查。

第十五条 《医疗器械经营许可证》有效期为 5 年，载明许可证编号、企业名称、法定代表人、企业负责人、住所、经营场所、经营方式、经营范围、库房地址、发证部门、发证日期和有效期限等事项。

医疗器械经营备案凭证应当载明编号、企业名称、法定代表人、企业负责人、住所、经营场所、经营方式、经营范围、库房地址、备案部门、备案日期等事项。

第十六条 《医疗器械经营许可证》事项的变更分为许可事项变更和登记事项变更。

许可事项变更包括经营场所、经营方式、经营范围、库房地址的变更。

登记事项变更是指上述事项以外其他事项的变更。

第十七条 许可事项变更的，应当向原发证部门提出《医疗器械经营许可证》变更申请，并提交本办法第八条规定中涉及变更内容的有关资料。

跨行政区域设置库房的，应当向库房所在地设区的市级食品药品监督管理部门办理备案。

原发证部门应当自收到变更申请之日起15个工作日内进行审核,并作出准予变更或者不予变更的决定;需要按照医疗器械经营质量管理规范的要求开展现场核查的,自收到变更申请之日起30个工作日内作出准予变更或者不予变更的决定。不予变更的,应当书面说明理由并告知申请人。变更后的《医疗器械经营许可证》编号和有效期限不变。

第十八条 新设立独立经营场所的,应当单独申请医疗器械经营许可或者备案。

第十九条 登记事项变更的,医疗器械经营企业应当及时向设区的市级食品药品监督管理部门办理变更手续。

第二十条 因分立、合并而存续的医疗器械经营企业,应当依照本办法规定申请变更许可;因企业分立、合并而解散的,应当申请注销《医疗器械经营许可证》;因企业分立、合并而新设立的,应当申请办理《医疗器械经营许可证》。

第二十一条 医疗器械注册人、备案人或者生产企业在其住所或者生产地址销售医疗器械,不需办理经营许可或者备案;在其他场所贮存并现货销售医疗器械的,应当按照规定办理经营许可或者备案。

第二十二条 《医疗器械经营许可证》有效期届满需要延续的,医疗器械经营企业应当在有效期届满6个月前,向原发证部门提出《医疗器械经营许可证》延续申请。

原发证部门应当按照本办法第十条的规定对延续申请进行审核,必要时开展现场核查,在《医疗器械经营许可证》有效期届满前作出是否准予延续的决定。符合规定条件的,准予延续,延续后的《医疗器械经营许可证》编号不变。不符合规定条件的,责令限期整改;整改后仍不符合规定条件的,不予延续,并书面说明理由。逾期未作出决定的,视为准予延续。

第二十三条 医疗器械经营备案凭证中企业名称、法定代表人、企业负责人、住所、经营场所、经营方式、经营范围、库房地址等备案事项发生变化的,应当及时变更备案。

第二十四条 《医疗器械经营许可证》遗失的,医疗器械经营企业应当立即在原发证部门指定的媒体上登载遗失声明。自登载遗失声明之日起满1个月后,向原发证部门申请补发。原发证部门及时补发《医疗器械经营许可证》。

补发的《医疗器械经营许可证》编号和有效期限与原证一致。

第二十五条 医疗器械经营备案凭证遗失的,医疗器械经营企业应当及时向原备案部门办理补发手续。

第二十六条 医疗器械经营企业因违法经营被食品药品监督管理部门立案调查但尚未结案的,或者收到行政处罚决定但尚未履行的,设区的市级食品药品监督管理部门应当中止许可,直至案件处理完毕。

第二十七条 医疗器械经营企业有法律、法规规定应当注销的情形,或者有效期未满但企业主动提出注销的,设区的市级食品药品监督管理部门应当依法注销其《医疗器械经营许可证》,并在网站上予以公布。

第二十八条 设区的市级食品药品监督管理部门应当建立《医疗器械经营许可证》核发、延续、变更、补发、撤销、注销等许可档案和医疗器械经营备案信息档案。

第二十九条 任何单位以及个人不得伪造、变造、买卖、出租、出借《医疗器械经营许可证》和医疗器械经营备案凭证。

第三章 经营质量管理

第三十条 医疗器械经营企业应当按照医疗器械经营质量管理规范要求,建立覆盖质量管理全过程的经营管理制度,并做好相关记录,保证经营条件和经营行为持续符合要求。

第三十一条 医疗器械经营企业对其办事机构或者销售人员以本企业名义从事的医疗器械购销行为承担法律责任。医疗器械经营企业销售人员销售医疗器械,应当提供加盖本企业公章的授权书。授权书应当载明授权销售的品种、地域、期限,注明销售人员的身份证号码。

第三十二条 医疗器械经营企业应当建立并执行进货查验记录制度。从事第二类、第三类医疗器械批发业务以及第三类医疗器械零售业务的经营企业应当建立销售记录制度。进货查验记录和销售记录信息应当真实、准确、完整。

从事医疗器械批发业务的企业,其购进、贮存、销售等记录应当符合可追溯要求。

进货查验记录和销售记录应当保存至医疗器械有效期后2年;无有效期的,不得少于5年。植入类医疗器械进货查验记录和销售记录应当永久保存。

鼓励其他医疗器械经营企业建立销售记录制度。

第三十三条 医疗器械经营企业应当从具有资质的生产企业或者经营企业购进医疗器械。

医疗器械经营企业应当与供货者约定质量责任和售后服务责任,保证医疗器械售后的安全使用。

与供货者或者相应机构约定由其负责产品安装、维修、技术培训服务的医疗器械经营企业,可以不设从事技术培训和售后服务的部门,但应当有相应的管理人员。

第三十四条 医疗器械经营企业应当采取有效措施,确保医疗器械运输、贮存过程符合医疗器械说明书或者标签标示要求,并做好相应记录,保证医疗器械质量安全。

说明书和标签标示要求低温、冷藏的,应当按照有关规定,使用低温、冷藏设施设备运输和贮存。

第三十五条 医疗器械经营企业委托其他单位运输医疗器械的,应当对承运方运输医疗器械的质量保障能力进行考核评估,明确运输过程中的质量责任,确保运输过程中的质量安全。

第三十六条 医疗器械经营企业为其他医疗器械生产经营企业提供贮存、配送服务的,应当与委托方签订书面协议,明确双方权利义务,并具有与产品贮存配送条件和规模相适应的设备设施,具备与委托方开展实时电子数据交换和实现产品经营全过程可追溯的计算机信息管理平台和技术手段。

第三十七条 从事医疗器械批发业务的经营企业应当销售给具有资质的经营企业或者使用单位。

第三十八条 医疗器械经营企业应当配备专职或者兼职人员负责售后管理,对客户投诉的质量问题应当查明原因,采取有效措施及时处理和反馈,并做好记录,必要时应当通知供货者及医疗器械生产企业。

第三十九条 医疗器械经营企业不具备原经营许可条件或者与备案信息不符且无法取得联系的,经原发证或者备案部门公示后,依法注销其《医疗器械经营许可证》或者在第二类医疗器械经营备案信息中予以标注,并向社会公告。

第四十条 第三类医疗器械经营企业应当建立质量管理自查制度,并按照医疗器械经营质量管理规范要求进行全项目自查,于每年年底前向所在地设区的市级食品药品监督管理部门提交年度自查报告。

第四十一条 第三类医疗器械经营企业自行停业一年以上,重新经营时,应当提前书面报告所在地设区的市级食品药品监督管理部门,经核查符合要求后方可恢复经营。

第四十二条 医疗器械经营企业不得经营未经注册或者备案、无合格证明文件以及过期、失效、淘汰的医疗器械。

第四十三条 医疗器械经营企业经营的医疗器械发生重大质量事故的,

应当在24小时内报告所在地省、自治区、直辖市食品药品监督管理部门,省、自治区、直辖市食品药品监督管理部门应当立即报告国家食品药品监督管理总局。

第四章 监督管理

第四十四条 食品药品监督管理部门应当定期或者不定期对医疗器械经营企业符合经营质量管理规范要求的情况进行监督检查,督促企业规范经营活动。对第三类医疗器械经营企业按照医疗器械经营质量管理规范要求进行全项目自查的年度自查报告,应当进行审查,必要时开展现场核查。

第四十五条 省、自治区、直辖市食品药品监督管理部门应当编制本行政区域的医疗器械经营企业监督检查计划,并监督实施。设区的市级食品药品监督管理部门应当制定本行政区域的医疗器械经营企业的监管重点、检查频次和覆盖率,并组织实施。

第四十六条 食品药品监督管理部门组织监督检查,应当制定检查方案,明确检查标准,如实记录现场检查情况,将检查结果书面告知被检查企业。需要整改的,应当明确整改内容以及整改期限,并实施跟踪检查。

第四十七条 食品药品监督管理部门应当加强对医疗器械的抽查检验。

省级以上食品药品监督管理部门应当根据抽查检验结论及时发布医疗器械质量公告。

第四十八条 有下列情形之一的,食品药品监督管理部门应当加强现场检查:

(一)上一年度监督检查中存在严重问题的;

(二)因违反有关法律、法规受到行政处罚的;

(三)新开办的第三类医疗器械经营企业;

(四)食品药品监督管理部门认为需要进行现场检查的其他情形。

第四十九条 食品药品监督管理部门应当建立医疗器械经营日常监督管理制度,加强对医疗器械经营企业的日常监督检查。

第五十条 对投诉举报或者其他信息显示以及日常监督检查发现可能存在产品安全隐患的医疗器械经营企业,或者有不良行为记录的医疗器械经营企业,食品药品监督管理部门可以实施飞行检查。

第五十一条 有下列情形之一的,食品药品监督管理部门可以对医疗器械经营企业的法定代表人或者企业负责人进行责任约谈:

(一)经营存在严重安全隐患的;

（二）经营产品因质量问题被多次举报投诉或者媒体曝光的；

（三）信用等级评定为不良信用企业的；

（四）食品药品监督管理部门认为有必要开展责任约谈的其他情形。

第五十二条 食品药品监督管理部门应当建立医疗器械经营企业监管档案，记录许可和备案信息、日常监督检查结果、违法行为查处等情况，并对有不良信用记录的医疗器械经营企业实施重点监管。

第五章 法律责任

第五十三条 有下列情形之一的，由县级以上食品药品监督管理部门责令限期改正，给予警告；拒不改正的，处5000元以上2万元以下罚款：

（一）医疗器械经营企业未依照本办法规定办理登记事项变更的；

（二）医疗器械经营企业派出销售人员销售医疗器械，未按照本办法要求提供授权书的；

（三）第三类医疗器械经营企业未在每年年底前向食品药品监督管理部门提交年度自查报告的。

第五十四条 有下列情形之一的，由县级以上食品药品监督管理部门责令改正，处1万元以上3万元以下罚款：

（一）医疗器械经营企业经营条件发生变化，不再符合医疗器械经营质量管理规范要求，未按照规定进行整改的；

（二）医疗器械经营企业擅自变更经营场所或者库房地址、扩大经营范围或者擅自设立库房的；

（三）从事医疗器械批发业务的经营企业销售给不具有资质的经营企业或者使用单位的；

（四）医疗器械经营企业从不具有资质的生产、经营企业购进医疗器械的。

第五十五条 未经许可从事医疗器械经营活动，或者《医疗器械经营许可证》有效期届满后未依法办理延续、仍继续从事医疗器械经营的，按照《医疗器械监督管理条例》第六十三条的规定予以处罚。

第五十六条 提供虚假资料或者采取其他欺骗手段取得《医疗器械经营许可证》的，按照《医疗器械监督管理条例》第六十四条的规定予以处罚。

第五十七条 伪造、变造、买卖、出租、出借《医疗器械经营许可证》的，按照《医疗器械监督管理条例》第六十四条的规定予以处罚。

伪造、变造、买卖、出租、出借医疗器械经营备案凭证的，由县级以上食品药品监督管理部门责令改正，并处1万元以下罚款。

第五十八条 未依照本办法规定备案或者备案时提供虚假资料的，按照《医疗器械监督管理条例》第六十五条的规定予以处罚。

第五十九条 有下列情形之一的，由县级以上食品药品监督管理部门责令限期改正，并按照《医疗器械监督管理条例》第六十六条的规定予以处罚：

（一）经营不符合强制性标准或者不符合经注册或者备案的产品技术要求的医疗器械的；

（二）经营无合格证明文件、过期、失效、淘汰的医疗器械的；

（三）食品药品监督管理部门责令停止经营后，仍拒不停止经营医疗器械的。

第六十条 有下列情形之一的，由县级以上食品药品监督管理部门责令改正，并按照《医疗器械监督管理条例》第六十七条的规定予以处罚：

（一）经营的医疗器械的说明书、标签不符合有关规定的；

（二）未按照医疗器械说明书和标签标示要求运输、贮存医疗器械的。

第六十一条 有下列情形之一的，由县级以上食品药品监督管理部门责令改正，并按照《医疗器械监督管理条例》第六十八条的规定予以处罚：

（一）经营企业未依照本办法规定建立并执行医疗器械进货查验记录制度的；

（二）从事第二类、第三类医疗器械批发业务以及第三类医疗器械零售业务的经营企业未依照本办法规定建立并执行销售记录制度的。

第六章　附　　则

第六十二条 本办法下列用语的含义是：

医疗器械经营，是指以购销的方式提供医疗器械产品的行为，包括采购、验收、贮存、销售、运输、售后服务等。

医疗器械批发，是指将医疗器械销售给具有资质的经营企业或者使用单位的医疗器械经营行为。

医疗器械零售，是指将医疗器械直接销售给消费者的医疗器械经营行为。

第六十三条 互联网医疗器械经营有关管理规定由国家食品药品监督管理总局另行制定。

第六十四条 《医疗器械经营许可证》和医疗器械经营备案凭证的格式由国家食品药品监督管理总局统一制定。

《医疗器械经营许可证》和医疗器械经营备案凭证由设区的市级食品药

品监督管理部门印制。

《医疗器械经营许可证》编号的编排方式为:XX 食药监械经营许XXXXXXXX 号。其中:

第一位 X 代表许可部门所在地省、自治区、直辖市的简称;

第二位 X 代表所在地设区的市级行政区域的简称;

第三到六位 X 代表 4 位数许可年份;

第七到十位 X 代表 4 位数许可流水号。

第二类医疗器械经营备案凭证备案编号的编排方式为:XX 食药监械经营备 XXXXXXXX 号。其中:

第一位 X 代表备案部门所在地省、自治区、直辖市的简称;

第二位 X 代表所在地设区的市级行政区域的简称;

第三到六位 X 代表 4 位数备案年份;

第七到十位 X 代表 4 位数备案流水号。

第六十五条 《医疗器械经营许可证》和医疗器械经营备案凭证列明的经营范围按照医疗器械管理类别、分类编码及名称确定。医疗器械管理类别、分类编码及名称按照国家食品药品监督管理总局发布的医疗器械分类目录核定。

第六十六条 食品药品监督管理部门制作的医疗器械经营许可电子证书与印制的医疗器械经营许可证书具有同等法律效力。

第六十七条 本办法自 2014 年 10 月 1 日起施行。2004 年 8 月 9 日公布的《医疗器械经营企业许可证管理办法》(国家食品药品监督管理局令第 15 号)同时废止。

医疗器械生产监督管理办法

(2014 年 7 月 30 日国家食品药品监督管理总局令第 7 号公布 根据 2017 年 11 月 7 日国家食品药品监督管理总局局务会议《关于修改部分规章的决定》修正)

第一章　总　　则

第一条 为加强医疗器械生产监督管理,规范医疗器械生产行为,保证医疗器械安全、有效,根据《医疗器械监督管理条例》,制定本办法。

第二条 在中华人民共和国境内从事医疗器械生产活动及其监督管理，应当遵守本办法。

第三条 国家食品药品监督管理总局负责全国医疗器械生产监督管理工作。县级以上食品药品监督管理部门负责本行政区域的医疗器械生产监督管理工作。

上级食品药品监督管理部门负责指导和监督下级食品药品监督管理部门开展医疗器械生产监督管理工作。

第四条 国家食品药品监督管理总局制定医疗器械生产质量管理规范并监督实施。

第五条 食品药品监督管理部门依法及时公布医疗器械生产许可和备案相关信息。申请人可以查询审批进度和审批结果；公众可以查阅审批结果。

第六条 医疗器械生产企业应当对生产的医疗器械质量负责。委托生产的，委托方对所委托生产的医疗器械质量负责。

第二章 生产许可与备案管理

第七条 从事医疗器械生产，应当具备以下条件：

（一）有与生产的医疗器械相适应的生产场地、环境条件、生产设备以及专业技术人员；

（二）有对生产的医疗器械进行质量检验的机构或者专职检验人员以及检验设备；

（三）有保证医疗器械质量的管理制度；

（四）有与生产的医疗器械相适应的售后服务能力；

（五）符合产品研制、生产工艺文件规定的要求。

第八条 开办第二类、第三类医疗器械生产企业的，应当向所在地省、自治区、直辖市食品药品监督管理部门申请生产许可，并提交以下资料：

（一）营业执照复印件；

（二）申请企业持有的所生产医疗器械的注册证及产品技术要求复印件；

（三）法定代表人、企业负责人身份证明复印件；

（四）生产、质量和技术负责人的身份、学历、职称证明复印件；

（五）生产管理、质量检验岗位从业人员学历、职称一览表；

（六）生产场地的证明文件，有特殊生产环境要求的还应当提交设施、环境的证明文件复印件；

（七）主要生产设备和检验设备目录；

（八）质量手册和程序文件；

（九）工艺流程图；

（十）经办人授权证明；

（十一）其他证明资料。

第九条 省、自治区、直辖市食品药品监督管理部门收到申请后，应当根据下列情况分别作出处理：

（一）申请事项属于其职权范围，申请资料齐全、符合法定形式的，应当受理申请；

（二）申请资料不齐全或者不符合法定形式的，应当当场或者在5个工作日内一次告知申请人需要补正的全部内容，逾期不告知的，自收到申请资料之日起即为受理；

（三）申请资料存在可以当场更正的错误的，应当允许申请人当场更正；

（四）申请事项不属于本部门职权范围的，应当即时作出不予受理的决定，并告知申请人向有关行政部门申请。

省、自治区、直辖市食品药品监督管理部门受理或者不予受理医疗器械生产许可申请的，应当出具受理或者不予受理的通知书。

第十条 省、自治区、直辖市食品药品监督管理部门应当自受理之日起30个工作日内对申请资料进行审核，并按照医疗器械生产质量管理规范的要求开展现场核查。现场核查应当根据情况，避免重复核查。需要整改的，整改时间不计入审核时限。

符合规定条件的，依法作出准予许可的书面决定，并于10个工作日内发给《医疗器械生产许可证》；不符合规定条件的，作出不予许可的书面决定，并说明理由。

第十一条 开办第一类医疗器械生产企业的，应当向所在地设区的市级食品药品监督管理部门办理第一类医疗器械生产备案，提交备案企业持有的所生产医疗器械的备案凭证复印件和本办法第八条规定的资料（第二项除外）。

食品药品监督管理部门应当当场对企业提交资料的完整性进行核对，符合规定条件的予以备案，发给第一类医疗器械生产备案凭证。

第十二条 医疗器械生产许可申请直接涉及申请人与他人之间重大利益关系的，食品药品监督管理部门应当告知申请人、利害关系人依照法律、法规以及国家食品药品监督管理总局的有关规定享有申请听证的权利；在对医疗器械生产许可进行审查时，食品药品监督管理部门认为涉及公共利益的重大许可事项，应当向社会公告，并举行听证。

第十三条 《医疗器械生产许可证》有效期为5年,载明许可证编号、企业名称、法定代表人、企业负责人、住所、生产地址、生产范围、发证部门、发证日期和有效期限等事项。

《医疗器械生产许可证》附医疗器械生产产品登记表,载明生产产品名称、注册号等信息。

第十四条 增加生产产品的,医疗器械生产企业应当向原发证部门提交本办法第八条规定中涉及变更内容的有关资料。

申请增加生产的产品不属于原生产范围的,原发证部门应当依照本办法第十条的规定进行审核并开展现场核查,符合规定条件的,变更《医疗器械生产许可证》载明的生产范围,并在医疗器械生产产品登记表中登载产品信息。

申请增加生产的产品属于原生产范围,并且与原许可生产产品的生产工艺和生产条件等要求相似的,原发证部门应当对申报资料进行审核,符合规定条件的,在医疗器械生产产品登记表中登载产品信息;与原许可生产产品的生产工艺和生产条件要求有实质性不同的,应当依照本办法第十条的规定进行审核并开展现场核查,符合规定条件的,在医疗器械生产产品登记表中登载产品信息。

第十五条 生产地址非文字性变更的,应当向原发证部门申请医疗器械生产许可变更,并提交本办法第八条规定中涉及变更内容的有关资料。原发证部门应当依照本办法第十条的规定审核并开展现场核查,于30个工作日内作出准予变更或者不予变更的决定。医疗器械生产企业跨省、自治区、直辖市设立生产场地的,应当单独申请医疗器械生产许可。

第十六条 企业名称、法定代表人、企业负责人、住所变更或者生产地址文字性变更的,医疗器械生产企业应当在变更后30个工作日内,向原发证部门办理《医疗器械生产许可证》变更登记,并提交相关部门的证明资料。原发证部门应当及时办理变更。对变更资料不齐全或者不符合形式审查规定的,应当一次告知需要补正的全部内容。

第十七条 《医疗器械生产许可证》有效期届满延续的,医疗器械生产企业应当自有效期届满6个月前,向原发证部门提出《医疗器械生产许可证》延续申请。

原发证部门应当依照本办法第十条的规定对延续申请进行审查,必要时开展现场核查,在《医疗器械生产许可证》有效期届满前作出是否准予延续的决定。符合规定条件的,准予延续。不符合规定条件的,责令限期整改;整改后仍不符合规定条件的,不予延续,并书面说明理由。逾期未作出决定的,视为准予延续。

第十八条 因分立、合并而存续的医疗器械生产企业，应当依照本办法规定申请变更许可；因企业分立、合并而解散的医疗器械生产企业，应当申请注销《医疗器械生产许可证》；因企业分立、合并而新设立的医疗器械生产企业应当申请办理《医疗器械生产许可证》。

第十九条 《医疗器械生产许可证》遗失的，医疗器械生产企业应当立即在原发证部门指定的媒体上登载遗失声明。自登载遗失声明之日起满1个月后，向原发证部门申请补发。原发证部门及时补发《医疗器械生产许可证》。

第二十条 变更、补发的《医疗器械生产许可证》编号和有效期限不变。延续的《医疗器械生产许可证》编号不变。

第二十一条 第一类医疗器械生产备案凭证内容发生变化的，应当变更备案。

备案凭证遗失的，医疗器械生产企业应当及时向原备案部门办理补发手续。

第二十二条 医疗器械生产企业因违法生产被食品药品监督管理部门立案调查但尚未结案的，或者收到行政处罚决定但尚未履行的，食品药品监督管理部门应当中止许可，直至案件处理完毕。

第二十三条 医疗器械生产企业有法律、法规规定应当注销的情形，或者有效期未满但企业主动提出注销的，省、自治区、直辖市食品药品监督管理部门应当依法注销其《医疗器械生产许可证》，并在网站上予以公布。

第二十四条 省、自治区、直辖市食品药品监督管理部门应当建立《医疗器械生产许可证》核发、延续、变更、补发、撤销和注销等许可档案。

设区的市级食品药品监督管理部门应当建立第一类医疗器械生产备案信息档案。

第二十五条 任何单位或者个人不得伪造、变造、买卖、出租、出借《医疗器械生产许可证》和医疗器械生产备案凭证。

第三章 委托生产管理

第二十六条 医疗器械委托生产的委托方应当是委托生产医疗器械的境内注册人或者备案人。其中，委托生产不属于按照创新医疗器械特别审批程序审批的境内医疗器械的，委托方应当取得委托生产医疗器械的生产许可或者办理第一类医疗器械生产备案。

医疗器械委托生产的受托方应当是取得受托生产医疗器械相应生产范围的生产许可或者办理第一类医疗器械生产备案的境内生产企业。受托方对受托生产医疗器械的质量负相应责任。

第二十七条 委托方应当向受托方提供委托生产医疗器械的质量管理体系文件和经注册或者备案的产品技术要求,对受托方的生产条件、技术水平和质量管理能力进行评估,确认受托方具有受托生产的条件和能力,并对生产过程和质量控制进行指导和监督。

第二十八条 受托方应当按照医疗器械生产质量管理规范、强制性标准、产品技术要求和委托生产合同组织生产,并保存所有受托生产文件和记录。

第二十九条 委托方和受托方应当签署委托生产合同,明确双方的权利、义务和责任。

第三十条 委托生产第二类、第三类医疗器械的,委托方应当向所在地省、自治区、直辖市食品药品监督管理部门办理委托生产备案;委托生产第一类医疗器械的,委托方应当向所在地设区的市级食品药品监督管理部门办理委托生产备案。符合规定条件的,食品药品监督管理部门应当发给医疗器械委托生产备案凭证。

备案时应当提交以下资料:

(一)委托生产医疗器械的注册证或者备案凭证复印件;

(二)委托方和受托方企业营业执照复印件;

(三)受托方的《医疗器械生产许可证》或者第一类医疗器械生产备案凭证复印件;

(四)委托生产合同复印件;

(五)经办人授权证明。

委托生产不属于按照创新医疗器械特别审批程序审批的境内医疗器械的,还应当提交委托方的《医疗器械生产许可证》或者第一类医疗器械生产备案凭证复印件;属于按照创新医疗器械特别审批程序审批的境内医疗器械的,应当提交创新医疗器械特别审批证明资料。

第三十一条 受托生产第二类、第三类医疗器械的,受托方应当依照本办法第十四条的规定办理相关手续,在医疗器械生产产品登记表中登载受托生产产品信息。

受托生产第一类医疗器械的,受托方应当依照本办法第二十一条的规定,向原备案部门办理第一类医疗器械生产备案变更。

第三十二条 受托方办理增加受托生产产品信息或者第一类医疗器械生产备案变更时,除提交符合本办法规定的资料外,还应当提交以下资料:

(一)委托方和受托方营业执照复印件;

(二)受托方《医疗器械生产许可证》或者第一类医疗器械生产备案凭证

复印件；

（三）委托方医疗器械委托生产备案凭证复印件；

（四）委托生产合同复印件；

（五）委托生产医疗器械拟采用的说明书和标签样稿；

（六）委托方对受托方质量管理体系的认可声明；

（七）委托方关于委托生产医疗器械质量、销售及售后服务责任的自我保证声明。

受托生产不属于按照创新医疗器械特别审批程序审批的境内医疗器械的，还应当提交委托方的《医疗器械生产许可证》或者第一类医疗器械生产备案凭证复印件；属于按照创新医疗器械特别审批程序审批的境内医疗器械的，应当提交创新医疗器械特别审批证明资料。

第三十三条 受托方《医疗器械生产许可证》生产产品登记表和第一类医疗器械生产备案凭证中的受托生产产品应当注明“受托生产”字样和受托生产期限。

第三十四条 委托生产医疗器械的说明书、标签除应当符合有关规定外，还应当标明受托方的企业名称、住所、生产地址、生产许可证编号或者生产备案凭证编号。

第三十五条 委托生产终止时，委托方和受托方应当向所在地省、自治区、直辖市或者设区的市级食品药品监督管理部门及时报告。

第三十六条 委托方在同一时期只能将同一医疗器械产品委托一家医疗器械生产企业（绝对控股企业除外）进行生产。

第三十七条 具有高风险的植入性医疗器械不得委托生产，具体目录由国家食品药品监督管理总局制定、调整并公布。

第四章 生产质量管理

第三十八条 医疗器械生产企业应当按照医疗器械生产质量管理规范的要求，建立质量管理体系并保持有效运行。

第三十九条 医疗器械生产企业应当开展医疗器械法律、法规、规章、标准等知识培训，并建立培训档案。

生产岗位操作人员应当具有相应的理论知识和实际操作技能。

第四十条 医疗器械生产企业应当按照经注册或者备案的产品技术要求组织生产，保证出厂的医疗器械符合强制性标准以及经注册或者备案的产品技术要求。出厂的医疗器械应当经检验合格并附有合格证明文件。

第四十一条　医疗器械生产企业应当定期按照医疗器械生产质量管理规范的要求对质量管理体系运行情况进行全面自查，并于每年年底前向所在地省、自治区、直辖市或者设区的市级食品药品监督管理部门提交年度自查报告。

第四十二条　医疗器械生产企业的生产条件发生变化，不再符合医疗器械质量管理体系要求的，医疗器械生产企业应当立即采取整改措施；可能影响医疗器械安全、有效的，应当立即停止生产活动，并向所在地县级食品药品监督管理部门报告。

第四十三条　医疗器械产品连续停产一年以上且无同类产品在产的，重新生产时，医疗器械生产企业应当提前书面报告所在地省、自治区、直辖市或者设区的市级食品药品监督管理部门，经核查符合要求后方可恢复生产。

第四十四条　医疗器械生产企业不具备原生产许可条件或者与备案信息不符，且无法取得联系的，经原发证或者备案部门公示后，依法注销其《医疗器械生产许可证》或者在第一类医疗器械生产备案信息中予以标注，并向社会公告。

第四十五条　医疗器械生产企业应当在经许可或者备案的生产场地进行生产，对生产设备、工艺装备和检验仪器等设施设备进行维护，保证其正常运行。

第四十六条　医疗器械生产企业应当加强采购管理，建立供应商审核制度，对供应商进行评价，确保采购产品符合法定要求。

第四十七条　医疗器械生产企业应当对原材料采购、生产、检验等过程进行记录。记录应当真实、准确、完整，并符合可追溯的要求。

第四十八条　国家鼓励医疗器械生产企业采用先进技术手段，建立信息化管理系统。

第四十九条　医疗器械生产企业生产的医疗器械发生重大质量事故的，应当在24小时内报告所在地省、自治区、直辖市食品药品监督管理部门，省、自治区、直辖市食品药品监督管理部门应当立即报告国家食品药品监督管理总局。

第五章　监督管理

第五十条　食品药品监督管理部门依照风险管理原则，对医疗器械生产实施分类分级管理。

第五十一条　省、自治区、直辖市食品药品监督管理部门应当编制本行政区域的医疗器械生产企业监督检查计划，确定医疗器械监管的重点、检查频次和覆盖率，并监督实施。

第五十二条 医疗器械生产监督检查应当检查医疗器械生产企业执行法律、法规、规章、规范、标准等要求的情况，重点检查《医疗器械监督管理条例》第五十三条规定的事项。

第五十三条 食品药品监督管理部门组织监督检查，应当制定检查方案，明确检查标准，如实记录现场检查情况，将检查结果书面告知被检查企业。需要整改的，应当明确整改内容及整改期限，并实施跟踪检查。

第五十四条 食品药品监督管理部门应当加强对医疗器械的抽查检验。

省级以上食品药品监督管理部门应当根据抽查检验结论及时发布医疗器械质量公告。

第五十五条 对投诉举报或者其他信息显示以及日常监督检查发现可能存在产品安全隐患的医疗器械生产企业，或者有不良行为记录的医疗器械生产企业，食品药品监督管理部门可以实施飞行检查。

第五十六条 有下列情形之一的，食品药品监督管理部门可以对医疗器械生产企业的法定代表人或者企业负责人进行责任约谈：

（一）生产存在严重安全隐患的；

（二）生产产品因质量问题被多次举报投诉或者媒体曝光的；

（三）信用等级评定为不良信用企业的；

（四）食品药品监督管理部门认为有必要开展责任约谈的其他情形。

第五十七条 地方各级食品药品监督管理部门应当建立本行政区域医疗器械生产企业的监管档案。监管档案应当包括医疗器械生产企业产品注册和备案、生产许可和备案、委托生产、监督检查、抽查检验、不良事件监测、产品召回、不良行为记录和投诉举报等信息。

第五十八条 国家食品药品监督管理总局建立统一的医疗器械生产监督管理信息平台，地方各级食品药品监督管理部门应当加强信息化建设，保证信息衔接。

第五十九条 地方各级食品药品监督管理部门应当根据医疗器械生产企业监督管理的有关记录，对医疗器械生产企业进行信用评价，建立信用档案。对有不良信用记录的企业，应当增加检查频次。

对列入“黑名单”的企业，按照国家食品药品监督管理总局的相关规定执行。

第六十条 个人和组织发现医疗器械生产企业进行违法生产的活动，有权向食品药品监督管理部门举报，食品药品监督管理部门应当及时核实、处理。经查证属实的,应当按照有关规定给予奖励。

第六章　法律责任

第六十一条　有下列情形之一的,按照《医疗器械监督管理条例》第六十三条的规定处罚:

(一)生产未取得医疗器械注册证的第二类、第三类医疗器械的;

(二)未经许可从事第二类、第三类医疗器械生产活动的;

(三)生产超出生产范围或者与医疗器械生产产品登记表载明生产产品不一致的第二类、第三类医疗器械的;

(四)在未经许可的生产场地生产第二类、第三类医疗器械的;

(五)第二类、第三类医疗器械委托生产终止后,受托方继续生产受托产品的。

第六十二条　《医疗器械生产许可证》有效期届满后,未依法办理延续,仍继续从事医疗器械生产的,按照《医疗器械监督管理条例》第六十三条的规定予以处罚。

第六十三条　提供虚假资料或者采取其他欺骗手段取得《医疗器械生产许可证》的,按照《医疗器械监督管理条例》第六十四条第一款的规定处罚。

第六十四条　从事第一类医疗器械生产活动未按规定向食品药品监督管理部门备案的,按照《医疗器械监督管理条例》第六十五条第一款的规定处罚;备案时提供虚假资料的,按照《医疗器械监督管理条例》第六十五条第二款的规定处罚。

第六十五条　伪造、变造、买卖、出租、出借《医疗器械生产许可证》的,按照《医疗器械监督管理条例》第六十四条第二款的规定处罚。

伪造、变造、买卖、出租、出借医疗器械生产备案凭证的,由县级以上食品药品监督管理部门责令改正,处1万元以下罚款。

第六十六条　有下列情形之一的,按照《医疗器械监督管理条例》第六十六条的规定处罚:

(一)生产不符合强制性标准或者不符合经注册或者备案的产品技术要求的医疗器械的;

(二)医疗器械生产企业未按照经注册、备案的产品技术要求组织生产,或者未依照本办法规定建立质量管理体系并保持有效运行的;

(三)委托不具备本办法规定条件的企业生产医疗器械或者未对受托方的生产行为进行管理的。

第六十七条 医疗器械生产企业的生产条件发生变化、不再符合医疗器械质量管理体系要求,未依照本办法规定整改、停止生产、报告的,按照《医疗器械监督管理条例》第六十七条的规定处罚。

第六十八条 医疗器械生产企业未按规定向省、自治区、直辖市或者设区的市级食品药品监督管理部门提交本企业质量管理体系运行情况自查报告的,按照《医疗器械监督管理条例》第六十八条的规定处罚。

第六十九条 有下列情形之一的,由县级以上食品药品监督管理部门给予警告,责令限期改正,可以并处3万元以下罚款:

(一)出厂医疗器械未按照规定进行检验的;

(二)出厂医疗器械未按照规定附有合格证明文件的;

(三)未按照本办法第十六条规定办理《医疗器械生产许可证》变更登记的;

(四)未按照规定办理委托生产备案手续的;

(五)医疗器械产品连续停产一年以上且无同类产品在产,未经所在地省、自治区、直辖市或者设区的市级食品药品监督管理部门核查符合要求即恢复生产的;

(六)向监督检查的食品药品监督管理部门隐瞒有关情况、提供虚假资料或者拒绝提供反映其活动的真实资料的。

有前款所列情形,情节严重或者造成危害后果,属于违反《医疗器械监督管理条例》相关规定的,依照《医疗器械监督管理条例》的规定处罚。

第七章　附　　则

第七十条 生产出口医疗器械的,应当保证其生产的医疗器械符合进口国(地区)的要求,并将产品相关信息向所在地设区的市级食品药品监督管理部门备案。

生产企业接受境外企业委托生产在境外上市销售的医疗器械的,应当取得医疗器械质量管理体系第三方认证或者同类产品境内生产许可或者备案。

第七十一条 《医疗器械生产许可证》和第一类医疗器械生产备案凭证的格式由国家食品药品监督管理总局统一制定。

《医疗器械生产许可证》由省、自治区、直辖市食品药品监督管理部门印制。

《医疗器械生产许可证》编号的编排方式为:X食药监械生产许XXXXXXXX号。其中:

第一位 X 代表许可部门所在地省、自治区、直辖市的简称；

第二到五位 X 代表 4 位数许可年份；

第六到九位 X 代表 4 位数许可流水号。

第一类医疗器械生产备案凭证备案编号的编排方式为：XX 食药监械生产备 XXXXXXXX 号。其中：

第一位 X 代表备案部门所在地省、自治区、直辖市的简称；

第二位 X 代表备案部门所在地设区的市级行政区域的简称；

第三到六位 X 代表 4 位数备案年份；

第七到十位 X 代表 4 位数备案流水号。

第七十二条 食品药品监督管理部门制作的医疗器械生产许可电子证书与印制的医疗器械生产许可证书具有同等法律效力。

第七十三条 本办法自 2014 年 10 月 1 日起施行。2004 年 7 月 20 日公布的《医疗器械生产监督管理办法》（国家食品药品监督管理局令第 12 号）同时废止。

药品生产监督管理办法

（2004 年 8 月 5 日国家食品药品监督管理局令第 14 号公布
根据 2017 年 11 月 7 日国家食品药品监督管理总局局务会议《关于修改部分规章的决定》修正）

第一章 总 则

第一条 为加强药品生产的监督管理，根据《中华人民共和国药品管理法》、《中华人民共和国药品管理法实施条例》（以下简称《药品管理法》、《药品管理法实施条例》），制定本办法。

第二条 药品生产监督管理是指食品药品监督管理部门依法对药品生产条件和生产过程进行审查、许可、监督检查等管理活动。

第三条 国家食品药品监督管理总局主管全国药品生产监督管理工作；省、自治区、直辖市食品药品监督管理部门负责本行政区域内的药品生产监督管理工作。

第二章　开办药品生产企业的申请与审批

第四条　开办药品生产企业，除应当符合国家制定的药品行业发展规划和产业政策外，还应当符合以下条件：

（一）具有依法经过资格认定的药学技术人员、工程技术人员及相应的技术工人，企业法定代表人或者企业负责人、质量负责人无《药品管理法》第七十五条规定的情形；

（二）具有与其药品生产相适应的厂房、设施和卫生环境；

（三）具有能对所生产药品进行质量管理和质量检验的机构、人员以及必要的仪器设备；

（四）具有保证药品质量的规章制度。

国家有关法律、法规对生产麻醉药品、精神药品、医疗用毒性药品、放射性药品、药品类易制毒化学品等另有规定的，依照其规定。

第五条　开办药品生产企业的申请人，应当向拟办企业所在地省、自治区、直辖市食品药品监督管理部门提出申请，并提交以下材料：

（一）申请人的基本情况及其相关证明文件。

（二）拟办企业的基本情况，包括拟办企业名称、生产品种、剂型、设备、工艺及生产能力；拟办企业的场地、周边环境、基础设施等条件说明以及投资规模等情况说明。

（三）企业营业执照，生产地址及注册地址、企业类型、法定代表人或者企业负责人。

（四）拟办企业的组织机构图（注明各部门的职责及相互关系、部门负责人）。

（五）拟办企业的法定代表人、企业负责人、部门负责人简历，学历和职称证书；依法经过资格认定的药学及相关专业技术人员、工程技术人员、技术工人登记表，并标明所在部门及岗位；高级、中级、初级技术人员的比例情况表。

（六）拟办企业的周边环境图、总平面布置图、仓储平面布置图、质量检验场所平面布置图。

（七）拟办企业生产工艺布局平面图（包括更衣室、盥洗间、人流和物流通道、气闸等，并标明人、物流向和空气洁净度等级），空气净化系统的送风、回风、排风平面布置图，工艺设备平面布置图。

（八）拟生产的范围、剂型、品种、质量标准及依据。

（九）拟生产剂型及品种的工艺流程图，并注明主要质量控制点与项目。

（十）空气净化系统、制水系统、主要设备验证概况；生产、检验仪器、仪表、衡器校验情况。

（十一）主要生产设备及检验仪器目录。

（十二）拟办企业生产管理、质量管理文件目录。

申请人应当对其申请材料全部内容的真实性负责。

第六条 药品生产企业将部分生产车间分立，形成独立药品生产企业的，按照本办法第四条、第五条的规定办理《药品生产许可证》。

第七条 省、自治区、直辖市食品药品监督管理部门收到申请后，应当根据下列情况分别作出处理：

（一）申请事项依法不属于本部门职权范围的，应当即时作出不予受理的决定，并告知申请人向有关行政机关申请；

（二）申请材料存在可以当场更正的错误的，应当允许申请人当场更正；

（三）申请材料不齐全或者不符合形式审查要求的，应当当场或者在5个工作日内发给申请人《补正材料通知书》，一次性告知申请人需要补正的全部内容，逾期不告知的，自收到申请材料之日起即为受理；

（四）申请材料齐全、符合形式审查要求，或者申请人按照要求提交全部补正材料的，予以受理。

省、自治区、直辖市食品药品监督管理部门受理或者不予受理药品生产企业开办申请的，应当出具加盖本部门受理专用印章并注明日期的《受理通知书》或者《不予受理通知书》。

第八条 省、自治区、直辖市食品药品监督管理部门应当自收到申请之日起30个工作日内，作出决定。

经审查符合规定的，予以批准，并自书面批准决定作出之日起10个工作日内核发《药品生产许可证》；不符合规定的，作出不予批准的书面决定，并说明理由，同时告知申请人享有依法申请行政复议或者提起行政诉讼的权利。

第九条 新开办药品生产企业、药品生产企业新建药品生产车间或者新增生产剂型的，应当自取得药品生产证明文件或者经批准正式生产之日起30日内，按照国家食品药品监督管理总局的规定向相应的食品药品监督管理部门申请《药品生产质量管理规范》认证。

第十条 省、自治区、直辖市食品药品监督管理部门应当在行政机关的网站和办公场所公示申请《药品生产许可证》所需要的条件、程序、期限、需要提交的全部材料的目录和申请书示范文本等。

省、自治区、直辖市食品药品监督管理部门颁发《药品生产许可证》的有关信息，应当予以公开，公众有权查阅。

第十一条 省、自治区、直辖市食品药品监督管理部门对药品生产企业开办申请进行审查时,应当公示审批过程和审批结果。申请人和利害关系人可以对直接关系其重大利益的事项提交书面意见进行陈述和申辩。

第十二条 药品生产企业开办申请直接涉及申请人与他人之间重大利益关系的,省、自治区、直辖市食品药品监督管理部门应当告知申请人、利害关系人可以依照法律、法规以及国家食品药品监督管理总局的其他规定享有申请听证的权利;在对药品生产企业开办申请进行审查时,省、自治区、直辖市食品药品监督管理部门认为涉及公共利益的重大许可事项,应当向社会公告,并举行听证。

第三章 药品生产许可证管理

第十三条 《药品生产许可证》分正本和副本,正本、副本具有同等法律效力,有效期为5年。

《药品生产许可证》由国家食品药品监督管理总局统一印制。

第十四条 《药品生产许可证》应当载明许可证编号、企业名称、法定代表人、企业负责人、企业类型、注册地址、生产地址、生产范围、发证机关、发证日期、有效期限等项目。其中由食品药品监督管理部门核准的许可事项为:企业负责人、生产范围、生产地址。

企业名称、法定代表人、注册地址、企业类型等项目应当与工商行政管理部门核发的营业执照中载明的相关内容一致。

企业名称应当符合药品生产企业分类管理的原则;生产地址按照药品实际生产地址填写;许可证编号和生产范围按照国家食品药品监督管理总局规定的方法和类别填写。

第十五条 《药品生产许可证》变更分为许可事项变更和登记事项变更。

许可事项变更是指企业负责人、生产范围、生产地址的变更。

登记事项变更是指本办法第十四条第二款所列事项的变更。

第十六条 药品生产企业变更《药品生产许可证》许可事项的,应当在原许可事项发生变更30日前,向原发证机关提出《药品生产许可证》变更申请。未经批准,不得擅自变更许可事项。

原发证机关应当自收到企业变更申请之日起15个工作日内作出是否准予变更的决定。不予变更的,应当书面说明理由,并告知申请人享有依法申请行政复议或者提起行政诉讼的权利。

变更生产范围或者生产地址的,药品生产企业应当按照本办法第五条的规定提交涉及变更内容的有关材料，并报经所在地省、自治区、直辖市食品药品监督管理部门审查决定。

药品生产企业依法办理《药品生产许可证》许可事项的变更手续后，应当及时向工商行政管理部门办理企业注册登记的变更手续。

第十七条 药品生产企业变更《药品生产许可证》登记事项的，应当在工商行政管理部门核准变更后 30 日内，向原发证机关申请《药品生产许可证》变更登记。原发证机关应当自收到企业变更申请之日起 15 个工作日内办理变更手续。

第十八条 《药品生产许可证》变更后，原发证机关应当在《药品生产许可证》副本上记录变更的内容和时间，并按照变更后的内容重新核发《药品生产许可证》正本，收回原《药品生产许可证》正本，变更后的《药品生产许可证》有效期不变。

第十九条 《药品生产许可证》有效期届满，需要继续生产药品的，药品生产企业应当在有效期届满前 6 个月，向原发证机关申请换发《药品生产许可证》。

原发证机关结合企业遵守法律法规、《药品生产质量管理规范》和质量体系运行情况，按照本办法关于药品生产企业开办的程序和要求进行审查，在《药品生产许可证》有效期届满前作出是否准予其换证的决定。符合规定准予换证的，收回原证，换发新证；不符合规定的，作出不予换证的书面决定，并说明理由，同时告知申请人享有依法申请行政复议或者提起行政诉讼的权利；逾期未作出决定的，视为同意换证，并予补办相应手续。

第二十条 药品生产企业终止生产药品或者关闭的，由原发证机关缴销《药品生产许可证》，并通知工商行政管理部门。

第二十一条 《药品生产许可证》遗失的，药品生产企业应当立即向原发证机关申请补发，并在原发证机关指定的媒体上登载遗失声明。原发证机关在企业登载遗失声明之日起满 1 个月后，按照原核准事项在 10 个工作日内补发《药品生产许可证》。

第二十二条 任何单位或者个人不得伪造、变造、买卖、出租、出借《药品生产许可证》。

第二十三条 省、自治区、直辖市食品药品监督管理部门应当将《药品生产许可证》核发、换发、变更、补发、吊销、撤销、缴销、注销等办理情况，在办理工作完成后 20 个工作日内报国家食品药品监督管理总局备案。对依法收回、作废的《药品生产许可证》，发证机关应当建档保存 5 年。

第四章 药品委托生产的管理

第二十四条 药品委托生产的委托方应当是取得该药品批准文号的药品生产企业。

第二十五条 药品委托生产的受托方应当是持有与生产该药品的生产条件相适应的《药品生产质量管理规范》认证证书的药品生产企业。

第二十六条 委托方负责委托生产药品的质量和销售。委托方应当对受托方的生产条件、生产技术水平和质量管理状况进行详细考查,应当向受托方提供委托生产药品的技术和质量文件,对生产全过程进行指导和监督。

受托方应当按照《药品生产质量管理规范》进行生产,并按照规定保存所有受托生产文件和记录。

第二十七条 委托生产药品的双方应当签署合同,内容应当包括双方的权利与义务,并具体规定双方在药品委托生产技术、质量控制等方面的权利与义务,且应当符合国家有关药品管理的法律法规。

第二十八条 药品委托生产申请,由委托双方所在地省、自治区、直辖市食品药品监督管理部门负责受理和审批。

疫苗制品、血液制品以及国家食品药品监督管理总局规定的其他药品不得委托生产。

麻醉药品、精神药品、医疗用毒性药品、放射性药品、药品类易制毒化学品的委托生产按照有关法律法规规定办理。

第二十九条 药品委托生产的,由委托方向省、自治区、直辖市食品药品监督管理部门提出申请,并提交本办法第三十三条规定的申请材料。食品药品监督管理部门参照本办法第七条的规定进行受理。

第三十条 受理申请的食品药品监督管理部门应当自受理之日起20个工作日内,按照本章规定的条件对药品委托生产的申请进行审查,并作出决定;20个工作日内不能作出决定的,经本部门负责人批准,可以延长10个工作日,并应当将延长期限的理由告知委托方。

经审查符合规定的,予以批准,并自书面批准决定作出之日起10个工作日内向委托方发放《药品委托生产批件》;不符合规定的,书面通知委托方并说明理由,同时告知其享有依法申请行政复议或者提起行政诉讼的权利。

第三十一条 《药品委托生产批件》有效期不得超过2年,且不得超过该药品批准证明文件规定的有效期限。

第三十二条 《药品委托生产批件》有效期届满需要继续委托生产的,委托方应当在有效期届满30日前,按照本办法第三十三条的规定提交有关材料,办理延期手续。

委托生产合同终止的,委托方应当及时办理《药品委托生产批件》的注销手续。

第三十三条 药品委托生产申请材料项目:

(一)委托方和受托方的《药品生产许可证》、营业执照复印件;

(二)受托方《药品生产质量管理规范》认证证书复印件;

(三)委托方对受托方生产和质量保证条件的考核情况;

(四)委托方拟委托生产药品的批准证明文件复印件并附质量标准、生产工艺,包装、标签和使用说明书实样;

(五)委托生产药品拟采用的包装、标签和使用说明书式样及色标;

(六)委托生产合同;

(七)受托方所在地省级药品检验机构出具的连续三批产品检验报告书。委托生产生物制品的,其三批样品由受托方所在地省级药品检验机构抽取、封存,由中国食品药品检定研究院负责检验并出具检验报告书;

(八)受托方所在地省、自治区、直辖市食品药品监督管理部门组织对企业技术人员,厂房、设施、设备等生产条件和能力,以及质检机构、检测设备等质量保证体系考核的意见。

药品委托生产延期申请所需要的申请材料项目:

(一)委托方和受托方的《药品生产许可证》、营业执照复印件;

(二)受托方《药品生产质量管理规范》认证证书复印件;

(三)前次批准的《药品委托生产批件》复印件;

(四)前次委托生产期间,生产、质量情况的总结;

(五)与前次《药品委托生产批件》发生变化的证明文件。

第三十四条 委托生产药品的质量标准应当执行国家药品质量标准,其处方、生产工艺、包装规格、标签、使用说明书、批准文号等应当与原批准的内容相同。在委托生产的药品包装、标签和说明书上,应当标明委托方企业名称和注册地址、受托方企业名称和生产地址。

第三十五条 食品药品监督管理部门对药品委托生产申请进行审查时,应当参照执行本办法第二章第十条至第十二条的有关规定。

第三十六条 药品生产企业接受境外制药厂商的委托在中国境内加工药品的,应当在签署委托生产合同后30日内向所在地省、自治区、直辖市食品药品监督管理部门备案。所加工的药品不得以任何形式在中国境内销售、使用。

第三十七条 省、自治区、直辖市食品药品监督管理部门应当将药品委托生产的批准、备案情况报国家食品药品监督管理总局。

第五章 监督检查

第三十八条 省、自治区、直辖市食品药品监督管理部门负责本行政区域内药品生产企业的监督检查工作,应当建立实施监督检查的运行机制和管理制度,明确设区的市级食品药品监督管理部门和县级食品药品监督管理部门的监督检查职责。

国家食品药品监督管理总局可以直接对药品生产企业进行监督检查,并对省、自治区、直辖市食品药品监督管理部门的监督检查工作及其认证通过的生产企业《药品生产质量管理规范》的实施及认证情况进行监督和抽查。

第三十九条 监督检查的主要内容是药品生产企业执行有关法律、法规及实施《药品生产质量管理规范》的情况,监督检查包括《药品生产许可证》换发的现场检查、《药品生产质量管理规范》跟踪检查、日常监督检查等。

第四十条 各级食品药品监督管理部门组织监督检查时,应当制订检查方案,明确检查标准,如实记录现场检查情况,检查结果应当以书面形式告知被检查单位。需要整改的应当提出整改内容及整改期限,并实施跟踪检查。

在进行监督检查时,食品药品监督管理部门应当指派两名以上检查人员实施监督检查,检查人员应当向被检查单位出示执法证明文件。食品药品监督管理部门工作人员对知悉的企业技术秘密和业务秘密应当保密。

第四十一条 监督检查时,药品生产企业应当提供有关情况和以下材料:

(一)企业生产情况和质量管理情况自查报告;

(二)《药品生产许可证》副本和营业执照复印件,《药品生产许可证》事项变动及审批情况;

(三)企业组织机构、生产和质量主要管理人员以及生产、检验条件的变动及审批情况;

(四)药品生产企业接受监督检查及整改落实情况;

(五)不合格药品被质量公报通告后的整改情况;

(六)检查机关需要审查的其他必要材料。

监督检查完成后,食品药品监督管理部门在《药品生产许可证》副本上载明检查情况。主要记载以下内容:

(一)检查结论;

(二)生产的药品是否发生重大质量事故,是否有不合格药品受到药品质量公报通告;

（三）药品生产企业是否有违法生产行为，及其查处情况。

第四十二条 县级以上地方食品药品监督管理部门应当在法律、法规、规章赋予的权限内，建立本行政区域内药品生产企业的监管档案。监管档案包括药品生产许可、生产监督检查、产品质量监督抽查、不良行为记录和投诉举报等内容。

第四十三条 食品药品监督管理部门实施监督检查，不得妨碍药品生产企业的正常生产活动，不得索取或者收受药品生产企业的财物，不得谋取其他利益。

第四十四条 个人和组织发现药品生产企业进行违法生产的活动，有权向食品药品监督管理部门举报，食品药品监督管理部门应当及时核实、处理。

第四十五条 药品生产企业质量负责人、生产负责人发生变更的，应当在变更后15日内将变更人员简历及学历证明等有关情况报所在地省、自治区、直辖市食品药品监督管理部门备案。

第四十六条 药品生产企业的关键生产设施等条件与现状发生变化的，应当自发生变化30日内报所在地省、自治区、直辖市食品药品监督管理部门备案，省、自治区、直辖市食品药品监督管理部门根据需要进行检查。

第四十七条 药品生产企业发生重大药品质量事故的，必须立即报告所在地省、自治区、直辖市食品药品监督管理部门和有关部门，省、自治区、直辖市食品药品监督管理部门应当在24小时内报告国家食品药品监督管理总局。

第四十八条 有《中华人民共和国行政许可法》（以下简称《行政许可法》）第七十条情形之一的，原发证机关应当依法注销《药品生产许可证》，并自注销之日起5个工作日内通知有关工商行政管理部门，同时向社会公布。

第六章　法律责任

第四十九条 有《行政许可法》第六十九条情形之一的，国家食品药品监督管理总局或者省、自治区、直辖市食品药品监督管理部门根据利害关系人的请求或者依据职权，可以撤销《药品生产许可证》。

第五十条 申请人隐瞒有关情况或者提供虚假材料申请《药品生产许可证》的，省、自治区、直辖市食品药品监督管理部门不予受理或者不予批准，并给予警告，且在1年内不受理其申请。

申请人提供虚假材料或者采取其他欺骗手段取得《药品生产许可证》的，省、自治区、直辖市食品药品监督管理部门予以吊销《药品生产许可证》，且在5年内不受理其申请，并处1万元以上3万元以下的罚款。

第五十一条　未取得《药品生产许可证》生产药品的，依照《药品管理法》第七十二条的规定给予处罚。

第五十二条　未经批准擅自委托或者接受委托生产药品的，对委托方和受托方均依照《药品管理法》第七十三条的规定给予处罚。

第五十三条　药品生产企业有下列情形之一的，食品药品监督管理部门依照《药品管理法》第七十八条的规定给予处罚：

（一）药品生产企业未按照规定实施《药品生产质量管理规范》的；

（二）开办药品生产企业、药品生产企业新建药品生产车间、新增生产剂型，在《药品管理法实施条例》第六条规定的时间内未通过《药品生产质量管理规范》认证，仍进行生产的。

第五十四条　经监督检查（包括跟踪检查、监督抽查），认定药品生产企业达不到《药品生产质量管理规范》评定标准的，原认证机关应当根据检查结果作出收回其《药品生产质量管理规范》认证证书的处理决定。

第五十五条　药品生产企业有下列情形之一的，由所在地省、自治区、直辖市食品药品监督管理部门给予警告，责令限期改正；逾期不改正的，可以处5000元以上1万元以下的罚款：

（一）未按照规定办理《药品生产许可证》登记事项变更的；

（二）接受境外制药厂商委托在中国境内加工药品，未按照规定进行备案的；

（三）企业质量负责人、生产负责人发生变更，未按照规定报告的；

（四）企业的关键生产设施等条件与现状发生变化，未按照规定进行备案的；

（五）发生重大药品质量事故未按照规定报告的；

（六）监督检查时，隐瞒有关情况、提供虚假材料或者拒不提供相关材料的。

第五十六条　食品药品监督管理部门违反规定，对不符合《药品生产质量管理规范》的发给《药品生产质量管理规范》认证证书或者对取得认证证书的企业未按照规定履行跟踪检查的职责，对不符合认证条件的企业未依法责令其改正，对不符合法定条件的单位发给《药品生产许可证》的，按照《药品管理法》第九十三条的规定处理。

第五十七条　在实施本办法规定的行政许可中违反相关法律、法规的，按照有关法律、法规处理。

第七章　附　　则

第五十八条　本办法由国家食品药品监督管理总局负责解释。

第五十九条　食品药品监督管理部门制作的药品生产许可电子证书与印制的药品生产许可证书具有同等法律效力。

第六十条　本办法自公布之日起施行。国家药品监督管理局于2002年12月11日发布的《药品生产监督管理办法》(试行)同时废止。

互联网药品信息服务管理办法

(2004年7月8日国家食品药品监督管理局令第9号公布　根据2017年11月7日国家食品药品监督管理总局局务会议《关于修改部分规章的决定》修正)

第一条　为加强药品监督管理,规范互联网药品信息服务活动,保证互联网药品信息的真实、准确,根据《中华人民共和国药品管理法》《互联网信息服务管理办法》,制定本办法。

第二条　在中华人民共和国境内提供互联网药品信息服务活动,适用本办法。

本办法所称互联网药品信息服务,是指通过互联网向上网用户提供药品(含医疗器械)信息的服务活动。

第三条　互联网药品信息服务分为经营性和非经营性两类。

经营性互联网药品信息服务是指通过互联网向上网用户有偿提供药品信息等服务的活动。

非经营性互联网药品信息服务是指通过互联网向上网用户无偿提供公开的、共享性药品信息等服务的活动。

第四条　国家食品药品监督管理总局对全国提供互联网药品信息服务活动的网站实施监督管理。

省、自治区、直辖市食品药品监督管理部门对本行政区域内提供互联网药品信息服务活动的网站实施监督管理。

第五条　拟提供互联网药品信息服务的网站,应当在向国务院信息产业主管部门或者省级电信管理机构申请办理经营许可证或者办理备案手续之前，按照属地监督管理的原则，向该网站主办单位所在地省、自治区、直辖市食品药品监督管理部门提出申请，经审核同意后取得提供互联网药品信息服务的资格。

第六条 各省、自治区、直辖市食品药品监督管理部门对本辖区内申请提供互联网药品信息服务的互联网站进行审核，符合条件的核发《互联网药品信息服务资格证书》。

第七条 《互联网药品信息服务资格证书》的格式由国家食品药品监督管理总局统一制定。

第八条 提供互联网药品信息服务的网站，应当在其网站主页显著位置标注《互联网药品信息服务资格证书》的证书编号。

第九条 提供互联网药品信息服务网站所登载的药品信息必须科学、准确，必须符合国家的法律、法规和国家有关药品、医疗器械管理的相关规定。

提供互联网药品信息服务的网站不得发布麻醉药品、精神药品、医疗用毒性药品、放射性药品、戒毒药品和医疗机构制剂的产品信息。

第十条 提供互联网药品信息服务的网站发布的药品（含医疗器械）广告，必须经过食品药品监督管理部门审查批准。

提供互联网药品信息服务的网站发布的药品（含医疗器械）广告要注明广告审查批准文号。

第十一条 申请提供互联网药品信息服务，除应当符合《互联网信息服务管理办法》规定的要求外，还应当具备下列条件：

（一）互联网药品信息服务的提供者应当为依法设立的企事业单位或者其他组织；

（二）具有与开展互联网药品信息服务活动相适应的专业人员、设施及相关制度；

（三）有两名以上熟悉药品、医疗器械管理法律、法规和药品、医疗器械专业知识，或者依法经资格认定的药学、医疗器械技术人员。

第十二条 提供互联网药品信息服务的申请应当以一个网站为基本单元。

第十三条 申请提供互联网药品信息服务，应当填写国家食品药品监督管理总局统一制发的《互联网药品信息服务申请表》，向网站主办单位所在地省、自治区、直辖市食品药品监督管理部门提出申请，同时提交以下材料：

（一）企业营业执照复印件。

（二）网站域名注册的相关证书或者证明文件。从事互联网药品信息服务网站的中文名称，除与主办单位名称相同的以外，不得以“中国”“中华”“全国”等冠名；除取得药品招标代理机构资格证书的单位开办的互联网站外，其他提供互联网药品信息服务的网站名称中不得出现“电子商务”“药品招商”“药品招标”等内容。

（三）网站栏目设置说明（申请经营性互联网药品信息服务的网站需提供收费栏目及收费方式的说明）。

（四）网站对历史发布信息进行备份和查阅的相关管理制度及执行情况说明。

（五）食品药品监督管理部门在线浏览网站上所有栏目、内容的方法及操作说明。

（六）药品及医疗器械相关专业技术人员学历证明或者其专业技术资格证书复印件、网站负责人身份证复印件及简历。

（七）健全的网络与信息安全保障措施，包括网站安全保障措施、信息安全保密管理制度、用户信息安全管理制度。

（八）保证药品信息来源合法、真实、安全的管理措施、情况说明及相关证明。

第十四条 省、自治区、直辖市食品药品监督管理部门在收到申请材料之日起5日内做出受理与否的决定，受理的，发给受理通知书；不受理的，书面通知申请人并说明理由，同时告知申请人享有依法申请行政复议或者提起行政诉讼的权利。

第十五条 对于申请材料不规范、不完整的，省、自治区、直辖市食品药品监督管理部门自申请之日起5日内一次告知申请人需要补正的全部内容；逾期不告知的，自收到材料之日起即为受理。

第十六条 省、自治区、直辖市食品药品监督管理部门自受理之日起20日内对申请提供互联网药品信息服务的材料进行审核，并作出同意或者不同意的决定。同意的，由省、自治区、直辖市食品药品监督管理部门核发《互联网药品信息服务资格证书》，同时报国家食品药品监督管理总局备案并发布公告；不同意的，应当书面通知申请人并说明理由，同时告知申请人享有依法申请行政复议或者提起行政诉讼的权利。

国家食品药品监督管理总局对各省、自治区、直辖市食品药品监督管理部门的审核工作进行监督。

第十七条 《互联网药品信息服务资格证书》有效期为5年。有效期届满，需要继续提供互联网药品信息服务的，持证单位应当在有效期届满前6个月内，向原发证机关申请换发《互联网药品信息服务资格证书》。原发证机关进行审核后，认为符合条件的，予以换发新证；认为不符合条件的，发给不予换发新证的通知并说明理由，原《互联网药品信息服务资格证书》由原发证机关收回并公告注销。

省、自治区、直辖市食品药品监督管理部门根据申请人的申请，应当在《互联网药品信息服务资格证书》有效期届满前作出是否准予其换证的决定。逾期未作出决定的，视为准予换证。

第十八条 《互联网药品信息服务资格证书》可以根据互联网药品信息服务提供者的书面申请，由原发证机关收回，原发证机关应当报国家食品药品监督管理总局备案并发布公告。被收回《互联网药品信息服务资格证书》的网站不得继续从事互联网药品信息服务。

第十九条 互联网药品信息服务提供者变更下列事项之一的，应当向原发证机关申请办理变更手续，填写《互联网药品信息服务项目变更申请表》，同时提供下列相关证明文件：

（一）《互联网药品信息服务资格证书》中审核批准的项目（互联网药品信息服务提供者单位名称、网站名称、IP 地址等）；

（二）互联网药品信息服务提供者的基本项目（地址、法定代表人、企业负责人等）；

（三）网站提供互联网药品信息服务的基本情况（服务方式、服务项目等）。

第二十条 省、自治区、直辖市食品药品监督管理部门自受理变更申请之日起 20 个工作日内作出是否同意变更的审核决定。同意变更的，将变更结果予以公告并报国家食品药品监督管理总局备案；不同意变更的，以书面形式通知申请人并说明理由。

第二十一条 省、自治区、直辖市食品药品监督管理部门对申请人的申请进行审查时，应当公示审批过程和审批结果。申请人和利害关系人可以对直接关系其重大利益的事项提交书面意见进行陈述和申辩。依法应当听证的，按照法定程序举行听证。

第二十二条 未取得或者超出有效期使用《互联网药品信息服务资格证书》从事互联网药品信息服务的，由国家食品药品监督管理总局或者省、自治区、直辖市食品药品监督管理部门给予警告，并责令其停止从事互联网药品信息服务；情节严重的，移送相关部门，依照有关法律、法规给予处罚。

第二十三条 提供互联网药品信息服务的网站不在其网站主页的显著位置标注《互联网药品信息服务资格证书》的证书编号的，国家食品药品监督管理总局或者省、自治区、直辖市食品药品监督管理部门给予警告，责令限期改正；在限定期限内拒不改正的，对提供非经营性互联网药品信息服务的网站处以500元以下罚款,对提供经营性互联网药品信息服务的网站处以5000元以上1万元以下罚款。

第二十四条 互联网药品信息服务提供者违反本办法,有下列情形之一的,由国家食品药品监督管理总局或者省、自治区、直辖市食品药品监督管理部门给予警告,责令限期改正;情节严重的,对提供非经营性互联网药品信息服务的网站处以1000元以下罚款,对提供经营性互联网药品信息服务的网站处以1万元以上3万元以下罚款;构成犯罪的,移送司法部门追究刑事责任:

(一)已经获得《互联网药品信息服务资格证书》,但提供的药品信息直接撮合药品网上交易的;

(二)已经获得《互联网药品信息服务资格证书》,但超出审核同意的范围提供互联网药品信息服务的;

(三)提供不真实互联网药品信息服务并造成不良社会影响的;

(四)擅自变更互联网药品信息服务项目的。

第二十五条 互联网药品信息服务提供者在其业务活动中,违法使用《互联网药品信息服务资格证书》的,由国家食品药品监督管理总局或者省、自治区、直辖市食品药品监督管理部门依照有关法律、法规的规定处罚。

第二十六条 省、自治区、直辖市食品药品监督管理部门违法对互联网药品信息服务申请作出审核批准的,原发证机关应当撤销原批准的《互联网药品信息服务资格证书》,由此给申请人的合法权益造成损害的,由原发证机关依照国家赔偿法的规定给予赔偿;对直接负责的主管人员和其他直接责任人员,由其所在单位或者上级机关依法给予行政处分。

第二十七条 省、自治区、直辖市食品药品监督管理部门应当对提供互联网药品信息服务的网站进行监督检查,并将检查情况向社会公告。

第二十八条 本办法由国家食品药品监督管理总局负责解释。

第二十九条 本办法自公布之日起施行。《互联网药品信息服务管理暂行规定》(国家药品监督管理局令第26号)同时废止。

药品经营许可证管理办法

（2004 年 2 月 4 日国家食品药品监督管理局令第 6 号公布　根据 2017 年 11 月 7 日国家食品药品监督管理总局局务会议《关于修改部分规章的决定》修正）

第一章　总　则

第一条　为加强药品经营许可工作的监督管理，根据《中华人民共和国药品管理法》、《中华人民共和国药品管理法实施条例》（以下简称《药品管理法》、《药品管理法实施条例》）的有关规定，制定本办法。

第二条　《药品经营许可证》发证、换证、变更及监督管理适用本办法。

第三条　国家食品药品监督管理总局主管全国药品经营许可的监督管理工作。

省、自治区、直辖市食品药品监督管理部门负责本辖区内药品批发企业《药品经营许可证》发证、换证、变更和日常监督管理工作，并指导和监督下级食品药品监督管理部门开展《药品经营许可证》的监督管理工作。

设区的市级食品药品监督管理部门或省、自治区、直辖市食品药品监督管理部门直接设置的县级食品药品监督管理部门负责本辖区内药品零售企业《药品经营许可证》发证、换证、变更和日常监督管理等工作。

第二章　申领《药品经营许可证》的条件

第四条　按照《药品管理法》第 14 条规定，开办药品批发企业，应符合省、自治区、直辖市药品批发企业合理布局的要求，并符合以下设置标准：

（一）具有保证所经营药品质量的规章制度；

（二）企业、企业法定代表人或企业负责人、质量管理负责人无《药品管理法》第 75 条、第 82 条规定的情形；

（三）具有与经营规模相适应的一定数量的执业药师。质量管理负责人具有大学以上学历，且必须是执业药师；

（四）具有能够保证药品储存质量要求的、与其经营品种和规模相适应的常温库、阴凉库、冷库。仓库中具有适合药品储存的专用货架和实现药品入库、传送、分检、上架、出库现代物流系统的装置和设备；

（五）具有独立的计算机管理信息系统，能覆盖企业内药品的购进、储存、销售以及经营和质量控制的全过程；能全面记录企业经营管理及实施《药品经营质量管理规范》方面的信息；符合《药品经营质量管理规范》对药品经营各环节的要求，并具有可以实现接受当地食品药品监督管理部门监管的条件；

（六）具有符合《药品经营质量管理规范》对药品营业场所及辅助、办公用房以及仓库管理、仓库内药品质量安全保障和进出库、在库储存与养护方面的条件。

国家对经营麻醉药品、精神药品、医疗用毒性药品、预防性生物制品另有规定的，从其规定。

第五条 开办药品零售企业，应符合当地常住人口数量、地域、交通状况和实际需要的要求，符合方便群众购药的原则，并符合以下设置规定：

（一）具有保证所经营药品质量的规章制度；

（二）具有依法经过资格认定的药学技术人员；

经营处方药、甲类非处方药的药品零售企业，必须配有执业药师或者其他依法经过资格认定的药学技术人员。质量负责人应有一年以上（含一年）药品经营质量管理工作经验。

经营乙类非处方药的药品零售企业，以及农村乡镇以下地区设立药品零售企业的，应当按照《药品管理法实施条例》第 15 条的规定配备业务人员，有条件的应当配备执业药师。企业营业时间，以上人员应当在岗。

（三）企业、企业法定代表人、企业负责人、质量负责人无《药品管理法》第 75 条、第 82 条规定情形的；

（四）具有与所经营药品相适应的营业场所、设备、仓储设施以及卫生环境。在超市等其他商业企业内设立零售药店的，必须具有独立的区域；

（五）具有能够配备满足当地消费者所需药品的能力，并能保证 24 小时供应。药品零售企业应备有的国家基本药物品种数量由各省、自治区、直辖市食品药品监督管理部门结合当地具体情况确定。

国家对经营麻醉药品、精神药品、医疗用毒性药品、预防性生物制品另有规定的，从其规定。

第六条 开办药品批发企业验收实施标准由国家食品药品监督管理总局制定。开办药品零售企业验收实施标准，由各省、自治区、直辖市食品药品监督管理部门依据本办法和《药品经营质量管理规范》的有关内容组织制定，并报国家食品药品监督管理总局备案。

第七条 药品经营企业经营范围的核定。

药品经营企业经营范围：

麻醉药品、精神药品、医疗用毒性药品；

生物制品；

中药材、中药饮片、中成药、化学原料药及其制剂、抗生素原料药及其制剂、生化药品。

从事药品零售的，应先核定经营类别，确定申办人经营处方药或非处方药、乙类非处方药的资格，并在经营范围中予以明确，再核定具体经营范围。

医疗用毒性药品、麻醉药品、精神药品、放射性药品和预防性生物制品的核定按照国家特殊药品管理和预防性生物制品管理的有关规定执行。

第三章　申领《药品经营许可证》的程序

第八条　开办药品批发企业按照以下程序办理《药品经营许可证》：

（一）申办人向拟办企业所在地的省、自治区、直辖市食品药品监督管理部门提出筹建申请，并提交以下材料：

1. 拟办企业法定代表人、企业负责人、质量负责人学历证明原件、复印件及个人简历；

2. 执业药师执业证书原件、复印件；

3. 拟经营药品的范围；

4. 拟设营业场所、设备、仓储设施及周边卫生环境等情况。

（二）食品药品监督管理部门对申办人提出的申请，应当根据下列情况分别作出处理：

1. 申请事项不属于本部门职权范围的，应当即时作出不予受理的决定，发给《不予受理通知书》，并告知申办人向有关食品药品监督管理部门申请。

2. 申请材料存在可以当场更正错误的，应当允许申办人当场更正。

3. 申请材料不齐或者不符合法定形式的，应当当场或者在5日内发给申办人《补正材料通知书》，一次性告知需要补正的全部内容。逾期不告知的，自收到申请材料之日起即为受理。

4. 申请事项属于本部门职权范围，材料齐全、符合法定形式，或者申办人按要求提交全部补正材料的，发给申办人《受理通知书》。《受理通知书》中注明的日期为受理日期。

（三）食品药品监督管理部门自受理申请之日起30个工作日内，依据本办法第四条规定对申报材料进行审查，作出是否同意筹建的决定，并书面通知申办人。不同意筹建的，应当说明理由，并告知申办人享有依法申请行政复议或者提起行政诉讼的权利。

（四）申办人完成筹建后，向受理申请的食品药品监督管理部门提出验收申请，并提交以下材料：

1. 药品经营许可证申请表；

2. 企业营业执照；

3. 拟办企业组织机构情况；

4. 营业场所、仓库平面布置图及房屋产权或使用权证明；

5. 依法经过资格认定的药学专业技术人员资格证书及聘书；

6. 拟办企业质量管理文件及仓储设施、设备目录。

（五）受理申请的食品药品监督管理部门在收到验收申请之日起 30 个工作日内，依据开办药品批发企业验收实施标准组织验收，作出是否发给《药品经营许可证》的决定。符合条件的，发给《药品经营许可证》；不符合条件的，应当书面通知申办人并说明理由，同时告知申办人享有依法申请行政复议或提起行政诉讼的权利。

第九条 开办药品零售企业按照以下程序办理《药品经营许可证》：

（一）申办人向拟办企业所在地设区的市级食品药品监督管理部门或省、自治区、直辖市食品药品监督管理部门直接设置的县级食品药品监督管理部门提出筹建申请，并提交以下材料：

1. 拟办企业法定代表人、企业负责人、质量负责人的学历、执业资格或职称证明原件、复印件及个人简历及专业技术人员资格证书、聘书；

2. 拟经营药品的范围；

3. 拟设营业场所、仓储设施、设备情况。

（二）食品药品监督管理部门对申办人提出的申请，应当根据下列情况分别作出处理：

1. 申请事项不属于本部门职权范围的，应当即时作出不予受理的决定，发给《不予受理通知书》，并告知申办人向有关食品药品监督管理部门申请。

2. 申请材料存在可以当场更正的错误的，应当允许申办人当场更正。

3. 申请材料不齐或者不符合法定形式的，应当当场或者在 5 日内发给申办人《补正材料通知书》，一次性告知需要补正的全部内容。逾期不告知的，自收到申请材料之日起即为受理。

4. 申请事项属于本部门职权范围，材料齐全、符合法定形式，或者申办人按要求提交全部补正材料的，发给申办人《受理通知书》。《受理通知书》中注明的日期为受理日期。

（三）食品药品监督管理部门自受理申请之日起 30 个工作日内，依据本办法第五条规定对申报材料进行审查，作出是否同意筹建的决定，并书面通知申办人。不同意筹建的，应当说明理由，并告知申办人依法享有申请行政复议或者提起行政诉讼的权利。

（四）申办人完成筹建后，向受理申请的食品药品监督管理部门提出验收申请，并提交以下材料：

1. 药品经营许可证申请表；

2. 企业营业执照；

3. 营业场所、仓库平面布置图及房屋产权或使用权证明；

4. 依法经过资格认定的药学专业技术人员资格证书及聘书；

5. 拟办企业质量管理文件及主要设施、设备目录。

（五）受理申请的食品药品监督管理部门在收到验收申请之日起15个工作日内，依据开办药品零售企业验收实施标准组织验收，作出是否发给《药品经营许可证》的决定。不符合条件的，应当书面通知申办人并说明理由，同时，告知申办人享有依法申请行政复议或提起行政诉讼的权利。

第十条 食品药品监督管理部门对申办人的申请进行审查时，发现行政许可事项直接关系到他人重大利益的，应当告知该利害关系人。受理部门应当听取申办人、利害关系人的陈述和申辩。依法应当听证的，按照法律规定举行听证。

第十一条 食品药品监督管理部门应当将已经颁发的《药品经营许可证》的有关信息予以公开，公众有权进行查阅。

对公开信息后发现企业在申领《药品经营许可证》过程中，有提供虚假文件、数据或其他欺骗行为的，应依法予以处理。

第十二条 《药品经营许可证》是企业从事药品经营活动的法定凭证，任何单位和个人不得伪造、变造、买卖、出租和出借。

第四章 《药品经营许可证》的变更与换发

第十三条 《药品经营许可证》变更分为许可事项变更和登记事项变更。

许可事项变更是指经营方式、经营范围、注册地址、仓库地址（包括增减仓库）、企业法定代表人或负责人以及质量负责人的变更。

登记事项变更是指上述事项以外的其他事项的变更。

第十四条 药品经营企业变更《药品经营许可证》许可事项的，应当在原许可事项发生变更30日前，向原发证机关申请《药品经营许可证》变更登记。未经批准，不得变更许可事项。

原发证机关应当自收到企业变更申请和变更申请资料之日起15个工作日内作出准予变更或不予变更的决定。

申请许可事项变更的,由原发证部门按照本办法规定的条件验收合格后,方可办理变更手续。

药品经营企业依法变更《药品经营许可证》的许可事项后,应依法向工商行政管理部门办理企业注册登记的有关变更手续。

企业分立、合并、改变经营方式、跨原管辖地迁移,按照本办法的规定重新办理《药品经营许可证》。

第十五条 企业法人的非法人分支机构变更《药品经营许可证》许可事项的,必须出具上级法人签署意见的变更申请书。

第十六条 企业因违法经营已被食品药品监督管理部门立案调查,尚未结案的;或已经作出行政处罚决定,尚未履行处罚的,发证机关应暂停受理其《药品经营许可证》的变更申请。

第十七条 药品经营企业变更《药品经营许可证》的登记事项的,应在工商行政管理部门核准变更后30日内,向原发证机关申请《药品经营许可证》变更登记。原发证机关应当自收到企业变更申请和变更申请资料之日起15个工作日内为其办理变更手续。

第十八条 《药品经营许可证》登记事项变更后,应由原发证机关在《药品经营许可证》副本上记录变更的内容和时间,并按变更后的内容重新核发《药品经营许可证》正本,收回原《药品经营许可证》正本。变更后的《药品经营许可证》有效期不变。

第十九条 《药品经营许可证》有效期为5年。有效期届满,需要继续经营药品的,持证企业应在有效期届满前6个月内,向原发证机关申请换发《药品经营许可证》。原发证机关按本办法规定的申办条件进行审查,符合条件的,收回原证,换发新证。不符合条件的,可限期3个月进行整改,整改后仍不符合条件的,注销原《药品经营许可证》。

食品药品监督管理部门根据药品经营企业的申请,应当在《药品经营许可证》有效期届满前作出是否准予其换证的决定。逾期未作出决定的,视为准予换证。

第五章 监督检查

第二十条 食品药品监督管理部门应加强对《药品经营许可证》持证企业的监督检查,持证企业应当按本办法规定接受监督检查。

第二十一条 监督检查的内容主要包括：

（一）企业名称、经营地址、仓库地址、企业法定代表人（企业负责人）、质量负责人、经营方式、经营范围、分支机构等重要事项的执行和变动情况；

（二）企业经营设施设备及仓储条件变动情况；

（三）企业实施《药品经营质量管理规范》情况；

（四）发证机关需要审查的其他有关事项。

第二十二条 监督检查可以采取书面检查、现场检查或者书面与现场检查相结合的方式。

（一）发证机关可以要求持证企业报送《药品经营许可证》相关材料，通过核查有关材料，履行监督职责；

（二）发证机关可以对持证企业进行现场检查。

有下列情况之一的企业，必须进行现场检查：

1. 上一年度新开办的企业；

2. 上一年度检查中存在问题的企业；

3. 因违反有关法律、法规，受到行政处罚的企业；

4. 发证机关认为需要进行现场检查的企业。

《药品经营许可证》换证工作当年，监督检查和换证审查工作可一并进行。

第二十三条 《药品经营许可证》现场检查标准，由发证机关按照开办药品批发企业验收实施标准、开办药品零售企业验收实施标准和《药品经营质量管理规范》认证检查标准及其现场检查项目制定，并报上一级食品药品监督管理部门备案。

第二十四条 对监督检查中发现有违反《药品经营质量管理规范》要求的经营企业，由发证机关责令限期进行整改。对违反《药品管理法》第 16 条规定，整改后仍不符合要求从事药品经营活动的，按《药品管理法》第 78 条规定处理。

第二十五条 发证机关依法对药品经营企业进行监督检查时，应当将监督检查的情况和处理结果予以记录，由监督检查人员签字后归档。公众有权查阅有关监督检查记录。现场检查的结果，发证机关应当在《药品经营许可证》副本上记录并予以公告。

第二十六条 有下列情形之一的，《药品经营许可证》由原发证机关注销：

（一）《药品经营许可证》有效期届满未换证的；

（二）药品经营企业终止经营药品或者关闭的；

(三)《药品经营许可证》被依法撤销、撤回、吊销、收回、缴销或者宣布无效的；

(四)不可抗力导致《药品经营许可证》的许可事项无法实施的；

(五)法律、法规规定的应当注销行政许可的其他情形。

食品药品监督管理部门注销《药品经营许可证》的，应当自注销之日起5个工作日内通知有关工商行政管理部门。

第二十七条《药品经营许可证》包括正本和副本。正本、副本具有同等法律效力。

第二十八条 发证机关应建立《药品经营许可证》发证、换证、监督检查、变更等方面的工作档案，并在每季度上旬将《药品经营许可证》的发证、变更等情况报上一级食品药品监督管理部门。对因变更、换证、吊销、缴销等原因收回、作废的《药品经营许可证》，应建档保存5年。

第二十九条 企业遗失《药品经营许可证》，应立即向发证机关报告，并在发证机关指定的媒体上登载遗失声明。发证机关在企业登载遗失声明之日起满1个月后，按原核准事项补发《药品经营许可证》。

第三十条 企业终止经营药品或者关闭的，《药品经营许可证》由原发证机关缴销。

发证机关吊销或者注销、缴销《药品经营许可证》的，应当及时通知工商行政管理部门，并向社会公布。

第三十一条《药品经营许可证》的正本应置于企业经营场所的醒目位置。

第六章 附 则

第三十二条 《药品经营许可证》应当载明企业名称、法定代表人或企业负责人姓名、经营方式、经营范围、注册地址、仓库地址、《药品经营许可证》证号、流水号、发证机关、发证日期、有效期限等项目。

《药品经营许可证》正本、副本式样、编号方法，由国家食品药品监督管理总局统一制定。

第三十三条 《药品经营许可证》由国家食品药品监督管理总局统一印制。

第三十四条 食品药品监督管理部门制作的药品经营许可电子证书与印制的药品经营许可证书具有同等法律效力。

第三十五条 本办法自2004年4月1日起施行。

卫生计生系统内部审计工作规定

（2017年11月20日国家卫生和计划生育委员会令第16号公布 自2018年1月1日起施行 国法备字[2017001503]）

第一章 总 则

第一条 为进一步加强卫生计生系统内部审计工作，建立健全内部审计工作制度，完善内部监督制约机制，提高卫生计生服务效率，促进事业健康发展，根据《中华人民共和国审计法》、《中华人民共和国审计法实施条例》、《党政主要领导干部和国有企业领导人员经济责任审计规定》、《中国内部审计准则》及有关法律法规，结合实际，制定本规定。

第二条 卫生计生系统内部审计是指卫生计生系统内部审计机构和审计人员对本系统、本单位实施的一种独立客观的监督、评价和咨询活动，通过运用系统、规范的方法，审查和评价业务活动、内部控制和风险管理的适当性和有效性，以促进单位完善治理，提升管理水平和服务能力。

第三条 本规定适用于各级卫生计生行政部门（以下简称各部门）及所属（管）卫生计生单位（以下简称各单位）。

第四条 内部审计工作在国家卫生计生委统一指导下，按照行政隶属关系和预算管理关系实行分级负责管理。各部门、各单位内部审计机构负责本单位及所属（管）单位的内部审计，并指导和监督本系统、本地区及所属（管）单位内部审计工作。

第五条 各部门、各单位主要负责人对本部门、本单位内部审计工作的有效实施负责。

第六条 内部审计工作坚持全面覆盖、应审尽审；实事求是、客观公正；凡审必严、防微杜渐；促进管理、推动改革的工作原则。

第七条 内部审计机构应当依法依规接受国家审计机关的业务指导和监督，并积极支持和配合国家审计机关工作。

第二章 职责与权限

第八条 各部门内部审计机构对本系统内部审计业务指导和监督的主要

职责：

（一）制定规章制度；

（二）编制工作发展规划；

（三）建立健全机构设置，加强人员配备；

（四）落实工作职责；

（五）组织质量评估；

（六）开展培训交流；

（七）法律、法规规定的其他职责。

第九条 各部门、各单位内部审计机构主要职责：

（一）制定工作办法和流程；

（二）编制年度工作计划；

（三）重大政策执行、事业发展目标完成情况审计；

（四）预算执行和财务收支、工程建设、采购、国有资产管理及其他所有经济活动事项审计；

（五）领导干部经济责任审计；

（六）内部控制评价及风险管理审计；

（七）其他审计。

第十条 内部审计机构和审计人员主要权限：

（一）查阅经济活动相关资料及电子数据；

（二）参加或者列席与重要经济活动有关的会议；

（三）对有关业务活动进行现场观察、调查和记录；

（四）向有关单位和个人开展调查和询问；

（五）对可能转移、隐匿、篡改、毁弃的货币资金、会计凭证、会计账簿、财务会计报告及与经济活动有关的资料，经本单位主要负责人批准，予以暂时封存；

（六）对违法违规的行为及时予以揭示；

（七）提出问题整改要求和管理改进建议。

第十一条 各部门、各单位内部审计机构应当有计划地开展内部审计工作，实现审计全覆盖。

各部门、各单位对本级和所属重点单位要每年审计，其他审计对象1个周期内至少审计1次。审计周期由各部门、各单位结合工作规划、管理需要和审计力量合理确定。没有能力自行开展审计的单位应当委托具有相应资质的社会中介机构开展。

当年已经接受相同项目外部审计并且审计结果可以充分运用的单位，当年可以不再安排审计。

第十二条 内部审计机构和审计人员发现本单位未及时处理严重违法违规问题、本单位负责人存在严重违法违规问题的,应当及时向上级主管部门反映。

第三章 机构与人员

第十三条 各部门应当根据国家编制管理相关规定和部门管理需要,设置内部审计机构,配备专职内部审计人员。

第十四条 各单位符合下列条件之一的,应当根据国家编制管理相关规定,设置独立的内部审计机构,专职审计人员不少于2人:

(一)二级以上医院;

(二)年收入及资产总额均达到3000万元以上;

(三)所属及分支机构较多;

(四)经济活动复杂;

(五)管理工作需要。

第十五条 不设立独立内部审计机构的部门和单位,应当指定内设机构安排专职人员履行内部审计职责。

第十六条 鼓励探索实行总审计师和审计委派等制度,强化内部审计的独立性和权威性,提高监管质量和水平。

第十七条 内部审计机构负责人应当具备中级以上相关专业技术职称或者5年以上审计、会计工作经历,其任免应当征求上级主管部门意见。

第十八条 内部审计人员应当具备必需的专业胜任能力,并定期接受后续教育培训。

第四章 审计实施

第十九条 内部审计机构按照单位领导办公会或者党组(党委)会审批后的年度审计工作计划实施。临时增加的专项审计工作按照规定程序审批后实施。

第二十条 内部审计机构实施审计应当遵循内部审计准则及相关规定明确的程序,主要包括:制订工作方案、组建审计项目工作组、下达审计通知书、组织现场审计、制作工作底稿、沟通审计结果、出具审计报告、督促问题整改等。

第二十一条 内部审计机构开展领导干部经济责任审计及其他特定审计事项时,应当遵守国家规定的审计程序和要求。

第二十二条 内部审计机构根据审计业务的需要,除涉密项目外,可以向社会购买审计服务。应当按照法律法规履行程序,委托具有相应资质的社会中介机构开展内部审计工作,并监督检查审计业务质量。

第二十三条 内部审计机构应当采取督导检查、分级复核、质量评估等方式强化审计工作质量控制。

第二十四条 内部审计机构应当加强内部审计信息化建设,提高审计能力、质量和效率。

第二十五条 内部审计机构应当建立健全审计档案管理制度,并按照有关规定保管档案资料。

第二十六条 内部审计人员与被审计单位、被审计单位主要负责人或者审计事项存在利害关系的,应当回避。

第二十七条 内部审计人员办理审计事项,应当严格遵守审计职业道德和审计工作纪律,严格执行廉政纪律,做到独立、客观、公正、保密。不得歪曲事实、隐瞒问题,不得利用职权谋取私利。

第五章 审计整改

第二十八条 被审计单位是审计整改的主体。单位主要负责人作为第一责任人,应当组织单位领导班子集体研究部署审计整改工作,建立职责明确、分工合作的审计整改联席工作机制,明确整改任务与职责。业务直接主管领导负责主管范围内审计整改工作。

第二十九条 对内部审计提出的问题和建议,被审计单位应当立行立改、全面整改,落实自查自纠,完善内部管理。

第三十条 被审计单位应当在规定时间内逐项完成审计报告反映问题的整改落实,并按时报送审计整改报告。

第三十一条 内部审计机构应当对审计整改工作进展、长效机制建设等情况实施指导监督和跟踪检查。

第六章 审计结果运用

第三十二条 各部门、各单位要建立健全审计通报制度。审计结果及审计整改情况应当经主要负责人批准后在适当范围内通报。

第三十三条 各部门、各单位应当将审计结果及其整改落实情况作为开展以下工作的重要参考依据：

（一）党风廉政建设；

（二）被审计单位、领导班子和领导干部年度考核；

（三）被审计单位主要负责人的考核、任免、奖惩；

（四）审计事项相关责任人的个人年度考核；

（五）有关政策规章和制度机制的完善。

第三十四条 领导干部经济责任审计结果报告应当归入被审计领导干部本人档案。

第三十五条 各部门、各单位要建立健全责任追究制度，依法依规对相关责任人严肃问责，给予相应党纪、政纪处分。

第七章 奖励与处理

第三十六条 对审计工作成效显著的内部审计机构和履行职责、忠于职守、坚持原则、作出突出成绩的内部审计人员，所在单位和上级主管部门应当按照规定给予表彰或者奖励。

第三十七条 内部审计人员因履行职责遭受打击、报复、陷害的，有关部门应当及时给予保护，并依法依规对相关责任人员予以处理。

第三十八条 内部审计机构有下列情形之一，由上级部门或者单位责令改正，并依法依规对相关负责人和其他直接责任人员予以处理：

（一）隐瞒审计查出的问题或者提供虚假审计报告的；

（二）泄露国家秘密或者被审计对象商业秘密的；

（三）滥用职权、徇私舞弊、玩忽职守的；

（四）违反国家规定或者单位内部规定的其他情形。

第三十九条 被审计单位和相关人员有下列情形之一的，由上级部门或者单位责令改正，并依法依规对直接负责的主管人员和其他直接责任人员予以处理：

（一）拒绝接受或者不配合内部审计工作的；

（二）拒绝、拖延提供与内部审计事项有关资料的；

（三）提供资料不真实、不完整的；

（四）拒绝执行审计处理意见的。

第八章　附　　则

第四十条　各部门、各单位可以根据本规定，结合本地区和本单位实际情况，制订具体规定或者实施办法，并报上级主管部门或者单位备案。

除本规定外的其他卫生计生单位可以根据实际情况参照本规定执行。

第四十一条　本规定自2018年1月1日起施行。2006年8月16日原卫生部公布的《卫生系统内部审计工作规定》同时废止。

国土资源行政复议规定

（2001年7月27日国土资源部令第8号公布　2009年11月14日国土资源部令第46号第一次修订　2017年11月21日国土资源部令第76号第二次修订　自2018年1月1日起施行　国法备字[2018000066]）

第一条　为规范国土资源行政复议工作，化解国土资源行政争议，维护公民、法人和其他组织的合法权益，推进法治国土建设，根据《中华人民共和国行政复议法》和《中华人民共和国行政复议法实施条例》，制定本规定。

第二条　县级以上国土资源主管部门依法办理行政复议案件，履行行政复议决定，指导和监督行政复议工作，适用本规定。

第三条　国土资源部对全国国土资源行政复议工作进行指导和监督。

市级以上地方国土资源主管部门对下级国土资源主管部门的行政复议工作进行指导和监督。

第四条　本规定所称行政复议机关，是指根据法律、行政法规规定履行行政复议职责的国土资源主管部门。

本规定所称行政复议机构，是指国土资源主管部门的法制工作机构或者专门承办行政复议事项的机构。

行政复议机关可以委托所属事业单位承担有关行政复议的事务性工作。

第五条　行政复议机关可以根据工作需要设立行政复议委员会，审议重大、疑难行政复议案件，研究行政复议工作中的重大问题。

第六条　从事国土资源行政复议工作的人员，应当具备与履行职责相适应的政治素质、法治素养和业务能力，忠于宪法和法律，清正廉洁，恪尽职守。

第七条 行政复议机关应当依照有关规定配备专职行政复议人员，并定期组织培训，保障其每年参加专业培训的时间不少于三十六个学时。

行政复议机关应当保障行政复议工作经费、装备和其他必要的工作条件。

第八条 行政复议机关应当定期对行政复议工作情况、行政复议决定履行情况以及典型案例等进行统计、分析、通报，并将有关情况向上一级国土资源主管部门报告。

行政复议机关应当建立行政复议信息管理系统，提高案件办理、卷宗管理、统计分析、便民服务的信息化水平。

第九条 县级以上国土资源主管部门应当依法及时履行国土资源法定职责，维护公民、法人和其他组织的合法权益，从源头上预防和减少国土资源行政争议。

县级以上国土资源主管部门应当将行政复议工作情况纳入法治国土建设考核，考核结果作为评价领导班子、评先表彰、干部使用的重要依据。

第十条 行政复议机构统一受理行政复议申请。

行政复议机关的其他机构收到行政复议申请的，应当自收到之日起 2 个工作日内将申请材料转送行政复议机构。

行政复议机构应当对收到的行政复议申请进行登记。

第十一条 除法律法规规定的形式外，申请人还可以通过行政复议机关开通的电子邮件、门户网站、官方微信等渠道提出行政复议申请。

未按照前款规定形式提出行政复议申请的，自行政复议机构实际收到行政复议申请书之日起算期限。

第十二条 行政复议机构收到申请人提出批评、意见、建议、控告、检举、投诉等信访请求的，应当将相关材料转交信访工作机构等处理，告知申请人并做好记录。

第十三条 行政复议申请材料不齐全、表述不清楚或者不符合法定形式的，行政复议机构应当在收到该行政复议申请书之日起 5 个工作日内，书面通知申请人一次性补正。

补正通知书应当载明下列事项：

（一）行政复议申请书中需要更改、补充的具体内容；

（二）需要补正的材料、证据；

（三）合理的补正期限；

（四）无正当理由逾期未补正的法律后果。

行政复议审理期限自行政复议机构收到补正材料之日起算。

无正当理由逾期未提交补正材料的，视为申请人放弃行政复议申请。

第十四条 直辖市、其他设区的市国土资源主管部门的派出机构作出的政府信息公开、投诉举报处理等行政行为，当事人不服申请行政复议的，由设立该派出机构的国土资源主管部门受理。

其他国土资源主管部门收到行政复议申请的，应当自收到之日起 7 个工作日内，转送前款规定有权处理的行政复议机关，并告知申请人。

受转送的行政复议机关应当依法办理，不得再自行转送。

第十五条 行政复议申请符合法定受理条件的，行政复议机关应当受理。

有下列情形之一的，行政复议机关不予受理：

（一）未按照本规定第十三条规定的补正通知要求提供补正材料的；

（二）对下级国土资源主管部门作出的行政复议决定或者行政复议告知不服，申请行政复议的；

（三）其他不符合法定受理条件的。

对以基本相同的事实和理由重复提出同一行政复议申请的，行政复议机关不再重复处理。

第十六条 对政府信息公开答复不服申请行政复议，有下列情形之一的，被申请人已经履行法定告知义务或者说明理由的，行政复议机关可以驳回行政复议申请：

（一）因申请内容不明确，国土资源主管部门告知申请人作出更改、补充，且对其权利义务不产生实际影响的；

（二）以政府信息公开申请的形式进行咨询、查询不动产登记资料、查阅行政程序中的案卷材料，国土资源主管部门告知申请人应当按照相关法律法规规定办理的；

（三）要求提供已经主动公开的政府信息，或者要求公开申请人已经知晓的政府信息，国土资源主管部门依法作出处理、答复的；

（四）要求国土资源主管部门制作、搜集政府信息和对已有政府信息进行汇总、分析、加工等，国土资源主管部门依法作出处理、答复的；

（五）法律、行政法规规定的其他情形。

符合前款规定情形的，在审查过程中可以不要求被申请人提供书面答复及证据、依据。

第十七条 对投诉、举报、检举和反映问题等事项的处理不服申请行政复议，属于下列情形之一的，行政复议机构应当进行审查：

（一）信访处理意见、复查意见、复核意见，或者未履行信访法定职责的行为；

（二）履行层级监督职责作出的处理、答复，或者未履行该职责的行为；

（三）履行内部监督职责作出的处理、答复，或者未履行该职责的行为；

（四）对明显不具有事务、地域或者级别管辖权的投诉举报事项作出的处理、答复，或者未作处理、答复的行为；

（五）未设定申请人权利义务的重复处理行为、说明性告知行为及过程性行为。

经审查，前款规定的行为未对申请人的实体权利义务产生不利影响，且国土资源主管部门已经将处理情况予以告知的，行政复议机构可以告知申请人依法直接对具有明确管辖权的国土资源主管部门的行政行为申请行政复议或者提起行政诉讼。

第十八条 行政复议机构应当自受理行政复议申请之日起7个工作日内，向被申请人发出答复通知书，并将行政复议申请书副本或者申请笔录复印件一并发送被申请人。

第十九条 行政复议机构认为申请人以外的公民、法人或者其他组织与被复议的行政行为有利害关系的，可以通知其作为第三人参加行政复议。

申请人以外的公民、法人或者其他组织也可以向行政复议机构提出申请，并提交有利害关系的证明材料，经审查同意后作为第三人参加行政复议。

第二十条 国土资源部为被申请人的，由行政行为的原承办机构提出书面答复，报分管部领导审定。

地方国土资源主管部门为被申请人的，由行政行为的原承办机构提出书面答复，报本部门负责人签发，并加盖本部门印章。

难以确定行政复议答复承办机构的，由本部门行政复议机构确定。承办机构有异议的，由行政复议机构报本部门负责人确定。

行政行为的原承办机构应当指定1至2名代理人参加行政复议。

第二十一条 行政复议机关因维持被申请人作出的行政行为被共同提起诉讼的，被申请人应当指定作出行政行为的承办机构或者法制工作机构与立案的人民法院联系，并及时与行政复议机关的应诉承办机构沟通。

第二十二条 被申请人应当自收到答复通知书之日起10日内，提交行政复议答复书。

行政复议答复书应当载明下列事项：

（一）被申请人的名称、地址、法定代表人的姓名、职务；

（二）委托代理人的姓名、单位、职务、联系方式；

（三）作出行政行为的事实和有关证据；

（四）作出行政行为依据的法律、法规、规章和规范性文件的具体条款和内容；

（五）对申请人复议请求的意见和理由；

(六)作出答复的日期。

第二十三条 除本规定第二十二条规定的行政复议答复书外,被申请人还应当一并提交作出原行政行为的证据、依据和其他有关材料。

被申请人应当对其提交的证据材料分类编号,对证据材料的来源、证明对象和内容作简要说明。涉及秘密内容的,应当作出明确标识。

第二十四条 行政复议机关应当为申请人、第三人及其代理人查阅案卷材料提供必要的便利条件。

申请人、第三人及其代理人申请查阅行政复议案卷,应当出示身份证件及授权委托书,行政复议机构工作人员应当在场。

第二十五条 对受理的行政复议案件,行政复议机构可以根据案件审理的需要,征求本行政复议机关相关机构的意见。

相关机构应当按照本机构职责范围,按期对行政复议案件提出明确意见,并说明理由。

第二十六条 行政复议案件原则上实行书面审理。

必要时,行政复议机构可以采取实地调查、行政复议案件审查会、行政复议案件听证会等方式审理,就法律适用问题组织专家论证。

涉及标的数额较大、法律关系复杂、可能对国土资源行政执法标准产生重大影响的行政复议案件,行政复议机构应当提请行政复议委员会审议。

第二十七条 对国土资源主管部门作出的同一或者内容基本相同的行政行为,提出多个行政复议申请的,行政复议机构可以合并审理。

已经作出过行政复议决定,其他申请人以基本相同的事实和理由,对同类行政行为再次提出行政复议申请的,行政复议机构可以快速审理,适当简化答复程序。

第二十八条 行政复议期间有下列情形之一的,行政复议中止:

(一)双方当事人提出协商解决申请,可以实质性解决纠纷,维护申请人合法权益的;

(二)申请人长期、反复提起大量行政复议申请,不以保护自身合法权益为目的,扰乱行政管理秩序的;

(三)法律、行政法规规定需要中止审理的其他情形。

属于本条第一款第一项规定情形的,双方当事人应当明确协商解决的期限。期限届满仍未能协商解决的,案件恢复审理。

属于本条第一款第二项规定情形,情节严重的,行政复议机关应当及时向有关国家机关通报。

第二十九条 行政复议机关作出行政复议决定,应当制作行政复议决定书。

行政复议决定书应当符合法律、行政法规的规定，并加盖行政复议机关的印章或者行政复议专用章。

行政复议决定书应当载明申请人不服行政复议决定向人民法院提起诉讼或者向国务院申请裁决的权利和期限。

第三十条 符合下列条件，行政复议机关可以在行政复议决定书中对被申请人予以指正，作出驳回复议申请或者维持原行政行为的决定：

（一）被复议行政行为的处理结果正确；

（二）不损害申请人的实体性权益；

（三）在事实认定、引用依据、证据提交方面存在非实质性瑕疵，且情节轻微的。

被申请人应当在收到行政复议决定书之日起60日内，向行政复议机关作出书面说明，并报告改正情况。

行政复议机关应当将被申请人的改正情况告知申请人。

第三十一条 行政复议机关在行政复议过程中，发现被申请人相关行政行为的合法性、合理性存在问题，或者需要做好善后工作的，可以制发行政复议意见书，向被申请人指出存在的问题，提出整改要求。

被申请人应当在收到行政复议意见书之日起60日内完成整改工作，并将整改情况书面报告行政复议机关。

被申请人拒不整改或者整改达不到要求，情节严重的，行政复议机关应当报告有关国家机关依法处理。

第三十二条 行政复议案件审结后，案件承办人员应当及时将案件材料立卷归档。

第三十三条 行政复议机关应当将接收行政复议申请的渠道、行政复议申请受理情况等信息在本机关门户网站、官方微信等媒体上向社会公开。

推行行政复议决定书网上公开，加强社会对行政复议决定履行情况的监督。

第三十四条 被申请人应当在法定期限内履行生效的行政复议决定。

法律法规规章未规定履行期限的，被申请人应当依照下列规定履行，但因不可抗力或者申请人、第三人的原因导致无法按期履行的除外：

（一）行政复议决定对履行期限作出明确规定的，从其规定；

（二）行政复议决定对履行期限未作出明确规定的，自收到行政复议决定书之日起60日内完成。

第三十五条 行政复议决定履行期满，被申请人不履行行政复议决定的，申请人可以向行政复议机关提出责令履行申请。

第三十六条 行政复议机关收到责令履行申请书,应当向被申请人进行调查或者核实,依照下列规定办理:

(一)被申请人已经履行行政复议决定,并将履行情况相关法律文书送达申请人的,应当联系申请人予以确认,并做好记录;

(二)被申请人已经履行行政复议决定,但尚未将履行情况相关法律文书送达申请人的,应当督促被申请人将相关法律文书送达申请人;

(三)被申请人逾期未履行行政复议决定的,应当书面通知被申请人。

属于本条第一款第二项规定情形的,被申请人应当将相关法律文书送达情况及时报告行政复议机关。

属于本条第一款第三项规定情形,被申请人决定履行行政复议决定的,应当在收到书面通知之日起60日内履行完毕,并书面报告行政复议机关。被申请人认为没有条件履行的,应当说明理由并提供相关证据、依据。

第三十七条 经审查,符合下列条件之一的,行政复议机关可以决定被申请人中止履行行政复议决定:

(一)有新的事实和证据,足以影响行政复议决定履行的;

(二)行政复议决定履行需要以其他案件的审理结果为依据,而其他案件尚未审结的;

(三)被申请人与申请人达成中止履行协议,双方提出中止履行申请的;

(四)因不可抗力等其他原因需要中止履行的。

前款第三项所称的中止履行协议不得损害国家利益、社会公共利益和他人的合法权益。

第三十八条 按照本规定第三十七条规定决定中止履行行政复议决定的,行政复议机关应当向当事人发出行政复议决定中止履行通知书。

行政复议决定中止履行通知书应当载明中止履行的理由和法律依据。中止履行期间,不计算在履行期限内。

中止履行的情形消除后,行政复议机关应当向当事人发出行政复议决定恢复履行通知书。

第三十九条 经审查,被申请人不履行行政复议决定的理由不成立的,行政复议机关应当作出责令履行行政复议决定通知书,并送达被申请人。

第四十条 被责令重新作出行政行为的,被申请人不得以同一事实和理由作出与原行政行为相同或者基本相同的行为,但因违反法定程序被责令重新作出行政行为的除外。

第四十一条 行政复议机关及其工作人员违反本规定,有下列情形之一的,责令限期改正;造成不良后果的,责令作出书面检查、通报批评;情节严重

的,依法给予处分:

(一)未登记行政复议申请,导致记录不全或者遗漏的;

(二)未按时将行政复议申请转交行政复议机构的;

(三)未保障行政复议当事人、代理人阅卷权的;

(四)未妥善保管案卷材料,或者未按要求将行政复议案卷归档,导致案卷不全或者遗失的;

(五)未对收到的责令履行申请书进行调查核实的;

(六)未履行行政复议职责,导致矛盾上交或者激化的。

第四十二条 被申请人及其工作人员违反本规定,有下列情形之一的,依法给予处分:

(一)不提出行政复议答复或者无正当理由逾期答复的;

(二)不提交作出原行政行为的证据、依据和其他有关材料的;

(三)不配合行政复议机关开展行政复议案件审理工作的;

(四)不配合行政复议机关调查核实行政复议决定履行情况的;

(五)不履行或者无正当理由拖延履行行政复议决定的;

(六)不与行政复议机关在共同应诉工作中沟通、配合,导致不良后果的;

(七)对收到的行政复议意见书不予书面答复或者逾期作出答复的。

第四十三条 申请人违反本规定,有下列情形之一,情节严重的,移送公安机关依照治安管理相关规定处理:

(一)拒绝或者阻挠行政复议工作人员调查取证、查阅、复制、调取有关文件和资料的;

(二)不以保护自身合法权益为目的,在行政复议申请中蓄意滋扰行政机关,恶意消耗行政资源,扰乱行政管理秩序的;

(三)有其他违反本规定行为的。

第四十四条 国土资源主管部门及其工作人员违反本规定,在行政复议工作中玩忽职守、滥用职权、徇私舞弊,涉嫌犯罪的,移交有关国家机关,依法追究刑事责任。

第四十五条 本规定自 2018 年 1 月 1 日起施行。《国土资源行政复议决定履行和监督规定》同时废止。

招标公告和公示信息发布管理办法

（2017年11月23日国家发展和改革委员会令第10号公布 自2018年1月1日起施行 国法备字[2017001630]）

第一条 为规范招标公告和公示信息发布活动,保证各类市场主体和社会公众平等、便捷、准确地获取招标信息,根据《中华人民共和国招标投标法》《中华人民共和国招标投标法实施条例》等有关法律法规规定,制定本办法。

第二条 本办法所称招标公告和公示信息,是指招标项目的资格预审公告、招标公告、中标候选人公示、中标结果公示等信息。

第三条 依法必须招标项目的招标公告和公示信息,除依法需要保密或者涉及商业秘密的内容外,应当按照公益服务、公开透明、高效便捷、集中共享的原则,依法向社会公开。

第四条 国家发展改革委根据招标投标法律法规规定,对依法必须招标项目招标公告和公示信息发布媒介的信息发布活动进行监督管理。

省级发展改革部门对本行政区域内招标公告和公示信息发布活动依法进行监督管理。省级人民政府另有规定的,从其规定。

第五条 依法必须招标项目的资格预审公告和招标公告,应当载明以下内容:

(一)招标项目名称、内容、范围、规模、资金来源;

(二)投标资格能力要求,以及是否接受联合体投标;

(三)获取资格预审文件或招标文件的时间、方式;

(四)递交资格预审文件或投标文件的截止时间、方式;

(五)招标人及其招标代理机构的名称、地址、联系人及联系方式;

(六)采用电子招标投标方式的,潜在投标人访问电子招标投标交易平台的网址和方法;

(七)其他依法应当载明的内容。

第六条 依法必须招标项目的中标候选人公示应当载明以下内容:

(一)中标候选人排序、名称、投标报价、质量、工期(交货期),以及评标情况;

(二)中标候选人按照招标文件要求承诺的项目负责人姓名及其相关证书名称和编号;

（三）中标候选人响应招标文件要求的资格能力条件；

（四）提出异议的渠道和方式；

（五）招标文件规定公示的其他内容。

依法必须招标项目的中标结果公示应当载明中标人名称。

第七条 依法必须招标项目的招标公告和公示信息应当根据招标投标法律法规，以及国家发展改革委会同有关部门制定的标准文件编制，实现标准化、格式化。

第八条 依法必须招标项目的招标公告和公示信息应当在“中国招标投标公共服务平台”或者项目所在地省级电子招标投标公共服务平台（以下统一简称“发布媒介”）发布。

第九条 省级电子招标投标公共服务平台应当与“中国招标投标公共服务平台”对接，按规定同步交互招标公告和公示信息。对依法必须招标项目的招标公告和公示信息，发布媒介应当与相应的公共资源交易平台实现信息共享。

“中国招标投标公共服务平台”应当汇总公开全国招标公告和公示信息，以及本办法第八条规定的发布媒介名称、网址、办公场所、联系方式等基本信息，及时维护更新，与全国公共资源交易平台共享，并归集至全国信用信息共享平台，按规定通过“信用中国”网站向社会公开。

第十条 拟发布的招标公告和公示信息文本应当由招标人或其招标代理机构盖章，并由主要负责人或其授权的项目负责人签名。采用数据电文形式的，应当按规定进行电子签名。

招标人或其招标代理机构发布招标公告和公示信息，应当遵守招标投标法律法规关于时限的规定。

第十一条 依法必须招标项目的招标公告和公示信息鼓励通过电子招标投标交易平台录入后交互至发布媒介核验发布，也可以直接通过发布媒介录入并核验发布。

按照电子招标投标有关数据规范要求交互招标公告和公示信息文本的，发布媒介应当自收到起12小时内发布。采用电子邮件、电子介质、传真、纸质文本等其他形式提交或者直接录入招标公告和公示信息文本的，发布媒介应当自核验确认起1个工作日内发布。核验确认最长不得超过3个工作日。

招标人或其招标代理机构应当对其提供的招标公告和公示信息的真实性、准确性、合法性负责。发布媒介和电子招标投标交易平台应当对所发布的招标公告和公示信息的及时性、完整性负责。

发布媒介应当按照规定采取有效措施，确保发布招标公告和公示信息的数据电文不被篡改、不遗漏和至少10年内可追溯。

第十二条 发布媒介应当免费提供依法必须招标项目的招标公告和公示信息发布服务，并允许社会公众和市场主体免费、及时查阅前述招标公告和公示的完整信息。

第十三条 发布媒介应当通过专门栏目发布招标公告和公示信息，并免费提供信息归类和检索服务，对新发布的招标公告和公示信息作醒目标识，方便市场主体和社会公众查阅。

发布媒介应当设置专门栏目，方便市场主体和社会公众就其招标公告和公示信息发布工作反映情况、提出意见，并及时反馈。

第十四条 发布媒介应当实时统计本媒介招标公告和公示信息发布情况，及时向社会公布，并定期报送相应的省级以上发展改革部门或省级以上人民政府规定的其他部门。

第十五条 依法必须招标项目的招标公告和公示信息除在发布媒介发布外，招标人或其招标代理机构也可以同步在其他媒介公开，并确保内容一致。

其他媒介可以依法全文转载依法必须招标项目的招标公告和公示信息，但不得改变其内容，同时必须注明信息来源。

第十六条 依法必须招标项目的招标公告和公示信息有下列情形之一的，潜在投标人或者投标人可以要求招标人或其招标代理机构予以澄清、改正、补充或调整：

（一）资格预审公告、招标公告载明的事项不符合本办法第五条规定，中标候选人公示载明的事项不符合本办法第六条规定；

（二）在两家以上媒介发布的同一招标项目的招标公告和公示信息内容不一致；

（三）招标公告和公示信息内容不符合法律法规规定。

招标人或其招标代理机构应当认真核查，及时处理，并将处理结果告知提出意见的潜在投标人或者投标人。

第十七条 任何单位和个人认为招标人或其招标代理机构在招标公告和公示信息发布活动中存在违法违规行为的，可以依法向有关行政监督部门投诉、举报；认为发布媒介在招标公告和公示信息发布活动中存在违法违规行为的，根据有关规定可以向相应的省级以上发展改革部门或其他有关部门投诉、举报。

第十八条 招标人或其招标代理机构有下列行为之一的，由有关行政监督部门责令改正，并视情形依照《中华人民共和国招标投标法》第四十九条、第五十一条及有关规定处罚：

（一）依法必须公开招标的项目不按照规定在发布媒介发布招标公告和公示信息；

（二）在不同媒介发布的同一招标项目的资格预审公告或者招标公告的内容不一致，影响潜在投标人申请资格预审或者投标；

（三）资格预审公告或者招标公告中有关获取资格预审文件或者招标文件的时限不符合招标投标法律法规规定；

（四）资格预审公告或者招标公告中以不合理的条件限制或者排斥潜在投标人。

第十九条 发布媒介在发布依法必须招标项目的招标公告和公示信息活动中有下列情形之一的，由相应的省级以上发展改革部门或其他有关部门根据有关法律法规规定，责令改正；情节严重的，可以处1万元以下罚款：

（一）违法收取费用；

（二）无正当理由拒绝发布或者拒不按规定交互信息；

（三）无正当理由延误发布时间；

（四）因故意或重大过失导致发布的招标公告和公示信息发生遗漏、错误；

（五）违反本办法的其他行为。

其他媒介违规发布或转载依法必须招标项目的招标公告和公示信息的，由相应的省级以上发展改革部门或其他有关部门根据有关法律法规规定，责令改正；情节严重的，可以处1万元以下罚款。

第二十条 对依法必须招标项目的招标公告和公示信息进行澄清、修改，或者暂停、终止招标活动，采取公告形式向社会公布的，参照本办法执行。

第二十一条 使用国际组织或者外国政府贷款、援助资金的招标项目，贷款方、资金提供方对招标公告和公示信息的发布另有规定的，适用其规定。

第二十二条 本办法所称以上、以下包含本级或本数。

第二十三条 本办法由国家发展改革委负责解释。

第二十四条 本办法自2018年1月1日起施行。《招标公告发布暂行办法》（国家发展计划委第4号令）和《国家计委关于指定发布依法必须招标项目招标公告的媒介的通知》（计政策〔2000〕868号）同时废止。

地图审核管理规定

（2006年6月23日国土资源部令第34号公布 2017年11月28日国土资源部令第77号修订 自2018年1月1日起施行 国法备字[2018000067]）

第一条 为了加强地图审核管理，维护国家主权、安全和利益，根据《中华人民共和国测绘法》《地图管理条例》等法律、法规，制定本规定。

第二条 地图审核工作应当遵循维护国家主权、保守国家秘密、高效规范实施、提供优质服务的原则。

第三条 国务院测绘地理信息主管部门负责全国地图审核工作的监督管理。

省、自治区、直辖市人民政府测绘地理信息主管部门以及设区的市级人民政府测绘地理信息主管部门负责本行政区域地图审核工作的监督管理。

第四条 实施地图审核所需经费列入相应测绘地理信息主管部门的年度预算。

第五条 有下列情形之一的，申请人应当依照本规定向有审核权的测绘地理信息主管部门提出地图审核申请：

（一）出版、展示、登载、生产、进口、出口地图或者附着地图图形的产品的；

（二）已审核批准的地图或者附着地图图形的产品，再次出版、展示、登载、生产、进口、出口且地图内容发生变化的；

（三）拟在境外出版、展示、登载的地图或者附着地图图形的产品的。

第六条 下列地图不需要审核：

（一）直接使用测绘地理信息主管部门提供的具有审图号的公益性地图；

（二）景区地图、街区地图、公共交通线路图等内容简单的地图；

（三）法律法规明确应予公开且不涉及国界、边界、历史疆界、行政区域界线或者范围的地图。

第七条 国务院测绘地理信息主管部门负责下列地图的审核：

（一）全国地图；

（二）主要表现地为两个以上省、自治区、直辖市行政区域的地图；

（三）香港特别行政区地图、澳门特别行政区地图以及台湾地区地图；

（四）世界地图以及主要表现地为国外的地图；

（五）历史地图。

第八条 省、自治区、直辖市人民政府测绘地理信息主管部门负责审核主要表现地在本行政区域范围内的地图。其中，主要表现地在设区的市行政区域范围内不涉及国界线的地图，由设区的市级人民政府测绘地理信息主管部门负责审核。

第九条 属于出版物的地图产品或者附着地图图形的产品，应当根据产品中地图主要表现地，依照本规定第七条、第八条的规定，由相应测绘地理信息主管部门审核。

第十条 申请地图审核，应当提交下列材料：

（一）地图审核申请表；

（二）需要审核的地图最终样图或者样品。用于互联网服务等方面的地图产品，还应当提供地图内容审核软硬件条件；

（三）地图编制单位的测绘资质证书。

有下列情形之一的，可以不提供前款第三项规定的测绘资质证书：

（一）进口不属于出版物的地图和附着地图图形的产品；

（二）直接引用古地图；

（三）使用示意性世界地图、中国地图和地方地图；

（四）利用测绘地理信息主管部门具有审图号的公益性地图且未对国界、行政区域界线或者范围、重要地理信息数据等进行编辑调整。

第十一条 利用涉及国家秘密的测绘成果编制的地图，应当提供省级以上测绘地理信息主管部门进行保密技术处理的证明文件。

地图上表达的其他专业内容、信息、数据等，国家对其公开另有规定的，从其规定，并提供有关主管部门可以公开的相关文件。

第十二条 申请人应当如实提交有关材料，反映真实情况，并对申请材料的真实性负责。

第十三条 测绘地理信息主管部门应当将地图审核的依据、程序、期限以及需要提交的全部材料的目录和地图审核申请表等示范文本，在办公场所、门户网站上公示。

申请人要求测绘地理信息主管部门对公示内容予以说明、解释的，有关测绘地理信息主管部门应当说明、解释，提供准确、可靠的信息。

第十四条 国务院测绘地理信息主管部门可以在其法定职责范围内，委托省、自治区、直辖市人民政府测绘地理信息主管部门实施部分地图审核职责。

国务院测绘地理信息主管部门对省级测绘地理信息主管部门实施的受委托地图审核负责监督管理和业务指导培训。

第十五条 有审核权的测绘地理信息主管部门受理的地图审核申请，认为需要其他测绘地理信息主管部门协助审核的，应当商有关测绘地理信息主管部门进行协助审核。负责协助审核的测绘地理信息主管部门应当自收到协助审核材料之日起7个工作日内，完成审核工作。协商不一致的，报请共同的上一级测绘地理信息主管部门决定。

第十六条 中小学教学地图的审核，依照《地图管理条例》第二十三条规定执行。

第十七条 测绘地理信息主管部门对申请人提出的地图审核申请，应当根据下列情况分别作出处理：

（一）申请材料齐全并符合法定形式的，应当决定受理并发放受理通知书；

（二）申请材料不齐全或者不符合法定形式的，应当当场或者在5个工作日内一次告知申请人需要补正的全部内容，逾期不告知的，自收到申请材料之日起即为受理；经补正材料后申请材料仍不齐全或者不符合法定形式的，应当作出不予受理的决定；

（三）申请事项依法不需要进行地图审核的，应当即时告知申请人不予受理；申请事项依法不属于本测绘地理信息主管部门职责范围的，应当即时作出不予受理的决定，并告知申请人向有关测绘地理信息主管部门申请。

第十八条 测绘地理信息主管部门受理地图审核申请后，应当对下列内容进行审查：

（一）地图表示内容中是否含有《地图管理条例》第八条规定的不得表示的内容；

（二）中华人民共和国国界、行政区域界线或者范围以及世界各国间边界、历史疆界在地图上的表示是否符合国家有关规定；

（三）重要地理信息数据、地名等在地图上的表示是否符合国家有关规定；

（四）主要表现地包含中华人民共和国疆域的地图，中华人民共和国疆域是否完整表示；

（五）地图内容表示是否符合地图使用目的和国家地图编制有关标准；

（六）法律、法规规定需要审查的其他内容。

第十九条 中华人民共和国国界、中国历史疆界、世界各国间边界、世界各国间历史疆界依照《地图管理条例》第十条有关规定进行审查。

县级以上行政区域界线或者范围,按照由国务院民政部门和国务院测绘地理信息主管部门拟订并经国务院批准公布的行政区域界线标准画法图进行审查。

特别行政区界线或者范围,按照国务院批准公布的特别行政区行政区域图和国家其他有关规定进行审查。

第二十条 重要地理信息数据、地名以及有关专业内容在地图上的表示,按照测绘地理信息主管部门制定的有关规定进行审查。

下级测绘地理信息主管部门制定的具体审查内容和标准,应当报上一级测绘地理信息主管部门备案并依法及时公开。

第二十一条 地图涉及专业内容且没有明确审核依据的,由有审核权的测绘地理信息主管部门征求有关部门的意见。

第二十二条 有审核权的测绘地理信息主管部门应当健全完善地图内容审查工作机构,配备地图内容审查专业人员。地图内容审查专业人员应当经省级以上测绘地理信息主管部门培训并考核合格,方能从事地图内容审查工作。

第二十三条 测绘地理信息主管部门应当依据地图内容审查工作机构提出的审查意见及相关申请材料,作出批准或者不予批准的书面决定并及时送达申请人。

予以批准的,核发地图审核批准文件和审图号。

不予批准的,核发地图审核不予批准文件并书面说明理由,告知申请人享有依法申请行政复议或者提起行政诉讼的权利。

第二十四条 测绘地理信息主管部门应当自受理地图审核申请之日起20个工作日内作出审核决定。

时事宣传地图、发行频率高于一个月的图书和报刊等插附地图的,应当自受理地图审核申请之日起7个工作日内作出审核决定。

应急保障等特殊情况需要使用地图的,应当即送即审。

涉及专业内容且没有明确审核依据的地图,向有关部门征求意见时,征求意见时间不计算在地图审核的期限内。

第二十五条 测绘地理信息主管部门应当在其门户网站等媒体上及时公布获得审核批准的地图名称、审图号等信息。

第二十六条 审图号由审图机构代号、通过审核的年份、地图类型简称、序号等组成。审图号编制的具体内容,由国务院测绘地理信息主管部门另行规定。

第二十七条 经审核批准的地图,申请人应当在地图或者附着地图图形的产品的适当位置显著标注审图号，并向作出审核批准的测绘地理信息主管部门免费送交样本一式两份。属于出版物的，应当在版权页标注审图号；没有版权页的，应当在适当位置标注审图号。属于互联网地图服务的，应当在地图页面左下角标注审图号。

第二十八条 互联网地图服务审图号有效期为两年。审图号到期，应当重新送审。

审核通过的互联网地图服务，申请人应当每六个月将新增标注内容及核查校对情况向作出审核批准的测绘地理信息主管部门备案。

第二十九条 上级测绘地理信息主管部门应当加强对下级测绘地理信息主管部门实施地图审核行为的监督检查，建立健全监督管理制度，及时纠正违反本规定的行为。

第三十条 测绘地理信息主管部门应当建立和完善地图审核管理和监督系统，提升地图审核效率和监管能力，方便公众申请与查询。

第三十一条 互联网地图服务单位应当配备符合相关要求的地图安全审校人员，并强化内部安全审校核查工作。

第三十二条 最终向社会公开的地图与审核通过的地图内容及表现形式不一致，或者互联网地图服务审图号有效期届满未重新送审的，测绘地理信息主管部门应当责令改正、给予警告，可以处3万元以下的罚款。

第三十三条 测绘地理信息主管部门及其工作人员在地图审核工作中滥用职权、玩忽职守、徇私舞弊的，依法给予处分；涉嫌构成犯罪的，移送有关机关依法追究刑事责任。

第三十四条 本规定自2018年1月1日起施行。

财政部关于修改《文化事业建设费使用管理办法》的决定

（2017年11月29日财政部令第91号公布　自2018年1月1日起施行　国法备字[2018000065]）

经财政部部长办公会决定，并经中共中央宣传部同意，对《文化事业建设费使用管理办法》作出如下修改：

在第十一条后增加一条作为第十二条，原第十二条至第十四条相应顺延，增加内容为："各级财政部门和相关主管部门及其工作人员在文化事业建设费审批工作中，存在违反本办法规定的行为，以及其他滥用职权、玩忽职守、徇私舞弊等违法违纪行为的，依照《中华人民共和国预算法》《中华人民共和国公务员法》《中华人民共和国行政监察法》《财政违法行为处罚处分条例》等国家有关规定追究相应责任；涉嫌犯罪的，依法移送司法机关处理。”

本决定自2018年1月1日起施行。

农业部关于修改和废止部分规章、规范性文件的决定

（2017年11月30日农业部令2017年第8号公布　自公布之日起施行　国法备字[2017001538]）

为了依法保障简政放权、放管结合、优化服务改革措施落实，农业部对规章和规范性文件进行了全面清理。经过清理，农业部决定：

一、对18部规章和4部规范性文件的部分条款予以修改。（附件1）

二、对3部规章和36部规范性文件予以废止。（附件2）

本决定自公布之日起施行。

附件：1. 农业部决定修改的规章和规范性文件

2. 农业部决定废止的规章和规范性文件

附件1

农业部决定修改的规章和规范性文件

一、修改的规章

1. 农业基本建设项目管理办法(2004年7月12日农业部令第39号公布)

将第十三条第二款修改为:“地方和直属直供垦区承担项目,由省级农业行政主管部门评估和审批,批复文件抄报农业部备案。

“农业部直属单位承担项目,由农业部评估和审批。”

第三十三条第二款中的“审批权限”修改为“初步设计审批权限”。

第三十九条中的“省级人民政府农业行政主管部门和农业部直属单位要定期报送有关项目信息”修改为“省级人民政府农业行政主管部门和农业部直属单位要定期报送有关项目信息,并督促项目建设单位定期报送项目信息”。

2. 农业转基因生物安全评价管理办法(2002年1月5日农业部令第8号公布,2004年7月1日农业部令第38号、2016年7月25日农业部令2016年第7号修订)

将第二十二条第二款第三项修改为:“有检测条件和能力的技术检测机构出具的检测报告”。

第二十四条第一款修改为:“在农业转基因生物试验结束后拟申请安全证书的,试验单位应当向农业转基因生物安全管理办公室提出申请。”删去第二款第三项,将第二款第五项改为第四项,修改为:“按要求提交农业转基因生物样品、对照样品及检测所需的试验材料、检测方法,但按照本办法第二十二条规定已经提交的除外”。增加一款作为第三款:“农业部收到申请后,应当组织农业转基因生物安全委员会进行安全评价,并委托具备检测条件和能力的技术检测机构进行检测;安全评价合格的,经农业部批准后,方可颁发农业转基因生物安全证书。”

删去第二十七条。

3. 农业转基因生物进口安全管理办法(2002年1月5日农业部令第9号公布,2004年7月1日农业部令第38号修订)

将第十三条第一款中的“应当提供下列材料”修改为“应当按照相关安全评价指南的要求提供下列材料”。第一款第五项修改为:“按要求提交农业转基因生物样品、对照样品及检测所需的试验材料、检测方法”。第二款修改为:“农业部收到申请后,应当组织农业转基因生物安全委员会进行安全评价,并委托具备检测条件和能力的技术检测机构进行检测;安全评价合格的,经农业部批准后,方可颁发农业转基因生物安全证书。”

4. 农业转基因生物标识管理办法(2002 年 1 月 5 日农业部令第 10 号公布,2004 年 7 月 1 日农业部令第 38 号修订)

将第四条第一款修改为:"农业部负责全国农业转基因生物标识的监督管理工作。"

删去第十一条、第十二条。

5. 肥料登记管理办法(2000 年 6 月 23 日农业部令第 32 号公布,2004 年 7 月 1 日农业部令第 38 号修订)

删去第六条、第十一条第二款、第二十一条第一款、第三十条第一款、第三十二条。

删去第十条第二款、第十一条第一款、第十八条中的"临时",第十一条第三款中的"和/或田间示范试验",第十七条第一款中的"临时登记证或正式",第三十条第二款中的"和田间示范试验""并支付试验费"。

删去第十二条第一款、第二款、第三款,第四款修改为:"生产者可按要求自行开展肥料田间试验,也可委托有关单位开展;生产者和试验单位应当对所出具试验报告的真实性承担法律责任。"

第三十四条增加一项,作为第三项:"植物生长调节剂。"

6. 农作物种子质量检验机构考核管理办法(2008 年 1 月 2 日农业部令第 12 号公布,2013 年 12 月 31 日农业部令 2013 年第 5 号修订)

删去第二条第二款,将第一款中的"省级以上人民政府农业主管部门"修改为"省级人民政府农业主管部门"。

删去第三十三条。

7. 农作物种子生产经营许可管理办法(2016 年 7 月 8 日农业部令 2016 年第 5 号公布)

将第八条第五项中的"具有自育品种"修改为"具有与申请作物类别相应的自育品种"。

第十七条第一款中的"副证注明生产种子的作物种类"修改为"副证注明作物种类"。

8. 饲料和饲料添加剂生产许可管理办法(2012 年 5 月 2 日农业部令 2012 年第 3 号公布,2013 年 12 月 31 日农业部令 2013 年第 5 号、2016 年 5 月 30 日农业部令 2016 年第 3 号修订)

删去第十七条。

9. 进口饲料和饲料添加剂登记管理办法(2014 年 1 月 13 日农业部令 2014 年第 2 号公布,2016 年 5 月 30 日农业部令 2016 年第 3 号修订)

将第四条修改为:"境外企业申请进口登记,由境外企业驻中国境内的办事机构或者委托的中国境内代理机构办理。”

10. 饲料质量安全管理规范(2014 年 1 月 13 日农业部令 2014 年第 1 号公布)

删去第四条中的“年度备案和”。

11. 动物诊疗机构管理办法(2008 年 11 月 26 日农业部令第 19 号公布,2016 年 5 月 30 日农业部令 2016 年第 3 号修订)

删去第八条第二款。

12. 兽药生产质量管理规范(2002 年 3 月 19 日农业部令第 11 号公布)

将第三十三条修改为:“兽药生产企业必须具备与所生产产品相适应的生产和检验设备,其性能和主要技术参数应能保证生产和产品质量控制及实施兽药产品电子追溯管理的需要。”

第六十七条增加一项,作为第八项:“兽药产品追溯管理制度和记录。”

第八十二条第七项修改为:“审核成品发放前批生产记录及本批产品上传国家兽药产品追溯系统的电子追溯码信息与记录,决定成品发放。”

13. 兽药标签和说明书管理办法(2002 年 10 月 31 日农业部令第 22 号公布,2004 年 7 月 1 日农业部令第 38 号、2007 年 11 月 8 日农业部令第 6 号修订)

将第十三条修改为:“兽药标签和说明书应当经农业部批准后方可使用。农业部制定兽药标签和说明书编写细则、范本,作为兽药标签和说明书编制、审批和监督执法的依据。”

第十八条中的“兽药标签应当按照农业部的规定使用条形码”修改为“兽药标签或最小销售包装上应当按照农业部的规定印制兽药产品电子追溯码,电子追溯码以二维码标注”。

第二十三条修改为:“凡违反本办法规定的,按照《兽药管理条例》有关规定进行处罚。兽药产品标签未按要求使用电子追溯码的,按照《兽药管理条例》第六十条第二款处罚。”

14. 兽药经营质量管理规范(2010 年 1 月 15 日农业部令 2010 年第 3 号公布)

第八条增加一项,作为第六项:“实施兽药电子追溯管理的相关设备。”

第十五条第二款增加一项,作为第十一项:“兽药产品追溯管理制度。”

第十六条第一款增加一项,作为第九项:“兽药产品追溯记录。”

第二十条第一款修改为:“兽药入库时,应当进行检查验收,将兽药入库的信息上传兽药产品追溯系统,并做好记录。”

第二十五条第一款中的“兽药出库时,应当进行检查、核对,建立出库记录”修改为“兽药出库时,应当进行检查、核对,建立出库记录,并将出库信息上传兽药产品追溯系统”。

15. 中华人民共和国渔业船员管理办法(2014 年 5 月 23 日农业部令 2014 年第 4 号公布)

删去第十一条第二款。

16. 中华人民共和国水生动植物自然保护区管理办法(1997 年 10 月 17 日农业部令第 24 号公布,2010 年 11 月 26 日农业部令 2010 年第 11 号、2013 年 12 月 31 日农业部令 2013 年第 5 号、2014 年 4 月 25 日农业部令 2014 年第 3 号修订)

将第二十条修改为:“在水生动植物自然保护区的实验区开展参观、旅游活动的,由自然保护区管理机构根据自然保护区总体规划编制方案,方案应当符合自然保护区管理目标。”

17. 中华人民共和国水生野生动物利用特许办法(1999 年 6 月 24 日农业部令第 15 号公布,2004 年 7 月 1 日农业部令第 38 号、2010 年 11 月 26 日农业部令 2010 年第 11 号、2013 年 12 月 31 日农业部令 2013 年第 5 号修订)

将《办法》中的“驯养繁殖”修改为“人工繁育”,“出售、收购、利用”修改为“出售、购买、利用”,“水生野生动物或其产品”修改为“水生野生动物或其制品”,“捕捉证”修改为“猎捕证”。删去“运输”“水生野生动物特许运输证”和“运输证”。

第三条修改为:“农业部主管全国水生野生动物利用特许管理工作,负责国家一级保护水生野生动物的捕捉、水生野生动物或其制品进出口和国务院规定由农业部负责的国家重点水生野生动物的人工繁育和出售购买利用其活体及制品活动的审批。

“省级人民政府渔业主管部门负责本行政区域内除国务院对审批机关另有规定的国家重点保护水生野生动物或其制品利用特许审批;县级以上地方人民政府渔业行政主管部门负责本行政区域内水生野生动物或其制品特许申请的审核。”

第十五条修改为:“国家支持有关科学研究机构因物种保护目的人工繁育国家重点保护水生野生动物。

“前款规定以外的人工繁育国家重点保护水生野生动物实行许可制度。人工繁育国家重点保护水生野生动物的,应当经省级人民政府渔业主管部门批准,取得《人工繁育许可证》,但国务院对批准机关另有规定的除外。”

第十七条第一款中的“驯养繁殖国家一级保护水生野生动物的”修改为“国务院规定由农业部批准的国家重点保护水生野生动物的人工繁育许可”,

第三款修改为:“除国务院规定由农业部批准以外的国家重点保护水生野生动物的人工繁育许可,应当向省级人民政府渔业主管部门申请。”

第二十二条修改为:“禁止出售、购买、利用国家重点保护水生野生动物及其制品。因科学研究、人工繁育、公众展示展演、文物保护或者其他特殊情况,需要出售、购买、利用水生野生动物及其制品的,应当经省级人民政府渔业主管部门或其授权的渔业主管部门审核批准,并按照规定取得和使用专用标识,保证可追溯。”

第二十三条第一款中的“出售、收购、利用国家一级保护水生野生动物或其产品的”修改为“国务院规定由农业部批准的国家重点保护水生野生动物或者其制品的出售、购买、利用许可”,第三款修改为:“除国务院规定由农业部批准以外的国家重点保护水生野生动物或者其制品的出售、购买、利用许可,应当向省级人民政府渔业主管部门申请。”

删除第五章。

第四十六条第一款修改为:“本办法规定的《申请表》和水生野生动物利用特许证件由农业部统一制订。已发放仍在使用的许可证件由原发证机关限期统一进行更换。”

18. 农产品质量安全检测机构考核办法(2007 年 12 月 12 日农业部令第 7 号公布)

将第七条第二款修改为:“从事农产品质量安全检测的技术人员应当具有相关专业中专以上学历,并经所在机构考核合格,持证上岗。”

第八条修改为:“农产品质量安全检测机构的技术人员应当不少于 5 人,其中中级以上技术职称或同等能力的人员比例不低于 40%。技术负责人、质量负责人和授权签字人应当具有中级以上技术职称或同等能力,并从事农产品质量安全相关工作 5 年以上。博士研究生毕业,从事相关专业检验检测工作 1 年及以上;硕士研究生毕业,从事相关专业检验检测工作 3 年及以上;大学本科毕业,从事相关专业检验检测工作 5 年及以上;大学专科毕业,从事相关专业检验检测工作 8 年及以上,可视为同等能力。”

第十八条第一款修改为:“现场评审实行评审专家组负责制。专家组由 3－5 名评审员组成,必要时可聘请其他技术专家参加。”

第二十三条修改为:“《考核合格证书》有效期为 6 年。证书期满继续从事农产品质量安全检测工作的,应当在有效期届满 3 个月前提出申请,重新办理《考核合格证书》。”

第二十五条增加一项,作为第三项:“检测场所变更的;”

第二十六条修改为:“考核机关通过年度报告、能力验证、现场检查等方式，对农产品质量安全检测机构进行监督管理。

"农产品质量安全检测机构应当按照考核机关的要求，参加其组织开展的能力验证或者比对，以保证持续符合机构考核条件和要求。"

第二十八条修改为："农产品质量安全检测机构在考核中隐瞒有关情况或者弄虚作假的，考核机关应当予以警告，取消考核资格，一年内不再受理其考核申请；采取欺骗、贿赂等不正当手段取得考核证书的，撤销考核证书，三年内不再受理其考核申请。

"农产品质量安全检测机构伪造检测结果或者出具虚假证明的，或擅自发布检测数据和结果，并造成不良后果的，依照《中华人民共和国农产品质量安全法》相关规定处罚，三年内不受理其机构考核申请。"

第二十八条后增加两条，作为第二十九条和第三十条：

"第二十九条　农产品质量安全检测机构有下列情形之一的，由考核机关责令其 1 个月内改正；逾期未改正或改正后仍不符合要求的，由考核机关暂停其检测工作：

"（一）未按规定对人员、仪器设备、设施条件、质量管理体系、检测工作等实施有效管理的；

"（二）未按规定办理变更手续的；

"（三）检验报告、原始记录及其他档案管理不规范的。

"第三十条　农产品质量安全检测机构有下列情形之一的，由考核机关责令其 3 个月内整改，整改期间不得向社会出具具有证明作用的检验检测数据、结果；逾期未整改或整改后仍不符合要求的，由考核机关撤销其《考核合格证书》：

"（一）超出批准的检测能力范围，擅自向社会出具检验数据、结果的；

"（二）非授权签字人签发检验报告的；

"（三）检测工作存在较大风险隐患的。"

第二十九条修改为第三十一条，删去第三项，增加三项：

"（三）《考核合格证书》有效期届满，未申请延续或者依法不予延续批准的；

"（四）无正当理由未按照考核机关要求参加能力验证的；

"（五）无正当理由不接受、不配合监督检查的；"

二、修改的规范性文件

1. 关于印发农业基本建设项目申报审批等管理规定的通知（2004 年 7 月 14 日农计发〔2004〕10 号，2016 年 5 月 30 日农业部令 2016 年第 3 号修订）

将《农业基本建设项目申报审批管理规定》第七条第三款修改为："地方

和直属直供垦区承担项目的初步设计，由省级农业行政主管部门负责评审。农业部直属单位基本建设项目的方案设计、初步设计与概算由农业部发展计划司负责评审。”第十条中的“中央投资600万元以上(含600万元)的，由农业部行业司局根据项目评估意见，办理批复文件；中央投资在600万元以下的，由各省级人民政府农业行政主管部门审批”修改为“由省级农业行政主管部门根据项目评估意见，办理批复文件”。

《农业基本建设项目竣工验收管理规定》第四条修改为：“地方及农业部直属直供垦区承担的项目，由省级农业行政主管部门组织验收。”第五条修改为：“农业部直属单位承担的项目，按照《农业部直属单位建设项目管理办法》(农计发〔2014〕78号)组织验收。”第九条修改为“初验合格并具备竣工验收条件后，建设单位应在15个工作日内向竣工验收主管部门提出竣工验收申请报告。”第十四条第一款中的“统一印制”修改为“统一格式”。删去第十四条第三款。

2. 肥料登记资料要求(2001年5月25日农业部公告第161号)

将公告中的“临时登记”修改为“肥料登记”，“工商注册证明文件”修改为“统一社会信用代码”。删去公告中关于“正式登记”“农业部认定可承担田间肥效试验单位”“农业部指定菌种鉴定及菌种安全鉴定单位”的相关要求。删去公告中关于提供“毒性报告”“菌种安全性鉴定报告”的要求。

3. 农业部公告第1849号(饲料生产企业许可条件、混合型饲料添加剂生产企业许可条件)(2012年10月22日公布)

删去《饲料生产企业许可条件》第八条第二款。删去第十二条中的“人工采光灯具应当有防爆功能”。第十五条第一款第一项中的“生产区电源开关有防爆功能”修改为“易产生或积存粉尘区域的人工采光灯具、电源开关及插座应具有防爆功能”。第十六条第二项修改为：“存放维生素、微生物添加剂和酶制剂等热敏物质的贮存间面积与生产规模相匹配，密闭性能良好，并配备空调；”第四项修改为“药物饲料添加剂应当有独立的贮存间，面积与生产规模相匹配；”第十九条第九项中的“应当单独配备至少一台混合机”修改为“应当单独配备至少一台混合机并配备相应的除尘设备”。

删去《混合型饲料添加剂生产企业许可条件》第九条第二款。删去第十二条中的“人工采光灯具应当有防爆功能”。第十五条第一款第一项中的“生产区电源开关有防爆功能”修改为：“易产生或积存粉尘区域的人工采光灯具、电源开关及插座应具有防爆功能”。第十六条第二项修改为：“存放维生素、微生物添加剂和酶制剂等热敏物质的贮存间面积与生产规模相匹配，密闭性能良好，并配备空调；”

将《饲料生产企业许可条件》第八条第一款和《混合型饲料添加剂生产企业许可条件》第九条第一款修改为:“企业应当配备2名以上专职检验化验员,并通过现场操作技能考核。”

4. 农业部公告第1867号(饲料添加剂生产许可申报材料要求、混合型饲料添加剂生产许可申报材料要求、添加剂预混合饲料生产许可申报材料要求、浓缩饲料、配合饲料、精料补充料生产许可申报材料要求和单一饲料生产许可申报材料要求)(2012年11月29日公布)

删去公告中关于提供“组织机构代码证”“劳动合同”和“职业资格证书或鉴定合格证明”的要求,将“工商营业执照注册号”修改为“统一社会信用代码”。

删去公告关于提供“管道仪表图”和与“饲料加工设备维修工”“饲料厂中央控制室操作工”有关的要求。

将公告中的“申报材料一式两份(应包括纸质文件和电子文档光盘),其中一份报送农业部,省级饲料管理部门留存一份”修改为“申报材料一式两份(应包括纸质文件和电子文档光盘),其中一份报送省级饲料管理部门,承担具体受理工作的机构留存一份”。“企业应当提供省级饲料管理部门指定的饲料检验机构出具的产品主成分指标检测方法验证结论复印件”修改为“企业应当提供省级及以上饲料检验机构出具的产品主成分指标检测方法验证结论复印件”。

附件2

农业部决定废止的规章和规范性文件

一、废止的规章

1. 农药管理条例实施办法(1999年7月23日农业部令第20号公布,2002年7月27日农业部令第18号、2004年7月1日农业部令第38号、2007年12月8日农业部令第9号修订)

2. 农药限制使用管理规定(2002年6月28日农业部令第17号公布)

3. 农药登记资料规定(2007年12月8日农业部令第10号公布)

二、废止的规范性文件

1. 农业部关于印发《农业行业实行就业准入的职业目录》的通知(2000年3月1日农人发〔2000〕4号)

2. 农业部关于印发《饲料工业行业检验化验员等三个职业实行就业准入制度实施方案》的通知(2000年4月24日农人劳〔2000〕10号)

3. 农业部关于印发《动物疫病防治员和动物检疫检验员实行就业准入制度实施方案》的通知(2000年4月26日农人劳〔2000〕12号)

4. 农业部关于印发《农机修理工实行就业准入制度实施方案》的通知(2000年5月25日农人劳〔2000〕15号)

5. 农业部关于印发《农村能源行业沼气生产工和太阳能利用工实行就业准入制度实施方案》的通知(2000年6月5日农人劳〔2000〕16号)

6. 农业部关于印发《农业行业作物种子繁育工等两个职业实行就业准入制度实施方案》的通知(2000年12月22日农人发〔2000〕16号)

7. 农业部关于印发《渔业行业水生动物饲养人员实行就业准入制度实施方案》的通知(2000年12月22日农人发〔2000〕17号)

8. 农业部转基因生物安全证书续申请简化程序规定(2006年10月27日农业部公告第736号)

9. 南繁的转基因农作物安全评价申报要求(2007年3月2日农业部公告第822号)

10. 农业部关于进一步规范肥料登记管理的通知(2002年1月17日农农发〔2002〕2号)

11. 农药登记药效试验单位认证管理办法(2001年12月10日农农发〔2001〕25号)

12. 农业部关于印发《农药登记残留试验单位认证管理办法》的通知(2002年6月19日农农发〔2002〕10号)

13. 农业部、工商总局、国家安全生产监督管理局、全国爱国卫生运动委员会关于开展杀鼠剂经营资格核准工作的通知(2003年8月1日农农发〔2003〕14号)

14. 农业部、工商总局、国家安全生产监督管理局、全国爱国卫生运动委员会关于开展杀鼠剂经营资格核准工作的补充通知(2003年10月8日农农发〔2003〕17号)

15. 农药登记环境试验单位管理办法(2004年5月14日农业部公告第374号)

16. 农药登记原药全组分分析试验单位管理办法(2005年7月27日农业部公告第525号)

17. 调整农药续展登记审批工作程序和要求(2006年5月29日农业部公告第657号)

18. 农药良好实验室考核管理办法(2006年11月8日农业部公告第739号)

19. 规范农药名称登记核准和管理(2007 年 12 月 8 日农业部公告第 944 号)

20. 农药名称管理规定(2007 年 12 月 12 日农业部、发展改革委公告第 945 号)

21. 农药产品有效成分含量管理规定(2007 年 12 月 12 日农业部、发展改革委公告第 946 号)

22. 规范卫生用农药产品使用香型的管理(2008 年 12 月 25 日农业部公告第 1132 号)

23. 对农药产品有效成分含量的管理做出补充规定(2009 年 2 月 25 日农业部、工业和信息化部公告第 1158 号)

24. 关于种子销售范围问题的复函(2002 年 1 月 25 日农办农〔2002〕4 号)

25. 关于如何标注主要农作物品种审定编号的复函(2003 年 6 月 26 日农办政〔2003〕13 号)

26. 关于烟草品种审定问题的复函(2004 年 4 月 1 日农农函〔2004〕1 号)

27. 部分兽药品种的停药期规定(2003 年 5 月 22 日农业部公告第 278 号)

28. 农业部办公厅关于加强兽药残留检测试剂(盒)管理的通知(2005 年 1 月 21 日农办医〔2005〕3 号)

29. 农业部办公厅关于加强重大动物疫病病料采集审批工作管理的通知(2014 年 8 月 29 日农办医〔2014〕42 号)

30. 农业部关于转发《濒危野生动植物国际贸易公约》附录水生野生物种目录的通知(2001 年 4 月 9 日农渔发〔2001〕8 号)

31. 水域污染事故渔业损失计算方法规定(1996 年 10 月 8 日农渔发〔1996〕14 号公布)

32. 农业部关于调整海洋伏季休渔制度的通告(2009 年 2 月 27 日农业部通告〔2009〕1 号)

33. 农业部关于将黄渤海区和东海区刺网渔船全部纳入海洋伏季休渔管理的通告(2011 年 3 月 11 日农业部通告〔2011〕1 号)

34. 农业部关于调整刺网休渔时间的通告(2012 年 1 月 12 日农业部通告〔2012〕1 号)

35. 农业部关于实行长江禁渔期制度的通知(2003 年 1 月 6 日农渔发〔2003〕1 号)

36. 农业部关于实行珠江禁渔期制度的通告(2010 年 10 月 12 日农业部通告〔2010〕1 号)

财政部关于修改《注册会计师注册办法》等6部规章的决定

（2017年12月4日中华人民共和国财政部令第90号公布 自2018年1月1日起施行 国法备字［2018000002］）

一、在《注册会计师注册办法》第二十二条后增加一条作为第二十三条，原二十三条和二十四条相应顺延，增加内容为："各省级注册会计师协会及其工作人员在开展注册会计师注册工作中，存在违反本办法规定的行为，以及其他滥用职权、玩忽职守、徇私舞弊等违法违纪行为的，依照《中华人民共和国注册会计师法》《中华人民共和国行政许可法》《中华人民共和国行政监察法》《财政违法行为处罚处分条例》等国家有关规定追究相应责任；涉嫌犯罪的，依法移送司法机关处理"。

二、将《行政单位国有资产管理暂行办法》第五十条修改为："各级财政部门、行政单位及其工作人员在行政单位国有资产配置、使用、处置等管理工作中，存在违反本办法规定的行为，以及其他滥用职权、玩忽职守、徇私舞弊等违法违纪行为的，依照《中华人民共和国公务员法》《中华人民共和国行政监察法》《财政违法行为处罚处分条例》等国家有关规定追究相应责任；涉嫌犯罪的，依法移送司法机关处理"。

三、将《事业单位国有资产管理暂行办法》第五十二条修改为："各级财政部门、主管部门及其工作人员在事业单位国有资产配置、使用、处置等管理工作中，存在违反本办法规定的行为，以及其他滥用职权、玩忽职守、徇私舞弊等违法违纪行为的，依照《中华人民共和国公务员法》《中华人民共和国行政监察法》《财政违法行为处罚处分条例》等国家有关规定追究相应责任；涉嫌犯罪的，依法移送司法机关处理"。

四、在《事业单位财务规则》第六十一条后中增加一条作为第六十二条，原第六十二条至第六十八条相应顺延，增加内容为："各级财政部门及其工作人员在事业单位预算管理、国有资产管理审批工作中，存在违反本规则规定的行为，以及其他滥用职权、玩忽职守、徇私舞弊等违法违纪行为的，依照《中华人民共和国预算法》《中华人民共和国公务员法》《中华人民共和国行政监察法》《财政违法行为处罚处分条例》等国家有关规定追究相应责任；涉嫌犯罪的，依法移送司法机关处理"。

五、将《基本建设财务规则》第二十九条修改为:“项目建设单位可以与施工单位在合同中约定按照不超过工程价款结算总额的3%预留工程质量保证金,待工程交付使用缺陷责任期满后清算。资信好的施工单位可以用银行保函替代工程质量保证金”。

将第五十九条修改为:“各级财政部门、项目主管部门和项目建设单位及其工作人员在基本建设财务管理过程中,存在违反本规则规定的行为,以及其他滥用职权、玩忽职守、徇私舞弊等违法违纪行为的,依照《中华人民共和国预算法》《中华人民共和国公务员法》《中华人民共和国行政监察法》《财政违法行为处罚处分条例》等国家有关规定追究相应责任;涉嫌犯罪的,依法移送司法机关处理”。

六、在《国家农业综合开发资金和项目管理办法》第四十九条后增加一条作为第五十条,原第五十条至第五十二条相应顺延,增加内容为:“各级财政部门、农发机构及其工作人员在农业综合开发资金和项目管理工作中,存在违反本办法规定的行为,以及其他滥用职权、玩忽职守、徇私舞弊等违法违纪行为的,依照《中华人民共和国预算法》《中华人民共和国公务员法》《中华人民共和国行政监察法》《财政违法行为处罚处分条例》等国家有关规定追究相应责任;涉嫌犯罪的,依法移送司法机关处理”。

本决定自2018年1月1日起施行。

国家体育总局规章和规范性文件制定程序规定

(2017年12月6日国家体育总局令第23号公布　自2018年1月1日起施行　国法备字[2018000003])

第一章　总　　则

第一条　为了规范国家体育总局(以下简称总局)规章和规范性文件制定程序,提高规章和规范性文件质量,根据《中华人民共和国立法法》和《规章制定程序条例》等法律法规,制定本规定。

第二条　总局规章和规范性文件的计划、起草、审查、决定、公布、备案、解释、清理、修改和废止,适用本规定。

第三条　本规定所称规章,是指总局根据法律、行政法规、国务院决定和命令，在总局职权范围内制定的，或者与国务院有关部门在各自职权范围内联合制定的，以总局令形式公布的，规范体育管理工作、调整体育行政管理关系、具有普遍约束力的规范性文件。

对下列事项进行规范应当制定规章：

（一）依法设定行政处罚的；

（二）依法实施行政许可的；

（三）依据有关法律、行政法规的授权，需要制定具体实施办法的；

（四）对行政相对人权益有较大影响的。

第四条 本规定所称规范性文件，是指总局根据法律、行政法规、国务院决定和命令、规章，按照法定职权和规定程序单独或者会同有关部门制定并发布，涉及体育管理相对人权利义务或对全国体育系统具有管理指导作用，具有普遍约束力并能够反复适用，可以作为体育行政管理依据、除规章以外的文件。

以下文件不属于本规定所称的规范性文件：

（一）规定总局机关及直属单位的人事、财务、保密、公文、安保、外事、党务、后勤等内部事务的文件；

（二）仅布置一次性具体工作的文件；

（三）不具有约束力的指导性文件；

（四）单纯转发的文件；

（五）根据《政府信息公开条例》和《国家体育总局政府信息公开暂行办法》等规定，属于不予公开或者依申请公开的文件。

第五条 国家体育总局政策法规司负责管理和协调总局规章和规范性文件制定工作，各厅、司、局和直属单位在各自主管业务范围内，负责规章和规范性文件制定的具体工作。

第六条 规章的名称一般称“规定”、“办法”，不得称“条例”。为执行法律、行政法规而做出具体安排或解释、补充的规章，也可称“实施细则”或“实施办法”。

规范性文件根据需要可以采用决定、通知等文种，使用“规范”、“制度”、“意见”等名称。

第七条 规章和规范性文件应当逻辑严密、结构合理、条理清晰、用词准确、简练规范、具有可操作性。不得使用不确定的修饰词和宣传性、文学性的语言。

第八条 规章应当条文化，可以根据需要设章、节、条、款、项、目。必要时，可以有目录、注释、附录、索引等附加部分。

规范性文件一般用条文形式表述，除内容复杂的外，一般不分章、节。

第二章　计　划

第九条　总局年度规章和规范性文件制定计划（以下简称计划）由国家体育总局政策法规司组织编制和实施。

第十条　各厅、司、局和直属单位应当于每年12月31日前向国家体育总局政策法规司提出下一年拟发布的规章和规范性文件建议（以下简称“建议”）。

建议应当结合体育工作实际提出，并与修改和废止现行规章和规范性文件统筹协调。

建议应当包括规章或规范性文件名称、必要性、目的和依据、拟解决的主要问题和拟确立的主要制度、前期工作情况、起草单位、工作进度安排等。

第十一条　国家体育总局政策法规司根据体育事业发展需要，对建议进行综合协调，拟定计划草案，报总局局长办公会议审议批准。

第十二条　规章和规范性文件制定工作应当按照计划进行。

起草单位不能按时完成计划的，应当向国家体育总局政策法规司提出申请并说明理由。各厅、司、局和直属单位拟增加计划外规章和规范性文件项目的，应当进行补充论证，并按第十条第三款的规定，向政策法规司提出建议。

第三章　起　草

第十三条　起草规章和规范性文件，由提出建议的厅、司、局和直属单位负责；规章和规范性文件内容涉及两个以上厅、司、局和直属单位的，由主要负责的单位牵头起草，其他单位配合。

第十四条　起草规章和规范性文件，应当对制定目的和依据、适用范围、概念界定、主管部门、主要制度、处罚措施、施行日期等内容做出明确规定。

规范性文件应当明确有效期，有效期一般不超过5年。

第十五条　起草规章和规范性文件，应当避免与现行有效的规章和规范性文件冲突。需要修改规章或规范性文件部分条款或废止规章、规范性文件的，应当在草案中予以明确。

规范性文件不得废止规章。

第十六条　起草规章和规范性文件，应当深入调查研究，总结实践经验，并采取书面征求意见、座谈会、论证会等形式，向社会公开征求意见。

涉及公民、法人和其他组织重大权利义务的，应当依法召开听证会。

第十七条 起草规章和规范性文件，涉及国务院其他部门的职责或与其关系紧密的，或者涉及总局其他单位业务的，起草单位应当征求其他部门或总局有关单位的意见，充分协商，达成共识；协商不成的，起草单位应当在上报规章草案时说明情况和理由。

第十八条 规章和规范性文件草案形成后，起草单位应当根据需要将草案再次送第十六条和第十七条涉及的有关部门、单位、组织和人员征求意见；必要时应当向省级体育行政部门征求意见。

规章草案应当通过国务院法制办法规规章草案征求意见平台向全社会公开征求意见，公开征求意见的时间不少于1个月。

第四章 审 查

第十九条 规章和规范性文件草案，由起草单位负责人签署后报送国家体育总局政策法规司进行合法性审查；涉及总局其他厅、司、局和直属单位业务的，应当与其他单位会签后，报送国家体育总局政策法规司。

不得以会签、征求意见等形式代替合法性审查。

第二十条 起草单位报送规章和规范性文件草案时，应当同时报送起草说明和其他有关材料。

起草说明包括制定规章和规范性文件的必要性、起草过程、规定的主要内容及其理由和依据、征求意见和修改情况等。

其他有关材料包括会议纪要、调研报告等。

上述材料不齐全或不符合要求的，国家体育总局政策法规司可以要求起草单位补齐或不予审查。

第二十一条 国家体育总局政策法规司从以下方面，对规章和规范性文件草案进行审查：

（一）是否符合宪法、法律、行政法规；

（二）是否属于规章和规范性文件；

（三）是否与现行规章和规范性文件的有关规定协调、衔接；

（四）是否妥善处理有关部门、单位、组织和公民对草案提出的意见；

（五）是否符合规章和规范性文件起草的技术要求；

（六）需要审查的其他内容。

第二十二条 规章和规范性文件草案有下列情形之一的，国家体育总局政策法规司可以缓办，或者将材料退回起草单位：

（一）制定规章或规范性文件的基本条件尚不成熟；

（二）规定的主要制度或措施不具可行性的；

（三）国务院其他部门，或者总局其他单位对草案规定的主要制度或措施存在较大争议，起草单位未与其协商并妥善处理的；

（四）征求意见不充分的。

第二十三条 国家体育总局政策法规司审查规章和规范性文件草案时，可以根据需要进行下列工作：

（一）将规章和规范性文件草案再次送有关部门、单位、组织和人员征求意见；

（二）就规章和规范性文件草案涉及的主要问题深入基层调研，或召开座谈会、论证会，听取意见；

（三）对反馈的不同意见进行协调。

第二十四条 国家体育总局政策法规司在完成合法性审查后，应当及时将意见反馈起草单位。

起草单位应当认真研究各方面提出的意见，会同国家体育总局政策法规司和其他有关单位对草案进行修改，形成送审稿；对不能达成一致的意见，由政策法规司提出建议。

第五章 决定和公布

第二十五条 规章送审稿由起草单位报送，经国家体育总局政策法规司核准后提请总局局长办公会议审议。

规范性文件送审稿由起草单位报送，经国家体育总局政策法规司核准后报总局领导签发。

未经国家体育总局政策法规司核准，起草单位不得直接向总局报送规章和规范性文件送审稿。

总局作为协办单位与其他部门联合发布的规章和规范性文件，按照前款规定的程序办理。

第二十六条 局长办公会议审议规章送审稿时，起草单位应当就送审稿进行说明。

局长办公会议对送审稿提出意见的，起草单位应当及时进行修改，经国家体育总局政策法规司审查后，报总局局长签发；异议较多、需做较大变动的，应当按照本规定重新起草、送审。

第二十七条 总局与国务院其他部门联合起草的规章送审稿，由总局领导参加会签。

第二十八条　总局规章由总局局长签署总局令予以公布。起草单位应在局长办公会议审议通过规章送审稿后，在国家体育总局政策法规司统一登记局长令序号。

规章的公布令应当载明规章的制定机关、序号、规章名称、通过日期、施行日期、签署人姓名以及公布日期。

规范性文件由总局领导签署总局文件予以公布。规范性文件的印发应当由起草单位在国家体育总局政策法规司统一登记、统一编号，编号规则为“体规字+年份+序号”。

未经国家体育总局政策法规司统一登记和编号并向社会公开的文件，不认定为规范性文件，不得作为管理行政相对人的依据。

第二十九条　规章及其公布令自签署公布之日起30日内，起草单位应当在国务院公报和中国政府法制信息网、国家体育总局官网、《中国体育报》上全文刊登。

规范性文件自公布之日起，起草单位应当按照《政府信息公开条例》的相关规定在总局官方网站全文发布。

总局作为协办单位与其他部门联合发布的规章和规范性文件，公布方式由主办部门确定。

第三十条　规章一般应当自公布之日起30日后施行。

涉及国家安全及公布后不立即施行将有碍规章施行的，可以自公布之日起施行。

第六章　备案和解释

第三十一条　规章公布之日起5日内，起草单位应当将规章正式文本和起草说明等材料，与规章的电子文本一起报送国家体育总局政策法规司。政策法规司按照《法规规章备案条例》的规定，统一向国务院报送备案。

规范性文件公布之日起5日内，起草单位应当将规范性文件正式文本和电子文本一起报送国家体育总局政策法规司备案。

第三十二条　总局作为协办单位起草的规章，由规章主办单位向国务院报送备案。

第三十三条　规章或规范性文件有关规定需要进一步明确具体含义；或出现新的情况，需要明确适用规章或规范性文件的，起草单位应当进行解释。

起草单位应当按照第四章和第五章的规定提出解释意见，经国家体育总局政策法规司审查后，报总局局长办公会或总局领导同意后发布。

规章和规范性文件的解释同规章和规范性文件本身具有同等效力。

第七章　清理、修改和废止

第三十四条　国家体育总局政策法规司定期组织各厅、司、局和直属单位对规章和规范性文件进行清理，定期更新、发布现行有效的规章和规范性文件目录。

各厅、司、局和直属单位可以根据工作需要，依法对本单位起草的规章和规范性文件进行清理。

第三十五条　经清理需要修改和废止的规章和规范性文件，由国家体育总局政策法规司会同有关厅、司、局和直属单位提出建议和理由，报总局领导批准后，参照本规定的有关程序进行废止和修改。

依前款程序废止的规章，自废止令发布之日起失效。

第三十六条　规范性文件有效期届满前6个月，起草单位应当提出延长有效期、修改或者废止的处理意见。

规范性文件需要继续执行的，应当在其有效期届满前公告延长有效期，延长期限不得超过其最初设定的有效期；规范性文件需要修改的，应当依照本规定在其有效期届满前重新制定发布。

有效期届满，需要废止或者起草单位未提出处理意见的，规范性文件自动失效。

第三十七条　总局与国务院其他部门联合公布的规章和规范性文件的修改和废止工作，应当在征求有关部门意见后，参照本规定的有关程序完成。

第八章　附　　则

第三十八条　法律、行政法规的起草工作，参照本规定的有关程序执行。

第三十九条　本规定自2018年1月1日起施行。2005年9月20日国家体育总局令第7号公布的《国家体育总局规章制定程序规定》同时废止。

中国证券监督管理委员会关于修改《证券登记结算管理办法》等七部规章的决定

（2017 年 12 月 7 日中国证券监督管理委员会令第 137 号公布 自公布之日起施行　国法备字[2017001653]）

根据《国务院办公厅关于进一步做好“放管服”改革涉及的规章、规范性文件清理工作的通知》(国办发[2017]40 号)要求,中国证券监督管理委员会对“放管服”改革涉及的部门规章进行了清理。经过清理,决定对七部规章的部分条款予以修改。

一、删去《证券登记结算管理办法》第十条第二项、第三项。

增加两项,作为第十一条第十项、第十一项:

“(十)重大国际合作与交流活动、涉港澳台重大事务;

“(十一)与证券登记结算有关的主要收费项目和标准的制定或调整”。

二、将《全国中小企业股份转让系统有限责任公司管理暂行办法》第十条修改为:“全国股份转让系统挂牌新的证券品种应当向中国证监会报告,采用新的转让方式应当报中国证监会批准。”

第十六条中的“应当报中国证监会批准”修改为“应当向中国证监会报告”。

三、将《转融通业务监督管理试行办法》第十一条中的“应当经证监会批准”修改为“应当报证监会备案”。

第二十三条、第三十七条、第四十八条中的“经证监会批准后实施”修改为“报证监会备案后实施”。

四、将《证券发行上市保荐业务管理办法》第十条第九项修改为:“(九)符合规定的最近 1 年度净资本计算表、风险资本准备计算表和风险控制指标监管报表”。

第十一条第六项修改为:“(六)中国证券业协会规定的其他条件”。

删去第十二条。

删去第十四条中的“对保荐代表人资格的申请,自受理之日起 20 个工作日内做出核准或者不予核准的书面决定”。

删去第十六条。

删去第十七条中的“保荐代表人”。

删去第十九条。

删去第二十条中的“保荐代表人”。

删去第二十一条。

第六十三条修改为:“中国证监会对保荐机构及其相关人员进行持续动态的跟踪管理,记录其业务资格、执业情况、违法违规行为、其他不良行为以及对其采取的监管措施等。保荐信用记录向社会公开。”

删去第六十五条第二款。

删去第八十一条。

五、将《期货交易所管理办法》第六条修改为:“设立期货交易所,由中国证监会审批。未经国务院或者中国证监会批准,任何单位或者个人不得设立期货交易场所或者以任何形式组织期货交易及其相关活动。”

第十三条中的“应当经中国证监会批准”修改为“应当事前向中国证监会报告”。

第十四条第一款修改为:“期货交易所的合并、分立或者变更组织形式,应当事前向中国证监会报告。”

第十七条第二款中的“由中国证监会批准”修改为“应当事前向中国证监会报告”。

第十八条第二款中的“应当报中国证监会批准”修改为“应当事前向中国证监会报告”。

第六十一条修改为:“期货交易所实行全员结算制度或者会员分级结算制度,应当事前向中国证监会报告。”

删去第六十七条。

第九十三条修改为:“期货交易所制定或者修改章程、交易规则,上市、中止、取消或者恢复交易品种,应当经中国证监会批准。期货交易所上市、修改或者终止合约,应当事前向中国证监会报告。”

第九十四条第一款中的“并报中国证监会批准”修改为“并事前向中国证监会报告”。

第九十五条修改为:“期货交易所制定或者修改交易规则的实施细则,应当事前向中国证监会报告。”

第九十八条中的“应当经中国证监会批准”修改为“应当按照中国证监会有关规定进行事前报告”。

第一百一十条中的“《期货交易管理条例》第六十八条”修改为“《期货交易管理条例》第六十四条”。

第一百一十一条中的“《期货交易管理条例》第六十九条”修改为“《期货

交易管理条例》第六十五条”。第一项修改为:“(一)未经报告变更名称或者注册资本”。

第一百一十二条中的“《期货交易管理条例》第八十二条”修改为“《期货交易管理条例》第七十八条”。

六、将《期货公司监督管理办法》第十四条第六项中的“《期货交易管理条例》第五十六条第二款、第五十七条”修改为“《期货交易管理条例》第五十五条第二款、第五十六条”。

第二十条修改为:“期货公司变更法定代表人,拟任法定代表人应当具备任职条件。期货公司应当自完成相关工商变更登记之日起5个工作日内向住所地中国证监会派出机构提交下列备案材料:

“(一)备案报告;

“(二)变更后的营业执照副本复印件;

“(三)公司决议文件;

“(四)法定代表人期货从业资格证明、任职资格证明;

“(五)期货公司原《经营期货业务许可证》正、副本原件;

“(六)中国证监会要求提交的其他文件。”

第二十一条中的“期货公司变更住所,应当妥善处理客户资产,拟迁入的住所和拟使用的设施应当符合业务需要”修改为“期货公司变更住所或营业场所,应当妥善处理客户资产,拟迁入的住所和拟使用的设施应当符合业务需要,并自完成相关工商变更登记之日起5个工作日内向住所地中国证监会派出机构报备”。

第二十二条修改为:“期货公司变更住所或营业场所,应当向拟迁入地中国证监会派出机构提交下列备案材料:

“(一)备案报告;

“(二)变更后的营业执照副本复印件;

“(三)公司决议文件;

“(四)关于客户资产处理情况,变更后住所和使用的设施符合期货业务需要的说明;

“(五)变更后住所所有权或者使用权证明和消防合格证明;

“(六)首席风险官出具的公司符合相关条件的意见;

“(七)期货公司原《经营期货业务许可证》正、副本原件;

“(八)中国证监会要求提交的其他文件。

“期货公司在提交备案材料时,应当将备案材料同时抄报拟迁出地中国证监会派出机构。”

第二十三条第一款修改为:“期货公司设立营业部、分公司等境内分支机构,应当自完成相关工商设立登记之日起5个工作日内向公司住所地中国证监会派出机构报备。”第二款中的“期货公司申请设立分支机构”修改为“期货公司设立境内分支机构”。

第二十四条修改为:“期货公司设立境内分支机构,应当向公司住所地中国证监会派出机构提交下列备案材料:

“(一)备案报告;

“(二)分支机构营业执照副本复印件;

“(三)公司决议文件;

“(四)分支机构负责人任职资格证明;

“(五)分支机构从业人员名册及期货从业资格证明;

“(六)营业场所所有权或者使用权证明和消防合格证明;

“(七)首席风险官出具的公司符合相关条件的意见;

“(八)中国证监会要求提交的其他文件。

“期货公司在提交备案材料时,应当将备案材料同时抄报拟设立分支机构所在地的中国证监会派出机构。”

第二十六条修改为:“期货公司终止境内分支机构的,应当先行妥善处理该分支机构客户资产,结清分支机构业务并终止经营活动,并自完成上述工作之日起5个工作日内向分支机构所在地中国证监会派出机构提交下列备案材料:

“(一)备案报告;

“(二)公司决议文件;

“(三)关于处理分支机构客户资产、结清期货业务并终止经营活动情况的说明;

“(四)在中国证监会指定报刊上的公告证明;

“(五)首席风险官出具的公司符合相关条件的意见;

“(六)中国证监会要求提交的其他文件。

“期货公司在提交备案材料时,应当将备案材料同时抄报公司住所地的中国证监会派出机构。”

第二十七条中的“期货公司申请设立、收购或者参股境外期货类经营机构,应当具备下列条件”修改为“期货公司设立、收购、参股或者终止境外期货类经营机构,应当具备下列条件,并应当自公司决议生效之日起5个工作日内向中国证监会报备”。

第二十八条修改为:“期货公司设立、收购、参股或者终止境外期货类经营机构，应当自获得境外有关监管机构核准文件之日起5个工作日内向中国证监会提交下列备案材料：

“（一）备案报告；

“（二）境外期货类经营机构的章程；

“（三）境外有关监管部门核准文件；

“（四）拟设立、收购、参股境外机构所在国家或者地区的监管机构已与中国证监会签署监管合作谅解备忘录；

“（五）中国证监会要求的其他资料。

“期货公司变更境外期货类经营机构注册资本或股权的，应当自获得境外有关监管机构核准文件之日起5个工作日内向中国证监会提交下列备案材料：

“（一）备案报告；

“（二）最近一年经审计的财务报告；

“（三）中国证监会要求的其他资料。”

第三十条中的“《期货交易管理条例》第二十一条第一款”修改为“《期货交易管理条例》第二十条第一款”。

第三十八条第二款中的“《期货交易管理条例》第五十六条第二款、第四款或者第五十七条”修改为“《期货交易管理条例》第五十五条第二款、第四款或者第五十六条”。

第七十六条中的“《期货交易管理条例》第二十九条”修改为“《期货交易管理条例》第二十八条”。

第八十八条中的“《期货交易管理条例》第五十六条”修改为“《期货交易管理条例》第五十五条”。

第九十条第二款中的“《期货交易管理条例》第五十六条”修改为“《期货交易管理条例》第五十五条”。

第九十三条中的“《期货交易管理条例》第六十七条”修改为“《期货交易管理条例》第六十六条”。

第九十四条中的“《期货交易管理条例》第六十八条”修改为“《期货交易管理条例》第六十七条”。

七、将《期货公司资产管理业务试点办法》第三条第一款修改为：“期货公司从事资产管理业务，应当依法登记备案，遵循公平、公正、诚信、规范的原则，恪守职责、谨慎勤勉，保护客户合法权益，公平对待所有客户，防范利益冲突，禁止各种形式的利益输送，维护期货市场的正常秩序。”

删去第六条、第七条、第八条。

第四十五条中的“期货公司管理办法”修改为“期货公司监督管理办法”。

第五十条中的“撤销其资产管理业务试点资格”修改为“停止其资产管理业务”,“《期货交易管理条例》第七十条、第七十一条”修改为“《期货交易管理条例》第六十六条、第六十七条”。

此外,对相关规章中的条文序号作相应调整。

本决定自公布之日起施行。

《证券登记结算管理办法》等七部规章根据本决定作相应修改,重新公布。

证券登记结算管理办法

(2006 年 4 月 7 日中国证券监督管理委员会令第 29 号公布 根据 2009 年 11 月 20 日中国证券监督管理委员会《关于修改〈证券登记结算管理办法〉的决定》第一次修订 根据 2017 年 12 月 7 日中国证券监督管理委员会《关于修改〈证券登记结算管理办法〉等七部规章的决定》第二次修订)

第一章 总 则

第一条 为了规范证券登记结算行为,保护投资者的合法权益,维护证券登记结算秩序,防范证券登记结算风险,保障证券市场安全高效运行,根据《证券法》、《公司法》等法律、行政法规的规定,制定本办法。

第二条 在证券交易所上市的股票、债券、证券投资基金份额等证券及证券衍生品种(以下统称证券)的登记结算,适用本办法。

非上市证券的登记结算业务,参照本办法执行。

境内上市外资股的登记结算业务,法律、行政法规、中国证券监督管理委员会(以下简称中国证监会)另有规定的,从其规定。

第三条 证券登记结算活动必须实行公开、公平、公正、安全、高效的原则。

第四条 证券登记结算机构是为证券交易提供集中登记、存管与结算服务,不以营利为目的的法人。

证券登记结算业务采取全国集中统一的运营方式,由证券登记结算机构依法集中统一办理。

证券登记结算机构实行行业自律管理。

第五条 证券登记结算活动必须遵守法律、行政法规、中国证监会的规定以及证券登记结算机构依法制定的业务规则。

第六条 中国证监会依法对证券登记结算机构及证券登记结算活动进行监督管理。

第二章 证券登记结算机构

第七条 证券登记结算机构的设立和解散,必须经中国证监会批准。

第八条 证券登记结算机构履行下列职能:

(一)证券账户、结算账户的设立和管理;

(二)证券的存管和过户;

(三)证券持有人名册登记及权益登记;

(四)证券和资金的清算交收及相关管理;

(五)受发行人的委托派发证券权益;

(六)依法提供与证券登记结算业务有关的查询、信息、咨询和培训服务;

(七)中国证监会批准的其他业务。

第九条 证券登记结算机构不得从事下列活动:

(一)与证券登记结算业务无关的投资;

(二)购置非自用不动产;

(三)在本办法第六十五条、第六十六条规定之外买卖证券;

(四)法律、行政法规和中国证监会禁止的其他行为。

第十条 证券登记结算机构的下列事项,应当报中国证监会批准:

(一)章程、业务规则的制定和修改;

(二)董事长、副董事长、总经理和副总经理的任免;

(三)依法应当报中国证监会批准的其他事项。

前款第(一)项中所称的业务规则,是指证券登记结算机构的证券账户管理、证券登记、证券托管与存管、证券结算、结算参与人管理等与证券登记结算业务有关的业务规则。

第十一条 证券登记结算机构的下列事项和文件,应当向中国证监会报告:

(一)业务实施细则;

(二)制定或修改业务管理制度、业务复原计划、紧急应对程序;

(三)办理新的证券品种的登记结算业务,变更登记结算业务模式;

（四）结算参与人和结算银行资格的取得和丧失等变动情况；

（五）发现重大业务风险和技术风险，发现重大违法违规行为，或涉及重大诉讼；

（六）任免分公司总经理、公司总经理助理、公司部门负责人；

（七）有关经营情况和国家有关规定执行情况的年度工作报告；

（八）经会计师事务所审计的年度财务报告，财务预决算方案和重大开支项目，聘请或更换会计师事务所；

（九）与证券交易所签订的主要业务合作协议，与证券发行人、结算参与人和结算银行签订的各项业务协议的样本格式；

（十）重大国际合作与交流活动、涉港澳台重大事务；

（十一）与证券登记结算有关的主要收费项目和标准的制定或调整；

（十二）中国证监会要求报告的其他事项和文件。

第十二条 证券登记结算机构应当妥善保存登记、存管和结算的原始凭证及有关文件和资料。其保存期限不得少于20年。

第十三条 证券登记结算机构对其所编制的与证券登记结算业务有关的数据和资料进行专属管理；未经证券登记结算机构同意，任何组织和个人不得将其专属管理的数据和资料用于商业目的。

第十四条 证券登记结算机构及其工作人员依法对与证券登记结算业务有关的数据和资料负有保密义务。

对与证券登记结算业务有关的数据和资料，证券登记结算机构应当拒绝查询，但有下列情形之一的，证券登记结算机构应当依法办理：

（一）证券持有人查询其本人的有关证券资料；

（二）证券发行人查询其证券持有人名册及有关资料；

（三）证券交易所、中国金融期货交易所依法履行职责要求证券登记结算机构提供相关数据和资料；

（四）人民法院、人民检察院、公安机关和中国证监会依照法定的条件和程序进行查询和取证。

证券登记结算机构应当采取有效措施，方便证券持有人查询其本人证券的持有记录。

第十五条 证券登记结算机构应当公开业务规则、与证券登记结算业务有关的主要收费项目和标准。

证券登记结算机构制定或者变更业务规则、调整证券登记结算主要收费项目和标准等，应当征求相关市场参与人的意见。

第十六条 证券登记结算机构工作人员必须忠于职守、依法办事、不得利用职务便利谋取不正当利益,不得泄露所知悉的有关单位和个人的商业秘密。

证券登记结算机构违反《证券法》及本办法规定的,中国证监会依法予以行政处罚;对直接负责的主管人员和其他直接责任人员,依法给予行政处分。

第三章 证券账户的管理

第十七条 投资者通过证券账户持有证券,证券账户用于记录投资者持有证券的余额及其变动情况。

第十八条 证券应当记录在证券持有人本人的证券账户内,但依据法律、行政法规和中国证监会的规定,证券记录在名义持有人证券账户内的,从其规定。

证券登记结算机构为依法履行职责,可以要求名义持有人提供其名下证券权益拥有人的相关资料。

第十九条 投资者开立证券账户应当向证券登记结算机构提出申请。

前款所称投资者包括中国公民、中国法人、中国合伙企业及法律、行政法规、中国证监会规章规定的其他投资者。

投资者申请开立证券账户应当保证其提交的开户资料真实、准确、完整。

第二十条 证券登记结算机构可以直接为投资者开立证券账户,也可以委托证券公司代为办理。

证券登记结算机构为投资者开立证券账户,应当遵循方便投资者和优化配置账户资源的原则。

第二十一条 证券公司代理开立证券账户,应当向证券登记结算机构申请取得开户代理资格。

证券公司代理开立证券账户,应当根据证券登记结算机构的业务规则,对投资者提供的有效身份证明文件原件及其他开户资料的真实性、准确性、完整性进行审核,并应当妥善保管相关开户资料,保管期限不得少于20年。

第二十二条 投资者不得将本人的证券账户提供给他人使用。

第二十三条 证券登记结算机构应当根据业务规则,对开户代理机构开立证券账户的活动进行监督。开户代理机构违反业务规则的,证券登记结算机构可以根据业务规则暂停、取消其开户代理资格,并提请中国证监会按照相关规定采取暂停或撤销其相关证券业务许可;对直接负责的主管人员和其他直接责任人员,单处或并处警告、罚款、撤销任职资格或证券从业资格等处罚措施。

第二十四条 证券公司应当掌握其客户的资料及资信状况,并对其客户证券账户的使用情况进行监督。证券公司发现其客户在证券账户使用过程中存在违规行为的，应当按照证券登记结算机构的业务规则处理，并及时向证券登记结算机构和证券交易所报告。涉及法人以他人名义设立证券账户或者利用他人证券账户买卖证券的，还应当向中国证监会报告，由中国证监会依法予以处罚。

第二十五条 投资者在证券账户开立和使用过程中存在违规行为的，证券登记结算机构应当依法对违规证券账户采取限制使用、注销等处置措施。

第四章 证券的登记

第二十六条 上市证券的发行人，应当委托证券登记结算机构办理其所发行证券的登记业务。

证券登记结算机构应当与委托其办理证券登记业务的证券发行人签订证券登记及服务协议，明确双方的权利义务。

证券登记结算机构应当制定并公布证券登记及服务协议的范本。

证券登记结算机构可以根据政府债券主管部门的要求办理上市政府债券的登记业务。

第二十七条 证券登记结算机构根据证券账户的记录，确认证券持有人持有证券的事实，办理证券持有人名册的登记。

第二十八条 证券公开发行后，证券发行人应当向证券登记结算机构提交已发行证券的证券持有人名册及其他相关资料。证券登记结算机构据此办理证券持有人名册的初始登记。

证券发行人应当保证其所提交资料的合法、真实、准确、完整。证券登记结算机构不承担由于证券发行人原因导致证券持有人名册及其他相关资料有误而产生的损失和法律后果。

第二十九条 证券在证券交易所上市交易的，证券登记结算机构应当根据证券交易的交收结果办理证券持有人名册的变更登记。

证券以协议转让、继承、捐赠、强制执行、行政划拨等方式转让的，证券登记结算机构根据业务规则变更相关证券账户的余额，并相应办理证券持有人名册的变更登记。

证券因质押、锁定、冻结等原因导致其持有人权利受到限制的，证券登记结算机构应当在证券持有人名册上加以标记。

第三十条 证券登记结算机构应当保证证券持有人名册和登记过户记录真实、准确、完整，不得隐匿、伪造或者毁损。

第三十一条 证券登记结算机构应当按照业务规则和协议定期向证券发行人发送其证券持有人名册及有关资料。

第三十二条 证券发行人申请办理权益分派等代理服务的,应当按照业务规则和协议向证券登记结算机构提交有关资料并支付款项。

证券发行人未及时履行上述义务的,证券登记结算机构有权推迟或不予办理,证券发行人应当及时发布公告说明有关情况。

第三十三条 证券发行人或者其清算组等终止证券登记及相关服务协议的,证券登记结算机构应当依法向其交付证券持有人名册及其他登记资料。

第五章 证券的托管和存管

第三十四条 投资者应当委托证券公司托管其持有的证券,证券公司应当将其自有证券和所托管的客户证券交由证券登记结算机构存管,但法律、行政法规和中国证监会另有规定的除外。

第三十五条 证券登记结算机构为证券公司设立客户证券总账和自有证券总账,用以统计证券公司交存的客户证券和自有证券。

证券公司应当委托证券登记结算机构维护其客户及自有证券账户,但法律、行政法规和中国证监会另有规定的除外。

第三十六条 投资者买卖证券,应当与证券公司签订证券交易、托管与结算协议。

证券登记结算机构应当制定和公布证券交易、托管与结算协议中与证券登记结算业务有关的必备条款。必备条款应当包括但不限于以下内容:

(一)证券公司根据客户的委托,按照证券交易规则提出交易申报,根据成交结果完成其与客户的证券和资金的交收,并承担相应的交收责任;客户应当同意集中交易结束后,由证券公司委托证券登记结算机构办理其证券账户与证券公司证券交收账户之间的证券划付;

(二)实行质押式回购交易的,投资者和证券公司应当按照业务规则的规定向证券登记结算机构提交用于回购的质押券。投资者和证券公司之间债权债务关系不影响证券登记结算机构按照业务规则对证券公司提交的质押券行使质押权;

(三)客户出现资金交收违约时,证券公司可以委托证券登记结算机构将客户净买入证券划付到其证券处置账户内,并要求客户在约定期限内补足资金。客户出现证券交收违约时,证券公司可以将相当于证券交收违约金额的资金暂不划付给该客户。

第三十七条 证券公司应当将其与客户之间建立、变更和终止证券托管关系的事项报送证券登记结算机构。

证券登记结算机构应当对上述事项加以记录。

第三十八条 客户要求证券公司将其持有证券转由其他证券公司托管的,相关证券公司应当依据证券交易所及证券登记结算机构有关业务规则予以办理,不得拒绝,但有关法律、行政法规和中国证监会另有规定的除外。

第三十九条 证券公司应当采取有效措施,保证其托管的证券的安全,禁止挪用、盗卖。

证券登记结算机构应当采取有效措施,保证其存管的证券的安全,禁止挪用、盗卖。

第四十条 证券的质押、锁定、冻结或扣划,由托管证券的证券公司和证券登记结算机构按照证券登记结算机构的相关规定办理。

第六章 证券和资金的清算交收

第四十一条 证券公司参与证券和资金的集中清算交收,应当向证券登记结算机构申请取得结算参与人资格,与证券登记结算机构签订结算协议,明确双方的权利义务。

没有取得结算参与人资格的证券公司,应当与结算参与人签订委托结算协议,委托结算参与人代其进行证券和资金的集中清算交收。

证券登记结算机构应当制定并公布结算协议和委托结算协议范本。

第四十二条 证券登记结算机构应当选择符合条件的商业银行作为结算银行,办理资金划付业务。

结算银行的条件,由证券登记结算机构制定。

第四十三条 证券和资金结算实行分级结算原则。证券登记结算机构负责办理证券登记结算机构与结算参与人之间的集中清算交收;结算参与人负责办理结算参与人与客户之间的清算交收。

第四十四条 证券登记结算机构应当设立证券集中交收账户和资金集中交收账户,用以办理与结算参与人的证券和资金的集中清算交收。

结算参与人应当根据证券登记结算机构的规定,申请开立证券交收账户和资金交收账户用以办理证券和资金的交收。同时经营证券自营业务和经纪业务的结算参与人,应当申请开立自营证券、资金交收账户和客户证券、资金交收账户分别用以办理自营业务的证券、资金交收和经纪业务的证券、资金交收。

第四十五条 证券登记结算机构采取多边净额结算方式的，应当根据业务规则作为结算参与人的共同对手方，按照货银对付的原则，以结算参与人为结算单位办理清算交收。

第四十六条 证券登记结算机构与参与多边净额结算的结算参与人签订的结算协议应当包括下列内容：

（一）对于结算参与人负责结算的证券交易合同，该合同双方结算参与人向对手方结算参与人收取证券或资金的权利，以及向对手方结算参与人支付资金或证券的义务一并转让给证券登记结算机构；

（二）受让前项权利和义务后，证券登记结算机构享有原合同双方结算参与人对其对手方结算参与人的权利，并应履行原合同双方结算参与人对其对手方结算参与人的义务。

第四十七条 证券登记结算机构进行多边净额清算时，应当将结算参与人的证券和资金轧差计算出应收应付净额，并在清算结束后将清算结果及时通知结算参与人。

证券登记结算机构采取其他结算方式的，应当按照相关业务规则进行清算。

第四十八条 集中交收前，结算参与人应当向客户收取其应付的证券和资金，并在结算参与人证券交收账户、结算参与人资金交收账户留存足额证券和资金。

结算参与人与客户之间的证券划付，应当委托证券登记结算机构代为办理。

第四十九条 集中交收过程中，证券登记结算机构应当在交收时点，向结算参与人收取其应付的资金和证券，同时交付其应收的证券和资金。交收完成后不可撤销。

结算参与人未能足额履行应付证券或资金交收义务的，不能取得相应的资金或证券。

对于同时经营自营业务以及经纪业务或资产管理业务的结算参与人，如果其客户资金交收账户资金不足的，证券登记结算机构可以动用该结算参与人自营资金交收账户内的资金完成交收。

第五十条 集中交收后，结算参与人应当向客户交付其应收的证券和资金。

结算参与人与客户之间的证券划付，应当委托证券登记结算机构代为办理。

第五十一条 证券登记结算机构应当在结算业务规则中对结算参与人与

证券登记结算机构之间的证券和资金的集中交收以及结算参与人与客户之间的证券和资金的交收期限分别做出规定。

结算参与人应当在规定的交收期限内完成证券和资金的交收。

第五十二条 因证券登记结算机构的原因导致清算结果有误的，结算参与人在履行交收责任后可以要求证券登记结算机构予以纠正，并承担结算参与人遭受的直接损失。

第七章 风险防范和交收违约处理

第一节 风险防范和控制措施

第五十三条 证券登记结算机构应当采取下列措施，加强证券登记结算业务的风险防范和控制：

（一）制定完善的风险防范制度和内部控制制度；

（二）建立完善的技术系统，制定由结算参与人共同遵守的技术标准和规范；

（三）建立完善的结算参与人和结算银行准入标准和风险评估体系；

（四）对结算数据和技术系统进行备份，制定业务紧急应变程序和操作流程。

第五十四条 证券登记结算机构应当与证券交易所相互配合，建立证券市场系统性风险的防范制度。

证券登记结算机构应当与证券交易所签订业务合作协议，明确双方的权利义务。

第五十五条 证券登记结算机构应当按照结算风险共担的原则，组织结算参与人建立证券结算互保金，用于在结算参与人交收违约时保障交收的连续进行。

证券结算互保金的筹集、使用、管理和补缴办法，由证券登记结算机构在业务规则中规定。

第五十六条 证券登记结算机构可以视结算参与人的风险状况，采取要求结算参与人提供交收担保等风险控制措施。

结算参与人提供交收担保的具体标准，由证券登记结算机构根据结算参与人的风险程度确定和调整。

证券登记结算机构应当将结算参与人提交的交收担保物与其自有资产隔离，严格按结算参与人分户管理，不得挪用。

第五十七条 结算参与人可以在其资金交收账户内,存放证券结算备付金用于完成交收。

证券登记结算机构应当将结算参与人存放的结算备付金与其自有资金隔离,严格按结算参与人分户管理,不得挪用。

第五十八条 证券登记结算机构应当对质押式回购实行质押品保管库制度,将结算参与人提交的用于融资回购担保的质押券转移到质押品保管库。

第五十九条 证券登记结算机构收取的下列资金和证券,只能按业务规则用于已成交的证券交易的清算交收,不得被强制执行:

(一)证券登记结算机构收取的证券结算风险基金、证券结算互保金,以及交收担保物、回购质押券等用于担保交收的资金和证券;

(二)证券登记结算机构根据本办法设立的证券集中交收账户、资金集中交收账户、专用清偿账户内的证券和资金以及根据业务规则设立的其他专用交收账户内的证券和资金;

(三)结算参与人证券交收账户、结算参与人证券处置账户等结算账户内的证券以及结算参与人资金交收账户内根据成交结果确定的应付资金;

(四)根据成交结果确定的投资者进入交收程序的应付证券和资金;

(五)证券登记结算机构在银行开设的结算备付金等专用存款账户、新股发行验资专户内的资金,以及发行人拟向投资者派发的债息、股息和红利等。

第六十条 证券登记结算机构可以根据组织管理证券登记结算业务的需要,按照有关规定申请授信额度,或将专用清偿账户中的证券用于申请质押贷款,以保障证券登记结算活动的持续正常进行。

第二节 集中交收的违约处理

第六十一条 证券登记结算机构应当设立专用清偿账户,用于在结算参与人发生违约时存放暂不交付或扣划的证券和资金。

第六十二条 结算参与人发生资金交收违约时,应当按照以下程序办理:

(一)违约结算参与人应当向证券登记结算机构发送证券交收划付指令,在该结算参与人当日全部应收证券中指定相当于已交付资金等额的证券种类、数量及对应的证券账户,由证券登记结算机构交付结算参与人;并指定相当于不足金额的证券种类和数量,由证券登记结算机构暂不交付给结算参与人。

(二)证券登记结算机构在规定期限内收到有效证券交收划付指令的,应当依据结算业务规则将相应证券交付结算参与人,将暂不交付的证券划入专用清偿账户,并通知该结算参与人在规定的期限内补足资金或提交交收担保。

证券登记结算机构在规定期限内未收到有效证券交收划付指令的，属于结算参与人重大交收违约情形，证券登记结算机构应当将拟交付给结算参与人的全部证券划入专用清偿账户，暂不交付结算参与人，并通知结算参与人在规定的期限内补足资金或提交交收担保。

暂不交付的证券、补充资金或交收担保不足以弥补违约金额的，证券登记结算机构可以扣划该结算参与人的自营证券，并在转入专用清偿账户后通知结算参与人。

第六十三条 结算参与人发生资金交收违约的，证券登记结算机构应当按照下列顺序动用资金，完成与对手方结算参与人的资金交收：

（一）违约结算参与人的担保物中的现金部分；

（二）证券结算互保金中违约结算参与人交纳的部分；

（三）证券结算互保金中其他结算参与人交纳的部分；

（四）证券结算风险基金；

（五）其他资金。

第六十四条 结算参与人发生证券交收违约时，证券登记结算机构有权暂不交付相当于违约金额的应收资金。

证券登记结算机构应当将暂不划付的资金划入专用清偿账户，并通知该结算参与人。结算参与人应当在规定的期限内补足证券，或者提供证券登记结算机构认可的担保。

第六十五条 结算参与人发生证券交收违约的，证券登记结算机构可以动用下列证券，完成与对手方结算参与人的证券交收：

（一）违约结算参与人提交的用以冲抵的相同证券；

（二）委托证券公司以专用清偿账户中的资金买入的相同证券；

（三）其他来源的相同证券。

第六十六条 违约结算参与人未在规定的期间内补足资金、证券的，证券登记结算机构可以处分违约结算参与人所提供的担保物、质押品保管库中的回购质押券、卖出专用清偿账户内的证券。

前款处置所得，用于补足违约结算参与人欠付的资金、证券和支付相关费用；有剩余的，应当归还该相关违约结算参与人；不足偿付的，证券登记结算机构应当向相关违约结算参与人追偿。

在规定期限内无法追偿的证券或资金，证券登记结算机构可以依法动用证券结算互保金和证券结算风险基金予以弥补。依法动用证券结算互保金和证券结算风险基金弥补损失后，证券登记结算机构应当继续向违约结算参与人追偿。

第六十七条 结算参与人发生资金交收违约或证券交收违约的，证券登记结算机构可以按照有关规定收取违约金。证券登记结算机构收取的违约金应当计入证券结算风险基金。

第六十八条 结算参与人发生重大交收违约情形的，证券登记结算机构可以按照以下程序办理：

（一）暂停、终止办理其部分、全部结算业务，以及中止、撤销结算参与人资格，并提请证券交易所采取停止交易措施。

（二）提请中国证监会按照相关规定采取暂停或撤销其相关证券业务许可；对直接负责的主管人员和其他直接责任人员，单处或并处警告、罚款、撤销任职资格或证券从业资格的处罚措施。

证券登记结算机构提请证券交易所采取停止交易措施的具体办法由证券登记结算机构商证券交易所制订，报中国证监会批准。

第六十九条 证券登记结算机构依法动用证券结算互保金和证券结算风险基金，以及对违约结算参与人采取前条规定的处置措施的，应当在证券登记结算机构年度报告中列示。

第三节 结算参与人与客户交收的违约处理

第七十条 结算参与人可以根据证券登记结算机构的规定，向证券登记结算机构申请开立证券处置账户，用以存放暂不交付给客户的证券。

第七十一条 结算参与人可以视客户的风险状况，采取包括要求客户提供交收担保在内的风险控制措施。

客户提供交收担保的具体标准，由结算参与人与客户在证券交易、托管与结算协议中明确。

第七十二条 客户出现资金交收违约时，结算参与人可以发出指令，委托证券登记结算机构将客户净买入证券划付到其证券处置账户内，并要求客户在约定期限内补足资金。

第七十三条 客户出现证券交收违约时，结算参与人可以将相当于证券交收违约金额的资金暂不划付给该客户。

第七十四条 违约客户未在规定的期间内补足资金、证券的，结算参与人可以将证券处置账户内的相应证券卖出，或用暂不交付的资金补购相应证券。

前款处置所得，用于补足违约客户欠付的资金、证券和支付相关费用；有剩余的，应当归还该客户；尚有不足的，结算参与人有权继续向客户追偿。

第七十五条 结算参与人未及时将客户应收资金支付给客户或未及时委托证券登记结算机构将客户应收证券从其证券交收账户划付到客户证券账户

的，结算参与人应当对客户承担违约责任，给客户造成损失的，结算参与人应当承担对客户的赔偿责任。

第七十六条 客户对结算参与人交收违约的，结算参与人不能因此拒绝履行对证券登记结算机构的交收义务，也不得影响已经完成和正在进行的证券和资金的集中交收及证券登记结算机构代为办理的证券划付。

第七十七条 没有取得结算参与人资格的证券公司与其客户之间的结算权利义务关系，参照本办法执行。

第八章 附 则

第七十八条 本办法下列用语的含义是：

登记，是指证券登记结算机构接受证券发行人的委托，通过设立和维护证券持有人名册确认证券持有人持有证券事实的行为。

托管，是指证券公司接受客户委托，代其保管证券并提供代收红利等权益维护服务的行为。

存管，是指证券登记结算机构接受证券公司委托，集中保管证券公司的客户证券和自有证券，并提供代收红利等权益维护服务的行为。

结算，是指清算和交收。

清算，是指按照确定的规则计算证券和资金的应收应付数额的行为。

交收，是指根据确定的清算结果，通过转移证券和资金履行相关债权债务的行为。

名义持有人，是指受他人指定并代表他人持有证券的机构。

结算参与人，是指经证券登记结算机构核准，有资格参与集中清算交收的证券公司或其他机构。

共同对手方，是指在结算过程中，同时作为所有买方和卖方的交收对手并保证交收顺利完成的主体。

货银对付，是指证券登记结算机构与结算参与人在交收过程中，当且仅当资金交付时给付证券、证券交付时给付资金。

多边净额结算，是指证券登记结算机构将每个结算参与人所有达成交易的应收应付证券或资金予以冲抵轧差，计算出相对每个结算参与人的应收应付证券或资金的净额，再按照应收应付证券或资金的净额与每个结算参与人进行交收。

证券集中交收账户，是指证券登记结算机构为办理多边交收业务开立的结算账户，用于办理结算参与人与证券登记结算机构之间的证券划付。

资金集中交收账户,是指证券登记结算机构为办理多边交收业务开立的结算账户,用于办理结算参与人与证券登记结算机构之间的资金划付。

结算参与人证券交收账户,是指结算参与人向证券登记结算机构申请开立的用于证券交收的结算账户。对于同时经营自营业务以及经纪业务或资产管理业务的结算参与人,其证券交收账户包括自营证券交收账户和客户证券交收账户。

结算参与人资金交收账户,是指结算参与人向证券登记结算机构申请开立的用于资金交收的结算账户。对于同时经营自营业务以及经纪业务或资产管理业务的结算参与人,其资金交收账户包括自营资金交收账户和客户资金交收账户。

专用清偿账户,是指证券登记结算机构开立的结算账户,用于存放结算参与人交收违约时证券登记结算机构暂未交付、扣划的证券和资金。

证券处置账户,是指结算参与人向证券登记结算机构申请开立的结算账户,用于存放客户交收违约时证券公司暂不交付给客户的证券。

质押品保管库,是指证券登记结算机构开立的质押品保管专用账户,用于存放结算参与人提交的用于回购的质押券等质押品。

证券结算备付金,是指结算参与人在其资金交收账户内存放的用于完成资金交收的资金。

证券结算互保金,是指全体结算参与人缴纳的用以在发生交收违约时弥补流动性不足以及交收违约损失的资金。

第七十九条 证券公司以外的机构经中国证监会批准,可以接受证券登记结算机构委托为投资者开立证券账户、可以接受投资者委托托管其证券,或者申请成为结算参与人为客户办理证券和资金的清算交收,有关证券登记结算业务处理参照本办法执行。

第八十条 本办法由中国证监会负责解释、修订。

第八十一条 本办法自2006年7月1日起施行。

全国中小企业股份转让系统有限责任公司管理暂行办法

(2013 年 1 月 31 日中国证券监督管理委员会令第 89 号公布 根据 2017 年 12 月 7 日中国证券监督管理委员会《关于修改〈证券登记结算管理办法〉等七部规章的决定》修订)

第一章　总　　则

第一条　为加强对全国中小企业股份转让系统有限责任公司(以下简称全国股份转让系统公司)的管理,明确其职权与责任,维护股票挂牌转让及相关活动的正常秩序,根据《公司法》、《证券法》等法律、行政法规,制定本办法。

第二条　全国中小企业股份转让系统(以下简称全国股份转让系统)是经国务院批准设立的全国性证券交易场所。

第三条　股票在全国股份转让系统挂牌的公司(以下简称挂牌公司)为非上市公众公司,股东人数可以超过 200 人,接受中国证券监督管理委员会(以下简称中国证监会)的统一监督管理。

第四条　全国股份转让系统公司负责组织和监督挂牌公司的股票转让及相关活动,实行自律管理。

第五条　全国股份转让系统公司应当坚持公益优先的原则,维护公开、公平、公正的市场环境,保证全国股份转让系统的正常运行,为全国股份转让系统各参与人提供优质、高效、低成本的金融服务。

第六条　全国股份转让系统的股票挂牌转让及相关活动,必须遵守法律、行政法规和各项规章规定,禁止欺诈、内幕交易、操纵市场等违法违规行为。

第七条　中国证监会依法对全国股份转让系统公司、全国股份转让系统的各项业务活动及各参与人实行统一监督管理,维护全国股份转让系统运行秩序,依法查处违法违规行为。

第二章　全国股份转让系统公司的职能

第八条　全国股份转让系统公司的职能包括:

(一)建立、维护和完善股票转让相关技术系统和设施;

（二）制定和修改全国股份转让系统业务规则；

（三）接受并审查股票挂牌及其他相关业务申请，安排符合条件的公司股票挂牌；

（四）组织、监督股票转让及相关活动；

（五）对主办券商等全国股份转让系统参与人进行监管；

（六）对挂牌公司及其他信息披露义务人进行监管；

（七）管理和公布全国股份转让系统相关信息；

（八）中国证监会批准的其他职能。

第九条 全国股份转让系统公司应当就股票挂牌、股票转让、主办券商管理、挂牌公司管理、投资者适当性管理等依法制定基本业务规则。

全国股份转让系统公司制定与修改基本业务规则，应当经中国证监会批准。制定与修改其他业务规则，应当报中国证监会备案。

第十条 全国股份转让系统挂牌新的证券品种应当向中国证监会报告，采用新的转让方式应当报中国证监会批准。

第十一条 全国股份转让系统公司应当为组织公平的股票转让提供保障，公布股票转让即时行情。未经全国股份转让系统公司许可，任何单位和个人不得发布、使用或传播股票转让即时行情。

第十二条 全国股份转让系统公司收取的资金和费用应当符合有关主管部门的规定，并优先用于维护和完善相关技术系统和设施。

全国股份转让系统公司应当制定专项财务管理规则，并报中国证监会备案。

第十三条 全国股份转让系统公司应当从其收取的费用中提取一定比例的金额设立风险基金。风险基金提取和使用的具体办法，由中国证监会另行制定。

第十四条 全国股份转让系统的登记结算业务由中国证券登记结算有限责任公司负责。全国股份转让系统公司应当与其签订业务协议，并报中国证监会备案。

第三章 全国股份转让系统公司的组织结构

第十五条 全国股份转让系统公司应当按照《公司法》等法律、行政法规和中国证监会的规定，制定公司章程，明确股东会、董事会、监事会和经理层之间的职责划分，建立健全内部组织机构，完善公司治理。

全国股份转让系统公司章程的制定和修改，应当经中国证监会批准。

第十六条 全国股份转让系统公司的股东应当具备法律、行政法规和中国证监会规定的资格条件，股东持股比例应当符合中国证监会的有关规定。

全国股份转让系统公司新增股东或原股东转让所持股份的，应当向中国证监会报告。

第十七条 全国股份转让系统公司董事会、监事会的组成及议事规则应当符合有关法律、行政法规和中国证监会的规定，并报中国证监会备案。

第十八条 全国股份转让系统公司董事长、副董事长、监事会主席及高级管理人员由中国证监会提名，任免程序和任期遵守《公司法》和全国股份转让系统公司章程的有关规定。

前款所述高级管理人员的范围，由全国股份转让系统公司章程规定。

第十九条 全国股份转让系统公司应当根据需要设立专门委员会。各专门委员会的组成及议事规则报中国证监会备案。

第四章 全国股份转让系统公司的自律监管

第二十条 全国股份转让系统实行主办券商制度。在全国股份转让系统从事主办券商业务的证券公司称为主办券商。

主办券商业务包括推荐股份公司股票挂牌，对挂牌公司进行持续督导，代理投资者买卖挂牌公司股票，为股票转让提供做市服务及其他全国股份转让系统公司规定的业务。

第二十一条 全国股份转让系统公司依法对股份公司股票挂牌、定向发行等申请及主办券商推荐文件进行审查，出具审查意见。

全国股份转让系统公司应当与符合条件的股份公司签署挂牌协议，确定双方的权利义务关系。

第二十二条 全国股份转让系统公司应当督促申请股票挂牌的股份公司、挂牌公司及其他信息披露义务人，依法履行信息披露义务，真实、准确、完整、及时地披露信息，不得有虚假记载、误导性陈述或者重大遗漏。

第二十三条 挂牌公司应当符合全国股份转让系统持续挂牌条件，不符合持续挂牌条件的，全国股份转让系统公司应当及时作出股票暂停或终止挂牌的决定，及时公告，并报中国证监会备案。

第二十四条 挂牌股票转让可以采取做市方式、协议方式、竞价方式或证监会批准的其他转让方式。

第二十五条 全国股份转让系统实行投资者适当性管理制度。参与股票转让的投资者应当具备一定的证券投资经验和相应的风险识别和承担能力，了解熟悉相关业务规则。

第二十六条 因突发性事件而影响股票转让的正常进行时,全国股份转让系统公司可以采取技术性停牌措施;因不可抗力的突发性事件或者为维护股票转让的正常秩序,可以决定临时停市。

全国股份转让系统公司采取技术性停牌或者决定临时停市,应当及时报告中国证监会。

第二十七条 全国股份转让系统公司应当建立市场监控制度及相应技术系统,配备专门市场监察人员,依法对股票转让实行监控,及时发现、及时制止内幕交易、市场操纵等异常转让行为。

对违反法律法规及业务规则的,全国股份转让系统公司应当及时采取自律监管措施,并视情节轻重或根据监管要求,及时向中国证监会报告。

第二十八条 全国股份转让系统公司应当督促主办券商、律师事务所、会计师事务所等为挂牌转让等相关业务提供服务的证券服务机构和人员,诚实守信、勤勉尽责,严格履行法定职责,遵守法律法规和行业规范,并对出具文件的真实性、准确性、完整性负责。

第二十九条 全国股份转让系统公司发现相关当事人违反法律法规及业务规则的,可以依法采取自律监管措施,并报中国证监会备案。依法应当由中国证监会进行查处的,全国股份转让系统公司应当向中国证监会提出查处建议。

第五章 监督管理

第三十条 全国股份转让系统公司应当向中国证监会报告股东会、董事会、监事会、总经理办公会议和其他重要会议的会议纪要,全国股份转让系统运行情况,全国股份转让系统公司自律监管职责履行情况、日常工作动态以及中国证监会要求报告的其他信息。

全国股份转让系统公司的其他报告义务,比照执行证券交易所管理有关规定。

第三十一条 中国证监会有权要求全国股份转让系统公司对其章程和业务规则进行修改。

第三十二条 中国证监会依法对全国股份转让系统公司进行监管,开展定期、不定期的现场检查,并对其履职和运营情况进行评估和考核。

全国股份转让系统公司及相关人员违反本办法规定,在监管工作中不履行职责,或者不履行本办法规定的有关义务,中国证监会比照证券交易所管理有关规定进行查处。

第六章　附　　则

第三十三条　全国股份转让系统公司为其他证券品种提供挂牌转让服务的，比照本办法执行。

第三十四条　在证券公司代办股份转让系统的原 STAQ、NET 系统挂牌公司和退市公司及其股份转让相关活动，由全国股份转让系统公司负责监督管理。

第三十五条　本办法自公布之日起施行。

转融通业务监督管理试行办法

（2011 年 10 月 26 日中国证券监督管理委员会令第 75 号公布　根据 2017 年 12 月 7 日中国证券监督管理委员会《关于修改〈证券登记结算管理办法〉等七部规章的决定》修订）

第一章　总　　则

第一条　为了健全融资融券交易机制，拓宽证券公司融资融券业务资金和证券来源，规范转融通业务及相关活动，防范转融通业务风险，根据《证券法》、《证券公司监督管理条例》，制定本办法。

第二条　本办法所称转融通业务，是指证券金融公司将自有或者依法筹集的资金和证券出借给证券公司，以供其办理融资融券业务的经营活动。

第三条　从事转融通业务及相关活动，应当遵循平等、自愿、公平和诚实信用原则，不得损害社会公共利益。

第四条　证券金融公司应当遵守法律、行政法规和本办法的规定，严格防范和控制风险，稳健开展转融通业务。

第五条　中国证券监督管理委员会（以下简称证监会）依法对证券金融公司及其相关业务活动进行监督管理。

第二章　证券金融公司

第六条　证券金融公司根据国务院的决定设立。证监会根据国务院的决定,履行审批程序。

第七条 证券金融公司的组织形式为股份有限公司,注册资本不少于人民币60亿元。

证券金融公司的注册资本应当为实收资本,其股东应当用货币出资。

第八条 证券金融公司应当依照《公司法》和本办法的规定,制定公司章程,设立股东大会、董事会、监事会等组织机构,规范运作。

第九条 证券金融公司董事、监事和高级管理人员的选任,应当经证监会批准。

第十条 证券金融公司不以营利为目的,履行下列职责:

(一)为证券公司融资融券业务提供资金和证券的转融通服务;

(二)对证券公司融资融券业务运行情况进行监控;

(三)监测分析全市场融资融券交易情况,运用市场化手段防控风险;

(四)证监会确定的其他职责。

第十一条 证券金融公司变更名称、注册资本、股东、住所、职责范围,制定或者修改公司章程,设立或者撤销分支机构,应当报证监会备案。

第三章 业务规则

第十二条 证券金融公司开展转融通业务,应当以自己的名义,在证券登记结算机构分别开立转融通专用证券账户、转融通担保证券账户和转融通证券交收账户。

转融通专用证券账户用于记录证券金融公司持有的拟向证券公司融出的证券和证券公司归还的证券;转融通担保证券账户用于记录证券公司委托证券金融公司持有、担保证券金融公司因向证券公司转融通所生债权的证券;转融通证券交收账户用于办理证券金融公司与转融通业务有关的证券结算。

第十三条 证券金融公司开展转融通业务,应当以自己的名义,在商业银行开立转融通专用资金账户,在证券登记结算机构分别开立转融通担保资金账户和转融通资金交收账户。

转融通专用资金账户用于存放证券金融公司拟向证券公司融出的资金及证券公司归还的资金;转融通担保资金账户用于记录证券公司交存的、担保证券金融公司因向证券公司转融通所生债权的资金;转融通资金交收账户用于办理证券金融公司与转融通业务有关的资金结算。

第十四条 证券金融公司开展转融通业务,应当了解证券公司的基本情况、业务范围、财务状况、违约记录、风险控制能力等,并以书面和电子的方式予以记录和保存。

第十五条 证券金融公司应当建立客户信用评估机制,对证券公司的信用状况进行评估,并根据评估结果确定和调整对证券公司的授信额度。

第十六条 证券金融公司开展转融通业务,应当与证券公司签订转融通业务合同,约定转融通的资金数额、标的证券的种类和数量、期限、费率、保证金的比例、证券权益处理办法、违约责任等事项。

证券金融公司应当制定转融通业务合同标准格式,报证监会备案。

第十七条 除本条第二款规定的情形外,证券金融公司向证券公司转融通的期限不得超过6个月。转融通的期限,自资金或者证券实际交付之日起算。

证券金融公司可以与证券公司对转融通标的证券暂停交易、终止交易和其他特殊情形下转融通期限的顺延或者缩短作出约定。

第十八条 证券金融公司应当按照国家宏观政策,根据市场状况和风险控制需要,确定和调整转融通费率和保证金的比例。

第十九条 证券金融公司与证券公司签订转融通业务合同后,应当根据证券公司的申请,以证券公司的名义,为其开立转融通担保证券明细账户和转融通担保资金明细账户。

转融通担保证券明细账户是转融通担保证券账户的二级账户,用于记载证券公司委托证券金融公司持有的担保证券的明细数据。转融通担保资金明细账户是转融通担保资金账户的二级账户,用于记载证券公司交存的担保资金的明细数据。

证券金融公司可以委托证券登记结算机构根据清算、交收结果等,对证券公司转融通担保证券明细账户和转融通担保资金明细账户内的数据进行变更。

第二十条 证券金融公司开展转融通业务,应当向证券公司收取一定比例的保证金。保证金可以证券充抵,但货币资金占应收取保证金的比例不得低于15%。

证券金融公司应当确定并公布可充抵保证金证券的种类和折算率。

证券金融公司可以与证券登记结算机构签订合同,委托证券登记结算机构代为管理保证金。

第二十一条 证券公司向证券金融公司交存保证金,采取设立信托的方式。保证金中的证券应当记入转融通担保证券账户,保证金中的资金应当记入转融通担保资金账户。

证券金融公司与证券公司应当约定,转融通担保证券账户内的证券和转融通担保资金账户内的资金，均为担保证券金融公司因向证券公司转融通所生债权的信托财产，因本办法第二十二条第三款规定情形所形成的信托财产对证券金融公司的债权，也归入信托财产。

第二十二条 证券金融公司应当逐日计算证券公司交存的保证金价值与其所欠债务的比例。当该比例低于约定的维持保证金比例时，应当通知证券公司在一定的期限内补交差额，直至达到约定的初始保证金比例。但是，对因本条第三款规定情形导致的差额，证券公司无须补交。

证券公司违约的，证券金融公司可以按照约定处分保证金，以实现对证券公司的债权；处分保证金不足以完全实现对证券公司的债权的，证券金融公司应当依法向证券公司追偿。

经证券公司书面同意，证券金融公司可以有偿使用证券公司交存的保证金。证券金融公司使用保证金的用途、期限、对价等具体事项，由双方通过转融通业务合同约定。

第二十三条 证券金融公司可以根据化解证券公司违约风险的需要，建立转融通互保基金。转融通互保基金的管理办法，由证券金融公司制定，报证监会备案后实施。

第二十四条 市场交易活动出现异常，已经或者可能危及市场稳定，有必要暂停转融通业务的，证券金融公司可以按照业务规则和合同约定，暂停全部或者部分转融通业务并公告。

第二十五条 证券登记结算机构根据证券账户和资金账户持有人发出或者认可的指令，办理转融通业务涉及的证券和资金的划转。

第二十六条 司法机关依法对证券公司转融通担保证券明细账户或者转融通担保资金明细账户记载的权益采取财产保全或者强制执行措施的，证券金融公司应当处分保证金，在实现因向证券公司转融通所生债权后，协助司法机关执行。

第四章 资金和证券的来源

第二十七条 证券金融公司开展转融通业务，可以使用下列资金和证券：

（一）自有资金和证券；

（二）通过证券交易所的业务平台融入的资金和证券；

（三）通过证券金融公司的业务平台融入的资金；

（四）依法筹集的其他资金和证券。

第二十八条 证券金融公司可以依照《公司法》、《证券法》等有关规定，发行公司债券。

第二十九条 证券金融公司可以向股东或者其他特定投资者借入次级债。证券金融公司借入次级债,应当事先向证监会报告。

证券金融公司借入的次级债,参照证监会对证券公司借入次级债的有关规定,计入净资本。

第三十条 证券金融公司通过证券交易所的业务平台融入资金和证券,按照证券交易所的业务规则办理。证券登记结算机构按照证券交易所业务平台的成交结果,办理有关登记结算。

第三十一条 证券金融公司为履行本办法规定的职责,可以通过其在证券登记结算机构开立的普通证券账户买卖证券。

第五章 权益处理

第三十二条 证券登记结算机构根据转融通担保证券账户内的记录,确认证券金融公司受托持有证券的事实,并以证券金融公司为名义持有人,登记于证券持有人名册。

第三十三条 对转融通担保证券账户内记录的证券,由证券金融公司以自己的名义,行使对证券发行人的权利。证券金融公司行使对证券发行人的权利,应当事先征求委托其持有该证券的证券公司意见,并按照其意见办理。

前款所称对证券发行人的权利,是指请求召开证券持有人会议、参加证券持有人会议、提案、表决、配售股份的认购、请求分配投资收益等因持有证券而产生的权利。

第三十四条 证券登记结算机构受证券发行人委托以证券或者现金形式分派投资收益的,应当分别将分派的证券或者现金记录在转融通担保证券账户或者转融通担保资金账户内,并相应变更证券公司转融通担保证券明细账户或者转融通担保资金明细账户的数据。

第三十五条 证券金融公司根据本办法规定融入证券后、归还证券前,或者证券公司向证券金融公司融入证券后、归还证券前,证券发行人分配投资收益、向证券持有人配售或者无偿派发证券、发行证券持有人有优先认购权的证券的,证券金融公司或者证券公司应当按照约定向融出方支付与所融入证券可得利益相等的证券或者资金。

第三十六条 证券金融公司通过转融通担保证券账户持有的证券不计入其自有证券,证券金融公司无须因该账户内证券数量的变动而履行信息报告、披露或者要约收购义务。

证券公司通过其自营证券账户、融券专用证券账户和转融通担保证券明细账户合计持有一家上市公司股票及其权益的数量或者其增减变动达到规定的比例时，应当依法履行信息报告、披露或者要约收购义务。有一致行动人的，一致行动人与证券公司持有的股票及其权益的数量合并计算。

第六章　监督管理

第三十七条　证券金融公司应当依照本办法的规定制定转融通业务规则，明确账户管理、授信管理、标的证券管理、保证金管理、费率管理、信息披露等事项，报证监会备案后实施。

第三十八条　证券金融公司应当每个交易日公布以下转融通信息：

（一）转融资余额；

（二）转融券余额；

（三）转融通成交数据；

（四）转融通费率。

第三十九条　证券金融公司应当建立合规管理机制，保证公司的经营管理及工作人员的执业行为合法合规。

第四十条　证券金融公司应当建立风险控制机制，有效识别、评估、控制公司经营管理中的各类风险。

第四十一条　证券金融公司应当遵守以下风险控制指标规定：

（一）净资本与各项风险资本准备之和的比例不得低于100%；

（二）对单一证券公司转融通的余额，不得超过证券金融公司净资本的50%；

（三）融出的每种证券余额不得超过该证券上市可流通市值的10%；

（四）充抵保证金的每种证券余额不得超过该证券总市值的15%。

证券金融公司净资本、风险资本准备的计算，参照证监会对证券公司的有关规定执行。证监会另有规定的除外。

第四十二条　证券金融公司不得为他人的债务提供担保。

第四十三条　证券金融公司应当每年按照税后利润的10%提取风险准备金。证监会可以根据防范证券金融公司风险的需要，对提取比例进行调整。

第四十四条　证券金融公司的资金，除用于履行本办法规定职责和维持公司正常运转外，只能用于以下用途：

（一）银行存款；

（二）购买国债、证券投资基金份额等经证监会认可的高流动性金融产品；

（三）购置自用不动产；

（四）证监会认可的其他用途。

第四十五条 证券金融公司应当建立信息系统安全管理机制，保障公司信息系统安全、稳定运行。

第四十六条 证券金融公司应当自每一会计年度结束之日起 4 个月内，向证监会报送年度报告。年度报告应当包含按照规定编制并经具有证券相关业务资格的会计师事务所审计的财务会计报告。

证券金融公司应当自每月结束之日起 7 个工作日内，向证监会报送月度报告。月度报告应当包含本办法第四十一条所列各项风险控制指标和转融通业务专项报表，以及证监会要求报送的其他信息。

第四十七条 发生影响或者可能影响公司经营管理的重大事件的，证券金融公司应当立即向证监会报送临时报告，说明事件的起因、目前的状态、可能产生的后果和应对措施。

第四十八条 证券金融公司为履行监控证券公司融资融券业务运行情况的职责，可以制定证券公司融资融券业务监控规则，报证监会备案后实施。

证券公司应当按照规定向证券金融公司报送融资融券的相关数据。证券公司报送的数据应当真实、准确、完整。

证券交易所、证券登记结算机构、证券金融公司应当建立融资融券信息共享机制。

第四十九条 证券金融公司及其工作人员应当对因履行职责而获悉的信息保密。法律、行政法规和本办法另有规定的除外。

第五十条 证券金融公司应当妥善保存履行本办法规定职责所形成的各类文件、资料，保存期限不少于 20 年。

第五十一条 证监会为履行监督管理职责，可以要求证券金融公司及其工作人员提供有关信息、资料，并对公司进行现场检查。

第五十二条 证券金融公司或者证券公司违反本办法规定的，由证监会视具体情形，采取责令改正、出具警示函、责令公开说明、责令定期报告等监管措施；应当给予行政处罚的，由证监会对公司及其有关责任人员单处或者并处警告、罚款。

第七章 附 则

第五十三条 证券交易所和证券登记结算机构根据本办法制定配套的交

易、结算规则,按照规定报经证监会批准或者备案后实施。

第五十四条 本办法自公布之日起施行。

证券发行上市保荐业务管理办法

(2008年10月17日中国证券监督管理委员会令第58号公布 根据2009年5月13日中国证券监督管理委员会《关于修改〈证券发行上市保荐业务管理办法〉的决定》第一次修订 根据2017年12月7日中国证券监督管理委员会《关于修改〈证券登记结算管理办法〉等七部规章的决定》第二次修订)

第一章 总 则

第一条 为了规范证券发行上市保荐业务,提高上市公司质量和证券公司执业水平,保护投资者的合法权益,促进证券市场健康发展,根据《证券法》、《国务院对确需保留的行政审批项目设定行政许可的决定》(国务院令第412号)等有关法律、行政法规,制定本办法。

第二条 发行人应当就下列事项聘请具有保荐机构资格的证券公司履行保荐职责:

(一)首次公开发行股票并上市;

(二)上市公司发行新股、可转换公司债券;

(三)中国证券监督管理委员会(以下简称"中国证监会")认定的其他情形。

第三条 证券公司从事证券发行上市保荐业务,应依照本办法规定向中国证监会申请保荐机构资格。

保荐机构履行保荐职责,应当指定依照本办法规定取得保荐代表人资格的个人具体负责保荐工作。

未经中国证监会核准,任何机构和个人不得从事保荐业务。

第四条 保荐机构及其保荐代表人应当遵守法律、行政法规和中国证监会的相关规定,恪守业务规则和行业规范,诚实守信,勤勉尽责,尽职推荐发行人证券发行上市,持续督导发行人履行规范运作、信守承诺、信息披露等义务。

保荐机构及其保荐代表人不得通过从事保荐业务谋取任何不正当利益。

第五条 保荐代表人应当遵守职业道德准则,珍视和维护保荐代表人职业声誉，保持应有的职业谨慎，保持和提高专业胜任能力。

保荐代表人应当维护发行人的合法利益，对从事保荐业务过程中获知的发行人信息保密。保荐代表人应当恪守独立履行职责的原则，不因迎合发行人或者满足发行人的不当要求而丧失客观、公正的立场，不得唆使、协助或者参与发行人及证券服务机构实施非法的或者具有欺诈性的行为。

保荐代表人及其配偶不得以任何名义或者方式持有发行人的股份。

第六条 同次发行的证券，其发行保荐和上市保荐应当由同一保荐机构承担。保荐机构依法对发行人申请文件、证券发行募集文件进行核查，向中国证监会、证券交易所出具保荐意见。保荐机构应当保证所出具的文件真实、准确、完整。

证券发行规模达到一定数量的，可以采用联合保荐，但参与联合保荐的保荐机构不得超过2家。

证券发行的主承销商可以由该保荐机构担任，也可以由其他具有保荐机构资格的证券公司与该保荐机构共同担任。

第七条 发行人及其董事、监事、高级管理人员，为证券发行上市制作、出具有关文件的律师事务所、会计师事务所、资产评估机构等证券服务机构及其签字人员，应当依照法律、行政法规和中国证监会的规定，配合保荐机构及其保荐代表人履行保荐职责，并承担相应的责任。

保荐机构及其保荐代表人履行保荐职责，不能减轻或者免除发行人及其董事、监事、高级管理人员、证券服务机构及其签字人员的责任。

第八条 中国证监会依法对保荐机构及其保荐代表人进行监督管理。

中国证券业协会对保荐机构及其保荐代表人进行自律管理。

第二章 保荐机构和保荐代表人的资格管理

第九条 证券公司申请保荐机构资格，应当具备下列条件：

（一）注册资本不低于人民币1亿元，净资本不低于人民币5000万元；

（二）具有完善的公司治理和内部控制制度，风险控制指标符合相关规定；

（三）保荐业务部门具有健全的业务规程、内部风险评估和控制系统，内部机构设置合理，具备相应的研究能力、销售能力等后台支持；

（四）具有良好的保荐业务团队且专业结构合理，从业人员不少于35人，其中最近3年从事保荐相关业务的人员不少于20人；

（五）符合保荐代表人资格条件的从业人员不少于4人；

（六）最近3年内未因重大违法违规行为受到行政处罚；

（七）中国证监会规定的其他条件。

第十条 证券公司申请保荐机构资格，应当向中国证监会提交下列材料：

（一）申请报告；

（二）股东（大）会和董事会关于申请保荐机构资格的决议；

（三）公司设立批准文件；

（四）营业执照复印件；

（五）公司治理和公司内部控制制度及执行情况的说明；

（六）董事、监事、高级管理人员和主要股东情况的说明；

（七）内部风险评估和控制系统及执行情况的说明；

（八）保荐业务尽职调查制度、辅导制度、内部核查制度、持续督导制度、持续培训制度和保荐工作底稿制度的建立情况；

（九）符合规定的最近1年度净资本计算表、风险资本准备计算表和风险控制指标监管报表；

（十）保荐业务部门机构设置、分工及人员配置情况的说明；

（十一）研究、销售等后台支持部门的情况说明；

（十二）保荐业务负责人、内核负责人、保荐业务部门负责人和内核小组成员名单及其简历；

（十三）证券公司指定联络人的说明；

（十四）证券公司对申请文件真实性、准确性、完整性承担责任的承诺函，并应由其全体董事签字；

（十五）中国证监会要求的其他材料。

第十一条 个人申请保荐代表人资格，应当具备下列条件：

（一）具备3年以上保荐相关业务经历；

（二）最近3年内在本办法第二条规定的境内证券发行项目中担任过项目协办人；

（三）参加中国证监会认可的保荐代表人胜任能力考试且成绩合格有效；

（四）诚实守信，品行良好，无不良诚信记录，最近3年未受到中国证监会的行政处罚；

（五）未负有数额较大到期未清偿的债务；

（六）中国证券业协会规定的其他条件。

第十二条 证券公司和个人应当保证申请文件真实、准确、完整。申请期间，申请文件内容发生重大变化的，应当自变化之日起2个工作日内向中国证监会提交更新资料。

第十三条 中国证监会依法受理、审查申请文件。对保荐机构资格的申请,自受理之日起45个工作日内做出核准或者不予核准的书面决定。

第十四条 证券公司取得保荐机构资格后,应当持续符合本办法第九条规定的条件。保荐机构因重大违法违规行为受到行政处罚的,中国证监会撤销其保荐机构资格;不再具备第九条规定其他条件的,中国证监会可责令其限期整改,逾期仍然不符合要求的,中国证监会撤销其保荐机构资格。

第十五条 中国证监会依法对保荐机构进行注册登记管理。

第十六条 保荐机构的注册登记事项包括:

(一)保荐机构名称、成立时间、注册资本、注册地址、主要办公地址和法定代表人;

(二)保荐机构的主要股东情况;

(三)保荐机构的董事、监事和高级管理人员情况;

(四)保荐机构的保荐业务负责人、内核负责人情况;

(五)保荐机构的保荐业务部门负责人情况;

(六)保荐机构的保荐业务部门机构设置、分工及人员配置情况;

(七)保荐机构的执业情况;

(八)中国证监会要求的其他事项。

第十七条 保荐机构注册登记事项发生变化的,保荐机构应当自变化之日起5个工作日内向中国证监会书面报告,由中国证监会予以变更登记。

第十八条 保荐机构应当于每年4月份向中国证监会报送年度执业报告。年度执业报告应当包括以下内容:

(一)保荐机构、保荐代表人年度执业情况的说明;

(二)保荐机构对保荐代表人尽职调查工作日志检查情况的说明;

(三)保荐机构对保荐代表人的年度考核、评定情况;

(四)保荐机构、保荐代表人其他重大事项的说明;

(五)保荐机构对年度执业报告真实性、准确性、完整性承担责任的承诺函,并应由其法定代表人签字;

(六)中国证监会要求的其他事项。

第三章 保荐职责

第十九条 保荐机构应当尽职推荐发行人证券发行上市。

发行人证券上市后,保荐机构应当持续督导发行人履行规范运作、信守承诺、信息披露等义务。

第二十条 保荐机构推荐发行人证券发行上市，应当遵循诚实守信、勤勉尽责的原则，按照中国证监会对保荐机构尽职调查工作的要求，对发行人进行全面调查，充分了解发行人的经营状况及其面临的风险和问题。

第二十一条 保荐机构在推荐发行人首次公开发行股票并上市前，应当对发行人进行辅导，对发行人的董事、监事和高级管理人员、持有5%以上股份的股东和实际控制人（或者其法定代表人）进行系统的法规知识、证券市场知识培训，使其全面掌握发行上市、规范运作等方面的有关法律法规和规则，知悉信息披露和履行承诺等方面的责任和义务，树立进入证券市场的诚信意识、自律意识和法制意识。

第二十二条 保荐机构辅导工作完成后，应由发行人所在地的中国证监会派出机构进行辅导验收。

第二十三条 保荐机构应当与发行人签订保荐协议，明确双方的权利和义务，按照行业规范协商确定履行保荐职责的相关费用。

保荐协议签订后，保荐机构应在5个工作日内报发行人所在地的中国证监会派出机构备案。

第二十四条 保荐机构应当确信发行人符合法律、行政法规和中国证监会的有关规定，方可推荐其证券发行上市。

保荐机构决定推荐发行人证券发行上市的，可以根据发行人的委托，组织编制申请文件并出具推荐文件。

第二十五条 对发行人申请文件、证券发行募集文件中有证券服务机构及其签字人员出具专业意见的内容，保荐机构应当结合尽职调查过程中获得的信息对其进行审慎核查，对发行人提供的资料和披露的内容进行独立判断。

保荐机构所作的判断与证券服务机构的专业意见存在重大差异的，应当对有关事项进行调查、复核，并可聘请其他证券服务机构提供专业服务。

第二十六条 对发行人申请文件、证券发行募集文件中无证券服务机构及其签字人员专业意见支持的内容，保荐机构应当获得充分的尽职调查证据，在对各种证据进行综合分析的基础上对发行人提供的资料和披露的内容进行独立判断，并有充分理由确信所作的判断与发行人申请文件、证券发行募集文件的内容不存在实质性差异。

第二十七条 保荐机构推荐发行人发行证券，应当向中国证监会提交发行保荐书、保荐代表人专项授权书以及中国证监会要求的其他与保荐业务有关的文件。发行保荐书应当包括下列内容：

（一）逐项说明本次发行是否符合《公司法》、《证券法》规定的发行条件和程序；

（二）逐项说明本次发行是否符合中国证监会的有关规定，并载明得出每项结论的查证过程及事实依据；

（三）发行人存在的主要风险；

（四）对发行人发展前景的评价；

（五）保荐机构内部审核程序简介及内核意见；

（六）保荐机构与发行人的关联关系；

（七）相关承诺事项；

（八）中国证监会要求的其他事项。

第二十八条 保荐机构推荐发行人证券上市，应当向证券交易所提交上市保荐书以及证券交易所要求的其他与保荐业务有关的文件，并报中国证监会备案。上市保荐书应当包括下列内容：

（一）逐项说明本次证券上市是否符合《公司法》、《证券法》及证券交易所规定的上市条件；

（二）对发行人证券上市后持续督导工作的具体安排；

（三）保荐机构与发行人的关联关系；

（四）相关承诺事项；

（五）中国证监会或者证券交易所要求的其他事项。

第二十九条 在发行保荐书和上市保荐书中，保荐机构应当就下列事项做出承诺：

（一）有充分理由确信发行人符合法律法规及中国证监会有关证券发行上市的相关规定；

（二）有充分理由确信发行人申请文件和信息披露资料不存在虚假记载、误导性陈述或者重大遗漏；

（三）有充分理由确信发行人及其董事在申请文件和信息披露资料中表达意见的依据充分合理；

（四）有充分理由确信申请文件和信息披露资料与证券服务机构发表的意见不存在实质性差异；

（五）保证所指定的保荐代表人及本保荐机构的相关人员已勤勉尽责，对发行人申请文件和信息披露资料进行了尽职调查、审慎核查；

（六）保证保荐书、与履行保荐职责有关的其他文件不存在虚假记载、误导性陈述或者重大遗漏；

（七）保证对发行人提供的专业服务和出具的专业意见符合法律、行政法规、中国证监会的规定和行业规范；

（八）自愿接受中国证监会依照本办法采取的监管措施；

（九）中国证监会规定的其他事项。

第三十条 保荐机构提交发行保荐书后，应当配合中国证监会的审核，并承担下列工作：

（一）组织发行人及证券服务机构对中国证监会的意见进行答复；

（二）按照中国证监会的要求对涉及本次证券发行上市的特定事项进行尽职调查或者核查；

（三）指定保荐代表人与中国证监会职能部门进行专业沟通，保荐代表人在发行审核委员会会议上接受委员质询；

（四）中国证监会规定的其他工作。

第三十一条 保荐机构应当针对发行人的具体情况，确定证券发行上市后持续督导的内容，督导发行人履行有关上市公司规范运作、信守承诺和信息披露等义务，审阅信息披露文件及向中国证监会、证券交易所提交的其他文件，并承担下列工作：

（一）督导发行人有效执行并完善防止控股股东、实际控制人、其他关联方违规占用发行人资源的制度；

（二）督导发行人有效执行并完善防止其董事、监事、高级管理人员利用职务之便损害发行人利益的内控制度；

（三）督导发行人有效执行并完善保障关联交易公允性和合规性的制度，并对关联交易发表意见；

（四）持续关注发行人募集资金的专户存储、投资项目的实施等承诺事项；

（五）持续关注发行人为他人提供担保等事项，并发表意见；

（六）中国证监会、证券交易所规定及保荐协议约定的其他工作。

第三十二条 首次公开发行股票并在主板上市的，持续督导的期间为证券上市当年剩余时间及其后 2 个完整会计年度；主板上市公司发行新股、可转换公司债券的，持续督导的期间为证券上市当年剩余时间及其后 1 个完整会计年度。

首次公开发行股票并在创业板上市的，持续督导的期间为证券上市当年剩余时间及其后 3 个完整会计年度；创业板上市公司发行新股、可转换公司债券的，持续督导的期间为证券上市当年剩余时间及其后 2 个完整会计年度。

首次公开发行股票并在创业板上市的，持续督导期内保荐机构应当自发行人披露年度报告、中期报告之日起 15 个工作日内在中国证监会指定网站披露跟踪报告，对本办法第三十一条所涉及的事项，进行分析并发表独立意见。发行人临时报告披露的信息涉及募集资金、关联交易、委托理财、为他人提供担保等重大事项的，保荐机构应当自临时报告披露之日起10个工作日内进行分析并在中国证监会指定网站发表独立意见。

持续督导的期间自证券上市之日起计算。

第三十三条 持续督导期届满，如有尚未完结的保荐工作，保荐机构应当继续完成。

保荐机构在履行保荐职责期间未勤勉尽责的，其责任不因持续督导期届满而免除或者终止。

第四章 保荐业务规程

第三十四条 保荐机构应当建立健全保荐工作的内部控制体系，切实保证保荐业务负责人、内核负责人、保荐业务部门负责人、保荐代表人、项目协办人及其他保荐业务相关人员勤勉尽责，严格控制风险，提高保荐业务整体质量。

第三十五条 保荐机构应当建立健全证券发行上市的尽职调查制度、辅导制度、对发行上市申请文件的内部核查制度、对发行人证券上市后的持续督导制度。

第三十六条 保荐机构应当建立健全对保荐代表人及其他保荐业务相关人员的持续培训制度。

第三十七条 保荐机构应当建立健全工作底稿制度，为每一项目建立独立的保荐工作底稿。

保荐代表人必须为其具体负责的每一项目建立尽职调查工作日志，作为保荐工作底稿的一部分存档备查；保荐机构应当定期对尽职调查工作日志进行检查。

保荐工作底稿应当真实、准确、完整地反映整个保荐工作的全过程，保存期不少于10年。

第三十八条 保荐机构的保荐业务负责人、内核负责人负责监督、执行保荐业务各项制度并承担相应的责任。

第三十九条 保荐机构及其控股股东、实际控制人、重要关联方持有发行人的股份合计超过7%，或者发行人持有、控制保荐机构的股份超过7%的，保荐机构在推荐发行人证券发行上市时，应联合1家无关联保荐机构共同履行保荐职责，且该无关联保荐机构为第一保荐机构。

第四十条 刊登证券发行募集文件前终止保荐协议的，保荐机构和发行人应当自终止之日起5个工作日内分别向中国证监会报告，说明原因。

第四十一条　刊登证券发行募集文件以后直至持续督导工作结束,保荐机构和发行人不得终止保荐协议,但存在合理理由的情形除外。发行人因再次申请发行证券另行聘请保荐机构、保荐机构被中国证监会撤销保荐机构资格的,应当终止保荐协议。

终止保荐协议的,保荐机构和发行人应当自终止之日起 5 个工作日内向中国证监会、证券交易所报告,说明原因。

第四十二条　持续督导期间,保荐机构被撤销保荐机构资格的,发行人应当在 1 个月内另行聘请保荐机构,未在规定期限内另行聘请的,中国证监会可以为其指定保荐机构。

第四十三条　另行聘请的保荐机构应当完成原保荐机构未完成的持续督导工作。

因原保荐机构被撤销保荐机构资格而另行聘请保荐机构的,另行聘请的保荐机构持续督导的时间不得少于 1 个完整的会计年度。

另行聘请的保荐机构应当自保荐协议签订之日起开展保荐工作并承担相应的责任。原保荐机构在履行保荐职责期间未勤勉尽责的,其责任不因保荐机构的更换而免除或者终止。

第四十四条　保荐机构应当指定 2 名保荐代表人具体负责 1 家发行人的保荐工作,出具由法定代表人签字的专项授权书,并确保保荐机构有关部门和人员有效分工协作。保荐机构可以指定 1 名项目协办人。

第四十五条　证券发行后,保荐机构不得更换保荐代表人,但因保荐代表人离职或者被撤销保荐代表人资格的,应当更换保荐代表人。

保荐机构更换保荐代表人的,应当通知发行人,并在 5 个工作日内向中国证监会、证券交易所报告,说明原因。原保荐代表人在具体负责保荐工作期间未勤勉尽责的,其责任不因保荐代表人的更换而免除或者终止。

第四十六条　保荐机构法定代表人、保荐业务负责人、内核负责人、保荐代表人和项目协办人应当在发行保荐书上签字,保荐机构法定代表人、保荐代表人应同时在证券发行募集文件上签字。

第四十七条　保荐机构应将履行保荐职责时发表的意见及时告知发行人,同时在保荐工作底稿中保存,并可依照本办法规定公开发表声明、向中国证监会或者证券交易所报告。

第四十八条　持续督导工作结束后,保荐机构应当在发行人公告年度报告之日起的 10 个工作日内向中国证监会、证券交易所报送保荐总结报告书。保荐机构法定代表人和保荐代表人应当在保荐总结报告书上签字。保荐总结报告书应当包括下列内容:

（一）发行人的基本情况；

（二）保荐工作概述；

（三）履行保荐职责期间发生的重大事项及处理情况；

（四）对发行人配合保荐工作情况的说明及评价；

（五）对证券服务机构参与证券发行上市相关工作情况的说明及评价；

（六）中国证监会要求的其他事项。

第四十九条 保荐代表人及其他保荐业务相关人员属于内幕信息的知情人员，应当遵守法律、行政法规和中国证监会的规定，不得利用内幕信息直接或者间接为保荐机构、本人或者他人谋取不正当利益。

第五章 保荐业务协调

第五十条 保荐机构及其保荐代表人履行保荐职责可对发行人行使下列权利：

（一）要求发行人按照本办法规定和保荐协议约定的方式，及时通报信息；

（二）定期或者不定期对发行人进行回访，查阅保荐工作需要的发行人材料；

（三）列席发行人的股东大会、董事会和监事会；

（四）对发行人的信息披露文件及向中国证监会、证券交易所提交的其他文件进行事前审阅；

（五）对有关部门关注的发行人相关事项进行核查，必要时可聘请相关证券服务机构配合；

（六）按照中国证监会、证券交易所信息披露规定，对发行人违法违规的事项发表公开声明；

（七）中国证监会规定或者保荐协议约定的其他权利。

第五十一条 发行人有下列情形之一的，应当及时通知或者咨询保荐机构，并将相关文件送交保荐机构：

（一）变更募集资金及投资项目等承诺事项；

（二）发生关联交易、为他人提供担保等事项；

（三）履行信息披露义务或者向中国证监会、证券交易所报告有关事项；

（四）发生违法违规行为或者其他重大事项；

（五）中国证监会规定或者保荐协议约定的其他事项。

第五十二条 证券发行前，发行人不配合保荐机构履行保荐职责的，保荐机构应当发表保留意见，并在发行保荐书中予以说明；情节严重的，应当不予保荐，已保荐的应当撤销保荐。

第五十三条 证券发行后，保荐机构有充分理由确信发行人可能存在违法违规行为以及其他不当行为的，应当督促发行人做出说明并限期纠正；情节严重的，应当向中国证监会、证券交易所报告。

第五十四条 保荐机构应当组织协调证券服务机构及其签字人员参与证券发行上市的相关工作。

发行人为证券发行上市聘用的会计师事务所、律师事务所、资产评估机构以及其他证券服务机构，保荐机构有充分理由认为其专业能力存在明显缺陷的，可以向发行人建议更换。

第五十五条 保荐机构对证券服务机构及其签字人员出具的专业意见存有疑义的，应当主动与证券服务机构进行协商，并可要求其做出解释或者出具依据。

第五十六条 保荐机构有充分理由确信证券服务机构及其签字人员出具的专业意见可能存在虚假记载、误导性陈述或重大遗漏等违法违规情形或者其他不当情形的，应当及时发表意见；情节严重的，应当向中国证监会、证券交易所报告。

第五十七条 证券服务机构及其签字人员应当保持专业独立性，对保荐机构提出的疑义或者意见进行审慎的复核判断，并向保荐机构、发行人及时发表意见。

第六章 监管措施和法律责任

第五十八条 中国证监会可以对保荐机构及其保荐代表人从事保荐业务的情况进行定期或者不定期现场检查，保荐机构及其保荐代表人应当积极配合检查，如实提供有关资料，不得拒绝、阻挠、逃避检查，不得谎报、隐匿、销毁相关证据材料。

第五十九条 中国证监会对保荐机构及其相关人员进行持续动态的跟踪管理，记录其业务资格、执业情况、违法违规行为、其他不良行为以及对其采取的监管措施等。保荐信用记录向社会公开。

第六十条 自保荐机构向中国证监会提交保荐文件之日起，保荐机构及其保荐代表人承担相应的责任。

第六十一条 保荐机构资格申请文件存在虚假记载、误导性陈述或者重大遗漏的，中国证监会不予核准；已核准的，撤销其保荐机构资格。

第六十二条 保荐机构、保荐代表人、保荐业务负责人和内核负责人违反本办法，未诚实守信、勤勉尽责地履行相关义务的，中国证监会责令改正，并对其采取监管谈话、重点关注、责令进行业务学习、出具警示函、责令公开说明、认定为不适当人选等监管措施；依法应给予行政处罚的，依照有关规定进行处罚；情节严重涉嫌犯罪的，依法移送司法机关，追究其刑事责任。

第六十三条 保荐机构出现下列情形之一的，中国证监会自确认之日起暂停其保荐机构资格 3 个月；情节严重的，暂停其保荐机构资格 6 个月，并可以责令保荐机构更换保荐业务负责人、内核负责人；情节特别严重的，撤销其保荐机构资格：

（一）向中国证监会、证券交易所提交的与保荐工作相关的文件存在虚假记载、误导性陈述或者重大遗漏；

（二）内部控制制度未有效执行；

（三）尽职调查制度、内部核查制度、持续督导制度、保荐工作底稿制度未有效执行；

（四）保荐工作底稿存在虚假记载、误导性陈述或者重大遗漏；

（五）唆使、协助或者参与发行人及证券服务机构提供存在虚假记载、误导性陈述或者重大遗漏的文件；

（六）唆使、协助或者参与发行人干扰中国证监会及其发行审核委员会的审核工作；

（七）通过从事保荐业务谋取不正当利益；

（八）严重违反诚实守信、勤勉尽责义务的其他情形。

第六十四条 保荐代表人出现下列情形之一的，中国证监会可根据情节轻重，自确认之日起 3 个月到 12 个月内不受理相关保荐代表人具体负责的推荐；情节特别严重的，撤销其保荐代表人资格：

（一）尽职调查工作日志缺失或者遗漏、隐瞒重要问题；

（二）未完成或者未参加辅导工作；

（三）未参加持续督导工作，或者持续督导工作未勤勉尽责；

（四）因保荐业务或其具体负责保荐工作的发行人在保荐期间内受到证券交易所、中国证券业协会公开谴责；

（五）唆使、协助或者参与发行人干扰中国证监会及其发行审核委员会的审核工作；

（六）严重违反诚实守信、勤勉尽责义务的其他情形。

第六十五条 保荐代表人出现下列情形之一的，中国证监会撤销其保荐代表人资格；情节严重的，对其采取证券市场禁入的措施：

（一）在与保荐工作相关文件上签字推荐发行人证券发行上市，但未参加尽职调查工作，或者尽职调查工作不彻底、不充分，明显不符合业务规则和行业规范；

（二）通过从事保荐业务谋取不正当利益；

（三）本人及其配偶持有发行人的股份；

（四）唆使、协助或者参与发行人及证券服务机构提供存在虚假记载、误导性陈述或者重大遗漏的文件；

（五）参与组织编制的与保荐工作相关文件存在虚假记载、误导性陈述或者重大遗漏。

第六十六条 保荐机构、保荐代表人因保荐业务涉嫌违法违规处于立案调查期间的，中国证监会暂不受理该保荐机构的推荐；暂不受理相关保荐代表人具体负责的推荐。

第六十七条 发行人出现下列情形之一的，中国证监会自确认之日起暂停保荐机构的保荐机构资格3个月，撤销相关人员的保荐代表人资格：

（一）证券发行募集文件等申请文件存在虚假记载、误导性陈述或者重大遗漏；

（二）公开发行证券上市当年即亏损；

（三）持续督导期间信息披露文件存在虚假记载、误导性陈述或者重大遗漏。

第六十八条 发行人在持续督导期间出现下列情形之一的，中国证监会可根据情节轻重，自确认之日起3个月到12个月内不受理相关保荐代表人具体负责的推荐；情节特别严重的，撤销相关人员的保荐代表人资格：

（一）证券上市当年累计50%以上募集资金的用途与承诺不符；

（二）公开发行证券并在主板上市当年营业利润比上年下滑50%以上；

（三）首次公开发行股票并上市之日起12个月内控股股东或者实际控制人发生变更；

（四）首次公开发行股票并上市之日起12个月内累计50%以上资产或者主营业务发生重组；

（五）上市公司公开发行新股、可转换公司债券之日起12个月内累计50%以上资产或者主营业务发生重组，且未在证券发行募集文件中披露；

（六）实际盈利低于盈利预测达20%以上；

（七）关联交易显失公允或者程序违规，涉及金额较大；

（八）控股股东、实际控制人或其他关联方违规占用发行人资源，涉及金额较大；

（九）违规为他人提供担保，涉及金额较大；

（十）违规购买或出售资产、借款、委托资产管理等，涉及金额较大；

（十一）董事、监事、高级管理人员侵占发行人利益受到行政处罚或者被追究刑事责任；

（十二）违反上市公司规范运作和信息披露等有关法律法规，情节严重的；

（十三）中国证监会规定的其他情形。

第六十九条 保荐代表人被暂不受理具体负责的推荐或者被撤销保荐代表人资格的，保荐业务负责人、内核负责人应承担相应的责任，对已受理的该保荐代表人具体负责推荐的项目，保荐机构应当撤回推荐；情节严重的，责令保荐机构就各项保荐业务制度限期整改，责令保荐机构更换保荐业务负责人、内核负责人，逾期仍然不符合要求的，撤销其保荐机构资格。

第七十条 保荐机构、保荐业务负责人或者内核负责人在1个自然年度内被采取本办法第六十二条规定监管措施累计5次以上，中国证监会可暂停保荐机构的保荐机构资格3个月，责令保荐机构更换保荐业务负责人、内核负责人。

保荐代表人在2个自然年度内被采取本办法第六十二条规定监管措施累计2次以上，中国证监会可6个月内不受理相关保荐代表人具体负责的推荐。

第七十一条 对中国证监会采取的监管措施，保荐机构及其保荐代表人提出申辩的，如有充分证据证明下列事实且理由成立，中国证监会予以采纳：

（一）发行人或其董事、监事、高级管理人员故意隐瞒重大事实，保荐机构和保荐代表人已履行勤勉尽责义务；

（二）发行人已在证券发行募集文件中做出特别提示，保荐机构和保荐代表人已履行勤勉尽责义务；

（三）发行人因不可抗力致使业绩、募集资金运用等出现异常或者未能履行承诺；

（四）发行人及其董事、监事、高级管理人员在持续督导期间故意违法违规，保荐机构和保荐代表人主动予以揭示，已履行勤勉尽责义务；

（五）保荐机构、保荐代表人已履行勤勉尽责义务的其他情形。

第七十二条 发行人及其董事、监事、高级管理人员违反本办法规定，变更保荐机构后未另行聘请保荐机构，持续督导期间违法违规且拒不纠正，发生重大事项未及时通知保荐机构，或者发生其他严重不配合保荐工作情形的，中国证监会可以责令改正，予以公布并可根据情节轻重采取下列监管措施：

（一）要求发行人每月向中国证监会报告接受保荐机构督导的情况；

(二)要求发行人披露月度财务报告、相关资料；

(三)指定证券服务机构进行核查；

(四)要求证券交易所对发行人证券的交易实行特别提示；

(五)36 个月内不受理其发行证券申请；

(六)将直接负责的主管人员和其他责任人员认定为不适当人选。

第七十三条 证券服务机构及其签字人员违反本办法规定的,中国证监会责令改正,并对相关机构和责任人员采取监管谈话、重点关注、出具警示函、责令公开说明、认定为不适当人选等监管措施。

第七十四条 证券服务机构及其签字人员出具的专业意见存在虚假记载、误导性陈述或重大遗漏,或者因不配合保荐工作而导致严重后果的,中国证监会自确认之日起6个月到36个月内不受理其文件,并将处理结果予以公布。

第七十五条 发行人及其董事、监事、高级管理人员、证券服务机构及其签字人员违反法律、行政法规,依法应予行政处罚的,依照有关规定进行处罚;涉嫌犯罪的,依法移送司法机关,追究其刑事责任。

第七章　附　　则

第七十六条 本办法所称"保荐机构",是指《证券法》第十一条所指"保荐人"。

第七十七条 本办法实施前从事证券发行上市保荐业务的保荐机构,不完全符合本办法规定的,应当在本办法实施之日起 3 个月内达到本办法规定的要求,并由中国证监会组织验收。逾期仍然不符合要求的,中国证监会撤销其保荐机构资格。

第七十八条 本办法自 2008 年 12 月 1 日起施行,《证券发行上市保荐制度暂行办法》(证监会令第18 号)、《首次公开发行股票辅导工作办法》(证监发[2001]125 号)同时废止。

期货交易所管理办法

（2007年4月9日中国证券监督管理委员会令第42号公布 根据2017年12月7日中国证券监督管理委员会《关于修改〈证券登记结算管理办法〉等七部规章的决定》修订）

第一章　总　则

第一条　为了加强对期货交易所的监督管理，明确期货交易所职责，维护期货市场秩序，促进期货市场积极稳妥发展，根据《期货交易管理条例》，制定本办法。

第二条　本办法适用于在中华人民共和国境内设立的期货交易所。

第三条　本办法所称期货交易所是指依照《期货交易管理条例》和本办法规定设立，不以营利为目的，履行《期货交易管理条例》和本办法规定的职责，按照章程和交易规则实行自律管理的法人。

第四条　经中国证券监督管理委员会（以下简称中国证监会）批准，期货交易所可以采取会员制或者公司制的组织形式。

会员制期货交易所的注册资本划分为均等份额，由会员出资认缴。

公司制期货交易所采用股份有限公司的组织形式。

第五条　中国证监会依法对期货交易所实行集中统一的监督管理。

第二章　设立、变更与终止

第六条　设立期货交易所，由中国证监会审批。未经国务院或者中国证监会批准，任何单位或者个人不得设立期货交易场所或者以任何形式组织期货交易及其相关活动。

第七条　经中国证监会批准设立的期货交易所，应当标明“商品交易所”或者“期货交易所”字样。其他任何单位或者个人不得使用期货交易所或者近似的名称。

第八条　期货交易所除履行《期货交易管理条例》规定的职责外，还应当履行下列职责：

（一）制定并实施期货交易所的交易规则及其实施细则；

（二）发布市场信息；

（三）监管会员及其客户、指定交割仓库、期货保证金存管银行及期货市场其他参与者的期货业务；

（四）查处违规行为。

第九条 申请设立期货交易所，应当向中国证监会提交下列文件和材料：

（一）申请书；

（二）章程和交易规则草案；

（三）期货交易所的经营计划；

（四）拟加入会员或者股东名单；

（五）理事会成员候选人或者董事会和监事会成员名单及简历；

（六）拟任用高级管理人员的名单及简历；

（七）场地、设备、资金证明文件及情况说明；

（八）中国证监会规定的其他文件、材料。

第十条 期货交易所章程应当载明下列事项：

（一）设立目的和职责；

（二）名称、住所和营业场所；

（三）注册资本及其构成；

（四）营业期限；

（五）组织机构的组成、职责、任期和议事规则；

（六）管理人员的产生、任免及其职责；

（七）基本业务制度；

（八）风险准备金管理制度；

（九）财务会计、内部控制制度；

（十）变更、终止的条件、程序及清算办法；

（十一）章程修改程序；

（十二）需要在章程中规定的其他事项。

第十一条 除本办法第十条规定的事项外，会员制期货交易所章程还应当载明下列事项：

（一）会员资格及其管理办法；

（二）会员的权利和义务；

（三）对会员的纪律处分。

第十二条 期货交易所交易规则应当载明下列事项：

（一）期货交易、结算和交割制度；

（二）风险管理制度和交易异常情况的处理程序；

（三）保证金的管理和使用制度；

（四）期货交易信息的发布办法；

（五）违规、违约行为及其处理办法；

（六）交易纠纷的处理方式；

（七）需要在交易规则中载明的其他事项。

公司制期货交易所还应当在交易规则中载明本办法第十一条规定的事项。

第十三条 期货交易所变更名称、注册资本的，应当事前向中国证监会报告。

第十四条 期货交易所的合并、分立或者变更组织形式，应当事前向中国证监会报告。

期货交易所合并可以采取吸收合并和新设合并两种方式，合并前各方的债权、债务由合并后存续或者新设的期货交易所承继。

期货交易所分立的，其债权、债务由分立后的期货交易所承继。

第十五条 期货交易所联网交易的，应当于决定之日起10日内报告中国证监会。

第十六条 未经中国证监会批准，期货交易所不得设立分所或者其他任何期货交易场所。

第十七条 期货交易所因下列情形之一解散：

（一）章程规定的营业期限届满；

（二）会员大会或者股东大会决定解散；

（三）中国证监会决定关闭。

期货交易所因前款第（一）项、第（二）项情形解散的，应当事前向中国证监会报告。

第十八条 期货交易所因合并、分立或者解散而终止的，由中国证监会予以公告。

期货交易所终止的，应当成立清算组进行清算。清算组制定的清算方案，应当事前向中国证监会报告。

第三章 组织机构

第一节 会员制期货交易所

第十九条 会员制期货交易所设会员大会。会员大会是期货交易所的权力机构，由全体会员组成。

第二十条 会员大会行使下列职权：

（一）审定期货交易所章程、交易规则及其修改草案；

（二）选举和更换会员理事；

（三）审议批准理事会和总经理的工作报告；

（四）审议批准期货交易所的财务预算方案、决算报告；

（五）审议期货交易所风险准备金使用情况；

（六）决定增加或者减少期货交易所注册资本；

（七）决定期货交易所的合并、分立、解散和清算事项；

（八）决定期货交易所理事会提交的其他重大事项；

（九）期货交易所章程规定的其他职权。

第二十一条 会员大会由理事会召集，每年召开一次。

有下列情形之一的，应当召开临时会员大会：

（一）会员理事不足期货交易所章程规定人数的2/3；

（二）1/3以上会员联名提议；

（三）理事会认为必要。

第二十二条 会员大会由理事长主持。召开会员大会，应当将会议审议的事项于会议召开10日前通知会员。临时会员大会不得对通知中未列明的事项作出决议。

第二十三条 会员大会有2/3以上会员参加方为有效。会员大会应当对表决事项制作会议纪要，由出席会议的理事签名。

会员大会结束之日起10日内，期货交易所应当将大会全部文件报告中国证监会。

第二十四条 期货交易所设理事会，每届任期3年。理事会是会员大会的常设机构，对会员大会负责。

第二十五条 理事会行使下列职权：

（一）召集会员大会，并向会员大会报告工作；

（二）拟订期货交易所章程、交易规则及其修改草案，提交会员大会审定；

（三）审议总经理提出的财务预算方案、决算报告，提交会员大会通过；

（四）审议期货交易所合并、分立、解散和清算的方案，提交会员大会通过；

（五）决定专门委员会的设置；

（六）决定会员的接纳和退出；

（七）决定对违规行为的纪律处分；

（八）决定期货交易所变更名称、住所或者营业场所；

（九）审议批准根据章程和交易规则制定的细则和办法；

（十）审议结算担保金的使用情况；

（十一）审议批准风险准备金的使用方案；

（十二）审议批准总经理提出的期货交易所发展规划和年度工作计划；

（十三）审议批准期货交易所对外投资计划；

（十四）监督总经理组织实施会员大会和理事会决议的情况；

（十五）监督期货交易所高级管理人员和其他工作人员遵守国家有关法律、行政法规、规章、政策和期货交易所章程、交易规则及其实施细则的情况；

（十六）组织期货交易所年度财务会计报告的审计工作，决定会计师事务所的聘用和变更事项；

（十七）期货交易所章程规定和会员大会授予的其他职权。

第二十六条 理事会由会员理事和非会员理事组成；其中会员理事由会员大会选举产生，非会员理事由中国证监会委派。

第二十七条 理事会设理事长 1 人、副理事长 1 至 2 人。理事长、副理事长的任免，由中国证监会提名，理事会通过。理事长不得兼任总经理。

第二十八条 理事长行使下列职权：

（一）主持会员大会、理事会会议和理事会日常工作；

（二）组织协调专门委员会的工作；

（三）检查理事会决议的实施情况并向理事会报告。

副理事长协助理事长工作。理事长因故临时不能履行职权的，由理事长指定的副理事长或者理事代其履行职权。

第二十九条 理事会会议至少每半年召开一次。每次会议应当于会议召开 10 日前通知全体理事。

有下列情形之一的，应当召开理事会临时会议：

（一）1/3 以上理事联名提议；

（二）期货交易所章程规定的情形；

（三）中国证监会提议。

理事会召开临时会议，可以另定召集理事会临时会议的通知方式和通知时限。

第三十条 理事会会议须有 2/3 以上理事出席方为有效，其决议须经全体理事 1/2 以上表决通过。

理事会会议结束之日起 10 日内，理事会应当将会议决议及其他会议文件报告中国证监会。

第三十一条 理事会会议应当由理事本人出席。理事因故不能出席的，应当以书面形式委托其他理事代为出席；委托书中应当载明授权范围。每位理事只能接受一位理事的委托。

理事会应当对会议表决事项作成会议记录，由出席会议的理事和记录员在会议记录上签名。

第三十二条 理事会可以根据需要设立监察、交易、结算、交割、会员资格审查、纪律处分、调解、财务和技术等专门委员会。

各专门委员会对理事会负责，其职责、任期和人员组成等事项由理事会规定。

第三十三条 期货交易所设总经理 1 人，副总经理若干人。总经理、副总经理由中国证监会任免。总经理每届任期 3 年，连任不得超过两届。

总经理是期货交易所的法定代表人，总经理是当然理事。

第三十四条 总经理行使下列职权：

（一）组织实施会员大会、理事会通过的制度和决议；

（二）主持期货交易所的日常工作；

（三）根据章程和交易规则拟订有关细则和办法；

（四）决定结算担保金的使用；

（五）拟订风险准备金的使用方案；

（六）拟订并实施经批准的期货交易所发展规划、年度工作计划；

（七）拟订并实施经批准的期货交易所对外投资计划；

（八）拟订期货交易所财务预算方案、决算报告；

（九）拟订期货交易所合并、分立、解散和清算的方案；

（十）拟订期货交易所变更名称、住所或者营业场所的方案；

（十一）决定期货交易所机构设置方案，聘任和解聘工作人员；

（十二）决定期货交易所员工的工资和奖惩；

（十三）期货交易所章程规定的或者理事会授予的其他职权。

总经理因故临时不能履行职权的，由总经理指定的副总经理代其履行职权。

第三十五条 期货交易所任免中层管理人员，应当在决定之日起 10 日内向中国证监会报告。

第二节 公司制期货交易所

第三十六条 公司制期货交易所设股东大会。股东大会是期货交易所的权力机构，由全体股东组成。

第三十七条 股东大会行使下列职权：

（一）本办法第二十条第（一）项、第（四）项至第（七）项规定的职权；

（二）选举和更换非由职工代表担任的董事、监事；

（三）审议批准董事会、监事会和总经理的工作报告；

（四）决定期货交易所董事会提交的其他重大事项；

（五）期货交易所章程规定的其他职权。

第三十八条 股东大会会议的召开及议事规则应当符合期货交易所章程的规定。

会议结束之日起10日内，期货交易所应当将会议全部文件报告中国证监会。

第三十九条 期货交易所设董事会，每届任期3年。

第四十条 董事会对股东大会负责，行使下列职权：

（一）召集股东大会会议，并向股东大会报告工作；

（二）拟订期货交易所章程、交易规则及其修改草案，提交股东大会审定；

（三）审议总经理提出的财务预算方案、决算报告，提交股东大会通过；

（四）审议期货交易所合并、分立、解散和清算的方案，提交股东大会通过；

（五）监督总经理组织实施股东大会和董事会决议的情况；

（六）本办法第二十五条第（五）项至第（十三）项、第（十五）项、第（十六）项规定的职权；

（七）期货交易所章程规定和股东大会授予的其他职权。

第四十一条 期货交易所设董事长1人，副董事长1至2人。董事长、副董事长的任免，由中国证监会提名，董事会通过。董事长不得兼任总经理。

第四十二条 董事长行使下列职权：

（一）主持股东大会、董事会会议和董事会日常工作；

（二）组织协调专门委员会的工作；

（三）检查董事会决议的实施情况并向董事会报告。

副董事长协助董事长工作。董事长因故临时不能履行职权的，由董事长指定的副董事长或者董事代其履行职权。

第四十三条 董事会会议的召开和议事规则应当符合期货交易所章程的规定。

董事会会议结束之日起10日内，董事会应当将会议决议及其他会议文件报告中国证监会。

第四十四条 董事会可以根据需要设立本办法第三十二条规定的专门委

员会。各专门委员会对董事会负责,其职责、任期和人员组成等事项由董事会规定。

第四十五条 期货交易所应当设独立董事。独立董事由中国证监会提名,股东大会通过。

第四十六条 期货交易所可以设董事会秘书。董事会秘书由中国证监会提名,董事会通过。

董事会秘书负责期货交易所股东大会和董事会会议的筹备、文件保管以及期货交易所股东资料的管理等事宜。

第四十七条 期货交易所设总经理1人,副总经理若干人。总经理、副总经理由中国证监会任免。总经理每届任期3年,连任不得超过两届。

总经理是期货交易所的法定代表人,总经理应当由董事担任。

第四十八条 总经理行使下列职权:

(一)组织实施股东大会、董事会通过的制度和决议;

(二)本办法第三十四条第(二)项至第(十二)项规定的职权;

(三)期货交易所章程规定或者董事会授予的其他职权。

总经理因故临时不能履行职权的,由总经理指定的副总经理代其履行职权。

第四十九条 期货交易所设监事会,每届任期3年。监事会成员不得少于3人。监事会设主席1人,副主席1至2人。监事会主席、副主席的任免,由中国证监会提名,监事会通过。

第五十条 监事会行使下列职权:

(一)检查期货交易所财务;

(二)监督期货交易所董事、高级管理人员执行职务行为;

(三)向股东大会会议提出提案;

(四)期货交易所章程规定的其他职权。

第五十一条 监事会会议的召开和议事规则应当符合期货交易所章程的规定。

监事会会议结束之日起10日内,监事会应当将会议决议及其他会议文件报告中国证监会。

第五十二条 本办法第三十五条的规定适用于公司制期货交易所。

第四章 会员管理

第五十三条 期货交易所会员应当是在中华人民共和国境内登记注册的

企业法人或者其他经济组织。

第五十四条 取得期货交易所会员资格，应当经期货交易所批准。

期货交易所批准、取消会员的会员资格，应当向中国证监会报告。

第五十五条 期货交易所应当制定会员管理办法，规定会员资格的取得与终止的条件和程序、对会员的监督管理等内容。

第五十六条 会员制期货交易所会员享有下列权利：

（一）参加会员大会，行使选举权、被选举权和表决权；

（二）在期货交易所从事规定的交易、结算和交割等业务；

（三）使用期货交易所提供的交易设施，获得有关期货交易的信息和服务；

（四）按规定转让会员资格；

（五）联名提议召开临时会员大会；

（六）按照期货交易所章程和交易规则行使申诉权；

（七）期货交易所章程规定的其他权利。

第五十七条 会员制期货交易所会员应当履行下列义务：

（一）遵守国家有关法律、行政法规、规章和政策；

（二）遵守期货交易所的章程、交易规则及其实施细则及有关决定；

（三）按规定缴纳各种费用；

（四）执行会员大会、理事会的决议；

（五）接受期货交易所监督管理。

第五十八条 公司制期货交易所会员享有下列权利：

（一）本办法第五十六条第（二）项和第（三）项规定的权利；

（二）按照交易规则行使申诉权；

（三）期货交易所交易规则规定的其他权利。

第五十九条 公司制期货交易所会员应当履行本办法第五十七条第（一）项至第（三）项、第（五）项规定的义务。

第六十条 期货交易所每年应当对会员遵守期货交易所交易规则及其实施细则的情况进行抽样或者全面检查，并将检查结果报告中国证监会。

期货交易所行使监管职权时，可以按照期货交易所章程和交易规则及其实施细则规定的权限和程序对会员进行调查取证，会员应当配合。

第六十一条 期货交易所实行全员结算制度或者会员分级结算制度，应当事前向中国证监会报告。

第六十二条 实行全员结算制度的期货交易所会员均具有与期货交易所进行结算的资格。

第六十三条 实行全员结算制度的期货交易所会员由期货公司会员和非期货公司会员组成。期货公司会员按照中国证监会批准的业务范围开展相关业务;非期货公司会员不得从事《期货交易管理条例》规定的期货公司业务。

第六十四条 实行全员结算制度的期货交易所对会员结算,会员对其受托的客户结算。

第六十五条 实行会员分级结算制度的期货交易所会员由结算会员和非结算会员组成。结算会员具有与期货交易所进行结算的资格,非结算会员不具有与期货交易所进行结算的资格。

期货交易所对结算会员结算,结算会员对非结算会员结算,非结算会员对其受托的客户结算。

第六十六条 结算会员由交易结算会员、全面结算会员和特别结算会员组成。

全面结算会员、特别结算会员可以为与其签订结算协议的非结算会员办理结算业务。交易结算会员不得为非结算会员办理结算业务。

第六十七条 实行会员分级结算制度的期货交易所可以根据结算会员资信和业务开展情况,限制结算会员的结算业务范围,但应当于3日内报告中国证监会。

第五章 基本业务规则

第六十八条 期货交易所向会员收取的保证金,只能用于担保期货合约的履行,不得查封、冻结、扣划或者强制执行。期货交易所应当在期货保证金存管银行开立专用结算账户,专户存储保证金,不得挪用。

保证金分为结算准备金和交易保证金。结算准备金是指未被合约占用的保证金;交易保证金是指已被合约占用的保证金。

实行会员分级结算制度的期货交易所只向结算会员收取保证金。

第六十九条 期货交易所应当建立保证金管理制度。保证金管理制度应当包括下列内容:

(一)向会员收取保证金的标准和形式;

(二)专用结算账户中会员结算准备金最低余额;

(三)当会员结算准备金余额低于期货交易所规定最低余额时的处置方法。

会员结算准备金最低余额由会员以自有资金向期货交易所缴纳。

第七十条 期货交易所可以接受以下有价证券充抵保证金:

（一）经期货交易所认定的标准仓单；
（二）可流通的国债；
（三）中国证监会认定的其他有价证券。

以前款规定的有价证券充抵保证金的，充抵的期限不得超过该有价证券的有效期限。

第七十一条 标准仓单充抵保证金的，期货交易所以充抵日前一交易日该标准仓单对应品种最近交割月份期货合约的结算价为基准计算价值。

国债充抵保证金的，期货交易所以充抵日前一交易日该国债在上海证券交易所、深圳证券交易所较低的收盘价为基准计算价值。

期货交易所可以根据市场情况对用于充抵保证金的有价证券的基准计算价值进行调整。

第七十二条 有价证券充抵保证金的金额不得高于以下标准中的较低值：
（一）有价证券基准计算价值的80%；
（二）会员在期货交易所专用结算账户中的实有货币资金的4倍。

第七十三条 期货交易的相关亏损、费用、货款和税金等款项，应当以货币资金支付，不得以有价证券充抵的金额支付。

第七十四条 客户以有价证券充抵保证金的，会员应当将收到的有价证券提交期货交易所。

非结算会员的客户以有价证券充抵保证金的，非结算会员应将收到的有价证券提交结算会员，由结算会员提交期货交易所。

第七十五条 客户以有价证券充抵保证金的，期货交易所应当将用于充抵的有价证券的种类和数量如实反映在该客户的交易编码下。

第七十六条 实行会员分级结算制度的期货交易所应当建立结算担保金制度。结算担保金包括基础结算担保金和变动结算担保金。

结算担保金由结算会员以自有资金向期货交易所缴纳。结算担保金属于结算会员所有，用于应对结算会员违约风险。期货交易所应当按照有关规定管理和使用，不得挪作他用。

期货交易所调整基础结算担保金标准的，应当在调整前报告中国证监会。

第七十七条 期货交易所应当按照手续费收入的20%的比例提取风险准备金，风险准备金应当单独核算，专户存储。

中国证监会可以根据期货交易所业务规模、发展计划以及潜在的风险决定风险准备金的规模。

第七十八条 期货交易实行客户交易编码制度。会员和客户应当遵守一户一码制度,不得混码交易。

第七十九条 期货交易实行限仓制度和套期保值审批制度。

第八十条 期货交易实行大户持仓报告制度。会员或者客户持仓达到期货交易所规定的持仓报告标准的,会员或者客户应当向期货交易所报告。客户未报告的,会员应当向期货交易所报告。

期货交易所可以根据市场风险状况制定并调整持仓报告标准。

第八十一条 期货交易实行当日无负债结算制度。

第八十二条 实行全员结算制度的期货交易所对会员进行风险管理,会员对其受托的客户进行风险管理。

实行会员分级结算制度的期货交易所对结算会员进行风险管理,结算会员对与其签订结算协议的非结算会员进行风险管理,会员对其受托的客户进行风险管理。

第八十三条 会员在期货交易中违约的,应当承担违约责任。

期货交易所先以违约会员的保证金承担该会员的违约责任,保证金不足的,实行全员结算制度的期货交易所应当以违约会员的自有资金、期货交易所风险准备金和期货交易所自有资金承担;实行会员分级结算制度的期货交易所应当以违约会员的自有资金、结算担保金、期货交易所风险准备金和期货交易所自有资金承担。

期货交易所以结算担保金、期货交易所风险准备金和期货交易所自有资金代为承担责任后,由此取得对违约会员的相应追偿权。

第八十四条 有根据认为会员或者客户违反期货交易所交易规则及其实施细则并且对市场正在产生或者即将产生重大影响,为防止违规行为后果进一步扩大,期货交易所可以对该会员或者客户采取下列临时处置措施:

(一)限制入金;

(二)限制出金;

(三)限制开仓;

(四)提高保证金标准;

(五)限期平仓;

(六)强行平仓。

期货交易所按交易规则及其实施细则规定的程序采取前款第(四)项、第(五)项或者第(六)项措施的,应当在采取措施后及时报告中国证监会。

期货交易所对会员或者客户采取临时处置措施,应当按照期货交易所交易规则及其实施细则规定的方式通知会员或者客户,并列明采取临时处置措施的根据。

第八十五条 期货价格出现同方向连续涨跌停板的，期货交易所可以采用调整涨跌停板幅度、提高交易保证金标准及按一定原则减仓等措施化解风险。

第八十六条 期货交易所实行风险警示制度。期货交易所认为必要的，可以分别或同时采取要求会员和客户报告情况、谈话提醒、发布风险提示函等措施，以警示和化解风险。

第八十七条 在期货交易过程中出现以下情形之一的，期货交易所可以宣布进入异常情况，采取紧急措施化解风险：

（一）地震、水灾、火灾等不可抗力或者计算机系统故障等不可归责于期货交易所的原因导致交易无法正常进行；

（二）会员出现结算、交割危机，对市场正在产生或者即将产生重大影响；

（三）出现本办法第八十五条规定的情形经采取相应措施后仍未化解风险；

（四）期货交易所交易规则及其实施细则中规定的其他情形。

期货交易所宣布进入异常情况并决定采取紧急措施前应当报告中国证监会。

第八十八条 期货交易所宣布进入异常情况并决定暂停交易的，暂停交易的期限不得超过3个交易日，但经中国证监会批准延长的除外。

第八十九条 期货交易所应当以适当方式发布下列信息：

（一）即时行情；

（二）持仓量、成交量排名情况；

（三）期货交易所交易规则及其实施细则规定的其他信息。

期货交易涉及商品实物交割的，期货交易所还应当发布标准仓单数量和可用库容情况。

第九十条 期货交易所应当编制交易情况周报表、月报表和年报表，并及时公布。

第九十一条 期货交易所对期货交易、结算、交割资料的保存期限应当不少于20年。

第六章 监督管理

第九十二条 期货交易所制定或者修改章程、交易规则，上市、中止、取消或者恢复交易品种，应当经中国证监会批准。期货交易所上市、修改或者终止合约，应当事前向中国证监会报告。

第九十三条 期货交易所应当对违反期货交易所交易规则及其实施细则的行为制定查处办法，并事前向中国证监会报告。

期货交易所对会员及其客户、指定交割仓库、期货保证金存管银行及期货市场其他参与者与期货业务有关的违规行为，应当在前款所称办法规定的职责范围内及时予以查处；超出前款所称办法规定的职责范围的，应当向中国证监会报告。

第九十四条 期货交易所制定或者修改交易规则的实施细则，应当事前向中国证监会报告。

第九十五条 期货交易所的交易结算系统和交易结算业务应当满足期货保证金安全存管监控的要求，真实、准确和完整地反映会员保证金的变动情况。

第九十六条 期货交易所应当按照中国证监会有关期货保证金安全存管监控的规定，向期货保证金安全存管监控机构报送相关信息。

第九十七条 公司制期货交易所收购本期货交易所股份、股东转让所持股份或者对其股份进行其他处置，应当按照中国证监会有关规定进行事前报告。

第九十八条 期货交易所的高级管理人员应当具备中国证监会要求的条件。未经中国证监会批准，期货交易所的理事长、副理事长、董事长、副董事长、监事会主席、监事会副主席、总经理、副总经理、董事会秘书不得在任何营利性组织中兼职。

未经批准，期货交易所的其他工作人员和非会员理事不得以任何形式在期货交易所会员单位及其他与期货交易有关的营利性组织兼职。

第九十九条 期货交易所工作人员应当自觉遵守有关法律、行政法规、规章和政策，恪尽职守，勤勉尽责，诚实信用，具有良好的职业操守。

期货交易所工作人员不得从事期货交易，不得泄漏内幕消息或者利用内幕消息获得非法利益，不得从期货交易所会员、客户处谋取利益。

期货交易所的工作人员履行职务，遇有与本人或者其亲属有利害关系的情形时，应当回避。

第一百条 期货交易所的所得收益按照国家有关规定管理和使用，但应当首先用于保证期货交易场所、设施的运行和改善。

第一百零一条 期货交易所应当向中国证监会履行下列报告义务：

（一）每一年度结束后 4 个月内提交经具有证券、期货相关业务资格的会计师事务所审计的年度财务报告；

（二）每一季度结束后 15 日内、每一年度结束后 30 日内提交有关经营情况和有关法律、行政法规、规章、政策执行情况的季度和年度工作报告；

（三）中国证监会规定的其他事项。

第一百零二条 发生下列重大事项，期货交易所应当及时向中国证监会报告：

（一）发现期货交易所工作人员存在或者可能存在严重违反国家有关法律、行政法规、规章、政策的行为；

（二）期货交易所涉及占其净资产10%以上或者对其经营风险有较大影响的诉讼；

（三）期货交易所的重大财务支出、投资事项以及可能带来较大财务或者经营风险的重大财务决策；

（四）中国证监会规定的其他事项。

第一百零三条 中国证监会可以根据市场情况调整期货交易所收取的保证金标准，暂停、恢复或者取消某一期货交易品种的交易。

第一百零四条 中国证监会认为期货市场出现异常情况的，可以决定采取延迟开市、暂停交易、提前闭市等必要的风险处置措施。

第一百零五条 中国证监会认为有必要的，可以对期货交易所高级管理人员实施提示。

第一百零六条 中国证监会派出机构对期货交易所会员进行风险处置，采取监管措施的，经中国证监会批准，期货交易所应当在限制会员资金划转、限制会员开仓、移仓和强行平仓等方面予以配合。

第一百零七条 中国证监会可以向期货交易所派驻督察员。督察员依照中国证监会的有关规定履行职责。

督察员履行职责，期货交易所应当予以配合。

第一百零八条 期货交易所应当按照国家有关规定及时缴纳期货市场监管费。

第七章　法律责任

第一百零九条 期货交易所未按照本办法第十五条、第三十五条、第五十二条、第六十七条、第八十七条、第九十四条、第一百零一条和第一百零二条的规定履行报告义务，或者未按照本办法第二十三条、第三十条、第三十八条、第四十三条、第五十一条和第九十六条的规定报送有关文件、资料和信息的，根据《期货交易管理条例》第六十四条处罚。

第一百一十条 期货交易所有下列行为之一的，根据《期货交易管理条例》第六十五条处罚：

（一）未经报告变更名称或者注册资本；

（二）未经批准设立分所或者其他任何交易场所；

（三）违反有价证券充抵保证金规定；

（四）不按照规定对会员进行检查；

（五）未建立或者未执行客户交易编码制度、保证金管理制度；

（六）交易结算系统和交易结算业务不符合本办法第九十五条的规定。

第一百一十一条 期货交易所工作人员违反本办法第九十九条规定的，根据《期货交易管理条例》第七十八条处罚。

第八章 附 则

第一百一十二条 在中国证监会批准的其他交易场所进行期货交易的，依照本办法的有关规定执行。

第一百一十三条 本办法自2007年4月15日起施行。2002年5月17日发布的《期货交易所管理办法》（中国证券监督管理委员会令第6号）同时废止。

期货公司监督管理办法

（2014年10月29日中国证券监督管理委员会令第110号公布
根据2017年12月7日中国证券监督管理委员会《关于修改〈证券登记结算管理办法〉等七部规章的决定》修订）

第一章 总 则

第一条 为了规范期货公司经营活动，加强对期货公司监督管理，保护客户合法权益，推进期货市场建设，根据《公司法》和《期货交易管理条例》等法律、行政法规，制定本办法。

第二条 在中华人民共和国境内设立的期货公司，适用本办法。

第三条 期货公司应当遵守法律、行政法规和中国证券监督管理委员会（以下简称中国证监会）的规定，审慎经营，防范利益冲突，履行对客户的诚信义务。

第四条 期货公司的股东、实际控制人和其他关联人不得滥用权利，不得占用期货公司资产或者挪用客户资产，不得侵害期货公司、客户的合法权益。

第五条 中国证监会及其派出机构依法对期货公司及其分支机构实行监督管理。

中国期货业协会、期货交易所按照自律规则对期货公司实行自律管理。

期货保证金安全存管监控机构依法对客户保证金安全实施监控。

第二章 设立、变更与业务终止

第六条 申请设立期货公司，除应当符合《期货交易管理条例》第十六条规定的条件外，还应当具备下列条件：

(一)具有期货从业人员资格的人员不少于15人；

(二)具备任职资格的高级管理人员不少于3人。

第七条 持有5%以上股权的股东为法人或者其他组织的，应当具备下列条件：

(一)实收资本和净资产均不低于人民币3000万元；

(二)净资产不低于实收资本的50%，或有负债低于净资产的50%，不存在对财务状况产生重大不确定影响的其他风险；

(三)没有较大数额的到期未清偿债务；

(四)近3年未因重大违法违规行为受到行政处罚或者刑事处罚；

(五)未因涉嫌重大违法违规正在被有权机关立案调查或者采取强制措施；

(六)近3年作为公司(含金融机构)的股东或者实际控制人，未有滥用股东权利、逃避股东义务等不诚信行为；

(七)不存在中国证监会根据审慎监管原则认定的其他不适合持有期货公司股权的情形。

第八条 持有期货公司5%以上股权的个人股东应当符合本办法第七条第(三)项至第(七)项规定的条件，且其个人金融资产不低于人民币3000万元。

第九条 持有期货公司5%以上股权的境外股东，除应当符合本办法第七条规定的条件外，还应当具备下列条件：

(一)依其所在国家或者地区法律设立、合法存续的金融机构；

(二)近3年各项财务指标及监管指标符合所在国家或者地区法律的规定和监管机构的要求；

（三）所在国家或者地区具有完善的期货法律和监督管理制度，其期货监管机构已与中国证监会签订监管合作备忘录，并保持有效的监管合作关系；

（四）期货公司外资持股比例或者拥有的权益比例，累计（包括直接持有和间接持有）不得超过我国期货业对外或者对我国香港特别行政区、澳门特别行政区和台湾地区开放所作的承诺。

境外股东应当以可自由兑换货币或者合法取得的人民币出资。

第十条 期货公司有关联关系的股东持股比例合计达到5%的，持股比例最高的股东应当符合本办法第七条至第九条规定的条件。

第十一条 申请设立期货公司，应当向中国证监会提交下列申请材料：

（一）申请书；

（二）公司章程草案；

（三）经营计划；

（四）发起人名单及其审计报告或者个人金融资产证明；

（五）拟任用高级管理人员和从业人员名单、简历和相关资格证明；

（六）拟订的期货业务制度、内部控制制度和风险管理制度文本；

（七）场地、设备、资金证明文件；

（八）律师事务所出具的法律意见书；

（九）中国证监会规定的其他申请材料。

第十二条 外资持有股权的期货公司，应当按照法律、行政法规的规定，向国务院商务主管部门申请办理外商投资企业批准证书，并向外汇管理部门申请办理外汇登记、资本金账户开立以及有关资金结购汇手续。

第十三条 按照本办法设立的期货公司，可以依法从事商品期货经纪业务；从事金融期货经纪、境外期货经纪、期货投资咨询的，应当取得相应业务资格。从事资产管理业务的，应当依法登记备案。

期货公司经批准可以从事中国证监会规定的其他业务。

第十四条 期货公司申请金融期货经纪业务资格，应当具备下列条件：

（一）申请日前2个月风险监管指标持续符合规定标准；

（二）具有健全的公司治理、风险管理制度和内部控制制度，并有效执行；

（三）符合中国证监会期货保证金安全存管监控的规定；

（四）业务设施和技术系统符合相关技术规范且运行状况良好；

（五）高级管理人员近2年内未受到刑事处罚，未因违法违规经营受到行政处罚，无不良信用记录，且不存在因涉嫌违法违规经营正在被有权机关调查的情形；

（六）不存在被中国证监会及其派出机构采取《期货交易管理条例》第五

十五条第二款、第五十六条规定的监管措施的情形；

（七）不存在因涉嫌违法违规正在被有权机关立案调查的情形；

（八）近2年内未因违法违规行为受过刑事处罚或者行政处罚。但期货公司控股股东或者实际控制人变更，高级管理人员变更比例超过50%，对出现上述情形负有责任的高级管理人员和业务负责人已不在公司任职，且已整改完成并经期货公司住所地中国证监会派出机构验收合格的，可不受此限制；

（九）控股股东净资产或者个人金融资产不低于人民币3000万元；

（十）中国证监会根据审慎监管原则规定的其他条件。

第十五条 期货公司申请金融期货经纪业务资格，应当向中国证监会提交下列申请材料：

（一）申请书；

（二）加盖公司公章的营业执照和业务许可证复印件；

（三）股东会或者董事会决议文件；

（四）申请日前2个月风险监管报表；

（五）公司治理、风险管理制度和内部控制制度执行情况报告；

（六）业务设施和技术系统运行情况报告；

（七）控股股东经具有证券、期货相关业务资格的会计师事务所审计的最近一期财务报告或者个人金融资产证明；

（八）律师事务所出具的法律意见书；

（九）若存在本办法第十四条第（八）项规定的情形的，还应提供期货公司住所地中国证监会派出机构出具的整改验收合格意见书；

（十）中国证监会规定的其他申请材料。

第十六条 期货公司申请境外期货经纪、期货投资咨询以及经批准的其他业务的条件，由中国证监会另行规定。

第十七条 期货公司变更股权有下列情形之一的，应当经中国证监会批准：

（一）变更控股股东、第一大股东；

（二）单个股东或者有关联关系的股东持股比例增加到100%；

（三）单个股东的持股比例或者有关联关系的股东合计持股比例增加到5%以上，且涉及境外股东的。

除前款规定情形外，期货公司单个股东的持股比例或者有关联关系的股东合计持股比例增加到5%以上，应当经期货公司住所地中国证监会派出机构批准。

第十八条 期货公司变更股权有本办法第十七条所列情形的，应当具备下列条件：

（一）拟变更的股权不存在被查封、冻结等情形；

（二）期货公司与股东之间不存在交叉持股的情形，期货公司不存在为股权受让方提供任何形式财务支持的情形；

（三）涉及的股东符合本办法第七条至第十条规定的条件。

第十九条 期货公司变更股权，有本办法第十七条所列情形的，应当提交下列相关申请材料：

（一）申请书；

（二）关于变更股权的决议文件；

（三）股权转让或者变更出资合同，以及有限责任公司其他股东放弃优先购买权的承诺书；

（四）所涉及股东的基本情况报告、变更后期货公司股东股权背景情况图以及期货公司关于变更后股东是否存在关联关系、期货公司是否为股权受让方提供任何形式财务支持的情况说明；

（五）所涉及股东的股东会、董事会或者其他决策机构做出的相关决议；

（六）所涉及股东的审计报告或者个人金融资产证明；

（七）律师事务所出具的法律意见书；

（八）中国证监会规定的其他材料。

期货公司单个境外股东的持股比例或者有关联关系的境外股东合计持股比例增加到5%以上的，还应当提交下列申请材料：

（一）境外股东的章程、营业执照或者注册证书和相关业务资格证书复印件；

（二）境外股东所在国家或者地区的相关监管机构或者中国证监会认可的境外机构出具的关于其符合本办法第七条第（四）项、第（五）项与第九条第一款第（二）项规定条件的说明函。

期货公司发生本办法第十七条规定情形以外的股权变更，应当自完成工商变更登记手续之日起5个工作日内向公司住所地中国证监会派出机构报备下列书面材料：

（一）变更持有5%以下股权股东情况报告；

（二）股权受让方相关背景材料；

（三）股权背景情况图；

（四）股权变更相关文件；

（五）公司章程、准予变更登记文件、营业执照复印件；

（六）中国证监会规定的其他材料。

第二十条 期货公司变更法定代表人，拟任法定代表人应当具备任职条件。期货公司应当自完成相关工商变更登记之日起5个工作日内向住所地中国证监会派出机构提交下列备案材料：

（一）备案报告；

（二）变更后的营业执照副本复印件；

（三）公司决议文件；

（四）法定代表人期货从业资格证明、任职资格证明；

（五）期货公司原《经营期货业务许可证》正、副本原件；

（六）中国证监会要求提交的其他文件。

第二十一条 期货公司变更住所或营业场所，应当妥善处理客户资产，拟迁入的住所和拟使用的设施应当符合业务需要，并自完成相关工商变更登记之日起5个工作日内向住所地中国证监会派出机构报备。期货公司在中国证监会不同派出机构辖区变更住所的，还应当符合下列条件：

（一）符合持续性经营规则；

（二）近2年未因重大违法违规行为受到行政处罚或者刑事处罚；

（三）中国证监会根据审慎监管原则规定的其他条件。

第二十二条 期货公司变更住所或营业场所，应当向拟迁入地中国证监会派出机构提交下列备案材料：

（一）备案报告；

（二）变更后的营业执照副本复印件；

（三）公司决议文件；

（四）关于客户资产处理情况，变更后住所和使用的设施符合期货业务需要的说明；

（五）变更后住所所有权或者使用权证明和消防合格证明；

（六）首席风险官出具的公司符合相关条件的意见；

（七）期货公司原《经营期货业务许可证》正、副本原件；

（八）中国证监会要求提交的其他文件。

期货公司在提交备案材料时，应当将备案材料同时抄报拟迁出地中国证监会派出机构。

第二十三条 期货公司设立营业部、分公司等境内分支机构，应当自完成相关工商设立登记之日起5个工作日内向公司住所地中国证监会派出机构报备。

期货公司设立境内分支机构，应当具备下列条件：

（一）公司治理健全，内部控制制度符合有关规定并有效执行；

（二）申请日前3个月符合风险监管指标标准；

（三）符合有关客户资产保护和期货保证金安全存管监控的规定；

（四）未因涉嫌违法违规经营正在被有权机关调查，近1年内未因违法违规经营受到行政处罚或者刑事处罚；

（五）具有符合业务发展需要的分支机构设立方案；

（六）中国证监会根据审慎监管原则规定的其他条件。

第二十四条　期货公司设立境内分支机构，应当向公司住所地中国证监会派出机构提交下列备案材料：

（一）备案报告；

（二）分支机构营业执照副本复印件；

（三）公司决议文件；

（四）分支机构负责人任职资格证明；

（五）分支机构从业人员名册及期货从业资格证明；

（六）营业场所所有权或者使用权证明和消防合格证明；

（七）首席风险官出具的公司符合相关条件的意见；

（八）中国证监会要求提交的其他文件。

期货公司在提交备案材料时，应当将备案材料同时抄报拟设立分支机构所在地的中国证监会派出机构。

第二十五条　期货公司变更分支机构营业场所的，应当妥善处理客户资产，拟迁入的营业场所和拟使用的设施应当满足业务需要。

本办法所称期货公司变更分支机构营业场所仅限于在中国证监会同一派出机构辖区内变更营业场所。

第二十六条　期货公司终止境内分支机构的，应当先行妥善处理该分支机构客户资产，结清分支机构业务并终止经营活动，并自完成上述工作之日起5个工作日内向分支机构所在地中国证监会派出机构提交下列备案材料：

（一）备案报告；

（二）公司决议文件；

（三）关于处理分支机构客户资产、结清期货业务并终止经营活动情况的说明；

（四）在中国证监会指定报刊上的公告证明；

（五）首席风险官出具的公司符合相关条件的意见；

（六）中国证监会要求提交的其他文件。

期货公司在提交备案材料时，应当将备案材料同时抄报公司住所地的中国证监会派出机构。

第二十七条 期货公司设立、收购、参股或者终止境外期货类经营机构，应当具备下列条件，并应当自公司决议生效之日起5个工作日内向中国证监会报备：

（一）申请日前6个月符合风险监管指标标准；

（二）近2年内未因重大违法违规行为受到行政处罚或者刑事处罚；

（三）具有完备的境外机构管理制度，能够有效隔离风险；

（四）拟设立、收购或者参股机构所在国家或者地区的期货监管机构已与中国证监会签署监管合作备忘录；

（五）中国证监会根据审慎监管原则规定的其他条件。

第二十八条 期货公司设立、收购、参股或者终止境外期货类经营机构，应当自获得境外有关监管机构核准文件之日起5个工作日内向中国证监会提交下列备案材料：

（一）备案报告；

（二）境外期货类经营机构的章程；

（三）境外有关监管部门核准文件；

（四）拟设立、收购、参股境外机构所在国家或者地区的监管机构已与中国证监会签署监管合作谅解备忘录；

（五）中国证监会要求的其他资料。

期货公司变更境外期货类经营机构注册资本或股权的，应当自获得境外有关监管机构核准文件之日起5个工作日内向中国证监会提交下列备案材料：

（一）备案报告；

（二）最近一年经审计的财务报告；

（三）中国证监会要求的其他资料。

第二十九条 期货公司申请设立、收购或者参股境外期货类经营机构，应当按照外汇管理部门相关规定，办理外汇登记、有关资金划转以及结购汇手续。

第三十条 期货公司因遭遇不可抗力等正当事由申请停业的，应当妥善处理客户资产，清退或者转移客户。

期货公司恢复营业的，应当符合期货公司持续性经营规则。停业期限届满后，期货公司未能恢复营业或者不符合持续性经营规则的，中国证监会可以根据《期货交易管理条例》第二十条第一款规定注销其期货业务许可证。

第三十一条 期货公司停业的，应当向中国证监会提交下列申请材料：

（一）申请书；

（二）停业决议文件；

（三）关于处理客户资产、处置或者清退客户情况的报告；

（四）中国证监会规定的其他材料。

第三十二条 期货公司被撤销所有期货业务许可的，应当妥善处理客户资产，结清期货业务；公司继续存续的，应当依法办理名称、营业范围和公司章程等工商变更登记，存续公司不得继续以期货公司名义从事业务，其名称中不得有“期货”或者近似字样。

期货公司解散、破产的，应当先行妥善处理客户资产，结清业务。

第三十三条 期货公司设立、变更、停业、解散、破产、被撤销期货业务许可或者其分支机构设立、变更、终止的，期货公司应当在中国证监会指定的媒体上公告。

第三十四条 期货公司及其分支机构的许可证由中国证监会统一印制。许可证正本或者副本遗失或者灭失的，期货公司应当在30个工作日内在中国证监会指定的媒体上声明作废，并持登载声明向中国证监会重新申领。

第三章 公司治理

第三十五条 期货公司应当按照明晰职责、强化制衡、加强风险管理的原则，建立并完善公司治理。

第三十六条 期货公司与其控股股东、实际控制人在业务、人员、资产、财务等方面应当严格分开，独立经营，独立核算。

未依法经期货公司股东会或者董事会决议，期货公司控股股东、实际控制人不得任免期货公司的董事、监事、高级管理人员，或者非法干预期货公司经营管理活动。

期货公司向股东、实际控制人及其关联人提供服务的，不得降低风险管理要求。

第三十七条 持有期货公司5%以上股权的股东或者实际控制人出现下列情形之一的，应当在3个工作日内通知期货公司：

（一）所持有的期货公司股权被冻结、查封或者被强制执行；

（二）质押所持有的期货公司股权；

（三）决定转让所持有的期货公司股权；

（四）不能正常行使股东权利或者承担股东义务，可能造成期货公司治理的重大缺陷；

（五）涉嫌重大违法违规被有权机关调查或者采取强制措施；

（六）因重大违法违规行为受到行政处罚或者刑事处罚；

（七）变更名称；

（八）合并、分立或者进行重大资产、债务重组；

（九）被采取停业整顿、撤销、接管、托管等监管措施，或者进入解散、破产、关闭程序；

（十）其他可能影响期货公司股权变更或者持续经营的情形。

持有期货公司5%以上股权的股东发生前款规定情形的，期货公司应当自收到通知之日起3个工作日内向期货公司住所地中国证监会派出机构报告。

期货公司实际控制人发生第一款第（五）项至第（九）项所列情形的，期货公司应当自收到通知之日起3个工作日内向住所地中国证监会派出机构报告。

第三十八条 期货公司有下列情形之一的，应当立即书面通知全体股东或进行公告，并向住所地中国证监会派出机构报告：

（一）公司或者其董事、监事、高级管理人员因涉嫌违法违规被有权机关立案调查或者采取强制措施；

（二）公司或者其董事、监事、高级管理人员因违法违规行为受到行政处罚或者刑事处罚；

（三）风险监管指标不符合规定标准；

（四）客户发生重大透支、穿仓，可能影响期货公司持续经营；

（五）发生突发事件，对期货公司或者客户利益产生或者可能产生重大不利影响；

（六）其他可能影响期货公司持续经营的情形。

中国证监会及其派出机构对期货公司及其分支机构采取《期货交易管理条例》第五十五条第二款、第四款或者第五十六条规定的监管措施或者作出行政处罚，期货公司应当书面通知全体股东或进行公告。

第三十九条 期货公司股东会应当按照《公司法》和公司章程，对职权范围内的事项进行审议和表决。股东会每年应当至少召开一次会议。期货公司股东应当按照出资比例或者所持股份比例行使表决权。

第四十条 期货公司应当设立董事会，并按照《公司法》的规定设立监事会或监事，切实保障监事会和监事对公司经营情况的知情权。

期货公司可以设立独立董事，期货公司的独立董事不得在期货公司担任董事会以外的职务，不得与本期货公司存在可能妨碍其作出独立、客观判断的关系。

第四十一条 期货公司应当设首席风险官，对期货公司经营管理行为的合法合规性、风险管理进行监督、检查。

首席风险官发现涉嫌占用、挪用客户保证金等违法违规行为或者可能发生风险的，应当立即向住所地中国证监会派出机构和公司董事会报告。

期货公司拟解聘首席风险官的，应当有正当理由，并向住所地中国证监会派出机构报告。

第四十二条 期货公司的董事长、总经理、首席风险官之间不得存在近亲属关系。董事长和总经理不得由一人兼任。

第四十三条 期货公司应当合理设置业务部门及其职能，建立岗位责任制度，不相容岗位应当分离。交易、结算、财务业务应当由不同部门和人员分开办理。

期货公司应当设立风险管理部门或者岗位，管理和控制期货公司的经营风险。

期货公司应当设立合规审查部门或者岗位，审查和稽核期货公司经营管理的合法合规性。

第四十四条 期货公司应当对分支机构实行集中统一管理，不得与他人合资、合作经营管理分支机构，不得将分支机构承包、租赁或者委托给他人经营管理。

分支机构经营的业务不得超出期货公司的业务范围，并应当符合中国证监会对相关业务的规定。

期货公司应当按照规定对营业部实行统一结算、统一风险管理、统一资金调拨、统一财务管理和会计核算。

第四十五条 期货公司可以按照规定，运用自有资金投资于股票、投资基金、债券等金融类资产，与业务相关的股权以及中国证监会规定的其他业务，但不得从事《期货交易管理条例》禁止的业务。

第四章 业务规则

第一节 一般规定

第四十六条 期货公司应当建立并有效执行风险管理、内部控制、期货保证金存管等业务制度和流程，有效隔离不同业务之间的风险，确保客户资产安全和交易安全。

第四十七条 期货公司应当按照规定实行投资者适当性管理制度，建立执业规范和内部问责机制，了解客户的经济实力、专业知识、投资经历和风险偏好等情况，审慎评估客户的风险承受能力，提供与评估结果相适应的产品或者服务。

期货公司应当向客户全面客观介绍相关法律法规、业务规则、产品或者服务的特征，充分揭示风险，并按照合同的约定，如实向客户提供与交易相关的资料、信息，不得欺诈或者误导客户。

期货公司应充分了解和评估客户风险承受能力，加强对客户的管理。

第四十八条 期货公司应当在营业场所公示业务流程。

期货公司应当提供从业人员资格证明等资料供客户查阅，并在本公司网站和营业场所提示客户可以通过中国期货业协会网站查询。

第四十九条 期货公司应当具有符合行业标准和自身业务发展需要的信息系统，制定信息技术管理制度，按照规定设置信息技术部门或岗位，保障信息系统安全运行。

第五十条 期货公司应当承担投资者投诉处理的首要责任，建立、健全客户投诉处理制度，公开投诉处理流程，妥善处理客户投诉及与客户的纠纷。

第五十一条 期货公司应当建立数据备份制度，对交易、结算、财务等数据进行备份管理。

期货公司应当妥善保存客户资料，除依法接受调查和检查外，应当为客户保密。客户资料保存期限不得少于20年。

第二节 期货经纪业务

第五十二条 期货公司不得接受下列单位和个人的委托，为其进行期货交易：

（一）国家机关和事业单位；

（二）中国证监会及其派出机构、期货交易所、期货保证金安全存管监控机构、中国期货业协会工作人员及其配偶；

（三）期货公司工作人员及其配偶；

（四）证券、期货市场禁止进入者；

（五）未能提供开户证明材料的单位和个人；

（六）中国证监会规定的不得从事期货交易的其他单位和个人。

第五十三条 客户开立账户，应当出具合法有效的单位、个人身份证明或者其他证明材料。

第五十四条 期货公司在为客户开立期货经纪账户前，应当向客户出示《期货交易风险说明书》，由客户签字确认，并签订期货经纪合同。

《〈期货经纪合同〉指引》和《期货交易风险说明书》由中国期货业协会制定。

第五十五条 客户可以通过书面、电话、计算机、互联网等委托方式下达交易指令。

期货公司应当建立交易指令委托管理制度,并与客户就委托方式和程序进行约定。期货公司应当按照客户委托下达交易指令,不得未经客户委托或者未按客户委托内容,擅自进行期货交易。期货公司从业人员不得未经过其依法设立的营业场所私下接受客户委托进行期货交易。

以书面方式下达交易指令的,客户应当填写书面交易指令单;以电话方式下达交易指令的,期货公司应当同步录音;以计算机、互联网等委托方式下达交易指令的,期货公司应当以适当方式保存。以互联网方式下达交易指令的,期货公司应当对互联网交易风险进行特别提示。

第五十六条 期货公司应当在传递交易指令前对客户账户资金和持仓进行验证。

期货公司应当按照时间优先的原则传递客户交易指令。

第五十七条 期货公司应当在每日结算后为客户提供交易结算报告,并提示客户可以通过期货保证金安全存管监控机构进行查询。客户应当按照期货经纪合同约定方式对交易结算报告内容进行确认。

客户对交易结算报告有异议的,应当在期货经纪合同约定的时间内以书面方式提出,期货公司应当在约定时间内进行核实。客户未在约定时间内提出异议的,视为对交易结算报告内容的确认。

第五十八条 期货公司应当制定并执行错单处理业务规则。

第五十九条 期货公司应当按照规定为客户申请、注销交易编码。客户与期货公司的委托关系终止的,应当办理销户手续。期货公司不得将客户未注销的资金账号、交易编码借给他人使用。

第六十条 期货公司可以按照规定委托其他机构或者接受其他机构委托从事中间介绍业务。

第三节 期货投资咨询业务

第六十一条 期货公司可以依法从事期货投资咨询业务,接受客户委托,向客户提供风险管理顾问、研究分析、交易咨询等服务。

第六十二条 期货公司从事期货投资咨询业务,应当与客户签订服务合同,明确约定服务内容、收费标准及纠纷处理方式等事项。

第六十三条 期货公司及其从业人员从事期货投资咨询业务,不得有下列行为：

（一）向客户做获利保证；

（二）以虚假信息、市场传言或者内幕信息为依据向客户提供期货投资咨询服务；

（三）对价格涨跌或者市场走势做出确定性的判断；

（四）利用向客户提供投资建议谋取不正当利益；

（五）利用期货投资咨询活动传播虚假、误导性信息；

（六）以个人名义收取服务报酬；

（七）法律、行政法规和中国证监会规定禁止的其他行为。

第四节　资产管理业务

第六十四条　期货公司可以依法从事资产管理业务，接受客户委托，运用客户资产进行投资。投资收益由客户享有，损失由客户承担。

第六十五条　期货公司从事资产管理业务，应当与客户签订资产管理合同，通过专门账户提供服务。

第六十六条　期货公司可以依法从事下列资产管理业务：

（一）为单一客户办理资产管理业务；

（二）为特定多个客户办理资产管理业务。

第六十七条　资产管理业务的投资范围包括：

（一）期货、期权及其他金融衍生产品；

（二）股票、债券、证券投资基金、集合资产管理计划、央行票据、短期融资券、资产支持证券等；

（三）中国证监会认可的其他投资品种。

第六十八条　期货公司及其从业人员从事资产管理业务，不得有下列行为：

（一）以欺诈手段或者其他不当方式误导、诱导客户；

（二）向客户做出保证其资产本金不受损失或者取得最低收益的承诺；

（三）接受客户委托的初始资产低于中国证监会规定的最低限额；

（四）占用、挪用客户委托资产；

（五）以转移资产管理账户收益或者亏损为目的，在不同账户之间进行买卖，损害客户利益；

（六）以获取佣金或者其他利益为目的，使用客户资产进行不必要的交易；

（七）利用管理的客户资产为第三方谋取不正当利益，进行利益输送；

（八）法律、行政法规以及中国证监会规定禁止的其他行为。

第五章　客户资产保护

第六十九条　客户的保证金和委托资产属于客户资产，归客户所有。客户资产应当与期货公司的自有资产相互独立、分别管理。非因客户本身的债务或者法律、行政法规规定的其他情形，不得查封、冻结、扣划或者强制执行客户资产。期货公司破产或者清算时，客户资产不属于破产财产或者清算财产。

第七十条　期货公司应当在期货保证金存管银行开立期货保证金账户。

期货公司开立、变更或者撤销期货保证金账户的，应于当日向期货保证金安全存管监控机构备案，并通过规定方式向客户披露账户开立、变更或者撤销情况。

第七十一条　客户应当向期货公司登记以本人名义开立的用于存取期货保证金的结算账户。

期货公司和客户应当通过备案的期货保证金账户和登记的期货结算账户转账存取保证金。

第七十二条　期货公司存管的客户保证金应当全额存放在期货保证金账户和期货交易所专用结算账户内，严禁在期货保证金账户和期货交易所专用结算账户之外存放。

第七十三条　期货公司应当按照规定及时向期货保证金安全存管监控机构报送信息。

第七十四条　期货保证金存管银行未按规定向期货保证金安全存管监控机构报送信息，被期货交易所采取自律监管措施或者被中国证监会采取监管措施、处以行政处罚的，期货公司应当暂停在该存管银行开立期货保证金账户，并将期货保证金转存至其他符合规定的期货保证金存管银行。

第七十五条　期货公司应当按照期货交易所规则，缴存结算担保金，并维持最低数额的结算准备金等专用资金，确保客户正常交易。

第七十六条　除依据《期货交易管理条例》第二十八条划转外，任何单位或者个人不得以任何形式占用、挪用客户保证金。

客户在期货交易中违约造成保证金不足的，期货公司应当以风险准备金和自有资金垫付，不得占用其他客户保证金。

期货公司应当按照规定提取、管理和使用风险准备金，不得挪作他用。

第六章　监督管理

第七十七条　期货公司应当按照规定报送年度报告、月度报告等资料。

期货公司法定代表人、经营管理主要负责人、首席风险官、财务负责人应当对年度报告和月度报告签署确认意见;监事会或监事应对年度报告进行审核并提出书面审核意见;期货公司董事应当对年度报告签署确认意见。

期货公司年度报告、月度报告签字人员应当保证报告内容真实、准确、完整;对报告内容有异议的,应当注明意见和理由。

第七十八条　中国证监会及其派出机构可以要求下列机构或者个人,在指定期限内报送与期货公司经营相关的资料:

(一)期货公司及其董事、监事、高级管理人员及其他工作人员;

(二)期货公司股东、实际控制人或者其他关联人;

(三)期货公司控股、参股或者实际控制的企业;

(四)为期货公司提供相关服务的会计师事务所、律师事务所、资产评估机构等中介服务机构。

报送、提供或者披露的资料、信息应当真实、准确、完整,不得有虚假记载、误导性陈述或者重大遗漏。

第七十九条　持有期货公司5%以上股权的股东、实际控制人或者其他关联人在期货公司从事期货交易的,期货公司应当自开户之日起5个工作日内向住所地中国证监会派出机构报告开户情况,并定期报告交易情况。

第八十条　发生下列事项之一的,期货公司应当在5个工作日内向住所地中国证监会派出机构书面报告:

(一)变更公司名称、形式、章程;

(二)发生本办法第十七条规定情形以外的股权或者注册资本变更;

(三)变更分支机构负责人或者营业场所;

(四)作出终止业务等重大决议;

(五)被有权机关立案调查或者采取强制措施;

(六)发生影响或者可能影响期货公司经营管理、财务状况或者客户资产安全等重大事件;

(七)中国证监会规定的其他事项。

上述事项涉及期货公司分支机构的,期货公司应当同时向分支机构住所地中国证监会派出机构书面报告。

第八十一条　期货公司聘请或者解聘会计师事务所的,应当自作出决定之日起5个工作日内向住所地中国证监会派出机构报告；解聘会计师事务所的，应当说明理由。

第八十二条 期货公司应当按照规定，公示基本情况、历史情况、分支机构基本情况、董事及监事信息、高级管理人员及从业人员信息、公司股东信息、公司诚信记录以及中国证监会要求的其他信息。

第八十三条 中国证监会可以按照规定对期货公司进行分类监管。

第八十四条 中国证监会及其派出机构可以对期货公司及其分支机构进行定期或者不定期现场检查。

中国证监会及其派出机构依法进行现场检查时，检查人员不得少于2人，并应当出示合法证件和检查通知书，必要时可以聘请外部专业人士协助检查。

中国证监会及其派出机构可以对期货公司子公司以及期货公司的控股股东、实际控制人进行延伸检查。

第八十五条 中国证监会及其派出机构对期货公司及其分支机构进行检查，有权采取下列措施：

（一）询问期货公司及其分支机构的工作人员，要求其对被检查事项作出解释、说明；

（二）查阅、复制与被检查事项有关的文件、资料；

（三）查询期货公司及其分支机构的客户资产账户；

（四）检查期货公司及其分支机构的信息系统，调阅交易、结算及财务数据。

第八十六条 中国证监会及其派出机构认为期货公司可能存在下列情形之一的，可以要求其聘请中介服务机构进行专项审计、评估或者出具法律意见：

（一）期货公司年度报告、月度报告或者临时报告等存在虚假记载、误导性陈述或者重大遗漏；

（二）违反客户资产保护、期货保证金安全存管监控规定或者风险监管指标管理规定；

（三）中国证监会根据审慎监管原则认定的其他情形。

期货公司应当配合中介服务机构工作。

第八十七条 期货公司违反本办法有关规定的，中国证监会及其派出机构可以对其采取监管谈话、责令改正、出具警示函等监督管理措施。

第八十八条 期货公司或其分支机构有下列情形之一的，中国证监会及其派出机构可以依据《期货交易管理条例》第五十五条规定采取监管措施：

（一）公司治理不健全，部门或者岗位设置存在较大缺陷，关键业务岗位人员缺位或者未履行职责，可能影响期货公司持续经营；

（二）业务规则不健全或者未有效执行，风险管理或者内部控制等存在较大缺陷，经营管理混乱，可能影响期货公司持续经营或者可能损害客户合法权益；

（三）不符合有关客户资产保护或者期货保证金安全存管监控规定，可能影响客户资产安全；

（四）未按规定执行分支机构统一管理制度，经营管理存在较大风险或者风险隐患；

（五）未按规定实行投资者适当性管理制度，存在较大风险或者风险隐患；

（六）未按规定委托或者接受委托从事中间介绍业务；

（七）交易、结算或者财务信息系统存在重大缺陷，可能造成有关数据失真或者损害客户合法权益；

（八）信息系统不符合规定；

（九）股东、实际控制人或者其他关联人停业、发生重大风险或者涉嫌严重违法违规，可能影响期货公司治理或者持续经营；

（十）存在重大纠纷、仲裁、诉讼，可能影响持续经营；

（十一）未按规定进行信息报送、披露或者报送、披露的信息存在虚假记载、误导性陈述或者重大遗漏；

（十二）其他不符合持续性经营规则规定或者出现其他经营风险的情形。

对经过整改仍未达到经营条件的分支机构，中国证监会派出机构有权依法关闭。

第八十九条 期货公司股东、实际控制人、其他关联人，为期货公司提供相关服务的会计师事务所、律师事务所、资产评估机构等中介服务机构违反本办法规定的，中国证监会及其派出机构可以对其采取监管谈话、责令改正、出具警示函等监督管理措施。

第九十条 期货公司的股东、实际控制人或者其他关联人有下列情形之一的，中国证监会及其派出机构可以责令其限期整改：

（一）占用期货公司资产；

（二）直接任免期货公司董事、监事、高级管理人员，或者非法干预期货公司经营管理活动；

（三）股东未按照出资比例或者所持股份比例行使表决权；

（四）报送、提供或者出具的材料、信息或者报告等存在虚假记载、误导性陈述或者重大遗漏。

因前款情形致使期货公司不符合持续性经营规则或者出现经营风险的，中国证监会及其派出机构可以依据《期货交易管理条例》第五十五条的规定责令控股股东转让股权或者限制其行使股东权利。

第九十一条 未经中国证监会或其派出机构批准，任何个人或者单位及其关联人擅自持有期货公司5%以上股权，或者通过提供虚假申请材料等方式成为期货公司股东的，中国证监会或其派出机构可以责令其限期转让股权。该股权在转让之前，不具有表决权、分红权。

第七章 法律责任

第九十二条 期货公司及其分支机构接受未办理开户手续的单位或者个人委托进行期货交易，或者将客户的资金账号、交易编码借给其他单位或者个人使用的，给予警告，单处或者并处3万元以下罚款。

第九十三条 期货公司及其分支机构有下列行为之一的，根据《期货交易管理条例》第六十六条处罚：

（一）未按规定实行投资者适当性管理制度，损害客户合法权益；

（二）未按规定将客户资产与期货公司自有资产相互独立、分别管理；

（三）在期货保证金账户和期货交易所专用结算账户之外存放客户保证金；

（四）占用客户保证金；

（五）向期货保证金安全存管监控机构报送的信息存在虚假记载、误导性陈述或者重大遗漏；

（六）违反期货保证金安全存管监控管理相关规定，损害客户合法权益；

（七）未按规定缴存结算担保金，或者未能维持最低数额的结算准备金等专用资金；

（八）在传递交易指令前未对客户账户资金和持仓进行验证；

（九）违反中国证监会有关结算业务管理规定，损害其他期货公司及其客户合法权益；

（十）信息系统不符合规定，损害客户合法权益；

（十一）违反中国证监会风险监管指标规定；

（十二）违反规定从事期货投资咨询或者资产管理业务，情节严重的；

（十三）违反规定委托或者接受其他机构委托从事中间介绍业务；

（十四）对股东、实际控制人及其关联人降低风险管理要求，侵害其他客户合法权益；

（十五）以合资、合作、联营方式设立分支机构，或者将分支机构承包、出租给他人，或者违反分支机构集中统一管理规定；

（十六）拒不配合、阻碍或者破坏中国证监会及其派出机构的监督管理；

（十七）违反期货投资者保障基金管理规定。

第九十四条 期货公司及其分支机构有下列情形之一的，根据《期货交易管理条例》第六十七条处罚：

（一）发布虚假广告或者进行虚假宣传，诱骗客户参与期货交易；

（二）不按照规定变更或者撤销期货保证金账户，或者不按照规定方式向客户披露期货保证金账户信息。

第九十五条 会计师事务所、律师事务所、资产评估机构等中介服务机构不按照规定履行报告义务，提供或者出具的材料、报告、意见不完整，责令改正，没收业务收入，单处或者并处3万元以下罚款。对直接负责的主管人员和其他责任人员给予警告，并处3万元以下罚款。

第九十六条 未经中国证监会或其派出机构批准，任何个人或者单位及其关联人擅自持有期货公司5%以上股权，或者通过提供虚假申请材料等方式成为期货公司股东，情节严重的，给予警告，单处或者并处3万元以下罚款。

第八章　附　　则

第九十七条 经中国证监会批准，其他期货经营机构可以从事特定期货业务。具体办法由中国证监会另行制定。

第九十八条 期货公司参与其他交易场所交易的，应当遵守法律、行政法规及其他交易场所业务规则的规定。

第九十九条 本办法中所称金融资产包括银行存款、股票、债券、基金份额、资产管理计划、银行理财产品、信托计划、保险产品、期货权益等。

第一百条 本办法自公布之日起施行。2005年8月19日发布的《关于香港、澳门服务提供者参股期货经纪公司有关问题的通知》（证监期货字[2005]138号）、2007年2月25日发布的《关于加强期货公司客户风险控制有关工作的通知》（证监期货字[2007]18号）、2007年4月9日发布的《期货公司管理办法》（证监会令第43号）、2011年11月3日发布的《期货营业部管理规定（试行）》（证监会公告[2011]33号）、2012年5月10日发布的《关于期货公司变更注册资本或股权有关问题的规定》（证监会公告[2012]11号）同时废止。

期货公司资产管理业务试点办法

（2012 年 7 月 31 日中国证券监督管理委员会令第 81 号公布 根据 2017 年 12 月 7 日中国证券监督管理委员会《关于修改〈证券登记结算管理办法〉等七部规章的决定》修订）

第一章　总　　则

第一条　为有序开展期货公司资产管理业务（以下简称资产管理业务）试点工作，规范试点期间资产管理业务活动，保护投资者合法权益，根据《期货交易管理条例》相关规定，制定本办法。

第二条　资产管理业务是指期货公司接受单一客户或者特定多个客户的书面委托，根据本办法规定和合同约定，运用客户委托资产进行投资，并按照合同约定收取费用或者报酬的业务活动。

第三条　期货公司从事资产管理业务，应当依法登记备案，遵循公平、公正、诚信、规范的原则，恪守职责、谨慎勤勉，保护客户合法权益，公平对待所有客户，防范利益冲突，禁止各种形式的利益输送，维护期货市场的正常秩序。

客户应当独立承担投资风险，不得损害国家利益、社会公共利益和他人合法权益。

第四条　中国证监会及其派出机构依法对资产管理业务实施监督管理。

第五条　中国期货业协会（以下简称中期协）根据自身职责依法对资产管理业务及有关高级管理人员、业务人员实施自律管理。

期货交易所根据自身职责依法对资产管理业务实施自律管理。

中国期货保证金监控中心公司（以下简称监控中心）依法对资产管理业务实施监测监控。

第二章　业务规范

第六条　资产管理业务的客户应当具有较强资金实力和风险承受能力。单一客户的起始委托资产不得低于 100 万元人民币。期货公司可以提高起始委托资产要求。

第七条　期货公司董事、监事、高级管理人员、从业人员及其配偶不得作为本公司资产管理业务的客户。

期货公司股东、实际控制人及其关联人以及期货公司董事、监事、高级管理人员、从业人员的父母、子女成为本公司资产管理业务客户的，应当自签订资产管理合同之日起5个工作日内，向住所地中国证监会派出机构备案，并在本公司网站上披露其关联关系或者亲属关系。

第八条 期货公司应当与客户签订书面资产管理合同，按照合同约定对客户提供资产管理服务，承担资产管理受托责任。

期货公司应当勤勉、专业、合规地为客户制定和执行资产管理投资策略，按照合同约定管理委托资产，控制投资风险。

第九条 资产管理业务的投资范围包括：

（一）期货、期权及其他金融衍生品；

（二）股票、债券、证券投资基金、集合资产管理计划、央行票据、短期融资券、资产支持证券等；

（三）中国证监会认可的其他投资品种。

资产管理业务的投资范围应当遵守合同约定，不得超出前款规定的范围，且应当与客户的风险认知与承受能力相匹配。

第十条 期货公司应当保持客户委托资产与期货公司自有资产相互独立，对不同客户的委托资产独立建账、独立核算、分账管理。

资产管理业务投资期货类品种的，期货公司与客户应当按照期货保证金安全存管有关规定管理和存取委托资产。

期货公司与第三方发生债务纠纷、期货公司破产或者清算时，客户委托资产不得用于清偿期货公司债务，且不属于其破产财产或者清算财产。

第十一条 期货公司不得通过电视、报刊、广播等公开媒体向公众推广、宣传资产管理业务或者招揽客户。

期货公司不得公开宣传资产管理业务的预期收益，不得以夸大资产管理业绩等方式欺诈客户。

第十二条 客户应当以真实身份委托期货公司进行资产管理，委托资产的来源及用途应当符合法律法规规定，不得违反规定向公众集资。

客户应当对委托资产来源及用途的合法性进行书面承诺。

第十三条 期货公司应当向客户充分揭示资产管理业务的风险，说明和解释有关资产管理投资策略和合同条款，并将风险揭示书交客户当面签字或者盖章确认。

第十四条 客户应当对市场及产品风险具有适当的认识，主动了解资产管理投资策略的风险收益特征，结合自身风险承受能力进行自我评估。

期货公司应当对客户适当性进行审慎评估。

第十五条 资产管理合同应当明确约定,由客户自行独立承担投资风险。

期货公司不得向客户承诺或者担保委托资产的最低收益或者分担损失。

期货公司使用的客户承诺书、风险揭示书、资产管理合同文本应当包括中期协制定的合同必备条款,并及时报住所地中国证监会派出机构备案。

第十六条 资产管理业务投资期货类品种的,期货公司应当按照期货市场开户管理规定为客户开立或者撤销所管理的账户(以下简称期货资产管理账户),申请或者注销交易编码,对期货资产管理账户及其交易编码进行单独标识、单独管理。

资产管理业务投资非期货类品种的,期货公司应当遵守相关市场的开户规定,开立或者撤销用于资产管理的联名账户及其他账户。期货公司应当自开立账户之日起5个工作日内向监控中心备案。

开户备案前,期货公司不得开展资产管理交易活动。

第十七条 期货公司应当在资产管理合同中与客户明确约定委托期限、追加或者提取委托资产的方式和时间等。

第十八条 期货公司应当每日向监控中心投资者查询系统提供客户委托资产的盈亏、净值信息。

期货公司和监控中心应当保障客户能够及时查询委托资产的盈亏、净值信息。

第十九条 期货公司可以与客户约定收取一定比例的管理费,并可以约定基于资产管理业绩收取相应的报酬。

第二十条 期货公司应当与客户明确约定风险提示机制,期货公司要根据委托资产的亏损情况及时向客户提示风险。

期货公司应当与客户明确约定,委托期间委托资产亏损达到起始委托资产一定比例时,期货公司应当按照合同约定的方式和时间及时告知客户,客户有权提前终止资产管理委托。

第二十一条 期货公司从事资产管理业务,发生变更投资经理等可能影响客户权益的重大事项时,期货公司应当按照合同约定的方式和时间及时告知客户,客户有权提前终止资产管理委托。

第二十二条 当客户委托资产发生权属变更等重大情形,可能影响资产管理业务正常进行的,期货公司有权按照合同约定提前终止资产管理委托。

第二十三条 期货公司应当与客户在资产管理合同中明确约定资产管理委托终止的具体事由、后续事宜处理、责任承担等相关事项。

资产管理委托终止的,期货公司应当按照合同约定办理下列手续:

(一)及时结清相关费用,将剩余委托资产返还给客户;

(二)及时撤销期货资产管理账户;

(三)及时撤销非期货类投资账户。

第三章 业务管理和风险控制制度

第二十四条 期货公司应当建立健全并有效执行资产管理业务管理制度,加强对资产管理业务的交易监控,防范业务风险,确保公平交易。

第二十五条 期货公司应当对资产管理业务进行集中管理,其人员、业务、场地应当与其他业务部门相互独立,并建立业务隔离墙制度。

第二十六条 期货公司应当有效执行资产管理业务人员管理和业务操作制度,采取有效措施强化内部监督制约和奖惩机制,强化投资经理及相关资产管理人员的职业操守,防范利益冲突和道德风险。

第二十七条 资产管理业务投资经理、交易执行、风险控制等岗位必须相互独立,并配备专职业务人员,不得相互兼任。

期货公司应当将资产管理业务投资经理、交易执行和风险控制等岗位的业务人员及其变动情况,自人员到岗或者变动之日起5个工作日内向住所地中国证监会派出机构备案。

第二十八条 期货公司应当有效执行资产管理业务风险控制制度,对期货资产管理账户日常交易情况和非期货类投资账户进行风险识别、监测,及时执行风险控制措施。

第二十九条 期货公司应当有效执行资产管理业务交易监控制度,对期货资产管理账户之间、期货资产管理账户与期货经纪业务客户账户之间、非期货类投资账户之间进行的可疑交易或者不公平交易行为进行监控,对资产管理投资策略及其执行情况、持仓头寸及其比例进行监控,并于月度结束后5个工作日内向住所地中国证监会派出机构及监控中心报告。

第三十条 期货公司及其资产管理人员不得以获取佣金、转移收益或者亏损等为目的,在同一或者不同账户之间进行不公平交易,损害客户合法权益。

第三十一条 期货公司应当对不同期货资产管理账户之间、期货资产管理账户与期货经纪业务客户账户之间、非期货类投资账户之间同日同向交易、临近交易日的同向交易和反向交易的交易时机和交易价差进行监控和分析,防止不公平交易和利益输送行为。

期货公司应当严格禁止不同期货资产管理账户之间、期货资产管理账户与期货经纪业务客户账户之间、非期货类投资账户之间可能导致不公平交易和利益输送的同日反向交易。

第三十二条 发生以下情形之一的,期货公司资产管理部门应当立即向公司总经理和首席风险官报告:

(一)资产管理业务被交易所调查或者采取风险控制措施,或者被有权机关调查;

(二)客户提前终止资产管理委托;

(三)其他可能影响资产管理业务开展和客户权益的情形。

第三十三条 期货公司首席风险官负责监督资产管理业务有关制度的制定和执行,对资产管理业务的合规性定期检查,并依法履行督促整改和报告义务。

期货公司首席风险官向住所地中国证监会派出机构报送的季度报告、年度报告中应当包括本公司资产管理业务的合规及其检查情况。

第三十四条 期货公司应当按照本办法和期货公司信息公示有关要求,在中期协网站上对资产管理业务试点资格、从业人员、主要投资策略、投资方向及其风险特征等基本情况进行公示。

第四章 账户监测监控

第三十五条 期货公司应当按照期货保证金安全存管规定向监控中心报送期货资产管理账户的数据信息。

期货公司应当每日向监控中心报送非期货类投资账户的盈亏、净值等数据信息。

第三十六条 期货公司期货资产管理账户应当遵守期货交易所风险控制管理规定等相关要求。

第三十七条 期货交易所应当对期货公司的期货资产管理账户及其交易编码进行重点监控,发现期货资产管理账户违法违规交易的,应当按照职责及时处置并报告中国证监会。

第三十八条 监控中心应当对期货公司的期货资产管理账户及其交易编码进行重点监测监控,发现期货资产管理账户重大异常情况的,应当按照职责及时报告中国证监会及其派出机构。

第三十九条 中国证监会派出机构发现资产管理业务存在违法违规或者重大异常情况的,应当对期货公司进行核查或者采取相应监管措施,有关核查结果和监管措施应当及时报告中国证监会。

第五章　监督管理和法律责任

第四十条　期货公司从事资产管理业务,其净资本应当持续符合中国证监会有关期货公司风险监管指标的规定和要求。

第四十一条　期货公司应当按照规定的内容与格式要求,于月度结束后7个工作日内向中国证监会及其派出机构报送资产管理业务月度报告。

期货公司应当于年度结束后3个月内向中国证监会及其派出机构提交上一年度资产管理业务年度报告。

本条第一款、第二款规定的定期报告应当由期货公司的资产管理业务负责人、首席风险官和总经理签字。

第四十二条　期货公司应当按照《期货公司监督管理办法》规定的年限和要求,妥善保存有关资产管理业务的实施方案、投资策略、客户承诺书、风险揭示书、合同、财务、交易记录、监控记录等业务材料和信息。

第四十三条　资产管理业务提前终止、被交易所调查或者采取风险控制措施,或者被有权机关调查的,期货公司应当立即报告中国证监会及其派出机构。

第四十四条　中国证监会及其派出机构可以对期货公司资产管理业务进行定期或者不定期检查。

第四十五条　期货公司及其业务人员开展资产管理业务不符合本办法规定,涉嫌违法违规或者存在风险隐患的,中国证监会及其派出机构应当依法责令其限期整改,同时可以采取监管谈话、责令更换有关责任人员等监管措施并记入诚信档案。

第四十六条　期货公司限期未能完成整改或者发生下列情形之一的,中国证监会可以暂停其开展新的资产管理业务:

(一)风险监管指标不符合规定;

(二)高级管理人员和业务人员不符合规定要求;

(三)超出本办法规定或者合同约定的投资范围从事资产管理业务;

(四)其他影响资产管理业务正常开展的情形。

前款规定情形消除并经检查验收后,期货公司可以继续开展新的资产管理业务。

第四十七条　期货公司或者其业务人员开展资产管理业务有下列情形之一,情节严重的,中国证监会可以停止其资产管理业务,并依照《期货交易管理条例》第六十六条、第六十七条等有关规定作出行政处罚;涉嫌犯罪的,依法移送司法机关：

（一）在公开媒体上向公众推广、宣传资产管理业务或者招揽客户；

（二）以夸大资产管理业绩等方式欺诈客户；

（三）接受单一客户的起始委托资产低于本办法规定的最低限额；

（四）明知客户资金来自违规集资，仍接受其委托开展资产管理业务；

（五）接受未对资产来源及用途的合法性进行书面承诺的客户的委托开展资产管理业务；

（六）向客户承诺或者担保委托资产的最低收益或者分担损失；

（七）以获取佣金、转移收益或者亏损等为目的，在同一或者不同账户之间进行不公平交易；

（八）占用、挪用客户委托资产；

（九）以自有资产或者假借他人名义违规参与期货公司资产管理业务；

（十）报送或者提供虚假账户信息；

（十一）其他违反本办法规定的行为。

第六章　附　　则

第四十八条　本办法第二条所称期货公司接受特定多个客户的委托从事资产管理业务的具体规定，由中国证监会另行制定。

第四十九条　期货公司开展资产管理业务，投资于本办法第九条第一款第（二）项规定的非期货类品种的，应当遵守相应法律法规规定及有关监管要求。

第五十条　本办法自2012年9月1日起施行。

国家卫生计生委关于废止《母乳代用品销售管理办法》等4部规章的决定

（2017年12月13日国家卫生和计划生育委员会令第17号公布 自公布之日起施行 国法备字[2018000018]）

国家卫生计生委决定废止的部门规章目录
（4件）

序号	规章名称	制定机关	公布日期
1	母乳代用品销售管理办法	卫生部 广电部 新闻出版署 国家工商局 国内贸易部 轻工总会	1995.6.13
2	母婴保健监督员管理办法	卫生部	1995.8.7
3	母婴保健医学技术鉴定管理办法	卫生部	1995.8.7
4	卫生部健康相关产品检验机构认定与管理办法	卫生部	1999.3.15

司法解释

最高人民法院印发《关于进一步加强民事送达工作的若干意见》的通知

（2017 年 7 月 19 日　法发〔2017〕19 号）

各省、自治区、直辖市高级人民法院，解放军军事法院，新疆维吾尔自治区高级人民法院生产建设兵团分院：

现将《关于进一步加强民事送达工作的若干意见》印发给你们，请遵照执行。

关于进一步加强民事送达工作的若干意见

送达是民事案件审理过程中的重要程序事项，是保障人民法院依法公正审理民事案件、及时维护当事人合法权益的基础。近年来，随着我国社会经济的发展和人民群众司法需求的提高，送达问题已经成为制约民事审判公正与效率的瓶颈之一。为此，各级人民法院要切实改进和加强送达工作，在法律和司法解释的框架内，创新工作机制和方法，全面推进当事人送达地址确认制度，统一送达地址确认书格式，规范送达地址确认书内容，提升民事送达的质量和效率，将司法为民切实落到实处。

一、送达地址确认书是当事人送达地址确认制度的基础。送达地址确认书应当包括当事人提供的送达地址、人民法院告知事项、当事人对送达地址的确认、送达地址确认书的适用范围和变更方式等内容。

二、当事人提供的送达地址应当包括邮政编码、详细地址以及受送达人的联系电话等。同意电子送达的，应当提供并确认接收民事诉讼文书的传真号、电子信箱、微信号等电子送达地址。当事人委托诉讼代理人的，诉讼代理人确认的送达地址视为当事人的送达地址。

三、为保障当事人的诉讼权利，人民法院应当告知送达地址确认书的填写要求和注意事项以及拒绝提供送达地址、提供虚假地址或者提供地址不准确的法律后果。

四、人民法院应当要求当事人对其填写的送达地址及法律后果等事项进行确认。当事人确认的内容应当包括当事人已知晓人民法院告知的事项及送达地址确认书的法律后果，保证送达地址准确、有效，同意人民法院通过其确认的地址送达诉讼文书等，并由当事人或者诉讼代理人签名、盖章或者捺印。

五、人民法院应当在登记立案时要求当事人确认送达地址。当事人拒绝确认送达地址的，依照最高人民法院《关于登记立案若干问题的规定》第七条的规定处理。

六、当事人在送达地址确认书中确认的送达地址，适用于第一审程序、第二审程序和执行程序。当事人变更送达地址，应当以书面方式告知人民法院。当事人未书面变更的，以其确认的地址为送达地址。

七、因当事人提供的送达地址不准确、拒不提供送达地址、送达地址变更未书面告知人民法院，导致民事诉讼文书未能被受送达人实际接收的，直接送达的，民事诉讼文书留在该地址之日为送达之日；邮寄送达的，文书被退回之日为送达之日。

八、当事人拒绝确认送达地址或以拒绝应诉、拒接电话、避而不见送达人员、搬离原住所等躲避、规避送达，人民法院不能或无法要求其确认送达地址的，可以分别以下列情形处理：

（一）当事人在诉讼所涉及的合同、往来函件中对送达地址有明确约定的，以约定的地址为送达地址；

（二）没有约定的，以当事人在诉讼中提交的书面材料中载明的自己的地址为送达地址；

（三）没有约定、当事人也未提交书面材料或者书面材料中未载明地址的，以一年内进行其他诉讼、仲裁案件中提供的地址为送达地址；

（四）无以上情形的，以当事人一年内进行民事活动时经常使用的地址为送达地址。

人民法院按照上述地址进行送达的，可以同时以电话、微信等方式通知受送达人。

九、依第八条规定仍不能确认送达地址的，自然人以其户籍登记的住所或者在经常居住地登记的住址为送达地址，法人或者其他组织以其工商登记或其他依法登记、备案的住所地为送达地址。

十、在严格遵守民事诉讼法和民事诉讼法司法解释关于电子送达适用条件的前提下，积极主动探索电子送达及送达凭证保全的有效方式、方法，有条件的法院可以建立专门的电子送达平台，或以诉讼服务平台为依托进行电子送达，或者采取与大型门户网站、通信运营商合作的方式，通过专门的电子邮箱、特定的通信号码、信息公众号等方式进行送达。

十一、采用传真、电子邮件方式送达的，送达人员应记录传真发送和接收号码、电子邮件发送和接收邮箱、发送时间、送达诉讼文书名称，并打印传真发送确认单、电子邮件发送成功网页，存卷备查。

十二、采用短信、微信等方式送达的，送达人员应记录收发手机号码、发送时间、送达诉讼文书名称，并将短信、微信等送达内容拍摄照片，存卷备查。

十三、可以根据实际情况，有针对性地探索提高送达质量和效率的工作机制，确定由专门的送达机构或者由各审判、执行部门进行送达。在不违反法律、司法解释规定的前提下，可以积极探索创新行之有效的工作方法。

十四、对于移动通信工具能够接通但无法直接送达、邮寄送达的，除判决书、裁定书、调解书外，可以采取电话送达的方式，由送达人员告知当事人诉讼文书内容，并记录拨打、接听电话号码、通话时间、送达诉讼文书内容，通话过程应当录音以存卷备查。

十五、要严格适用民事诉讼法关于公告送达的规定，加强对公告送达的管理，充分保障当事人的诉讼权利。只有在受送达人下落不明，或者用民事诉讼法第一编第七章第二节规定的其他方式无法送达的，才能适用公告送达。

十六、在送达工作中，可以借助基层组织的力量和社会力量，加强与基层组织和有关部门的沟通、协调，为做好送达工作创造良好的外部环境。有条件的地方可以要求基层组织协助送达，并可适当支付费用。

十七、要树立全国法院一盘棋意识，对于其他法院委托送达的诉讼文书，要认真、及时进行送达。鼓励法院之间建立委托送达协作机制，节约送达成本，提高送达效率。

最高人民检察院关于贪污养老、医疗等社会保险基金能否适用《最高人民法院、最高人民检察院关于办理贪污贿赂刑事案件适用法律若干问题的解释》第一条第二款第一项规定的批复

（2017 年 7 月 19 日最高人民检察院第十二届检察委员会第六十七次会议通过　2017 年 7 月 26 日最高人民检察院公告公布　自 2017 年 8 月 7 日起施行　高检发释字[2017]1 号）

各省、自治区、直辖市人民检察院，解放军军事检察院，新疆生产建设兵团人民检察院：

近来，一些地方人民检察院就贪污养老、医疗等社会保险基金能否适用《最高人民法院、最高人民检察院关于办理贪污贿赂刑事案件适用法律若干问题的解释》第一条第二款第一项规定请示我院。经研究，批复如下：

养老、医疗、工伤、失业、生育等社会保险基金可以认定为《最高人民法院、最高人民检察院关于办理贪污贿赂刑事案件适用法律若干问题的解释》第一条第二款第一项规定的“特定款物”。

根据刑法和有关司法解释规定，贪污罪和挪用公款罪中的“特定款物”的范围有所不同，实践中应注意区分，依法适用。

此复。

最高人民法院印发《关于进一步加强金融审判工作的若干意见》的通知

（2017 年 8 月 4 日　法发[2017]22 号）

各省、自治区、直辖市高级人民法院，解放军军事法院，新疆维吾尔自治区高级人民法院生产建设兵团分院：

现将最高人民法院《关于进一步加强金融审判工作的若干意见》印发给你们，请认真贯彻执行。

关于进一步加强金融审判工作的若干意见

金融是国家重要的核心竞争力，金融安全是国家安全的重要组成部分，金融制度是经济社会发展中重要的基础性制度。为充分发挥人民法院金融审判职能作用，促进经济和金融良性循环、健康发展，现提出以下指导意见。

一、统一思想，提高认识，深入学习贯彻习近平总书记在全国金融工作会议上的重要讲话精神

习近平总书记在第五次全国金融工作会议上发表的重要讲话，科学回答了我国金融改革发展稳定中的重大理论和实践问题，具有很强的思想性、指导性、实践性，为做好新形势下金融工作提供了根本遵循，为人民法院金融审判工作指明了方向。全国各级人民法院要深入学习贯彻会议精神，切实把思想和行动统一到以习近平同志为核心的党中央对金融工作的形势分析判断和决策部署上来，牢牢坚持党对金融工作的统一领导，紧紧围绕服务实体经济、防控金融风险、深化金融改革三项任务，积极稳妥开展金融审判工作，切实维护国家金融安全，促进经济和金融良性循环、健康发展。

二、以服务实体经济作为出发点和落脚点，引导和规范金融交易

1. *遵循金融规律，依法审理金融案件。*以金融服务实体经济为价值本源，依法审理各类金融案件。对于能够实际降低交易成本，实现普惠金融，合法合规的金融交易模式依法予以保护。对以金融创新为名掩盖金融风险、规避金融监管、进行制度套利的金融违规行为，要以其实际构成的法律关系确定其效力和各方的权利义务。对于以金融创新名义非法吸收公众存款或者集资诈骗，构成犯罪的，依法追究刑事责任。

2. *严格依法规制高利贷，有效降低实体经济的融资成本。*金融借款合同的借款人以贷款人同时主张的利息、复利、罚息、违约金和其他费用过高，显著背离实际损失为由，请求对总计超过年利率24%的部分予以调减的，应予支持，以有效降低实体经济的融资成本。规范和引导民间融资秩序，依法否定民间借贷纠纷案件中预扣本金或者利息、变相高息等规避民间借贷利率司法保护上限的合同条款效力。

3. *依法认定新类型担保的法律效力，拓宽中小微企业的融资担保方式。*丰富和拓展中小微企业的融资担保方式，除符合合同法第五十二条规定的合同无效情形外,应当依法认定新类型担保合同有效;符合物权法有关担保物权的规定的,还应当依法认定其物权效力,以增强中小微企业融资能力,有效缓解中小微企业融资难、融资贵问题。

4. 规范和促进直接服务实体经济的融资方式,拓宽金融对接实体经济的渠道。依法保护融资租赁、保理等金融资本与实体经济相结合的融资模式,支持和保障金融资本服务实体经济。对名为融资租赁合同、保理合同,实为借款合同的,应当按照实际构成的借款合同关系确定各方的权利义务,防范当事人以预扣租金、保证金等方式变相抬高实体经济融资成本。

5. 优化多层次资本市场体系的法治环境,满足多样化金融需求。依法审理证券、期货民商事纠纷案件,规范资本市场投融资秩序,引导把更多金融资源配置到经济社会发展的重点领域和薄弱环节,更好满足实体经济多样化的金融需求。

6. 准确适用保险法,促进保险业发挥长期稳健风险管理和保障的功能。妥善审理保险合同纠纷案件,依法保障各方当事人利益。充分发挥保险制度的核心功能,管理和分散实体经济运行中的自然灾害、意外事故、法律责任以及信用等风险。依法规范保险合同纠纷当事人、保险中介等各类市场主体行为,防范不同主体的道德风险,构建保险诚信法治体系。

7. 依法审理互联网金融纠纷案件,规范发展互联网金融。依法认定互联网金融所涉具体法律关系,据此确定各方当事人的权利义务。准确界定网络借贷信息中介机构与网络借贷合同当事人之间的居间合同关系。网络借贷信息中介机构与出借人以居间费用形式规避民间借贷利率司法保护上限规定的,应当认定无效。依法严厉打击涉互联网金融或者以互联网金融名义进行的违法犯罪行为,规范和保障互联网金融健康发展。

8. 加强新类型金融案件的研究和应对,统一裁判尺度。高度关注涉及私募股权投资、委托理财、资产管理等新类型金融交易的案件,严格按照合同法、公司法、合伙企业法、信托法等法律规范,确定各方当事人的权利义务。发布指导性案例,通过类案指导,统一裁判尺度。

9. 依法规制国有企业的贷款通道业务,防范无金融资质的国有企业变相从事金融业务。无金融资质的国有企业变相从事金融业务,套取金融机构信贷资金又高利转贷的,应当根据最高人民法院《关于审理民间借贷案件适用法律若干问题的规定》第十四条的规定,依法否定其放贷行为的法律效力,并通过向相应的主管部门提出司法建议等方式,遏制国有企业的贷款通道业务,引导其回归实体经济。

10. 依法打击资金掮客和资金融通中的违法犯罪行为，有效规范金融秩序。对于民间借贷中涉及商业银行工作人员内外勾结进行高利转贷、利益输送，或者金融机构工作人员违法发放贷款，以及公司、企业在申请贷款过程中虚构事实、隐瞒真相骗取贷款、实施贷款诈骗构成犯罪的，依法追究刑事责任。

三、有效防范化解金融风险. 切实维护金融安全

11. 依法处置"僵尸企业"推动经济去杠杆。加强破产审判工作和体制机制建设，充分发挥破产程序在依法处置"僵尸企业"中的制度功能。对于已不具备市场竞争力和营运价值的"僵尸企业"，及时进行破产清算，有序退出市场，切实减少无效供给、化解过剩产能、释放生产要素、降低企业杠杆率，为深化供给侧结构性改革提供有力的司法服务和保障。

12. 充分发挥破产重整制度的拯救功能，促进有价值的危困企业再生。健全完善破产企业识别机制，对于虽然丧失清偿能力，但仍能适应市场需要、具有营运价值的企业，要综合运用破产重整、和解制度手段进行拯救，优化资源配置，实现企业再生。破产重整程序要坚持市场化导向，更加重视重整中的营业整合和资产重组，严格依法审慎适用重整计划强制批准权。

13. 积极预防破产案件引发金融风险，维护社会稳定。依法审慎处理可能引发金融风险、影响社会稳定的破产案件，特别是涉及相互、连环担保以及民间融资、非法集资的企业破产案件，避免引发区域性风险和群体性事件。进一步完善上市公司、金融机构等特定主体的破产制度设计，预防个案引发系统性金融风险。严格审查破产程序中的恶意逃废债务行为。依法适用关联企业合并破产、行使破产撤销权和取回权等手段，查找和追回债务人财产。对于隐匿、故意销毁会计账册、会计凭证，拒不执行法院判决、裁定等犯罪行为，依法追究刑事责任。

14. 依法保护金融债权，提升金融债权实现效率。依法打击逃废金融债权的行为，明确责任主体和责任范围，切实保护金融债权。根据具体金融借款合同纠纷案件的特点，分别适用普通程序、简易程序、特别程序、督促程序等不同程序，提高审判效率。有效发挥具有强制执行效力的公证书的作用，降低金融债权实现成本。

15. 依法审理票据纠纷案件，妥善化解票据风险。认真研究应对因违法票据融资行为可能引发的金融风险，准确适用票据法审理票据纠纷案件，有效防范和遏制票据风险，促进票据市场安全稳定发展。

16. 依法审理金融不良债权案件，保障金融不良债权依法处置。加强研究新形势下金融不良债权处置过程中出现的新情况新问题，统一裁判标准，促进金融不良债权处置的市场化、法治化进程。

17. 持续保持对非法集资犯罪打击的高压态势，有效维护社会稳定。依法公正高效审理非法集资案件，严厉打击非法集资犯罪行为。针对非法集资犯罪案件参与人数多、涉案金额大、波及面广、行业和区域相对集中的特点，加强与职能机关、地方政府的信息沟通和协调配合，提升处置效果，切实保障被害人的合法权益，有效维护社会稳定。

18. 依法保障房地产市场平稳健康发展，防范房地产市场的金融风险传导。高度重视房地产市场波动对金融债权的影响，依法妥善审理相关案件，有效防范房地产市场潜在风险对金融稳定和金融安全的传导与冲击。统一借名买房等规避国家房产限购政策的合同效力的裁判标准，引导房产交易回归居住属性。

19. 依法严厉惩治证券犯罪行为，维护资本市场秩序。依法审理欺诈发行股票、债券案件，违规披露、不披露重要信息案件，内幕交易案件，利用未公开信息交易案件和操纵证券、期货市场案件，防范和化解资本市场的系统性风险，促进资本市场的持续健康发展。

20. 加强投资者民事权益的司法保护，维护投资者的财产安全。依法审理证券市场虚假陈述、内幕交易、操纵市场的民事案件，保障证券投资者的合法权益。支持证券投资者保护机构以诉讼代表人的身份接受投资者委托提起诉讼或者提供专门法律服务，拓展投资者维权方式。探索建立证券侵权民事诉讼领域的律师调查令制度，提高投资者的举证能力。依法充分运用专家证人、专家陪审员制度，扩充证券案件审理的知识容量和审理深度，提高证券案件审判的专业性和公信力。引导金融产品提供者及服务提供者切实履行投资者适当性审查义务、信息披露义务和最大损失揭示义务，依法维护投资者的正当权益。

21. 规范整治地方交易场所的违法交易行为，防范和化解区域性金融风险。对地方交易场所未经许可或者超越经营许可范围开展的违法违规交易行为，要严格依照相关法律和行政法规的禁止性规定，否定其法律效力，明确交易场所的民事责任。切实加强涉地方交易场所案件的行政处置工作与司法审判工作的衔接，有效防范区域性金融风险。

22. 依法审理涉地方政府债务纠纷案件，防范地方政府债务风险。依法认定政府违法提供担保的法律责任，规范政府行为。依法认定地方政府利用平台公司融资、政府和社会资本合作（PPP）、投资基金、购买服务等方式变相举债作出的行政行为或者签订的行政协议的性质、效力和责任，明确裁判规则，划出责任边界，有效防范地方政府债务风险的集聚。

23. 依法审理涉外投资案件，加强外部金融风险的防范应对。加强对“一带一路”战略下跨境投资的金融安全与金融风险问题的研究应对，准确认定规避国家外汇管制政策的跨境投资行为的法律效力。

四、依法服务和保障金融改革，建立和完善适应金融审判工作需要的新机制

24. 支持金融监管机构依法履职，监督和促进金融监管机构依法行政。紧密配合金融改革和金融监管机构调整的要求，维护金融监管机构依法履行监管职责。依法审理涉及金融监管机构履行行政许可和审批、作出行政处罚和处理、公开政府信息及不履行法定职责等方面的各类行政案件，积极推动、监督和支持金融监管机构依法行政。

25. 加强与金融监管机构的协调配合，推动完善金融法治体系。探索建立人民法院与金融监管机构之间的沟通机制，定期通报涉及金融风险防范与金融安全的重要案件情况，强化金融监管和金融审判的衔接配合，推动形成统一完善的金融法治体系。

26. 有效引入外部资源，探索完善金融案件的多元化纠纷解决机制。推广证券期货行业、保险行业的诉讼与调解对接机制的成功经验，联合相关金融监管机构、行业协会和投资者保护机构，发挥专业资源优势，防范和化解金融纠纷。进一步畅通当事人的诉求表达和权利救济渠道，通过立案前委派调解、立案后委托调解等方式，促进金融纠纷依法、公正、高效解决，有效维护各方当事人的合法权益。

27. 建立金融审判信息平台，不断提升金融审判的信息化水平。结合“智慧法院”建设，探索建立金融审判信息平台，研究建立以金融机构为当事人的民商事案件信息管理系统，实时反映金融机构涉诉信息。建立重大金融案件的信息专报制度，及时研究应对措施，有效防范金融风险的传导和扩大。充分挖掘运用司法大数据，加强对金融案件的审判管理和分析研判，定期形成金融审判大数据分析报告，研究解决具有普遍性、趋势性的法律问题，为区域性、行业性、系统性金融风险的防范预警和重大决策提供信息支持。

五、加强司法能力建设，不断提升金融审判的专业化水平

28. 根据金融案件特点，探索建立专业化的金融审判机构。根据金融机构分布和金融案件数量情况，在金融案件相对集中的地区选择部分法院设立金融审判庭，探索实行金融案件的集中管辖。在其他金融案件较多的中级人民法院，可以根据案件情况设立专业化的金融审判庭或者金融审判合议庭。

29. 加强金融审判队伍的专业化建设，为金融审判提供人才保障。充实各级人民法院的金融审判队伍，完善与金融监管机构交流挂职、联合开展业务交流等金融审判专业人才的培养机制，有针对性地开展金融审判专题培训，努力造就一支既懂法律、又懂金融的高素质金融审判队伍,不断提升金融审判的专业化水平。

30. 加强金融司法研究,推动金融法治理论与金融审判实践的深度融合。加强与学术机构、高等院校的合作,围绕金融审判实务问题,深入开展金融审判的理论研究,为金融审判提供智力支持。

最高人民检察院、公安部关于印发《最高人民检察院、公安部关于公安机关办理经济犯罪案件的若干规定》的通知

(2017 年 11 月 24 日　公通字〔2017〕25 号)

各省、自治区、直辖市人民检察院、公安厅(局),新疆生产建设兵团人民检察院、公安局:

为了深入贯彻全面推进依法治国的基本方略,认真落实中央司法体制改革和以审判为中心的刑事诉讼制度改革的有关部署要求,进一步规范公安机关办理经济犯罪案件,加强人民检察院的法律监督,最高人民检察院和公安部依据《中华人民共和国刑事诉讼法》等有关法律、法规和规章,经征求最高人民法院等有关部门意见,结合打击经济犯罪工作实际,研究修订了《公安机关办理经济犯罪案件的若干规定》。现将《最高人民检察院 公安部关于公安机关办理经济犯罪案件的若干规定》印发给你们,请遵照执行。

各地在执行中遇到的问题,请分别报最高人民检察院和公安部。

最高人民检察院、公安部关于公安机关办理经济犯罪案件的若干规定

第一章　总　　则

第一条　为了规范公安机关办理经济犯罪案件程序,加强人民检察院的法律监督,保证严格、规范、公正、文明执法,依法惩治经济犯罪,维护社会主义市场经济秩序,保护公民、法人和其他组织的合法权益,依据《中华人民共和

国刑事诉讼法》等有关法律、法规和规章，结合工作实际，制定本规定。

第二条 公安机关办理经济犯罪案件，应当坚持惩罚犯罪与保障人权并重、实体公正与程序公正并重、查证犯罪与挽回损失并重，严格区分经济犯罪与经济纠纷的界限，不得滥用职权、玩忽职守。

第三条 公安机关办理经济犯罪案件，应当坚持平等保护公有制经济与非公有制经济，坚持各类市场主体的诉讼地位平等、法律适用平等、法律责任平等，加强对各种所有制经济产权与合法利益的保护。

第四条 公安机关办理经济犯罪案件，应当严格依照法定程序进行，规范使用调查性侦查措施，准确适用限制人身、财产权利的强制性措施。

第五条 公安机关办理经济犯罪案件，应当既坚持严格依法办案，又注意办案方法，慎重选择办案时机和方式，注重保障正常的生产经营活动顺利进行。

第六条 公安机关办理经济犯罪案件，应当坚持以事实为根据、以法律为准绳，同人民检察院、人民法院分工负责、互相配合、互相制约，以保证准确有效地执行法律。

第七条 公安机关、人民检察院应当按照法律规定的证据裁判要求和标准收集、固定、审查、运用证据，没有确实、充分的证据不得认定犯罪事实，严禁刑讯逼供和以威胁、引诱、欺骗以及其他非法方法收集证据，不得强迫任何人证实自己有罪。

第二章 管 辖

第八条 经济犯罪案件由犯罪地的公安机关管辖。如果由犯罪嫌疑人居住地的公安机关管辖更为适宜的，可以由犯罪嫌疑人居住地的公安机关管辖。

犯罪地包括犯罪行为发生地和犯罪结果发生地。犯罪行为发生地，包括犯罪行为的实施地以及预备地、开始地、途经地、结束地等与犯罪行为有关的地点；犯罪行为有连续、持续或者继续状态的，犯罪行为连续、持续或者继续实施的地方都属于犯罪行为发生地。犯罪结果发生地，包括犯罪对象被侵害地、犯罪所得的实际取得地、藏匿地、转移地、使用地、销售地。

居住地包括户籍所在地、经常居住地。户籍所在地与经常居住地不一致的，由经常居住地的公安机关管辖。经常居住地是指公民离开户籍所在地最后连续居住一年以上的地方，但是住院就医的除外。

单位涉嫌经济犯罪的，由犯罪地或者所在地公安机关管辖。所在地是指单位登记的住所地。主要营业地或者主要办事机构所在地与登记的住所地不一致的,主要营业地或者主要办事机构所在地为其所在地。

法律、司法解释或者其他规范性文件对有关经济犯罪案件的管辖作出特别规定的,从其规定。

第九条 非国家工作人员利用职务上的便利实施经济犯罪的,由犯罪嫌疑人工作单位所在地公安机关管辖。如果由犯罪行为实施地或者犯罪嫌疑人居住地的公安机关管辖更为适宜的,也可以由犯罪行为实施地或者犯罪嫌疑人居住地的公安机关管辖。

第十条 上级公安机关必要时可以立案侦查或者组织、指挥、参与侦查下级公安机关管辖的经济犯罪案件。

对重大、疑难、复杂或者跨区域性经济犯罪案件,需要由上级公安机关立案侦查的,下级公安机关可以请求移送上一级公安机关立案侦查。

第十一条 几个公安机关都有权管辖的经济犯罪案件,由最初受理的公安机关管辖。必要时,可以由主要犯罪地的公安机关管辖。对管辖不明确或者有争议的,应当协商管辖;协商不成的,由共同的上级公安机关指定管辖。

主要利用通讯工具、互联网等技术手段实施的经济犯罪案件,由最初发现、受理的公安机关或者主要犯罪地的公安机关管辖。

第十二条 公安机关办理跨区域性涉众型经济犯罪案件,应当坚持统一指挥协调、统一办案要求的原则。

对跨区域性涉众型经济犯罪案件,犯罪地公安机关应当立案侦查,并由一个地方公安机关为主侦查,其他公安机关应当积极协助。必要时,可以并案侦查。

第十三条 上级公安机关指定下级公安机关立案侦查的经济犯罪案件,需要逮捕犯罪嫌疑人的,由侦查该案件的公安机关提请同级人民检察院审查批准;需要移送审查起诉的,由侦查该案件的公安机关移送同级人民检察院审查起诉。

人民检察院受理公安机关移送审查起诉的经济犯罪案件,认为需要依照刑事诉讼法的规定指定审判管辖的,应当协商同级人民法院办理指定管辖有关事宜。

对跨区域性涉众型经济犯罪案件,公安机关指定管辖的,应当事先向同级人民检察院、人民法院通报和协商。

第三章 立案、撤案

第十四条 公安机关对涉嫌经济犯罪线索的报案、控告、举报、自动投案,不论是否有管辖权，都应当接受并登记，由最初受理的公安机关依照法定程序办理，不得以管辖权为由推诿或者拒绝。

经审查，认为有犯罪事实，但不属于其管辖的案件，应当及时移送有管辖权的机关处理。对于不属于其管辖又必须采取紧急措施的，应当先采取紧急措施，再移送主管机关。

第十五条 公安机关接受涉嫌经济犯罪线索的报案、控告、举报、自动投案后，应当立即进行审查，并在七日以内决定是否立案；重大、疑难、复杂线索，经县级以上公安机关负责人批准，立案审查期限可以延长至三十日；特别重大、疑难、复杂或者跨区域性的线索，经上一级公安机关负责人批准，立案审查期限可以再延长三十日。

上级公安机关指定管辖或者书面通知立案的，应当在指定期限以内立案侦查。人民检察院通知立案的，应当在十五日以内立案侦查。

第十六条 公安机关接受行政执法机关移送的涉嫌经济犯罪案件后，移送材料符合相关规定的，应当在三日以内进行审查并决定是否立案，至迟应当在十日以内作出决定。案情重大、疑难、复杂或者跨区域性的，经县级以上公安机关负责人批准，应当在三十日以内决定是否立案。情况特殊的，经上一级公安机关负责人批准，可以再延长三十日作出决定。

第十七条 公安机关经立案审查，同时符合下列条件的，应当立案：

（一）认为有犯罪事实；

（二）涉嫌犯罪数额、结果或者其他情节符合经济犯罪案件的立案追诉标准，需要追究刑事责任；

（三）属于该公安机关管辖。

第十八条 在立案审查中，发现案件事实或者线索不明的，经公安机关办案部门负责人批准，可以依照有关规定采取询问、查询、勘验、鉴定和调取证据材料等不限制被调查对象人身、财产权利的措施。经审查，认为有犯罪事实，需要追究刑事责任的，经县级以上公安机关负责人批准，予以立案。

公安机关立案后，应当采取调查性侦查措施，但是一般不得采取限制人身、财产权利的强制性措施。确有必要采取的，必须严格依照法律规定的条件和程序。严禁在没有证据的情况下，查封、扣押、冻结涉案财物或者拘留、逮捕犯罪嫌疑人。

公安机关立案后，在三十日以内经积极侦查，仍然无法收集到证明有犯罪事实需要对犯罪嫌疑人追究刑事责任的充分证据的，应当立即撤销案件或者终止侦查。重大、疑难、复杂案件，经上一级公安机关负责人批准，可以再延长三十日。

上级公安机关认为不应当立案，责令限期纠正的，或者人民检察院认为不应当立案，通知撤销案件的，公安机关应当及时撤销案件。

第十九条 对有控告人的案件，经审查决定不予立案的，应当在立案审查的期限内制作不予立案通知书，并在三日以内送达控告人。

第二十条 涉嫌经济犯罪的案件与人民法院正在审理或者作出生效裁判文书的民事案件，属于同一法律事实或者有牵连关系，符合下列条件之一的，应当立案：

（一）人民法院在审理民事案件或者执行过程中，发现有经济犯罪嫌疑，裁定不予受理、驳回起诉、中止诉讼、判决驳回诉讼请求或者中止执行生效裁判文书，并将有关材料移送公安机关的；

（二）人民检察院依法通知公安机关立案的；

（三）公安机关认为有证据证明有犯罪事实，需要追究刑事责任，经省级以上公安机关负责人批准的。

有前款第二项、第三项情形的，公安机关立案后，应当严格依照法律规定的条件和程序采取强制措施和侦查措施，并将立案决定书等法律文书及相关案件材料复印件抄送正在审理或者作出生效裁判文书的人民法院并说明立案理由，同时通报与办理民事案件的人民法院同级的人民检察院，必要时可以报告上级公安机关。

在侦查过程中，不得妨碍人民法院民事诉讼活动的正常进行。

第二十一条 公安机关在侦查过程中、人民检察院在审查起诉过程中，发现具有下列情形之一的，应当将立案决定书、起诉意见书等法律文书及相关案件材料复印件抄送正在审理或者作出生效裁判文书的人民法院，由人民法院依法处理：

（一）侦查、审查起诉的经济犯罪案件与人民法院正在审理或者作出生效裁判文书的民事案件属于同一法律事实或者有牵连关系的；

（二）涉案财物已被有关当事人申请执行的。

有前款规定情形的，公安机关、人民检察院应当同时将有关情况通报与办理民事案件的人民法院同级的人民检察院。

公安机关将相关法律文书及案件材料复印件抄送人民法院后一个月以内未收到回复的，必要时，可以报告上级公安机关。

立案侦查、审查起诉的经济犯罪案件与仲裁机构作出仲裁裁决的民事案件属于同一法律事实或者有牵连关系，且人民法院已经受理与该仲裁裁决相关申请的，依照本条第一款至第三款的规定办理。

第二十二条 涉嫌经济犯罪的案件与人民法院正在审理或者作出生效裁

判文书以及仲裁机构作出裁决的民事案件有关联但不属同一法律事实的，公安机关可以立案侦查，但是不得以刑事立案为由要求人民法院移送案件、裁定驳回起诉、中止诉讼、判决驳回诉讼请求、中止执行或者撤销判决、裁定，或者要求人民法院撤销仲裁裁决。

第二十三条 人民法院在办理民事案件过程中，认为该案件不属于民事纠纷而有经济犯罪嫌疑需要追究刑事责任，并将涉嫌经济犯罪的线索、材料移送公安机关的，接受案件的公安机关应当立即审查，并在十日以内决定是否立案。公安机关不立案的，应当及时告知人民法院。

第二十四条 人民法院在办理民事案件过程中，发现与民事纠纷虽然不是同一事实但是有关联的经济犯罪线索、材料，并将涉嫌经济犯罪的线索、材料移送公安机关的，接受案件的公安机关应当立即审查，并在十日以内决定是否立案。公安机关不立案的，应当及时告知人民法院。

第二十五条 在侦查过程中，公安机关发现具有下列情形之一的，应当及时撤销案件：

（一）对犯罪嫌疑人解除强制措施之日起十二个月以内，仍然不能移送审查起诉或者依法作其他处理的；

（二）对犯罪嫌疑人未采取强制措施，自立案之日起二年以内，仍然不能移送审查起诉或者依法作其他处理的；

（三）人民检察院通知撤销案件的；

（四）其他符合法律规定的撤销案件情形的。

有前款第一项、第二项情形，但是有证据证明有犯罪事实需要进一步侦查的，经省级以上公安机关负责人批准，可以不撤销案件，继续侦查。

撤销案件后，公安机关应当立即停止侦查活动，并解除相关的侦查措施和强制措施。

撤销案件后，又发现新的事实或者证据，依法需要追究刑事责任的，公安机关应当重新立案侦查。

第二十六条 公安机关接报案件后，报案人、控告人、举报人、被害人及其法定代理人、近亲属查询立案情况的，应当在三日以内告知立案情况并记录在案。对已经立案的，应当告知立案时间、涉嫌罪名、办案单位等情况。

第二十七条 对报案、控告、举报、移送的经济犯罪案件，公安机关作出不予立案决定、撤销案件决定或者逾期未作出是否立案决定有异议的，报案人、控告人、举报人可以申请人民检察院进行立案监督，移送案件的行政执法机关可以建议人民检察院进行立案监督。

人民检察院认为需要公安机关说明不予立案、撤销案件或者逾期未作出是否立案决定的理由的，应当要求公安机关在七日以内说明理由。公安机关应当书面说明理由，连同有关证据材料回复人民检察院。人民检察院认为不予立案或者撤销案件的理由不能成立的，应当通知公安机关立案。人民检察院要求公安机关说明逾期未作出是否立案决定的理由后，公安机关在七日以内既不说明理由又不作出是否立案的决定的，人民检察院应当发出纠正违法通知书予以纠正，经审查案件有关证据材料，认为符合立案条件的，应当通知公安机关立案。

第二十八条 犯罪嫌疑人及其法定代理人、近亲属或者辩护律师对公安机关立案提出异议的，公安机关应当及时受理、认真核查。

有证据证明公安机关可能存在违法介入经济纠纷，或者利用立案实施报复陷害、敲诈勒索以及谋取其他非法利益等违法立案情形的，人民检察院应当要求公安机关书面说明立案的理由。公安机关应当在七日以内书面说明立案的依据和理由，连同有关证据材料回复人民检察院。人民检察院认为立案理由不能成立的，应当通知公安机关撤销案件。

第二十九条 人民检察院发现公安机关在办理经济犯罪案件过程中适用另案处理存在违法或者不当的，可以向公安机关提出书面纠正意见或者检察建议。公安机关应当认真审查，并将结果及时反馈人民检察院。没有采纳的，应当说明理由。

第三十条 依照本规定，报经省级以上公安机关负责人批准立案侦查或者继续侦查的案件，撤销案件时应当经原审批的省级以上公安机关负责人批准。

人民检察院通知撤销案件的，应当立即撤销案件，并报告原审批的省级以上公安机关。

第四章 强制措施

第三十一条 公安机关决定采取强制措施时，应当考虑犯罪嫌疑人涉嫌犯罪情节的轻重程度、有无继续犯罪和逃避或者妨碍侦查的可能性，使所适用的强制措施同犯罪的严重程度、犯罪嫌疑人的社会危险性相适应，依法慎用羁押性强制措施。

采取取保候审、监视居住措施足以防止发生社会危险性的，不得适用羁押性强制措施。

第三十二条 公安机关应当依照法律规定的条件和程序适用取保候审措施。

采取保证金担保方式的，应当综合考虑保证诉讼活动正常进行的需要，犯罪嫌疑人的社会危险性的大小，案件的性质、情节、涉案金额，可能判处刑罚的轻重以及犯罪嫌疑人的经济状况等情况，确定适当的保证金数额。

在取保候审期间，不得中断对经济犯罪案件的侦查。执行取保候审超过三个月的，应当至少每个月讯问一次被取保候审人。

第三十三条 对于被决定采取强制措施并上网追逃的犯罪嫌疑人，经审查发现不构成犯罪或者依法不予追究刑事责任的，应当立即撤销强制措施决定，并按照有关规定，报请省级以上公安机关删除相关信息。

第三十四条 公安机关办理经济犯罪案件应当加强统一审核，依照法律规定的条件和程序逐案逐人审查采取强制措施的合法性和适当性，发现采取强制措施不当的，应当及时撤销或者变更。犯罪嫌疑人在押的，应当立即释放。公安机关释放被逮捕的犯罪嫌疑人或者变更逮捕措施的，应当及时通知作出批准逮捕决定的人民检察院。

犯罪嫌疑人被逮捕后，人民检察院经审查认为不需要继续羁押提出检察建议的，公安机关应当予以调查核实，认为不需要继续羁押的，应当予以释放或者变更强制措施；认为需要继续羁押的，应当说明理由，并在十日以内将处理情况通知人民检察院。

犯罪嫌疑人及其法定代理人、近亲属或者辩护人有权申请人民检察院进行羁押必要性审查。

第五章　侦查取证

第三十五条 公安机关办理经济犯罪案件，应当及时进行侦查，依法全面、客观、及时地收集、调取、固定、审查能够证实犯罪嫌疑人有罪或者无罪、罪重或者罪轻以及与涉案财物有关的各种证据，并防止犯罪嫌疑人逃匿、销毁证据或者转移、隐匿涉案财物。

严禁调取与经济犯罪案件无关的证据材料，不得以侦查犯罪为由滥用侦查措施为他人收集民事诉讼证据。

第三十六条 公安机关办理经济犯罪案件，应当遵守法定程序，遵循有关技术标准，全面、客观、及时地收集、提取电子数据；人民检察院应当围绕真实性、合法性、关联性审查判断电子数据。

依照规定程序通过网络在线提取的电子数据，可以作为证据使用。

第三十七条 公安机关办理经济犯罪案件，需要采取技术侦查措施的，应当严格依照有关法律、规章和规范性文件规定的范围和程序办理。

第三十八条 公安机关办理非法集资、传销以及利用通讯工具、互联网等技术手段实施的经济犯罪案件，确因客观条件的限制无法逐一收集被害人陈述、证人证言等相关证据的，可以结合已收集的言词证据和依法收集并查证属实的物证、书证、视听资料、电子数据等实物证据，综合认定涉案人员人数和涉案资金数额等犯罪事实，做到证据确实、充分。

第三十九条 公安机关办理生产、销售伪劣商品犯罪案件、走私犯罪案件、侵犯知识产权犯罪案件，对同一批次或者同一类型的涉案物品，确因实物数量较大，无法逐一勘验、鉴定、检测、评估的，可以委托或者商请有资格的鉴定机构、专业机构或者行政执法机关依照程序按照一定比例随机抽样勘验、鉴定、检测、评估，并由其制作取样记录和出具相关书面意见。有关抽样勘验、鉴定、检测、评估的结果可以作为该批次或者该类型全部涉案物品的勘验、鉴定、检测、评估结果，但是不符合法定程序，且不能补正或者作出合理解释，可能严重影响案件公正处理的除外。

法律、法规和规范性文件对鉴定机构或者抽样方法另有规定的，从其规定。

第四十条 公安机关办理经济犯罪案件应当与行政执法机关加强联系、密切配合，保证准确有效地执行法律。

公安机关应当根据案件事实、证据和法律规定依法认定案件性质，对案情复杂、疑难，涉及专业性、技术性问题的，可以参考有关行政执法机关的认定意见。

行政执法机关对经济犯罪案件中有关行为性质的认定，不是案件进入刑事诉讼程序的必经程序或者前置条件。法律、法规和规章另有规定的，从其规定。

第四十一条 公安机关办理重大、疑难、复杂的经济犯罪案件，可以听取人民检察院的意见，人民检察院认为确有必要时，可以派员适时介入侦查活动，对收集证据、适用法律提出意见，监督侦查活动是否合法。对人民检察院提出的意见，公安机关应当认真审查，并将结果及时反馈人民检察院。没有采纳的，应当说明理由。

第四十二条 公安机关办理跨区域性的重大经济犯罪案件，应当向人民检察院通报立案侦查情况，人民检察院可以根据通报情况调度办案力量，开展指导协调等工作。需要逮捕犯罪嫌疑人的，公安机关应当提前与人民检察院沟通。

第四十三条 人民检察院在审查逮捕、审查起诉中发现公安机关办案人员以非法方法收集犯罪嫌疑人供述、被害人陈述、证人证言等证据材料的，应当依法排除非法证据并提出纠正意见。需要重新调查取证的,经县级以上公安机关负责人批准,应当另行指派办案人员重新调查取证。必要时,人民检察院也可以自行收集犯罪嫌疑人供述、被害人陈述、证人证言等证据材料。

公安机关发现收集物证、书证不符合法定程序,可能严重影响司法公正的,应当要求办案人员予以补正或者作出合理解释;不能补正或者作出合理解释的,应当依法予以排除,不得作为提请批准逮捕、移送审查起诉的依据。

人民检察院发现收集物证、书证不符合法定程序,可能严重影响司法公正的,应当要求公安机关予以补正或者作出合理解释,不能补正或者作出合理解释的,应当依法予以排除,不得作为批准逮捕、提起公诉的依据。

第四十四条 对民事诉讼中的证据材料,公安机关在立案后应当依照刑事诉讼法以及相关司法解释的规定进行审查或者重新收集。未经查证核实的证据材料,不得作为刑事证据使用。

第四十五条 人民检察院已经作出不起诉决定的案件,公安机关不得针对同一法律事实的同一犯罪嫌疑人继续侦查或者补充侦查,但是有新的事实或者证据的,可以重新立案侦查。

第六章 涉案财物的控制和处置

第四十六条 查封、扣押、冻结以及处置涉案财物,应当依照法律规定的条件和程序进行。除法律法规和规范性文件另有规定以外,公安机关不得在诉讼程序终结之前处置涉案财物。严格区分违法所得、其他涉案财产与合法财产,严格区分企业法人财产与股东个人财产,严格区分犯罪嫌疑人个人财产与家庭成员财产,不得超权限、超范围、超数额、超时限查封、扣押、冻结,并注意保护利害关系人的合法权益。

对涉众型经济犯罪案件,需要追缴、返还涉案财物的,应当坚持统一资产处置原则。公安机关移送审查起诉时,应当将有关涉案财物及其清单随案移送人民检察院。人民检察院提起公诉时,应当将有关涉案财物及其清单一并移送受理案件的人民法院,并提出处理意见。

第四十七条 对依照有关规定可以分割的土地、房屋等涉案不动产,应当只对与案件有关的部分进行查封。

对不可分割的土地、房屋等涉案不动产或者车辆、船舶、航空器以及大型机器、设备等特定动产,可以查封、扣押、冻结犯罪嫌疑人提供的与涉案金额相当的其他财物。犯罪嫌疑人不能提供的,可以予以整体查封。

冻结涉案账户的款项数额,应当与涉案金额相当。

第四十八条 对自动投案时主动提交的涉案财物和权属证书等，公安机关可以先行接收，如实登记并出具接收财物凭证，根据立案和侦查情况决定是否查封、扣押、冻结。

第四十九条 已被依法查封、冻结的涉案财物，公安机关不得重复查封、冻结，但是可以轮候查封、冻结。

已被人民法院采取民事财产保全措施的涉案财物，依照前款规定办理。

第五十条 对不宜查封、扣押、冻结的经营性涉案财物，在保证侦查活动正常进行的同时，可以允许有关当事人继续合理使用，并采取必要的保值保管措施，以减少侦查办案对正常办公和合法生产经营的影响。必要时，可以申请当地政府指定有关部门或者委托有关机构代管。

第五十一条 对查封、扣押、冻结的涉案财物及其孳息，以及作为证据使用的实物，公安机关应当如实登记，妥善保管，随案移送，并与人民检察院及时交接，变更法律手续。

在查封、扣押、冻结涉案财物时，应当收集、固定与涉案财物来源、权属、性质等有关的证据材料并随案移送。对不宜移送或者依法不移送的实物，应当将其清单、照片或者其他证明文件随案移送。

第五十二条 涉嫌犯罪事实查证属实后，对有证据证明权属关系明确的被害人合法财产及其孳息，及时返还不损害其他被害人或者利害关系人的利益、不影响诉讼正常进行的，可以在登记、拍照或者录像、估价后，经县级以上公安机关负责人批准，开具发还清单，在诉讼程序终结之前返还被害人。办案人员应当在案卷中注明返还的理由，将原物照片、清单和被害人的领取手续存卷备查。

具有下列情形之一的，不得在诉讼程序终结之前返还：

（一）涉嫌犯罪事实尚未查清的；

（二）涉案财物及其孳息的权属关系不明确或者存在争议的；

（三）案件需要变更管辖的；

（四）可能损害其他被害人或者利害关系人利益的；

（五）可能影响诉讼程序正常进行的；

（六）其他不宜返还的。

第五十三条 有下列情形之一的，除依照有关法律法规和规范性文件另行处理的以外，应当立即解除对涉案财物的查封、扣押、冻结措施，并及时返还有关当事人：

（一）公安机关决定撤销案件或者对犯罪嫌疑人终止侦查的；

（二）人民检察院通知撤销案件或者作出不起诉决定的；

（三）人民法院作出生效判决、裁定应当返还的。

第五十四条 犯罪分子违法所得的一切财物及其孳息，应当予以追缴或者责令退赔。

发现犯罪嫌疑人将经济犯罪违法所得和其他涉案财物用于清偿债务、转让或者设定其他权利负担，具有下列情形之一的，应当依法查封、扣押、冻结：

（一）他人明知是经济犯罪违法所得和其他涉案财物而接受的；

（二）他人无偿或者以明显低于市场价格取得上述财物的；

（三）他人通过非法债务清偿或者违法犯罪活动取得上述财物的；

（四）他人通过其他恶意方式取得上述财物的。

他人明知是经济犯罪违法所得及其产生的收益，通过虚构债权债务关系、虚假交易等方式予以窝藏、转移、收购、代为销售或者以其他方法掩饰、隐瞒，构成犯罪的，应当依法追究刑事责任。

第五十五条 具有下列情形之一，依照刑法规定应当追缴其违法所得及其他涉案财物的，经县级以上公安机关负责人批准，公安机关应当出具没收违法所得意见书，连同相关证据材料一并移送同级人民检察院：

（一）重大的走私、金融诈骗、洗钱犯罪案件，犯罪嫌疑人逃匿，在通缉一年后不能到案的；

（二）犯罪嫌疑人死亡的；

（三）涉嫌重大走私、金融诈骗、洗钱犯罪的单位被撤销、注销，直接负责的主管人员和其他直接责任人员逃匿、死亡，导致案件无法适用普通刑事诉讼程序审理的。

犯罪嫌疑人死亡，现有证据证明其存在违法所得及其他涉案财物应当予以没收的，公安机关可以继续调查，并依法进行查封、扣押、冻结。

第七章 办案协作

第五十六条 公安机关办理经济犯罪案件，应当加强协作和配合，依法履行协查、协办等职责。

上级公安机关应当加强监督、协调和指导，及时解决跨区域性协作的争议事项。

第五十七条 办理经济犯罪案件需要异地公安机关协作的，委托地公安机关应当对案件的管辖、定性、证据认定以及所采取的侦查措施负责，办理有关的法律文书和手续，并对协作事项承担法律责任。但是协作地公安机关超权限、超范围采取相关措施的，应当承担相应的法律责任。

第五十八条 办理经济犯罪案件需要异地公安机关协作的,由委托地的县级以上公安机关制作办案协作函件和有关法律文书,通过协作地的县级以上公安机关联系有关协作事宜。协作地公安机关接到委托地公安机关请求协作的函件后,应当指定主管业务部门办理。

各省、自治区、直辖市公安机关根据本地实际情况,就需要外省、自治区、直辖市公安机关协助对犯罪嫌疑人采取强制措施或者查封、扣押、冻结涉案财物事项制定相关审批程序。

第五十九条 协作地公安机关应当对委托地公安机关出具的法律文书和手续予以审核,对法律文书和手续完备的,协作地公安机关应当及时无条件予以配合,不得收取任何形式的费用。

第六十条 委托地公安机关派员赴异地公安机关请求协助查询资料、调查取证等事项时,应当出具办案协作函件和有关法律文书。

委托地公安机关认为不需要派员赴异地的,可以将办案协作函件和有关法律文书寄送协作地公安机关,协作地公安机关协查不得超过十五日;案情重大、情况紧急的,协作地公安机关应当在七日以内回复;因特殊情况不能按时回复的,协作地公安机关应当及时向委托地公安机关说明情况。

必要时,委托地公安机关可以将办案协作函件和有关法律文书通过电传、网络等保密手段或者相关工作机制传至协作地公安机关,协作地公安机关应当及时协查。

第六十一条 委托地公安机关派员赴异地公安机关请求协助采取强制措施或者搜查,查封、扣押、冻结涉案财物等事项时,应当持办案协作函件、有关侦查措施或者强制措施的法律文书、工作证件及相关案件材料,与协作地县级以上公安机关联系,协作地公安机关应当派员协助执行。

第六十二条 对不及时采取措施,有可能导致犯罪嫌疑人逃匿,或者有可能转移涉案财物以及重要证据的,委托地公安机关可以商请紧急协作,将办案协作函件和有关法律文书通过电传、网络等保密手段传至协作地县级以上公安机关,协作地公安机关收到协作函件后,应当及时采取措施,落实协作事项。委托地公安机关应当立即派员携带法律文书前往协作地办理有关事宜。

第六十三条 协作地公安机关在协作过程中,发现委托地公安机关明显存在违反法律规定的行为时,应当及时向委托地公安机关提出并报上一级公安机关。跨省协作的,应当通过协作地的省级公安机关通报委托地的省级公安机关,协商处理。未能达成一致意见的,协作地的省级公安机关应当及时报告公安部。

第六十四条 立案地公安机关赴其他省、自治区、直辖市办案,应当按照有关规定呈报上级公安机关审查批准。

第八章　保障诉讼参与人合法权益

第六十五条　公安机关办理经济犯罪案件，应当尊重和保障人权，保障犯罪嫌疑人、被害人和其他诉讼参与人依法享有的辩护权和其他诉讼权利，在职责范围内依法保障律师的执业权利。

第六十六条　辩护律师向公安机关了解犯罪嫌疑人涉嫌的罪名以及现已查明的该罪的主要事实，犯罪嫌疑人被采取、变更、解除强制措施，延长侦查羁押期限、移送审查起诉等案件有关情况的，公安机关应当依法将上述情况告知辩护律师，并记录在案。

第六十七条　辩护律师向公安机关提交与经济犯罪案件有关的申诉、控告等材料的，公安机关应当在执法办案场所予以接收，当面了解有关情况并记录在案。对辩护律师提供的材料，公安机关应当及时依法审查，并在三十日以内予以答复。

第六十八条　被害人、犯罪嫌疑人及其法定代理人、近亲属或者律师对案件管辖有异议，向立案侦查的公安机关提出申诉的，接受申诉的公安机关应当在接到申诉后的七日以内予以答复。

第六十九条　犯罪嫌疑人及其法定代理人、近亲属或者辩护人认为公安机关所采取的强制措施超过法定期限，有权向原批准或者决定的公安机关提出申诉，接受该项申诉的公安机关应当在接到申诉之日起三十日以内审查完毕并作出决定，将结果书面通知申诉人。对超过法定期限的强制措施，应当立即解除或者变更。

第七十条　辩护人、诉讼代理人认为公安机关阻碍其依法行使诉讼权利并向人民检察院申诉或者控告，人民检察院经审查情况属实后通知公安机关予以纠正的，公安机关应当立即纠正，并将监督执行情况书面答复人民检察院。

第七十一条　辩护人、诉讼代理人对公安机关侦查活动有异议的，可以向有关公安机关提出申诉、控告，或者提请人民检察院依法监督。

第九章　执法监督与责任追究

第七十二条　公安机关应当依据《中华人民共和国人民警察法》等有关法律法规和规范性文件的规定，加强对办理经济犯罪案件活动的执法监督和督察工作。

上级公安机关发现下级公安机关存在违反法律和有关规定行为的，应当责令其限期纠正。必要时，上级公安机关可以就其违法行为直接作出相关处理决定。

人民检察院发现公安机关办理经济犯罪案件中存在违法行为的，或者对有关当事人及其辩护律师、诉讼代理人、利害关系人的申诉、控告事项查证属实的，应当通知公安机关予以纠正。

第七十三条 具有下列情形之一的，公安机关应当责令依法纠正，或者直接作出撤销、变更或者纠正决定。对发生执法过错的，应当根据办案人员在办案中各自承担的职责，区分不同情况，分别追究案件审批人、审核人、办案人及其他直接责任人的责任。构成犯罪的，依法追究刑事责任。

（一）越权管辖或者推诿管辖的；

（二）违反规定立案、不予立案或者撤销案件的；

（三）违反规定对犯罪嫌疑人采取强制措施的；

（四）违反规定对财物采取查封、扣押、冻结措施的；

（五）违反规定处置涉案财物的；

（六）拒不履行办案协作职责，或者阻碍异地公安机关依法办案的；

（七）阻碍当事人、辩护人、诉讼代理人依法行使诉讼权利的；

（八）其他应当予以追究责任的。

对于导致国家赔偿的责任人员，应当依据《中华人民共和国国家赔偿法》的有关规定，追偿其部分或者全部赔偿费用。

第七十四条 公安机关在受理、立案、移送以及涉案财物处置等过程中，与人民检察院、人民法院以及仲裁机构发生争议的，应当协商解决。必要时，可以报告上级公安机关协调解决。上级公安机关应当加强监督，依法处理。

人民检察院发现公安机关存在执法不当行为的，可以向公安机关提出书面纠正意见或者检察建议。公安机关应当认真审查，并将结果及时反馈人民检察院。没有采纳的，应当说明理由。

第七十五条 公安机关办理经济犯罪案件应当加强执法安全防范工作，规范执法办案活动，执行执法办案规定，加强执法监督，对执法不当造成严重后果的，依据相关规定追究责任。

第十章　附　　则

第七十六条 本规定所称的“经济犯罪案件”，主要是指公安机关经济犯罪侦查部门按照有关规定依法管辖的各种刑事案件，但以资助方式实施的帮助恐怖活动案件，不适用本规定。

公安机关其他办案部门依法管辖刑法分则第三章规定的破坏社会主义市场经济秩序犯罪有关案件的，适用本规定。

第七十七条 本规定所称的“调查性侦查措施”，是指公安机关在办理经济犯罪案件过程中，依照法律规定进行的专门调查工作和有关侦查措施，但是不包括限制犯罪嫌疑人人身、财产权利的强制性措施。

第七十八条 本规定所称的“涉众型经济犯罪案件”，是指基于同一法律事实、利益受损人数众多、可能影响社会秩序稳定的经济犯罪案件，包括但不限于非法吸收公众存款，集资诈骗，组织、领导传销活动，擅自设立金融机构，擅自发行股票、公司企业债券等犯罪。

第七十九条 本规定所称的“跨区域性”，是指涉及两个以上县级行政区域。

第八十条 本规定自2018年1月1日起施行。2005年12月31日发布的《公安机关办理经济犯罪案件的若干规定》（公通字〔2005〕101号）同时废止。本规定发布以前最高人民检察院、公安部制定的关于办理经济犯罪案件的规范性文件与本规定不一致的，适用本规定。

最高人民法院关于印发《人民法院办理刑事案件庭前会议规程（试行）》《人民法院办理刑事案件排除非法证据规程（试行）》《人民法院办理刑事案件第一审普通程序法庭调查规程（试行）》的通知

（2017年11月27日　法发〔2017〕31号）

各省、自治区、直辖市高级人民法院，解放军军事法院，新疆维吾尔自治区高级人民法院生产建设兵团分院；全国地方各中级人民法院，各战区、总直属军事法院，新疆生产建设兵团各中级法院：

为贯彻落实最高人民法院、最高人民检察院、公安部、国家安全部、司法部《关于推进以审判为中心的刑事诉讼制度改革的意见》和《关于办理刑事案件严格排除非法证据若干问题的规定》,深入推进以审判为中心的刑事诉讼制度改革,最高人民法院制定了《人民法院办理刑事案件庭前会议规程(试行)》《人民法院办理刑事案件排除非法证据规程(试行)》和《人民法院办理刑事案件第一审普通程序法庭调查规程(试行)》(以下简称"三项规程"),现印发给你们,自 2018 年 1 月 1 日起试行。

为了在司法实践中更好地贯彻执行"三项规程",现提出以下要求:

一、充分认识"三项规程"的重要意义。推进以审判为中心的刑事诉讼制度改革,是党的十八届四中全会作出的重大改革部署,是坚持严格司法、确保刑事司法公正的现实需要。最高人民法院、最高人民检察院、公安部、国家安全部、司法部先后印发《关于推进以审判为中心的刑事诉讼制度改革的意见》《关于办理刑事案件严格排除非法证据若干问题的规定》,提出改革完善刑事诉讼制度的总体方案。为确保中央改革要求落地见效,优化完善审判特别是庭审程序,最高人民法院在出台《关于全面推进以审判为中心的刑事诉讼制度改革的实施意见》的基础上,制定深化庭审实质化改革的"三项规程",有助于充分发挥审判特别是庭审在刑事诉讼中的决定性作用,构建更加精密化、规范化、实质化的刑事审判制度。各级人民法院要充分认识制定"三项规程"的重要意义,准确把握改革精神,充分发挥审判程序的职能作用,健全落实证据裁判、非法证据排除、疑罪从无等法律原则和要求,通过法庭审判的程序公正实现案件裁判的实体公正,提升司法公信力。

二、准确把握和执行"三项规程"的试行要求。推进以审判为中心的刑事诉讼制度改革,牵涉政法工作全局,各级人民法院要主动向党委、人大汇报试行工作,密切与其他政法机关的沟通联系,形成改革合力,确保改革稳步推进。要推进案件繁简分流,优化司法资源配置,将有限的司法资源用于审理重大复杂疑难案件,完善刑事案件速裁程序和认罪认罚从宽制度,实现"疑案精审""简案快审"。要以敢于负责、敢于担当的精神,严格落实疑罪从无原则,对定罪证据不足的疑罪案件依法宣告无罪,确保严格执法、公正司法,切实防范冤假错案。在试行期间,各级人民法院包括前期各试点法院要统一贯彻执行"三项规程"的相关规定,不能各行其是。

三、加强对"三项规程"的学习培训工作。最高人民法院在制定"三项规程"过程中,坚持问题导向和目标导向,以中央的改革精神和要求为着眼点,认真总结传统审判经验,充分吸收前期改革成果,注重理念创新和制度创新。根据庭前会议规程,人民法院在庭前会议中可以依法处理可能导致庭审中断的程序性事项,组织控辩双方展示证据,归纳控辩双方争议焦点,明确规范庭前会议与法庭审理的衔接机制。非法证据排除规程重点针对非法证据排除程序适用中存在的启动难、证明难、认定难、排除难等问题,进一步明确人民法院审查和排除非法证据的具体规则和程序。法庭调查规程在总结传统庭审经验基础上,将证据裁判、程序公正、集中审理和诉权保障确立为法庭调查的基本原则,规范开庭讯问、发问程序,落实证人、鉴定人出庭作证制度,完善各类证据的举证、质证、认证规则,确保诉讼证据出示在法庭、案件事实查明在法庭、诉辩意见发表在法庭、裁判结果形成在法庭。各高级人民法院要高度重视,切实督导辖区各级人民法院认真学习“三项规程”,精心组织刑事审判人员参加专项培训,确保每一名办案人员能够深刻领会“三项规程”的精神实质,全面掌握具体内容,以便在具体工作中切实、熟练加以运用。

四、注意总结和推广试行“三项规程”的经验做法。各级人民法院要以贯彻“三项规程”为契机,以提高证人、鉴定人、侦查人员出庭作证率、律师辩护率和当庭宣判率为重点,着力推进庭审制度改革。要采取实地考察、庭审观摩等方式,加强法院之间的沟通交流,共享经验,共同提高。要采取积极稳妥的方法,强化正面宣传报道,营造各方共同推进改革的良好氛围。在贯彻执行过程中遇到的新情况、新问题和探索的新经验、新做法,要认真加以总结,并及时层报最高人民法院。

人民法院办理刑事案件庭前会议规程(试行)

为贯彻落实最高人民法院、最高人民检察院、公安部、国家安全部、司法部《关于推进以审判为中心的刑事诉讼制度改革的意见》,完善庭前会议程序,确保法庭集中持续审理,提高庭审质量和效率,根据法律规定,结合司法实际,制定本规程。

第一条 人民法院适用普通程序审理刑事案件,对于证据材料较多、案情疑难复杂、社会影响重大或者控辩双方对事实证据存在较大争议等情形的,可以决定在开庭审理前召开庭前会议。

控辩双方可以申请人民法院召开庭前会议。申请召开庭前会议的,应当说明需要处理的事项。人民法院经审查认为有必要的,应当决定召开庭前会议;决定不召开庭前会议的,应当告知申请人。

被告人及其辩护人在开庭审理前申请排除非法证据,并依照法律规定提供相关线索或者材料的,人民法院应当召开庭前会议。

第二条 庭前会议中,人民法院可以就与审判相关的问题了解情况,听取意见,依法处理回避、出庭证人名单、非法证据排除等可能导致庭审中断的事项，组织控辩双方展示证据，归纳争议焦点，开展附带民事调解。

第三条 庭前会议由承办法官主持，其他合议庭成员也可以主持或者参加庭前会议。根据案件情况，承办法官可以指导法官助理主持庭前会议。

公诉人、辩护人应当参加庭前会议。根据案件情况，被告人可以参加庭前会议；被告人申请参加庭前会议或者申请排除非法证据等情形的，人民法院应当通知被告人到场；有多名被告人的案件，主持人可以根据案件情况确定参加庭前会议的被告人。

被告人申请排除非法证据，但没有辩护人的，人民法院应当通知法律援助机构指派律师为被告人提供帮助。

庭前会议中进行附带民事调解的，人民法院应当通知附带民事诉讼当事人到场。

第四条 被告人不参加庭前会议的，辩护人应当在召开庭前会议前就庭前会议处理事项听取被告人意见。

第五条 庭前会议一般不公开进行。

根据案件情况，庭前会议可以采用视频会议等方式进行。

第六条 根据案件情况，庭前会议可以在开庭审理前多次召开；休庭后，可以在再次开庭前召开庭前会议。

第七条 庭前会议应当在法庭或者其他办案场所召开。被羁押的被告人参加的，可以在看守所办案场所召开。

被告人参加庭前会议，应当有法警在场。

第八条 人民法院应当根据案件情况，综合控辩双方意见，确定庭前会议需要处理的事项，并在召开庭前会议三日前，将会议的时间、地点、人员和事项等通知参会人员。通知情况应当记录在案。

被告人及其辩护人在开庭审理前申请排除非法证据的，人民法院应当在召开庭前会议三日前，将申请书及相关线索或者材料的复制件送交人民检察院。

第九条 庭前会议开始后，主持人应当核实参会人员情况，宣布庭前会议需要处理的事项。

有多名被告人参加庭前会议，涉及事实证据问题的，应当组织各被告人分别参加，防止串供。

第十条 庭前会议中，主持人可以就下列事项向控辩双方了解情况，听取意见：

（一）是否对案件管辖有异议；

（二）是否申请有关人员回避；

（三）是否申请不公开审理；

（四）是否申请排除非法证据；

（五）是否申请提供新的证据材料；

（六）是否申请重新鉴定或者勘验；

（七）是否申请调取在侦查、审查起诉期间公安机关、人民检察院收集但未随案移送的证明被告人无罪或者罪轻的证据材料；

（八）是否申请向证人或有关单位、个人收集、调取证据材料；

（九）是否申请证人、鉴定人、侦查人员、有专门知识的人出庭，是否对出庭人员名单有异议；

（十）与审判相关的其他问题。

对于前款规定中可能导致庭审中断的事项，人民法院应当依法作出处理，在开庭审理前告知处理决定，并说明理由。控辩双方没有新的理由，在庭审中再次提出有关申请或者异议的，法庭应当依法予以驳回。

第十一条 被告人及其辩护人对案件管辖提出异议，应当说明理由。人民法院经审查认为异议成立的，应当依法将案件退回人民检察院或者移送有管辖权的人民法院；认为本院不宜行使管辖权的，可以请求上一级人民法院处理。人民法院经审查认为异议不成立的，应当依法驳回异议。

第十二条 被告人及其辩护人申请审判人员、书记员、翻译人员、鉴定人回避，应当说明理由。人民法院经审查认为申请成立的，应当依法决定有关人员回避；认为申请不成立的，应当依法驳回申请。

被告人及其辩护人申请回避被驳回的，可以在接到决定时申请复议一次。对于不属于刑事诉讼法第二十八条、第二十九条规定情形的，回避申请被驳回后，不得申请复议。

被告人及其辩护人申请检察人员回避的，人民法院应当通知人民检察院。

第十三条 被告人及其辩护人申请不公开审理，人民法院经审查认为案件涉及国家秘密或者个人隐私的，应当准许；认为案件涉及商业秘密的，可以准许。

第十四条 被告人及其辩护人在开庭审理前申请排除非法证据，并依照法律规定提供相关线索或者材料的，人民检察院应当在庭前会议中通过出示有关证据材料等方式，有针对性地对证据收集的合法性作出说明。人民法院可以对有关证据材料进行核实；经控辩双方申请，可以有针对性地播放讯问录音录像。

人民检察院可以撤回有关证据，撤回的证据，没有新的理由，不得在庭审中出示。被告人及其辩护人可以撤回排除非法证据的申请，撤回申请后，没有新的线索或者材料，不得再次对有关证据提出排除申请。

控辩双方在庭前会议中对证据收集的合法性未达成一致意见，人民法院应当开展庭审调查，但公诉人提供的相关证据材料确实、充分，能够排除非法取证情形，且没有新的线索或者材料表明可能存在非法取证的，庭审调查举证、质证可以简化。

第十五条 控辩双方申请重新鉴定或者勘验，应当说明理由。人民法院经审查认为理由成立，有关证据材料可能影响定罪量刑且不能补正的，应当准许。

第十六条 被告人及其辩护人书面申请调取公安机关、人民检察院在侦查、审查起诉期间收集但未随案移送的证明被告人无罪或者罪轻的证据材料，并提供相关线索或者材料的，人民法院应当调取，并通知人民检察院在收到调取决定书后三日内移交。

被告人及其辩护人申请向证人或有关单位、个人收集、调取证据材料，应当说明理由。人民法院经审查认为有关证据材料可能影响定罪量刑的，应当准许；认为有关证据材料与案件无关或者明显重复、没有必要的，可以不予准许。

第十七条 控辩双方申请证人、鉴定人、侦查人员、有专门知识的人出庭，应当说明理由。人民法院经审查认为理由成立的，应当通知有关人员出庭。

控辩双方对出庭证人、鉴定人、侦查人员、有专门知识的人的名单有异议，人民法院经审查认为异议成立的，应当依法作出处理；认为异议不成立的，应当依法驳回。

人民法院通知证人、鉴定人、侦查人员、有专门知识的人等出庭后，应当告知控辩双方协助有关人员到庭。

第十八条 召开庭前会议前，人民检察院应当将全部证据材料移送人民法院。被告人及其辩护人应当将收集的有关被告人不在犯罪现场、未达到刑事责任年龄、属于依法不负刑事责任的精神病人等证明被告人无罪或者依法不负刑事责任的全部证据材料提交人民法院。

人民法院收到控辩双方移送或者提交的证据材料后，应当通知对方查阅、摘抄、复制。

第十九条 庭前会议中，对于控辩双方决定在庭审中出示的证据，人民法院可以组织展示有关证据，听取控辩双方对在案证据的意见，梳理存在争议的证据。

对于控辩双方在庭前会议中没有争议的证据材料，庭审时举证、质证可以简化。

人民法院组织展示证据的，一般应当通知被告人到场，听取被告人意见；被告人不到场的，辩护人应当在召开庭前会议前听取被告人意见。

第二十条 人民法院可以在庭前会议中归纳控辩双方的争议焦点。对控辩双方没有争议或者达成一致意见的事项，可以在庭审中简化审理。

人民法院可以组织控辩双方协商确定庭审的举证顺序、方式等事项，明确法庭调查的方式和重点。协商不成的事项，由人民法院确定。

第二十一条 对于被告人在庭前会议前不认罪，在庭前会议中又认罪的案件，人民法院核实被告人认罪的自愿性和真实性后，可以依法适用速裁程序或者简易程序审理。

第二十二条 人民法院在庭前会议中听取控辩双方对案件事实证据的意见后，对于明显事实不清、证据不足的案件，可以建议人民检察院补充材料或者撤回起诉。建议撤回起诉的案件，人民检察院不同意的，人民法院开庭审理后，没有新的事实和理由，一般不准许撤回起诉。

第二十三条 庭前会议情况应当制作笔录，由参会人员核对后签名。

庭前会议结束后应当制作庭前会议报告，说明庭前会议的基本情况、与审判相关的问题的处理结果、控辩双方的争议焦点以及就相关事项达成的一致意见等。

第二十四条 对于召开庭前会议的案件，在宣读起诉书后，法庭应当宣布庭前会议报告的主要内容；有多起犯罪事实的案件，可以在有关犯罪事实的法庭调查开始前，分别宣布庭前会议报告的相关内容；对庭前会议处理管辖异议、申请回避、申请不公开审理等事项的，法庭可以在告知当事人诉讼权利后宣布庭前会议报告的相关内容。

第二十五条 宣布庭前会议报告后，对于庭前会议中达成一致意见的事项，法庭向控辩双方核实后当庭予以确认；对于未达成一致意见的事项，法庭可以归纳控辩双方争议焦点，听取控辩双方意见，依法作出处理。

控辩双方在庭前会议中就有关事项达成一致意见，在庭审中反悔的，除有正当理由外，法庭一般不再进行处理。

第二十六条 第二审人民法院召开庭前会议的，参照上述规定。

第二十七条 本规程自 2018 年 1 月 1 日起试行。

人民法院办理刑事案件排除非法证据规程(试行)

为贯彻落实最高人民法院、最高人民检察院、公安部、国家安全部、司法部《关于推进以审判为中心的刑事诉讼制度改革的意见》和《关于办理刑事案件严格排除非法证据若干问题的规定》,规范非法证据排除程序,准确惩罚犯罪,切实保障人权,有效防范冤假错案,根据法律规定,结合司法实际,制定本规程。

第一条 采用下列非法方法收集的被告人供述,应当予以排除:

(一)采用殴打、违法使用戒具等暴力方法或者变相肉刑的恶劣手段,使被告人遭受难以忍受的痛苦而违背意愿作出的供述;

(二)采用以暴力或者严重损害本人及其近亲属合法权益等进行威胁的方法,使被告人遭受难以忍受的痛苦而违背意愿作出的供述;

(三)采用非法拘禁等非法限制人身自由的方法收集的被告人供述。

采用刑讯逼供方法使被告人作出供述,之后被告人受该刑讯逼供行为影响而作出的与该供述相同的重复性供述,应当一并排除,但下列情形除外:

(一)侦查期间,根据控告、举报或者自己发现等,侦查机关确认或者不能排除以非法方法收集证据而更换侦查人员,其他侦查人员再次讯问时告知诉讼权利和认罪的法律后果,被告人自愿供述的;

(二)审查逮捕、审查起诉和审判期间,检察人员、审判人员讯问时告知诉讼权利和认罪的法律后果,被告人自愿供述的。

第二条 采用暴力、威胁以及非法限制人身自由等非法方法收集的证人证言、被害人陈述,应当予以排除。

第三条 采用非法搜查、扣押等违反法定程序的方法收集物证、书证,可能严重影响司法公正的,应当予以补正或者作出合理解释;不能补正或者作出合理解释的,对有关证据应当予以排除。

第四条 依法予以排除的非法证据,不得宣读、质证,不得作为定案的根据。

第五条 被告人及其辩护人申请排除非法证据,应当提供相关线索或者材料。“线索”是指内容具体、指向明确的涉嫌非法取证的人员、时间、地点、方式等;“材料”是指能够反映非法取证的伤情照片、体检记录、医院病历、讯问笔录、讯问录音录像或者同监室人员的证言等。

被告人及其辩护人申请排除非法证据,应当向人民法院提交书面申请。被告人书写确有困难的,可以口头提出申请,但应当记录在案,并由被告人签名或者捺印。

第六条 证据收集合法性的举证责任由人民检察院承担。

人民检察院未提供证据,或者提供的证据不能证明证据收集的合法性,经过法庭审理,确认或者不能排除以非法方法收集证据情形的,对有关证据应当予以排除。

第七条 开庭审理前,承办法官应当阅卷,并对证据收集的合法性进行审查:

(一)被告人在侦查、审查起诉阶段是否提出排除非法证据申请;提出申请的,是否提供相关线索或者材料;

(二)侦查机关、人民检察院是否对证据收集的合法性进行调查核实;调查核实的,是否作出调查结论;

(三)对于重大案件,人民检察院驻看守所检察人员在侦查终结前是否核查讯问的合法性,是否对核查过程同步录音录像;进行核查的,是否作出核查结论;

(四)对于人民检察院在审查逮捕、审查起诉阶段排除的非法证据,是否随案移送并写明为依法排除的非法证据。

人民法院对证据收集的合法性进行审查后,认为需要补充证据材料的,应当通知人民检察院在三日内补送。

第八条 人民法院向被告人及其辩护人送达起诉书副本时,应当告知其有权在开庭审理前申请排除非法证据并同时提供相关线索或者材料。上述情况应当记录在案。

被告人申请排除非法证据,但没有辩护人的,人民法院应当通知法律援助机构指派律师为其提供辩护。

第九条 被告人及其辩护人申请排除非法证据,应当在开庭审理前提出,但在庭审期间发现相关线索或者材料等情形除外。

第十条 被告人及其辩护人申请排除非法证据,并提供相关线索或者材料的,人民法院应当召开庭前会议,并在召开庭前会议三日前将申请书和相关线索或者材料的复制件送交人民检察院。

被告人及其辩护人申请排除非法证据,未提供相关线索或者材料的,人民法院应当告知其补充提交。被告人及其辩护人未能补充的,人民法院对申请不予受理,并在开庭审理前告知被告人及其辩护人。上述情况应当记录在案。

第十一条 对于可能判处无期徒刑、死刑或者黑社会性质组织犯罪、严重毒品犯罪等重大案件,被告人在驻看守所检察人员对讯问的合法性进行核查询问时,明确表示侦查阶段没有刑讯逼供等非法取证情形,在审判阶段又提出排除非法证据申请的,应当说明理由。人民法院经审查对证据收集的合法性没有疑问的,可以驳回申请。

驻看守所检察人员在重大案件侦查终结前未对讯问的合法性进行核查询问,或者未对核查询问过程全程同步录音录像,被告人及其辩护人在审判阶段提出排除非法证据申请,提供相关线索或者材料,人民法院对证据收集的合法性有疑问的,应当依法进行调查。

第十二条 在庭前会议中,人民法院对证据收集的合法性进行审查的,一般按照以下步骤进行:

(一)被告人及其辩护人说明排除非法证据的申请及相关线索或者材料;

(二)公诉人提供证明证据收集合法性的证据材料;

(三)控辩双方对证据收集的合法性发表意见;

(四)控辩双方对证据收集的合法性未达成一致意见的,审判人员归纳争议焦点。

第十三条 在庭前会议中,人民检察院应当通过出示有关证据材料等方式,有针对性地对证据收集的合法性作出说明。人民法院可以对有关材料进行核实,经控辩双方申请,可以有针对性地播放讯问录音录像。

第十四条 在庭前会议中,人民检察院可以撤回有关证据。撤回的证据,没有新的理由,不得在庭审中出示。

被告人及其辩护人可以撤回排除非法证据的申请。撤回申请后,没有新的线索或者材料,不得再次对有关证据提出排除申请。

第十五条 控辩双方在庭前会议中对证据收集的合法性达成一致意见的,法庭应当在庭审中向控辩双方核实并当庭予以确认。对于一方在庭审中反悔的,除有正当理由外,法庭一般不再进行审查。

控辩双方在庭前会议中对证据收集的合法性未达成一致意见,人民法院应当在庭审中进行调查,但公诉人提供的相关证据材料确实、充分,能够排除非法取证情形,且没有新的线索或者材料表明可能存在非法取证的,庭审调查举证、质证可以简化。

第十六条 审判人员应当在庭前会议报告中说明证据收集合法性的审查情况,主要包括控辩双方的争议焦点以及就相关事项达成的一致意见等内容。

第十七条 被告人及其辩护人在开庭审理前未申请排除非法证据,在庭审过程中提出申请的,应当说明理由。人民法院经审查,对证据收集的合法性有疑问的，应当进行调查；没有疑问的，应当驳回申请。

人民法院驳回排除非法证据的申请后，被告人及其辩护人没有新的线索或者材料，以相同理由再次提出申请的，人民法院不再审查。

第十八条 人民法院决定对证据收集的合法性进行法庭调查的，应当先行当庭调查。对于被申请排除的证据和其他犯罪事实没有关联等情形，为防止庭审过分迟延，可以先调查其他犯罪事实，再对证据收集的合法性进行调查。

在对证据收集合法性的法庭调查程序结束前，不得对有关证据宣读、质证。

第十九条 法庭决定对证据收集的合法性进行调查的，一般按照以下步骤进行：

（一）召开庭前会议的案件，法庭应当在宣读起诉书后，宣布庭前会议中对证据收集合法性的审查情况，以及控辩双方的争议焦点；

（二）被告人及其辩护人说明排除非法证据的申请及相关线索或者材料；

（三）公诉人出示证明证据收集合法性的证据材料，被告人及其辩护人可以对相关证据进行质证，经审判长准许，公诉人、辩护人可以向出庭的侦查人员或者其他人员发问；

（四）控辩双方对证据收集的合法性进行辩论。

第二十条 公诉人对证据收集的合法性加以证明，可以出示讯问笔录、提讯登记、体检记录、采取强制措施或者侦查措施的法律文书、侦查终结前对讯问合法性的核查材料等证据材料，也可以针对被告人及其辩护人提出异议的讯问时段播放讯问录音录像，提请法庭通知侦查人员或者其他人员出庭说明情况。不得以侦查人员签名并加盖公章的说明材料替代侦查人员出庭。

庭审中，公诉人当庭不能举证或者为提供新的证据需要补充侦查，建议延期审理的，法庭可以同意。

第二十一条 被告人及其辩护人可以出示相关线索或者材料，并申请法庭播放特定讯问时段的讯问录音录像。

被告人及其辩护人向人民法院申请调取侦查机关、人民检察院收集但未提交的讯问录音录像、体检记录等证据材料，人民法院经审查认为该证据材料与证据收集的合法性有关的，应当予以调取；认为与证据收集的合法性无关的，应当决定不予调取，并向被告人及其辩护人说明理由。

被告人及其辩护人申请人民法院通知侦查人员或者其他人员出庭说明情况，人民法院认为确有必要的，可以通知上述人员出庭。

第二十二条 法庭对证据收集的合法性进行调查的，应当重视对讯问录

音录像的审查,重点审查以下内容:

(一)讯问录音录像是否依法制作。对于可能判处无期徒刑、死刑的案件或者其他重大犯罪案件,是否对讯问过程进行录音录像;

(二)讯问录音录像是否完整。是否对每一次讯问过程录音录像,录音录像是否全程不间断进行,是否有选择性录制、剪接、删改等情形;

(三)讯问录音录像是否同步制作。录音录像是否自讯问开始时制作,至犯罪嫌疑人核对讯问笔录、签字确认后结束;讯问笔录记载的起止时间是否与讯问录音录像反映的起止时间一致;

(四)讯问录音录像与讯问笔录的内容是否存在差异。对与定罪量刑有关的内容,讯问笔录记载的内容与讯问录音录像是否存在实质性差异,存在实质性差异的,以讯问录音录像为准。

第二十三条 侦查人员或者其他人员出庭的,应当向法庭说明证据收集过程,并就相关情况接受发问。对发问方式不当或者内容与证据收集的合法性无关的,法庭应当制止。

经人民法院通知,侦查人员不出庭说明情况,不能排除以非法方法收集证据情形的,对有关证据应当予以排除。

第二十四条 人民法院对控辩双方提供的证据来源、内容等有疑问的,可以告知控辩双方补充证据或者作出说明;必要时,可以宣布休庭,对证据进行调查核实。法庭调查核实证据,可以通知控辩双方到场,并将核实过程记录在案。

对于控辩双方补充的和法庭庭外调查核实取得的证据,未经当庭出示、质证等法庭调查程序查证属实,不得作为证明证据收集合法性的根据。

第二十五条 人民法院对证据收集的合法性进行调查后,应当当庭作出是否排除有关证据的决定。必要时,可以宣布休庭,由合议庭评议或者提交审判委员会讨论,再次开庭时宣布决定。

第二十六条 经法庭审理,具有下列情形之一的,对有关证据应当予以排除:

(一)确认以非法方法收集证据的;

(二)应当对讯问过程录音录像的案件没有提供讯问录音录像,或者讯问录音录像存在选择性录制、剪接、删改等情形,现有证据不能排除以非法方法收集证据的;

(三)侦查机关除紧急情况外没有在规定的办案场所讯问,现有证据不能排除以非法方法收集证据的;

(四)驻看守所检察人员在重大案件侦查终结前未对讯问合法性进行核

查,或者未对核查过程同步录音录像,或者录音录像存在选择性录制、剪接、删改等情形,现有证据不能排除以非法方法收集证据的;

(五)其他不能排除存在以非法方法收集证据的。

第二十七条 人民法院对证人证言、被害人陈述、物证、书证等证据收集合法性的审查、调查程序,参照上述规定。

第二十八条 人民法院对证据收集合法性的审查、调查结论,应当在裁判文书中写明,并说明理由。

第二十九条 人民检察院、被告人及其法定代理人提出抗诉、上诉,对第一审人民法院有关证据收集合法性的审查、调查结论提出异议的,第二审人民法院应当审查。

第三十条 被告人及其辩护人在第一审程序中未提出排除非法证据的申请,在第二审程序中提出申请,有下列情形之一的,第二审人民法院应当审查:

(一)第一审人民法院没有依法告知被告人申请排除非法证据的权利的;

(二)被告人及其辩护人在第一审庭审后发现涉嫌非法取证的相关线索或者材料的。

第三十一条 人民检察院应当在第一审程序中全面出示证明证据收集合法性的证据材料。

人民检察院在第一审程序中未出示证明证据收集合法性的证据,第一审人民法院依法排除有关证据的,人民检察院在第二审程序中不得出示之前未出示的证据,但在第一审程序后发现的除外。

第三十二条 第二审人民法院对证据收集合法性的调查,参照上述第一审程序的规定。

第三十三条 第一审人民法院对被告人及其辩护人排除非法证据的申请未予审查,并以有关证据作为定案的根据,可能影响公正审判的,第二审人民法院应当裁定撤销原判,发回原审人民法院重新审判。

第三十四条 第一审人民法院对依法应当排除的非法证据未予排除的,第二审人民法院可以依法排除相关证据。排除非法证据后,应当按照下列情形分别作出处理:

(一)原判决认定事实和适用法律正确、量刑适当的,应当裁定驳回上诉或者抗诉,维持原判;

(二)原判决认定事实没有错误,但适用法律有错误,或者量刑不当的,应当改判;

(三)原判决事实不清或者证据不足的,可以在查清事实后改判;也可以裁定撤销原判,发回原审人民法院重新审判。

第三十五条 审判监督程序、死刑复核程序中对证据收集合法性的审查、调查，参照上述规定。

第三十六条 本规程自 2018 年 1 月 1 日起试行。

人民法院办理刑事案件第一审普通程序法庭调查规程（试行）

为贯彻落实最高人民法院、最高人民检察院、公安部、国家安全部、司法部《关于推进以审判为中心的刑事诉讼制度改革的意见》，规范法庭调查程序，提高庭审质量和效率，确保诉讼证据出示在法庭、案件事实查明在法庭、诉辩意见发表在法庭、裁判结果形成在法庭，根据法律规定，结合司法实际，制定本规程。

一、一般规定

第一条 法庭应当坚持证据裁判原则。认定案件事实，必须以证据为根据。法庭调查应当以证据调查为中心，法庭认定并依法排除的非法证据，不得宣读、质证。证据未经当庭出示、宣读、辨认、质证等法庭调查程序查证属实，不得作为定案的根据。

第二条 法庭应当坚持程序公正原则。人民检察院依法承担被告人有罪的举证责任，被告人不承担证明自己无罪的责任。法庭应当居中裁判，严格执行法定的审判程序，确保控辩双方在法庭调查环节平等对抗，通过法庭审判的程序公正实现案件裁判的实体公正。

第三条 法庭应当坚持集中审理原则。规范庭前准备程序，避免庭审出现不必要的迟延和中断。承办法官应当在开庭前阅卷，确定法庭审理方案，并向合议庭通报开庭准备情况。召开庭前会议的案件，法庭可以依法处理可能导致庭审中断的事项，组织控辩双方展示证据，归纳控辩双方争议焦点。

第四条 法庭应当坚持诉权保障原则。依法保障当事人和其他诉讼参与人的知情权、陈述权、辩护辩论权、申请权、申诉权，依法保障辩护人发问、质证、辩论辩护等权利，完善便利辩护人参与诉讼的工作机制。

二、宣布开庭和讯问、发问程序

第五条 法庭宣布开庭后,应当告知当事人在法庭审理过程中依法享有的诉讼权利。

对于召开庭前会议的案件,在庭前会议中处理诉讼权利事项的,可以在开庭后告知诉讼权利的环节,一并宣布庭前会议对有关事项的处理结果。

第六条 公诉人宣读起诉书后,对于召开庭前会议的案件,法庭应当宣布庭前会议报告的主要内容。有多起犯罪事实的案件,法庭可以在有关犯罪事实的法庭调查开始前,分别宣布庭前会议报告的相关内容。

对于庭前会议中达成一致意见的事项,法庭可以向控辩双方核实后当庭予以确认;对于未达成一致意见的事项,法庭可以在庭审涉及该事项的环节归纳争议焦点,听取控辩双方意见,依法作出处理。

第七条 公诉人宣读起诉书后,审判长应当询问被告人对起诉书指控的犯罪事实是否有异议,听取被告人的供述和辩解。对于被告人当庭认罪的案件,应当核实被告人认罪的自愿性和真实性,听取其供述和辩解。

在审判长主持下,公诉人可以就起诉书指控的犯罪事实讯问被告人,为防止庭审过分迟延,就证据问题向被告人的讯问可在举证、质证环节进行。经审判长准许,被害人及其法定代理人、诉讼代理人可以就公诉人讯问的犯罪事实补充发问;附带民事诉讼原告人及其法定代理人、诉讼代理人可以就附带民事部分的事实向被告人发问;被告人的法定代理人、辩护人,附带民事诉讼被告人及其法定代理人、诉讼代理人可以在控诉一方就某一问题讯问完毕后向被告人发问。有多名被告人的案件,辩护人对被告人的发问,应当在审判长主持下,先由被告人本人的辩护人进行,再由其他被告人的辩护人进行。

第八条 有多名被告人的案件,对被告人的讯问应当分别进行。

被告人供述之间存在实质性差异的,法庭可以传唤有关被告人到庭对质。审判长可以分别讯问被告人,就供述的实质性差异进行调查核实。经审判长准许,控辩双方可以向被告人讯问、发问。审判长认为有必要的,可以准许被告人之间相互发问。

根据案件审理需要,审判长可以安排被告人与证人、被害人依照前款规定的方式进行对质。

第九条 申请参加庭审的被害人众多,且案件不属于附带民事诉讼范围的,被害人可以推选若干代表人参加或者旁听庭审,人民法院也可以指定若干代表人。

对被告人讯问、发问完毕后，其他证据出示前，在审判长主持下，参加庭审的被害人可以就起诉书指控的犯罪事实作出陈述。经审判长准许，控辩双方可以在被害人陈述后向被害人发问。

第十条 为解决被告人供述和辩解中的疑问，审判人员可以讯问被告人，也可以向被害人、附带民事诉讼当事人发问。

第十一条 有多起犯罪事实的案件，对被告人不认罪的事实，法庭调查一般应当分别进行。

被告人不认罪或者认罪后又反悔的案件，法庭应当对与定罪和量刑有关的事实、证据进行全面调查。

被告人当庭认罪的案件，法庭核实被告人认罪的自愿性和真实性，确认被告人知悉认罪的法律后果后，可以重点围绕量刑事实和其他有争议的问题进行调查。

三、出庭作证程序

第十二条 控辩双方可以申请法庭通知证人、鉴定人、侦查人员和有专门知识的人等出庭。

被害人及其法定代理人、诉讼代理人，附带民事诉讼原告人及其诉讼代理人也可以提出上述申请。

第十三条 控辩双方对证人证言、被害人陈述有异议，申请证人、被害人出庭，人民法院经审查认为证人证言、被害人陈述对案件定罪量刑有重大影响的，应当通知证人、被害人出庭。

控辩双方对鉴定意见有异议，申请鉴定人或者有专门知识的人出庭，人民法院经审查认为有必要的，应当通知鉴定人或者有专门知识的人出庭。

控辩双方对侦破经过、证据来源、证据真实性或者证据收集合法性等有异议，申请侦查人员或者有关人员出庭，人民法院经审查认为有必要的，应当通知侦查人员或者有关人员出庭。

为查明案件事实、调查核实证据，人民法院可以依职权通知上述人员到庭。

人民法院通知证人、被害人、鉴定人、侦查人员、有专门知识的人等出庭的，控辩双方协助有关人员到庭。

第十四条 应当出庭作证的证人，在庭审期间因身患严重疾病等客观原因确实无法出庭的，可以通过视频等方式作证。

证人视频作证的，发问、质证参照证人出庭作证的程序进行。

前款规定适用于被害人、鉴定人、侦查人员。

第十五条 人民法院通知出庭的证人，无正当理由拒不出庭的，可以强制其出庭，但是被告人的配偶、父母、子女除外。

强制证人出庭的，应当由院长签发强制证人出庭令，并由法警执行。必要时，可以商请公安机关协助执行。

第十六条 证人、鉴定人、被害人因出庭作证，本人或者其近亲属的人身安全面临危险的，人民法院应当采取不公开其真实姓名、住址和工作单位等个人信息，或者不暴露其外貌、真实声音等保护措施。

决定对出庭作证的证人、鉴定人、被害人采取不公开个人信息的保护措施的，审判人员应当在开庭前核实其身份，对证人、鉴定人如实作证的保证书不得公开，在判决书、裁定书等法律文书中可以使用化名等代替其个人信息。

审判期间，证人、鉴定人、被害人提出保护请求的，人民法院应当立即审查，确有必要的，应当及时决定采取相应的保护措施。必要时，可以商请公安机关采取专门性保护措施。

第十七条 证人、鉴定人和有专门知识的人出庭作证所支出的交通、住宿、就餐等合理费用，除由控辩双方支付的以外，列入出庭作证补助专项经费，在出庭作证后由人民法院依照规定程序发放。

第十八条 证人、鉴定人出庭，法庭应当当庭核实其身份、与当事人以及本案的关系，审查证人、鉴定人的作证能力、专业资质，并告知其有关作证的权利义务和法律责任。

证人、鉴定人作证前，应当保证向法庭如实提供证言、说明鉴定意见，并在保证书上签名。

第十九条 证人出庭后，先向法庭陈述证言，然后先由举证方发问；发问完毕后，对方也可以发问。根据案件审理需要，也可以先由申请方发问。

控辩双方向证人发问完毕后，可以发表本方对证人证言的质证意见。控辩双方如有新的问题，经审判长准许，可以再行向证人发问。

审判人员认为必要时，可以询问证人。法庭依职权通知证人出庭的情形，审判人员应当主导对证人的询问。经审判长准许，被告人可以向证人发问。

第二十条 向证人发问应当遵循以下规则：

（一）发问内容应当与案件事实有关；

（二）不得采用诱导方式发问；

（三）不得威胁或者误导证人；

（四）不得损害证人人格尊严；

（五）不得泄露证人个人隐私。

第二十一条 控辩一方发问方式不当或者内容与案件事实无关，违反有关发问规则的，对方可以提出异议。对方当庭提出异议的，发问方应当说明发问理由，审判长判明情况予以支持或者驳回；对方未当庭提出异议的，审判长也可以根据情况予以制止。

第二十二条 审判长认为证人当庭陈述的内容与案件事实无关或者明显重复的，可以进行必要的提示。

第二十三条 有多名证人出庭作证的案件，向证人发问应当分别进行。

多名证人出庭作证的，应当在法庭指定的地点等候，不得谈论案情，必要时可以采取隔离等候措施。证人出庭作证后，审判长应当通知法警引导其退庭。证人不得旁听对案件的审理。

被害人没有列为当事人参加法庭审理，仅出庭陈述案件事实的，参照适用前款规定。

第二十四条 证人证言之间存在实质性差异的，法庭可以传唤有关证人到庭对质。

审判长可以分别询问证人，就证言的实质性差异进行调查核实。经审判长准许，控辩双方可以向证人发问。审判长认为有必要的，可以准许证人之间相互发问。

第二十五条 证人出庭作证的，其庭前证言一般不再出示、宣读，但下列情形除外：

（一）证人出庭作证时遗忘或者遗漏庭前证言的关键内容，需要向证人作出必要提示的；

（二）证人的当庭证言与庭前证言存在矛盾，需要证人作出合理解释的。

为核实证据来源、证据真实性等问题，或者帮助证人回忆，经审判长准许，控辩双方可以在询问证人时向其出示物证、书证等证据。

第二十六条 控辩双方可以申请法庭通知有专门知识的人出庭，协助本方就鉴定意见进行质证。有专门知识的人可以与鉴定人同时出庭，在鉴定人作证后向鉴定人发问，并对案件中的专门性问题提出意见。

申请有专门知识的人出庭，应当提供人员名单，并不得超过二人。有多种类鉴定意见的，可以相应增加人数。

第二十七条 对被害人、鉴定人、侦查人员、有专门知识的人的发问，参照适用证人的有关规定。

同一鉴定意见由多名鉴定人作出，有关鉴定人以及对该鉴定意见进行质证的有专门知识的人，可以同时出庭，不受分别发问规则的限制。

四、举证、质证程序

第二十八条 开庭讯问、发问结束后，公诉人先行举证。公诉人举证完毕后，被告人及其辩护人举证。

公诉人出示证据后，经审判长准许，被告人及其辩护人可以有针对性地出示证据予以反驳。

控辩一方举证后，对方可以发表质证意见。必要时，控辩双方可以对争议证据进行多轮质证。

被告人及其辩护人认为公诉人出示的有关证据对本方诉讼主张有利的，可以在发表质证意见时予以认可，或者在发表辩护意见时直接援引有关证据。

第二十九条 控辩双方随案移送或者庭前提交，但没有当庭出示的证据，审判长可以进行必要的提示；对于其中可能影响定罪量刑的关键证据，审判长应当提示控辩双方出示。

对于案件中可能影响定罪量刑的事实、证据存在疑问，控辩双方没有提及的，审判长应当引导控辩双方发表质证意见，并依法调查核实。

第三十条 法庭应当重视对证据收集合法性的审查，对证据收集的合法性有疑问的，应当调查核实证明取证合法性的证据材料。

对于被告人及其辩护人申请排除非法证据，依法提供相关线索或者材料，法庭对证据收集的合法性有疑问，决定进行调查的，一般应当先行当庭调查。

第三十一条 对于可能影响定罪量刑的关键证据和控辩双方存在争议的证据，一般应当单独举证、质证，充分听取质证意见。

对于控辩双方无异议的非关键性证据，举证方可以仅就证据的名称及其证明的事项作出说明，对方可以发表质证意见。

召开庭前会议的案件，举证、质证可以按照庭前会议确定的方式进行。根据案件审理需要，法庭可以对控辩双方的举证、质证方式进行必要的提示。

第三十二条 物证、书证、视听资料、电子数据等证据，应当出示原物、原件。取得原物、原件确有困难的，可以出示照片、录像、副本、复制件等足以反映原物、原件外形和特征以及真实内容的材料，并说明理由。

对于鉴定意见和勘验、检查、辨认、侦查实验等笔录，应当出示原件。

第三十三条 控辩双方出示证据，应当重点围绕与案件事实相关的内容或者控辩双方存在争议的内容进行。

出示证据时，可以借助多媒体设备等方式出示、播放或者演示证据内容。

第三十四条 控辩双方对证人证言、被害人陈述、鉴定意见无异议，有关人员不需要出庭的，或者有关人员因客观原因无法出庭且无法通过视频等方式作证的，可以出示、宣读庭前收集的书面证据材料或者作证过程录音录像。

被告人当庭供述与庭前供述的实质性内容一致的，可以不再出示庭前供述；当庭供述与庭前供述存在实质性差异的，可以出示、宣读庭前供述中存在实质性差异的内容。

第三十五条 采用技术侦查措施收集的证据，应当当庭出示。当庭出示、辨认、质证可能危及有关人员的人身安全，或者可能产生其他严重后果的，应当采取不暴露有关人员身份、不公开技术侦查措施和方法等保护措施。

法庭决定在庭外对技术侦查证据进行核实的，可以召集公诉人和辩护律师到场。在场人员应当履行保密义务。

第三十六条 法庭对证据有疑问的，可以告知控辩双方补充证据或者作出说明；必要时，可以在其他证据调查完毕后宣布休庭，对证据进行调查核实。法庭调查核实证据，可以通知控辩双方到场，并将核实过程记录在案。

对于控辩双方补充的和法庭庭外调查核实取得的证据，应当经过庭审质证才能作为定案的根据。但是，对于不影响定罪量刑的非关键性证据和有利于被告人的量刑证据，经庭外征求意见，控辩双方没有异议的除外。

第三十七条 控辩双方申请出示庭前未移送或提交人民法院的证据，对方提出异议的，申请方应当说明理由，法庭经审查认为理由成立并确有出示必要的，应当准许。

对方提出需要对新的证据作辩护准备的，法庭可以宣布休庭，并确定准备的时间。

第三十八条 法庭审理过程中，控辩双方申请通知新的证人到庭，调取新的证据，申请重新鉴定或者勘验的，应当提供证人的基本信息、证据的存放地点，说明拟证明的案件事实、要求重新鉴定或者勘验的理由。法庭认为有必要的，应当同意，并宣布延期审理；不同意的，应当说明理由并继续审理。

第三十九条 公开审理案件时，控辩双方提出涉及国家秘密、商业秘密或者个人隐私的证据的，法庭应当制止。有关证据确与本案有关的，可以根据具体情况，决定将案件转为不公开审理，或者对相关证据的法庭调查不公开进行。

第四十条 审判期间，公诉人发现案件需要补充侦查，建议延期审理的，法庭可以同意，但建议延期审理不得超过两次。

人民检察院将补充收集的证据移送人民法院的，人民法院应当通知辩护人、诉讼代理人查阅、摘抄、复制。辩护方提出需要对补充收集的证据作辩护准备的，法庭可以宣布休庭，并确定准备的时间。

补充侦查期限届满后，经人民法院通知，人民检察院未建议案件恢复审理，且未说明原因的，人民法院可以决定按人民检察院撤诉处理。

第四十一条 人民法院向人民检察院调取需要调查核实的证据材料，或者根据被告人及其辩护人的申请，向人民检察院调取在侦查、审查起诉期间收集的有关被告人无罪或者罪轻的证据材料，应当通知人民检察院在收到调取证据材料决定书后三日内移交。

第四十二条 法庭除应当审查被告人是否具有法定量刑情节外，还应当根据案件情况审查以下影响量刑的情节：

（一）案件起因；

（二）被害人有无过错及过错程度，是否对矛盾激化负有责任及责任大小；

（三）被告人的近亲属是否协助抓获被告人；

（四）被告人平时表现，有无悔罪态度；

（五）退赃、退赔及赔偿情况；

（六）被告人是否取得被害人或者其近亲属谅解；

（七）影响量刑的其他情节。

第四十三条 审判期间，被告人及其辩护人提出有自首、坦白、立功等法定量刑情节，或者人民法院发现被告人可能有上述法定量刑情节，而人民检察院移送的案卷中没有相关证据材料的，应当通知人民检察院移送。

审判期间，被告人及其辩护人提出新的立功情节，并提供相关线索或者材料的，人民法院可以建议人民检察院补充侦查。

第四十四条 被告人当庭不认罪或者辩护人作无罪辩护的，法庭对定罪事实进行调查后，可以对与量刑有关的事实、证据进行调查。被告人及其辩护人可以当庭发表质证意见，出示证明被告人罪轻或者无罪的证据。被告人及其辩护人参加量刑事实、证据的调查，不影响无罪辩解或者辩护。

五、认证规则

第四十五条 经过控辩双方质证的证据，法庭应当结合控辩双方质证意见，从证据与待证事实的关联程度、证据之间的印证联系、证据自身的真实性程度等方面，综合判断证据能否作为定案的根据。

证据与待证事实没有关联，或者证据自身存在无法解释的疑问，或者证据与待证事实以及其他证据存在无法排除的矛盾的，不得作为定案的根据。

第四十六条 通过勘验、检查、搜查等方式收集的物证、书证等证据，未通过辨认、鉴定等方式确定其与案件事实的关联的，不得作为定案的根据。

法庭对鉴定意见有疑问的，可以重新鉴定。

第四十七条 收集证据的程序、方式不符合法律规定，严重影响证据真实性的，人民法院应当建议人民检察院予以补正或者作出合理解释；不能补正或者作出合理解释的，有关证据不得作为定案的根据。

第四十八条 证人没有出庭作证，其庭前证言真实性无法确认的，不得作为定案的根据。

证人当庭作出的证言与其庭前证言矛盾，证人能够作出合理解释，并与相关证据印证的，应当采信其庭审证言；不能作出合理解释，而其庭前证言与相关证据印证的，可以采信其庭前证言。

第四十九条 经人民法院通知，鉴定人拒不出庭作证的，鉴定意见不得作为定案的根据。

有专门知识的人当庭对鉴定意见提出质疑，鉴定人能够作出合理解释，并与相关证据印证的，应当采信鉴定意见；不能作出合理解释，无法确认鉴定意见可靠性的，有关鉴定意见不能作为定案的根据。

第五十条 被告人的当庭供述与庭前供述、自书材料存在矛盾，被告人能够作出合理解释，并与相关证据印证的，应当采信其当庭供述；不能作出合理解释，而其庭前供述、自书材料与相关证据印证的，可以采信其庭前供述、自书材料。

法庭应当结合讯问录音录像对讯问笔录进行全面审查。讯问笔录记载的内容与讯问录音录像存在实质性差异的，以讯问录音录像为准。

第五十一条 对于控辩双方提出的事实证据争议，法庭应当当庭进行审查，经审查后作出处理的，应当当庭说明理由，并在裁判文书中写明；需要庭后评议作出处理的，应当在裁判文书中说明理由。

第五十二条 法庭认定被告人有罪，必须达到犯罪事实清楚，证据确实、充分，对于定罪事实应当综合全案证据排除合理怀疑。定罪证据不足的案件，不能认定被告人有罪，应当作出证据不足、指控的犯罪不能成立的无罪判决。定罪证据确实、充分，量刑证据存疑的，应当作出有利于被告人的认定。

第五十三条 本规程自 2018 年 1 月 1 日起试行。

最高人民法院关于全面加强长江流域生态文明建设与绿色发展司法保障的意见

（2017 年 12 月 1 日　法发〔2017〕30 号）

为深入贯彻落实党的十九大精神，在习近平新时代中国特色社会主义思想引领下，促进"十三五"规划和《长江经济带发展规划纲要》的全面实施，充分发挥环境资源审判职能作用，为长江流域生态文明建设与绿色发展提供有力司法服务和保障，现就全面加强长江流域环境资源审判工作，提出如下意见。

一、充分认识全面加强长江流域生态文明建设与绿色发展司法保障的重要意义

1. 全面加强长江流域环境资源审判工作是落实《长江经济带发展规划纲要》、实现长江经济带发展国家战略的重要司法保障。长江经济带发展战略是党中央主动适应把握引领经济发展新常态、科学谋划中国经济新棋局，作出的既利当代又惠长远的重要决策部署，对统筹推进"五位一体"总体布局、协调推进"四个全面"战略布局和实现中华民族伟大复兴的中国梦，具有重大的现实意义和深远的历史意义。各级人民法院要充分认识为长江流域生态文明建设与绿色发展提供司法保障的重要意义，按照"生态优先、流域互动、集约发展"的思路，大力发挥环境资源审判职能作用，推动构建环境更优美、交通更顺畅、经济更协调、市场更统一、机制更科学的黄金经济带。

2. 全面加强长江流域环境资源审判工作是贯彻习近平总书记关于推动长江经济带发展重要讲话精神的内在要求。长江是中华民族的生命河，也是中华民族发展的重要支撑。习近平总书记指出，长江流域经济是我国经济重心、活力所在，推动长江经济带发展必须坚持生态优先、绿色发展，把修复长江生态环境摆在压倒性位置，共抓大保护、不搞大开发。各级人民法院要深入学习领会习近平总书记重要讲话精神，准确把握长江经济带发展的战略定位和基本内涵，将加强环境资源审判工作作为服务和保障长江经济带发展的重要抓手，推动长江流域生态环境质量不断改善，助力长江经济带绿色发展。

3. 全面加强长江流域环境资源审判工作是积极回应长江经济带发展需求、保障流域生态环境安全的客观需要。长江流域以水为纽带形成的环境要素丰富，是我国重要的生态安全屏障，也是长江经济带发展的重要依托和支撑，长江经济带发展离不开可持续的生态环境和可承载的自然资源作为保障。各级人民法院要始终坚持人与自然和谐共生的基本理念，坚持节约资源和保护环境的基本国策，充分认识长江流域生态环境安全对长江经济带发展的重要意义，依法维护长江流域的生态环境安全，为建设天蓝地绿水清的长江经济带生态走廊提供有力司法保障。

二、准确把握全面加强长江流域生态文明建设与绿色发展司法保障的基本理念

4. 遵循自然规律。人与自然是生命共同体，人类必须尊重自然、顺应自然、保护自然。要正确认识和把握长江流域以水为核心的生态特征，遵循自然生态规律和河流演变规律。要遵循流域的自然统一性，协调好江河湖泊、上中下游、干支流、左右岸、水中岸上的关系，保护和改善流域生态服务功能。要遵循流域的要素复合性，根据环境资源承载能力、现有开发密度和发展潜力，在流域整体范围内统筹协调多元环境要素。要遵循流域的功能整体性，维护好流域的生活、生产和生态功能，尤其是要维护流域生态系统的相对稳定和完整。

5. 坚持保护优先。长江拥有独特的生态系统，是国家重要的生态宝库。要从经济社会发展全局出发，准确理解生态环境保护与经济社会发展的辩证关系，牢固树立和践行绿水青山就是金山银山的发展理念，坚持节约优先、保护优先、自然恢复为主的方针，把保护和修复长江生态环境摆在首要位置。充分发挥环境资源审判职能作用，保护和改善水环境，保护和修复水生态，保护和合理使用水资源，有序利用长江岸线资源。

6. 促进绿色发展。要准确把握长江经济带发展的战略定位和基本内涵，牢固树立和贯彻落实生态优先、绿色发展的理念。要充分发挥审判职能作用，落实将重大生态修复工程作为推动长江经济带发展项目优先选项的要求，保障重大生态修复工程的顺利实施。要围绕改善流域生态环境、建设立体交通走廊、优化产业布局和构建对外开放新格局的总体要求，为把长江经济带建设成为生态文明建设的先行示范带、创新驱动带和协调发展带提供司法服务和保障。

7. 注重区域协同。长江流域江河湖泊、干支流、上中下游、左右岸区域之间联动性及互补性强，流域的自然生态系统特征明显。要把长江流域生态环境保护作为一项系统工程，树立生态环境协同保护的理念，统筹推进山水林田湖草系统治理。要打破行政区划的界限和壁垒，推动全流域联动，构建区域互动合作的司法保障新机制，统筹考虑污染产生地、污染防治地、生态受益地、生态保护地的利益平衡。

三、立足流域水生态核心，依法审理水环境与水资源案件

8. 依法审理水污染防治案件，推动水污染防控和治理。依法审理工业污染、船舶污染等点源污染案件，农业污染、城市径流污染等面源污染案件以及流域跨界水污染案件，坚持最严格的水污染损害赔偿和生态补偿、修复标准，将生态环境损害及修复情况作为刑事处罚的重要量刑情节，支持和监督行政机关依法履行水污染防治的监管职责。加强对航电枢纽、船闸、港口、码头、出海口建设和使用过程中引发的水污染案件的审理，保障长江干支流水体生态环境安全。加强对扬州江都水利枢纽和丹江口水库等饮用水水源地的司法保护，及时受理和审理水源地的水污染案件，坚决支持行政机关依法取缔饮用水水源保护区的排污口，保障饮用水水源地的水质安全。

9. 依法审理水资源开发利用案件，促进长江水资源可持续利用。依法审理调水纠纷案件，妥善处理好水源区、调水工程途经地以及受水区之间的利益平衡，促进水资源调度和配置的安全顺畅。依法审理水电基地和输送通道建设中的环境污染和损害赔偿案件，统筹保护上游地区水电开发利用和下游地区的供水、通航、灌溉、养殖等权益。依法审理能源纠纷案件，支持水能等清洁能源的开发利用。加强对长江流域节能服务产业的司法保障，支持培育全流域合同能源管理市场。

10. 依法审理水权交易纠纷案件，促进水资源高效利用与节约保护。积极稳妥审理区域水权交易、取水权交易和灌溉用水户水权交易纠纷案件，合理界定水资源使用权，引导通过水权交易平台进行水权交易，充分尊重交易各方的协商定价或者竞价结果，保护水资源使用权有序流转。

11. 依法审理涉航道、河道案件，保障长江水域水运安全。依法打击侵占河道、乱占滥用河道等非法行为，恢复河道水域岸线生态功能和河道通航功能。依法打击河道非法采砂，充分考虑生态环境的破坏程度，以非法采矿罪进行处罚。依法审理违反长江航运秩序、破坏航道及航道设施案件，全面保护长江航道安全。依法审理因航道河道监管引发的行政案件，支持和监督监管机关依法维护航道、河道秩序。

12. 依法审理涉河湖水域岸线保护案件，强化河湖水域岸线生态功能。依法打击非法围湖造地和围垦河道等侵占水域空间的行为，保护河湖水域和岸线资源等水生态系统。妥善审理涉及岸线取水、排污、工程建设等案件，促进岸线资源有偿使用，强化岸线保护和节约集约利用。加强沿江风景名胜和自然人文景观资源司法保护，促进岸线资源合理开发，维护岸线原始风貌。

13. 依法审理涉蓄洪区、洲滩开发利用案件，维护蓄洪区及洲滩的安全。妥善审理流域蓄洪区的开发利用与建设保护案件，保障蓄洪区的堤防安全和

蓄洪区内的人民群众生命财产安全。妥善审理流域洲滩开发、利用与保护案件,促进洲滩开发利用,维护洲滩生态环境及人民群众生命财产安全。

14.依法审理涉江河湖泊治理案件,推进全流域水资源保护和水污染治理。依法审理涉江河湖泊治理刑事案件,依法打击侵害自然河湖、湿地等水源涵养空间的行为;依法审理涉江河湖泊治理民事案件,促进水环境保护和水生态修复,保障人民群众涉水产权益;依法审理涉江河湖泊治理的行政及非诉行政执行案件,推动、规范和保障河长制的执行,促进水环境治理。

15.依法审理涉长江防护林和天然林草资源案件,促进长江岸线水土保持和水源涵养。依法打击盗伐、滥伐长江防护林的犯罪行为,维护长江岸线的生态安全。妥善审理林业资源确权、承包和流转案件,依法维护林农的合法权益,保障长江防护林、生态林和公益林的生态功能。妥善审理因长江防护林体系建设引发的行政案件,保障长江防护林体系建设的顺利实施。

16.依法审理涉湿地生态系统保护案件,促进湿地生态保护与修复。依法打击侵占、破坏湿地的行为,强化高原湿地生态系统的司法保护,提高自然湿地面积和保护率。充分发挥保全和先予执行措施,加大破坏湿地环境及自然资源的生态修复责任。充分利用长江湿地保护基金,及时督促、跟踪、评估恢复原状责任的执行。妥善审理湿地资源确权、开发许可过程中引发的行政案件,推进鄱阳湖、洞庭湖、太湖、巢湖等全流域湿地生态保护与修复。

17.依法审理其他涉水刑事、行政案件,维护水环境和水生态安全。依法审理其他危害水环境和水资源的刑事案件以及各类涉水资源和水环境的行政许可、规划和项目审批、政府信息公开等行政案件,支持和监督行政机关依法履职,促进水资源的合理开发、利用和保护,维护流域水环境和水生态安全。

四、立足上中下游生态环境特点,依法审理各区段重点案件

18.长江上游各级人民法院要重点把握上游地区水源涵养和水土保持的功能定位。依法审理重点生态功能区、生态环境脆弱区及自然保护区等重点区域的环境污染、生态破坏及自然资源开发利用案件,将构建生态功能保障基线、环境质量安全底线、自然资源利用上线三大红线作为重要因素加以考量。

依法审理三江源国家公园的环境污染和自然资源破坏案件,坚决打击在三江源国家公园内的采矿、砍伐、狩猎、捕捞、取土、取水以及擅自采集国家和省级重点保护野生动植物等违法行为,促进三江源地区自然资源的持久保育和永续利用。妥善处理江河源头和生态核心区内工矿企业和居民搬迁引发的纠纷,引导工矿企业和居民有序迁出。妥善审理因建设国家公园、自然保护区,推行统一环境准入和退出机制引发的行政案件,保障重点区域实现扩大环境容量和生态空间的重要目标。

加大对三峡库区环境资源案件的审理力度,积极探索三峡库区环境资源案件的跨行政区划集中管辖,保障三峡生态经济合作区的建设。依法审理金沙江、乌江、嘉陵江、三峡库区等重点区域水土流失治理和地质灾害防治案件,维护人民群众生命财产安全。

19. 长江中下游各级人民法院要依法审理工业污染、城镇和农村污染案件,保障江河湖泊生态环境安全。依法审理长江中下游城市群重化工、重金属、工业固体废弃物等工业污染案件,做到及时立案、审理和执行,充分利用保全措施,避免无法修复的损害发生。妥善审理因造纸、印染、化工、有色金属等严重污染水体企业的关闭或者搬迁改造,以及因污水处理费、水资源费等税费征收引发的行政案件,推动污染企业的达标治理或者依法退出。

依法审理涉城镇污水、垃圾处理案件,推动长江干支流沿线城镇污水、垃圾全收集全处理。依法审理农村农业禽畜、水产养殖污染物排放和农村生活垃圾排放案件,防治农业面源污染,推进农村人居环境综合整治,防止农村水源污染。依法审理工业和农业生产引发的土壤污染案件,防止有毒有害污染物、危险化学品、危险废物等通过地下水循环系统进入长江水体。

加强对洞庭湖、鄱阳湖、太湖、巢湖等淡水湖水污染防控的司法保护,依法打击破坏淡水湖生态环境的行为;加强对鄱阳湖、洞庭湖生态经济区的司法保护,保障鄱阳湖、洞庭湖生态经济区的建设。加强对流域渔业资源的保护,依法打击在禁渔区、禁渔期或者使用禁用的工具、方法捕捞水产品的行为,妥善审理涉及渔业承包、养殖、销售案件,促进渔业资源的可持续利用。

20. 沿江海事法院要充分利用跨行政区划管辖的优势,妥善审理长江流域环境污染、生态破坏案件。依法审理长江水域的船舶碰撞、触碰案件,加强对船舶排放、泄漏、倾倒油类、污水或者其他有害物质造成水域污染案件的审理,保护长江水域生态环境安全。

五、立足绿色发展要求,依法审理其他环境资源案件

21. 依法审理大气污染防治案件。以二氧化硫、氮氧化物、pm2.5 等主要大气污染物综合防治为重点,依法惩处污染环境的犯罪行为,妥善审理相关行政案件,支持和监督行政机关履行源头治理和全程治理职责,推动四川盆地、中下游地区的区域性雾霾、酸雨态势扭转,促进沿江城市和重点区域空气质量改善,打赢蓝天保卫战。

22. 依法审理生物多样性保护案件。依法打击非法猎捕、杀害珍贵、濒危野生动物,非法狩猎及野生动植物制品非法交易行为,加大对大熊猫、红豆杉、扬子鳄等长江流域特有濒危野生动植物的保护力度。妥善审理涉及植物新品种、生物遗传资源和基因案件,有效保护长江流域生物基因资源库。加强长江物种及其栖息繁衍场所保护，妥善审理工业污染对水生和河岸生物多样性及物种栖息地破坏案件。依法打击走私国家禁止进口的动植物的行为，严防外来物种入侵。

23. 依法审理环境公益诉讼和省级政府提起的生态环境损害赔偿诉讼案件。依法受理和审理社会组织提起的环境民事公益诉讼案件以及检察机关提起的环境行政、民事公益诉讼案件，强化公众参与长江流域生态环境保护，充分落实修复理念和补偿机制，形成公益诉讼对于长江流域生态环境保护的评价指引和政策形成功能，切实维护长江流域生态环境安全。推动建立长江流域环境公益诉讼专项资金管理使用制度，保障长江流域环境公益诉讼健康发展。总结长江流域试点地区审判经验，依法审理省级政府提起的生态环境损害赔偿诉讼案件，依法追究责任主体的生态环境损害赔偿责任。

24. 积极稳妥审理生态补偿案件。科学界定生态保护者与受益者权利义务，推动形成生态损害赔偿、受益者付费、保护者得到合理补偿的工作机制。妥善处理流域内因补偿主体、补偿数额、资金监管等产生的纠纷，激发全流域各区段生态环境保护的内在动力。推动建立独立公正的生态环境损害评估制度。

25. 积极稳妥审理绿色金融等新类型案件。深入研究绿色金融发展中的特殊法律问题，妥善审理涉绿色信贷、绿色债券、绿色发展基金、绿色保险、碳金融等新类型案件，支持绿色产业发展，保障绿色金融体系构建。依法保护有偿取得的排污权及其使用、转让和抵押等权利。充分运用碳排放权交易注册登记系统，准确判断排放配额的权利主体，合理确定交易各方的权利义务。依法保护用能权交易主体在合法交易场所买卖用能权指标的行为，参照试点地区制定的交易管理办法、交易规则及争议解决机制，妥善审理用能权纠纷案件。

26. 依法办理环境行政非诉执行案件。积极探索符合长江流域生态文明建设与绿色发展需要的行政非诉案件执行的新方法新思路，依法审查环境行政非诉执行案件，按照“裁执分离”的模式，加大对环境行政非诉案件的执行力度，支持行政机关依法处罚环境违法行为。

六、健全体制机制，适应长江流域生态文明建设与绿色发展司法保障的新要求

27. 优化审判机制。推进流域内环境公益诉讼、跨行政区划环境污染、生态破坏案件的集中管辖机制。推进流域内环境资源刑事、民事、行政案件的“三合一”或者“二合一”归口审理模式。推进构建重大环境资源行政案件在跨行政区划法院审理的专门管辖机制。

28. 构建协同机制。构建刑事、民事、行政审判和立案、执行等部门的协同审判机制。构建长江流域环境资源审判协作平台，形成全流域法院之间委托送达、委托取证、委托执行和信息共享机制。构建区域内上下级法院之间的信息报送机制。

29. 完善联动机制。加强与流域内政府法制部门、行政执法机关、流域管理机构之间的协调联动，积极搭建长江流域环境资源信息共享平台。通过建立和完善信息共享、联席会议以及突发环境事件的应急响应等联动机制，形成合力，共同维护长江经济带的生态安全。

最高人民法院关于审理医疗损害责任纠纷案件适用法律若干问题的解释

（2017年3月27日最高人民法院审判委员会第1713次会议通过　2017年12月13日最高人民法院公告公布　自2017年12月14日起施行　法释〔2017〕20号）

为正确审理医疗损害责任纠纷案件，依法维护当事人的合法权益，推动构建和谐医患关系，促进卫生健康事业发展，根据《中华人民共和国侵权责任法》《中华人民共和国民事诉讼法》等法律规定，结合审判实践，制定本解释。

第一条　患者以在诊疗活动中受到人身或者财产损害为由请求医疗机构，医疗产品的生产者、销售者或者血液提供机构承担侵权责任的案件，适用本解释。

患者以在美容医疗机构或者开设医疗美容科室的医疗机构实施的医疗美容活动中受到人身或者财产损害为由提起的侵权纠纷案件，适用本解释。

当事人提起的医疗服务合同纠纷案件，不适用本解释。

第二条　患者因同一伤病在多个医疗机构接受诊疗受到损害，起诉部分或者全部就诊的医疗机构的，应予受理。

患者起诉部分就诊的医疗机构后，当事人依法申请追加其他就诊的医疗机构为共同被告或者第三人的，应予准许。必要时，人民法院可以依法追加相关当事人参加诉讼。

第三条　患者因缺陷医疗产品受到损害，起诉部分或者全部医疗产品的生产者、销售者和医疗机构的，应予受理。

患者仅起诉医疗产品的生产者、销售者、医疗机构中部分主体，当事人依法申请追加其他主体为共同被告或者第三人的，应予准许。必要时，人民法院可以依法追加相关当事人参加诉讼。

患者因输入不合格的血液受到损害提起侵权诉讼的，参照适用前两款规定。

第四条 患者依据侵权责任法第五十四条规定主张医疗机构承担赔偿责任的，应当提交到该医疗机构就诊、受到损害的证据。

患者无法提交医疗机构及其医务人员有过错、诊疗行为与损害之间具有因果关系的证据，依法提出医疗损害鉴定申请的，人民法院应予准许。

医疗机构主张不承担责任的，应当就侵权责任法第六十条第一款规定情形等抗辩事由承担举证证明责任。

第五条 患者依据侵权责任法第五十五条规定主张医疗机构承担赔偿责任的，应当按照前条第一款规定提交证据。

实施手术、特殊检查、特殊治疗的，医疗机构应当承担说明义务并取得患者或者患者近亲属书面同意，但属于侵权责任法第五十六条规定情形的除外。医疗机构提交患者或者患者近亲属书面同意证据的，人民法院可以认定医疗机构尽到说明义务，但患者有相反证据足以反驳的除外。

第六条 侵权责任法第五十八条规定的病历资料包括医疗机构保管的门诊病历、住院志、体温单、医嘱单、检验报告、医学影像检查资料、特殊检查（治疗）同意书、手术同意书、手术及麻醉记录、病理资料、护理记录、医疗费用、出院记录以及国务院卫生行政主管部门规定的其他病历资料。

患者依法向人民法院申请医疗机构提交由其保管的与纠纷有关的病历资料等，医疗机构未在人民法院指定期限内提交的，人民法院可以依照侵权责任法第五十八条第二项规定推定医疗机构有过错，但是因不可抗力等客观原因无法提交的除外。

第七条 患者依据侵权责任法第五十九条规定请求赔偿的，应当提交使用医疗产品或者输入血液、受到损害的证据。

患者无法提交使用医疗产品或者输入血液与损害之间具有因果关系的证据，依法申请鉴定的，人民法院应予准许。

医疗机构，医疗产品的生产者、销售者或者血液提供机构主张不承担责任的，应当对医疗产品不存在缺陷或者血液合格等抗辩事由承担举证证明责任。

第八条 当事人依法申请对医疗损害责任纠纷中的专门性问题进行鉴定的，人民法院应予准许。

当事人未申请鉴定，人民法院对前款规定的专门性问题认为需要鉴定的，应当依职权委托鉴定。

第九条 当事人申请医疗损害鉴定的,由双方当事人协商确定鉴定人。

当事人就鉴定人无法达成一致意见,人民法院提出确定鉴定人的方法,当事人同意的,按照该方法确定;当事人不同意的,由人民法院指定。

鉴定人应当从具备相应鉴定能力、符合鉴定要求的专家中确定。

第十条 委托医疗损害鉴定的,当事人应当按照要求提交真实、完整、充分的鉴定材料。提交的鉴定材料不符合要求的,人民法院应当通知当事人更换或者补充相应材料。

在委托鉴定前,人民法院应当组织当事人对鉴定材料进行质证。

第十一条 委托鉴定书,应当有明确的鉴定事项和鉴定要求。鉴定人应当按照委托鉴定的事项和要求进行鉴定。

下列专门性问题可以作为申请医疗损害鉴定的事项:

(一)实施诊疗行为有无过错;

(二)诊疗行为与损害后果之间是否存在因果关系以及原因力大小;

(三)医疗机构是否尽到了说明义务、取得患者或者患者近亲属书面同意的义务;

(四)医疗产品是否有缺陷、该缺陷与损害后果之间是否存在因果关系以及原因力的大小;

(五)患者损伤残疾程度;

(六)患者的护理期、休息期、营养期;

(七)其他专门性问题。

鉴定要求包括鉴定人的资质、鉴定人的组成、鉴定程序、鉴定意见、鉴定期限等。

第十二条 鉴定意见可以按照导致患者损害的全部原因、主要原因、同等原因、次要原因、轻微原因或者与患者损害无因果关系,表述诊疗行为或者医疗产品等造成患者损害的原因力大小。

第十三条 鉴定意见应当经当事人质证。

当事人申请鉴定人出庭作证,经人民法院审查同意,或者人民法院认为鉴定人有必要出庭的,应当通知鉴定人出庭作证。双方当事人同意鉴定人通过书面说明、视听传输技术或者视听资料等方式作证的,可以准许。

鉴定人因健康原因、自然灾害等不可抗力或者其他正当理由不能按期出庭的,可以延期开庭;经人民法院许可,也可以通过书面说明、视听传输技术或者视听资料等方式作证。

无前款规定理由,鉴定人拒绝出庭作证,当事人对鉴定意见又不认可的,对该鉴定意见不予采信。

第十四条 当事人申请通知一至二名具有医学专门知识的人出庭，对鉴定意见或者案件的其他专门性事实问题提出意见，人民法院准许的，应当通知具有医学专门知识的人出庭。

前款规定的具有医学专门知识的人提出的意见，视为当事人的陈述，经质证可以作为认定案件事实的根据。

第十五条 当事人自行委托鉴定人作出的医疗损害鉴定意见，其他当事人认可的，可予采信。

当事人共同委托鉴定人作出的医疗损害鉴定意见，一方当事人不认可的，应当提出明确的异议内容和理由。经审查，有证据足以证明异议成立的，对鉴定意见不予采信；异议不成立的，应予采信。

第十六条 对医疗机构及其医务人员的过错，应当依据法律、行政法规、规章以及其他有关诊疗规范进行认定，可以综合考虑患者病情的紧急程度、患者个体差异、当地的医疗水平、医疗机构与医务人员资质等因素。

第十七条 医务人员违反侵权责任法第五十五条第一款规定义务，但未造成患者人身损害，患者请求医疗机构承担损害赔偿责任的，不予支持。

第十八条 因抢救生命垂危的患者等紧急情况且不能取得患者意见时，下列情形可以认定为侵权责任法第五十六条规定的不能取得患者近亲属意见：

（一）近亲属不明的；

（二）不能及时联系到近亲属的；

（三）近亲属拒绝发表意见的；

（四）近亲属达不成一致意见的；

（五）法律、法规规定的其他情形。

前款情形，医务人员经医疗机构负责人或者授权的负责人批准立即实施相应医疗措施，患者因此请求医疗机构承担赔偿责任的，不予支持；医疗机构及其医务人员怠于实施相应医疗措施造成损害，患者请求医疗机构承担赔偿责任的，应予支持。

第十九条 两个以上医疗机构的诊疗行为造成患者同一损害，患者请求医疗机构承担赔偿责任的，应当区分不同情况，依照侵权责任法第八条、第十一条或者第十二条的规定，确定各医疗机构承担的赔偿责任。

第二十条 医疗机构邀请本单位以外的医务人员对患者进行诊疗，因受邀医务人员的过错造成患者损害的，由邀请医疗机构承担赔偿责任。

第二十一条 因医疗产品的缺陷或者输入不合格血液受到损害，患者请求医疗机构，缺陷医疗产品的生产者、销售者或者血液提供机构承担赔偿责任的，应予支持。

医疗机构承担赔偿责任后，向缺陷医疗产品的生产者、销售者或者血液提供机构追偿的，应予支持。

因医疗机构的过错使医疗产品存在缺陷或者血液不合格，医疗产品的生产者、销售者或者血液提供机构承担赔偿责任后，向医疗机构追偿的，应予支持。

第二十二条 缺陷医疗产品与医疗机构的过错诊疗行为共同造成患者同一损害，患者请求医疗机构与医疗产品的生产者或者销售者承担连带责任的，应予支持。

医疗机构或者医疗产品的生产者、销售者承担赔偿责任后，向其他责任主体追偿的，应当根据诊疗行为与缺陷医疗产品造成患者损害的原因力大小确定相应的数额。

输入不合格血液与医疗机构的过错诊疗行为共同造成患者同一损害的，参照适用前两款规定。

第二十三条 医疗产品的生产者、销售者明知医疗产品存在缺陷仍然生产、销售，造成患者死亡或者健康严重损害，被侵权人请求生产者、销售者赔偿损失及二倍以下惩罚性赔偿的，人民法院应予支持。

第二十四条 被侵权人同时起诉两个以上医疗机构承担赔偿责任，人民法院经审理，受诉法院所在地的医疗机构依法不承担赔偿责任，其他医疗机构承担赔偿责任的，残疾赔偿金、死亡赔偿金的计算，按下列情形分别处理：

（一）一个医疗机构承担责任的，按照该医疗机构所在地的赔偿标准执行；

（二）两个以上医疗机构均承担责任的，可以按照其中赔偿标准较高的医疗机构所在地标准执行。

第二十五条 患者死亡后，其近亲属请求医疗损害赔偿的，适用本解释；支付患者医疗费、丧葬费等合理费用的人请求赔偿该费用的，适用本解释。

本解释所称的"医疗产品"包括药品、消毒药剂、医疗器械等。

第二十六条 本院以前发布的司法解释与本解释不一致的，以本解释为准。

本解释施行后尚未终审的案件，适用本解释；本解释施行前已经终审，当事人申请再审或者按照审判监督程序决定再审的案件，不适用本解释。

最高人民法院关于审理仲裁司法审查案件若干问题的规定

（2017 年 12 月 4 日最高人民法院审判委员会 1728 次会议通过　2017 年 12 月 26 日最高人民法院公告公布　自 2018 年 1 月 1 日起施行　法释〔2017〕22 号）

为正确审理仲裁司法审查案件，依法保护各方当事人合法权益，根据《中华人民共和国民事诉讼法》《中华人民共和国仲裁法》等法律规定，结合审判实践，制定本规定。

第一条　本规定所称仲裁司法审查案件，包括下列案件：

（一）申请确认仲裁协议效力案件；

（二）申请执行我国内地仲裁机构的仲裁裁决案件；

（三）申请撤销我国内地仲裁机构的仲裁裁决案件；

（四）申请认可和执行香港特别行政区、澳门特别行政区、台湾地区仲裁裁决案件；

（五）申请承认和执行外国仲裁裁决案件；

（六）其他仲裁司法审查案件。

第二条　申请确认仲裁协议效力的案件，由仲裁协议约定的仲裁机构所在地、仲裁协议签订地、申请人住所地、被申请人住所地的中级人民法院或者专门人民法院管辖。

涉及海事海商纠纷仲裁协议效力的案件，由仲裁协议约定的仲裁机构所在地、仲裁协议签订地、申请人住所地、被申请人住所地的海事法院管辖；上述地点没有海事法院的，由就近的海事法院管辖。

第三条　外国仲裁裁决与人民法院审理的案件存在关联，被申请人住所地、被申请人财产所在地均不在我国内地，申请人申请承认外国仲裁裁决的，由受理关联案件的人民法院管辖。受理关联案件的人民法院为基层人民法院的，申请承认外国仲裁裁决的案件应当由该基层人民法院的上一级人民法院管辖。受理关联案件的人民法院是高级人民法院或者最高人民法院的，由上述法院决定自行审查或者指定中级人民法院审查。

外国仲裁裁决与我国内地仲裁机构审理的案件存在关联，被申请人住所地、被申请人财产所在地均不在我国内地，申请人申请承认外国仲裁裁决的，由受理关联案件的仲裁机构所在地的中级人民法院管辖。

第四条 申请人向两个以上有管辖权的人民法院提出申请的，由最先立案的人民法院管辖。

第五条 申请人向人民法院申请确认仲裁协议效力的，应当提交申请书及仲裁协议正本或者经证明无误的副本。

申请书应当载明下列事项：

（一）申请人或者被申请人为自然人的，应当载明其姓名、性别、出生日期、国籍及住所；为法人或者其他组织的，应当载明其名称、住所以及法定代表人或者代表人的姓名和职务；

（二）仲裁协议的内容；

（三）具体的请求和理由。

当事人提交的外文申请书、仲裁协议及其他文件，应当附有中文译本。

第六条 申请人向人民法院申请执行或者撤销我国内地仲裁机构的仲裁裁决、申请承认和执行外国仲裁裁决的，应当提交申请书及裁决书正本或者经证明无误的副本。

申请书应当载明下列事项：

（一）申请人或者被申请人为自然人的，应当载明其姓名、性别、出生日期、国籍及住所；为法人或者其他组织的，应当载明其名称、住所以及法定代表人或者代表人的姓名和职务；

（二）裁决书的主要内容及生效日期；

（三）具体的请求和理由。

当事人提交的外文申请书、裁决书及其他文件，应当附有中文译本。

第七条 申请人提交的文件不符合第五条、第六条的规定，经人民法院释明后提交的文件仍然不符合规定的，裁定不予受理。

申请人向对案件不具有管辖权的人民法院提出申请，人民法院应当告知其向有管辖权的人民法院提出申请，申请人仍不变更申请的，裁定不予受理。

申请人对不予受理的裁定不服的，可以提起上诉。

第八条 人民法院立案后发现不符合受理条件的，裁定驳回申请。

前款规定的裁定驳回申请的案件，申请人再次申请并符合受理条件的，人民法院应予受理。

当事人对驳回申请的裁定不服的，可以提起上诉。

第九条 对于申请人的申请，人民法院应当在七日内审查决定是否受理。

人民法院受理仲裁司法审查案件后，应当在五日内向申请人和被申请人发出通知书，告知其受理情况及相关的权利义务。

第十条 人民法院受理仲裁司法审查案件后,被申请人对管辖权有异议的,应当自收到人民法院通知之日起十五日内提出。人民法院对被申请人提出的异议,应当审查并作出裁定。当事人对裁定不服的,可以提起上诉。

在中华人民共和国领域内没有住所的被申请人对人民法院的管辖权有异议的,应当自收到人民法院通知之日起三十日内提出。

第十一条 人民法院审查仲裁司法审查案件,应当组成合议庭并询问当事人。

第十二条 仲裁协议或者仲裁裁决具有《最高人民法院关于适用〈中华人民共和国涉外民事关系法律适用法〉若干问题的解释(一)》第一条规定情形的,为涉外仲裁协议或者涉外仲裁裁决。

第十三条 当事人协议选择确认涉外仲裁协议效力适用的法律,应当作出明确的意思表示,仅约定合同适用的法律,不能作为确认合同中仲裁条款效力适用的法律。

第十四条 人民法院根据《中华人民共和国涉外民事关系法律适用法》第十八条的规定,确定确认涉外仲裁协议效力适用的法律时,当事人没有选择适用的法律,适用仲裁机构所在地的法律与适用仲裁地的法律将对仲裁协议的效力作出不同认定的,人民法院应当适用确认仲裁协议有效的法律。

第十五条 仲裁协议未约定仲裁机构和仲裁地,但根据仲裁协议约定适用的仲裁规则可以确定仲裁机构或者仲裁地的,应当认定其为《中华人民共和国涉外民事关系法律适用法》第十八条中规定的仲裁机构或者仲裁地。

第十六条 人民法院适用《承认及执行外国仲裁裁决公约》审查当事人申请承认和执行外国仲裁裁决案件时,被申请人以仲裁协议无效为由提出抗辩的,人民法院应当依照该公约第五条第一款(甲)项的规定,确定确认仲裁协议效力应当适用的法律。

第十七条 人民法院对申请执行我国内地仲裁机构作出的非涉外仲裁裁决案件的审查,适用《中华人民共和国民事诉讼法》第二百三十七条的规定。

人民法院对申请执行我国内地仲裁机构作出的涉外仲裁裁决案件的审查,适用《中华人民共和国民事诉讼法》第二百七十四条的规定。

第十八条 《中华人民共和国仲裁法》第五十八条第一款第六项和《中华人民共和国民事诉讼法》第二百三十七条第二款第六项规定的仲裁员在仲裁该案时有索贿受贿,徇私舞弊,枉法裁决行为,是指已经由生效刑事法律文书或者纪律处分决定所确认的行为。

第十九条 人民法院受理仲裁司法审查案件后,作出裁定前,申请人请求撤回申请的,裁定准许。

第二十条　人民法院在仲裁司法审查案件中作出的裁定，除不予受理、驳回申请、管辖权异议的裁定外，一经送达即发生法律效力。当事人申请复议、提出上诉或者申请再审的，人民法院不予受理，但法律和司法解释另有规定的除外。

第二十一条　人民法院受理的申请确认涉及香港特别行政区、澳门特别行政区、台湾地区仲裁协议效力的案件，申请执行或者撤销我国内地仲裁机构作出的涉及香港特别行政区、澳门特别行政区、台湾地区仲裁裁决的案件，参照适用涉外仲裁司法审查案件的规定审查。

第二十二条　本规定自2018年1月1日起施行，本院以前发布的司法解释与本规定不一致的，以本规定为准。

最高人民法院关于仲裁司法审查案件报核问题的有关规定

（2017年11月20日最高人民法院审判委员会第1727次会议通过　2017年12月26日最高人民法院公告公布　自2018年1月1日起施行　法释〔2017〕21号）

为正确审理仲裁司法审查案件，统一裁判尺度，依法保护当事人合法权益，保障仲裁发展，根据《中华人民共和国民事诉讼法》《中华人民共和国仲裁法》等法律规定，结合审判实践，制定本规定。

第一条　本规定所称仲裁司法审查案件，包括下列案件：

（一）申请确认仲裁协议效力案件；

（二）申请撤销我国内地仲裁机构的仲裁裁决案件；

（三）申请执行我国内地仲裁机构的仲裁裁决案件；

（四）申请认可和执行香港特别行政区、澳门特别行政区、台湾地区仲裁裁决案件；

（五）申请承认和执行外国仲裁裁决案件；

（六）其他仲裁司法审查案件。

第二条　各中级人民法院或者专门人民法院办理涉外涉港澳台仲裁司法审查案件，经审查拟认定仲裁协议无效，不予执行或者撤销我国内地仲裁机构的仲裁裁决，不予认可和执行香港特别行政区、澳门特别行政区、台湾地区仲裁裁决，不予承认和执行外国仲裁裁决，应当向本辖区所属高级人民法院报核;高级人民法院经审查拟同意的,应当向最高人民法院报核。待最高人民法院审核后,方可依最高人民法院的审核意见作出裁定。

各中级人民法院或者专门人民法院办理非涉外涉港澳台仲裁司法审查案件,经审查拟认定仲裁协议无效,不予执行或者撤销我国内地仲裁机构的仲裁裁决,应当向本辖区所属高级人民法院报核;待高级人民法院审核后,方可依高级人民法院的审核意见作出裁定。

第三条 本规定第二条第二款规定的非涉外涉港澳台仲裁司法审查案件,高级人民法院经审查拟同意中级人民法院或者专门人民法院认定仲裁协议无效,不予执行或者撤销我国内地仲裁机构的仲裁裁决,在下列情形下,应当向最高人民法院报核,待最高人民法院审核后,方可依最高人民法院的审核意见作出裁定:

(一)仲裁司法审查案件当事人住所地跨省级行政区域;

(二)以违背社会公共利益为由不予执行或者撤销我国内地仲裁机构的仲裁裁决。

第四条 下级人民法院报请上级人民法院审核的案件,应当将书面报告和案件卷宗材料一并上报。书面报告应当写明审查意见及具体理由。

第五条 上级人民法院收到下级人民法院的报核申请后,认为案件相关事实不清的,可以询问当事人或者退回下级人民法院补充查明事实后再报。

第六条 上级人民法院应当以复函的形式将审核意见答复下级人民法院。

第七条 在民事诉讼案件中,对于人民法院因涉及仲裁协议效力而作出的不予受理、驳回起诉、管辖权异议的裁定,当事人不服提起上诉,第二审人民法院经审查拟认定仲裁协议不成立、无效、失效、内容不明确无法执行的,须按照本规定第二条的规定逐级报核,待上级人民法院审核后,方可依上级人民法院的审核意见作出裁定。

第八条 本规定自 2018 年 1 月 1 日起施行,本院以前发布的司法解释与本规定不一致的,以本规定为准。

最高人民法院关于充分发挥审判职能作用为企业家创新创业营造良好法治环境的通知

（2017年12月29日　法〔2018〕1号）

各省、自治区、直辖市高级人民法院，解放军军事法院，新疆维吾尔自治区高级人民法院生产建设兵团分院：

2017年9月8日，中共中央、国务院印发《关于营造企业家健康成长环境弘扬优秀企业家精神更好发挥企业家作用的意见》（以下简称《意见》），这是推进供给侧结构性改革、实施创新发展战略、促进经济持续平稳健康发展的重要举措。为深入贯彻党的十九大精神和《意见》的要求，充分发挥审判职能作用，依法平等保护企业家合法权益，为企业家创新创业营造良好法治环境，现通知如下。

一、深刻认识依法平等保护企业家合法权益的重大意义。企业家是经济活动的重要主体。改革开放以来，一大批优秀企业家在市场竞争中迅速成长，为积累社会财富、创造就业岗位、促进经济社会发展、增强综合国力做出了重要贡献。人民法院充分发挥审判职能作用，依法平等保护企业家合法权益，为企业家创新创业营造良好法治环境，对于增强企业家人身及财产财富安全感，稳定社会预期，使企业家安心经营、放心投资、专心创业，充分发挥企业家在建设现代化经济体系、促进经济持续平稳健康发展中的作用具有重大意义。

二、依法保护企业家的人身自由和财产权利。严格执行刑事法律和司法解释，坚决防止利用刑事手段干预经济纠纷。坚持罪刑法定原则，对企业家在生产、经营、融资活动中的创新创业行为，只要不违反刑事法律的规定，不得以犯罪论处。严格非法经营罪、合同诈骗罪的构成要件，防止随意扩大适用。对于在合同签订、履行过程中产生的民事争议，如无确实充分的证据证明符合犯罪构成的，不得作为刑事案件处理。严格区分企业家违法所得和合法财产，没有充分证据证明为违法所得的，不得判决追缴或者责令退赔。严格区分企业家个人财产和企业法人财产，在处理企业犯罪时不得牵连企业家个人合法财产和家庭成员财产。

三、依法保护诚实守信企业家的合法权益。妥善认定政府与企业签订的合同效力，对有关政府违反承诺，特别是仅因政府换届、领导人员更替等原因违约、毁约的，依法支持企业的合理诉求。妥善审理因政府规划调整、政策变化引发的民商事、行政纠纷案件，对于确因政府规划调整、政策变化导致当事人签订的民商事合同不能履行的，依法支持当事人解除合同的请求。对于当事人请求返还已经支付的国有土体使用权出让金、投资款、租金或者承担损害赔偿责任的，依法予以支持。对企业家财产被征收征用的，要综合运用多种方式进行公平合理的补偿。

四、依法保护企业家的知识产权。完善符合知识产权案件特点的诉讼证据规则，着力破解知识产权权利人"举证难"问题。推进知识产权民事、刑事、行政案件审判三合一，增强知识产权司法保护的整体效能。建立以知识产权市场价值为指引，补偿为主、惩罚为辅的侵权损害司法认定机制，提高知识产权侵权赔偿标准。探索建立知识产权惩罚性赔偿制度，着力解决实践中存在的侵权成本低、企业家维权成本高的问题。坚持依法维护劳动者合法权益与促进企业生存发展并重的原则，依法保护用人单位的商业秘密等合法权益。

五、依法保护企业家的自主经营权。加强金融审判工作，促进金融服务实体经济。对商业银行、典当公司、小额贷款公司等金融机构以不合理收费变相收取高息的，参照民间借贷利率标准处理，降低企业融资成本。加强破产案件审理，对于暂时经营困难但是适应市场需要具有发展潜力和经营价值的企业，综合运用重整、和解等手段，促进生产要素的优化组合和企业转型升级。对违法违规向企业收费或者以各种监督检查的名义非法干预企业自主经营权的，依法予以纠正。严格依法采取财产保全、行为保全等强制措施，防止当事人恶意利用保全手段，侵害企业正常生产经营。对资金暂时周转困难、尚有经营发展前景的负债企业，慎用冻结、划拨流动资金等手段。加强对虚假诉讼和恶意诉讼的审查力度，对于恶意利用诉讼打击竞争企业，破坏企业家信誉的，要区分情况依法处理。

六、努力实现企业家的胜诉权益。综合运用各种强制执行措施，加快企业债权实现。强化对失信被执行人的信用惩戒力度，推动完善让失信主体"一处失信、处处受限"的信用惩戒大格局。同时，营造鼓励创新、宽容失败的社会氛围。对已经履行生效裁判文书义务或者申请人滥用失信被执行人名单的，要及时恢复企业家信用。对经营失败无偿债能力但无故意规避执行情形的企业家，要及时从失信被执行人名单中删除。

七、切实纠正涉企业家产权冤错案件。进一步加大涉企业家产权冤错案件的甄别纠正工作力度，对于涉企业家产权错案冤案，要依法及时再审，尽快纠正。准确适用国家赔偿法，及时启动国家赔偿程序，公正高效审理涉及企业家的国家赔偿案件，加大赔偿决定执行力度，依法保障企业家的合法权益。

八、不断完善保障企业家合法权益的司法政策。进一步加快"智慧法院"

建设，充分利用信息技术，深入调研涉企业家案件的审判执行疑难问题，及时总结审判经验，健全裁判规则。加大制定司法解释、发布指导性案例工作力度，统一司法尺度和裁判标准。在制定有关司法政策、司法解释过程中要充分听取企业家的意见、建议。

九、推动形成依法保障企业家合法权益的良好社会氛围。进一步通过公开开庭等生动直观的形式，大力宣传党和国家依法平等保护企业家合法权益弘扬优秀企业家精神的方针政策。持续强化以案释法工作，及时公布一批依法保护企业家合法权益的典型案例和好做法、好经验，推动形成企业家健康成长良好法治环境和社会氛围。

十、增强企业家依法维护权益、依法经营的意识。加大对企业家的法治宣传和培训力度，提高企业家依法维护自身合法权益的意识和能力。依法打击破坏市场秩序、不正当竞争等违法行为，积极引导企业家在经营活动中遵纪守法、诚实守信、公平竞争、恪尽责任，弘扬优秀企业家精神。

各级人民法院要加强组织领导，制定工作方案，切实将依法保障企业家合法权益的工作落到实处。在审判执行工作中遇到新情况新问题的，请及时层报最高人民法院。

附：

一、2017 年 12 月份报国务院备案并予以登记的地方性法规、自治条例、单行条例和地方政府规章目录

地方性法规

法规名称	公布日期	备案登记编号
天津市见义勇为人员奖励和保护条例	2017 年 11 月 28 日	国法备字［2018000036］
天津市禁毒条例	2017 年 11 月 28 日	国法备字［2018000037］
天津市公共电信基础设施建设和保护条例	2017 年 11 月 28 日	国法备字［2018000038］
天津市志愿服务条例	2017 年 11 月 28 日	国法备字［2018000039］
天津市人民代表大会常务委员会关于禁止燃放烟花爆竹的决定	2017 年 11 月 28 日	国法备字［2018000040］
天津市人大常委会关于修改部分地方性法规的决定	2017 年 11 月 28 日	国法备字［2018000041］
山西省旅游条例（修订）	2017 年 12 月 1 日	国法备字［2017001674］
山西省农村扶贫开发条例	2017 年 12 月 1 日	国法备字［2017001675］
山西省人民代表大会常务委员会关于大气污染物和水污染物环境保护税适用税额的决定	2017 年 12 月 1 日	国法备字［2018000008］
山西省食品小作坊小经营店小摊点管理条例	2017 年 12 月 1 日	国法备字［2018000030］
山西省历史文化名城名镇名村保护条例	2017 年 12 月 1 日	国法备字［2018000031］

续表

法规名称	公布日期	备案登记编号
吉林省人大常委会关于修改和废止《吉林省森林管理条例》等9部地方性法规的决定	2017年12月1日	国法备字［2018000020］
吉林省企业工资集体协商条例	2017年12月1日	国法备字［2018000021］
吉林省安全生产条例	2017年12月1日	国法备字［2018000022］
吉林省促进中小企业发展条例	2017年12月1日	国法备字［2018000023］
吉林省专利条例	2017年12月1日	国法备字［2018000024］
吉林省公证条例(修订)	2017年12月1日	国法备字［2018000025］
四平市爱国卫生条例	2017年12月11日	国法备字［2018000026］
通化市燃放烟花爆竹安全管理条例	2017年12月12日	国法备字［2018000027］
白山市城市环境卫生责任区管理条例	2017年12月14日	国法备字［2018000028］
上海市人大常委会关于修改《上海市职工代表大会条例》的决定	2017年11月23日	国法备字［2017001633］
上海市水资源管理若干规定	2017年11月23日	国法备字［2017001634］
上海市农村集体资产监督管理条例	2017年11月23日	国法备字［2017001635］
上海市人大常委会关于修改本市部分地方性法规的决定	2017年11月23日	国法备字［2017001636］
江苏省慈善条例	2017年12月2日	国法备字［2018000045］
江苏省水域治安管理条例	2017年12月2日	国法备字［2018000046］

续表

法规名称	公布日期	备案登记编号
苏南国家自主创新示范区条例	2017 年 12 月 2 日	国法备字［2018000047］
江苏省人大常委会关于修改《江苏省邮政条例》的决定	2017 年 12 月 2 日	国法备字［2018000048］
江苏省人民代表大会常务委员会关于大气污染物和水污染物环境保护税适用税额的决定	2017 年 12 月 2 日	国法备字［2018000049］
南京市旅游条例	2017 年 12 月 14 日	国法备字［2018000050］
南京市排水条例	2017 年 12 月 14 日	国法备字［2018000051］
南京市献血条例	2017 年 12 月 11 日	国法备字［2018000052］
无锡市安全生产条例	2017 年 12 月 2 日	国法备字［2018000053］
徐州市旅游条例	2017 年 12 月 13 日	国法备字［2018000054］
常州市天目湖保护条例	2017 年 12 月 12 日	国法备字［2018000055］
常州市电梯安全管理条例	2017 年 12 月 12 日	国法备字［2018000056］
苏州国家历史文化名城保护条例	2017 年 12 月 15 日	国法备字［2018000057］
苏州市古城墙保护条例	2017 年 12 月 15 日	国法备字［2018000058］
连云港市滨海湿地保护条例	2017 年 12 月 14 日	国法备字［2018000059］
淮安市文物保护条例	2017 年 12 月 15 日	国法备字［2018000060］
盐城市城乡规划条例	2017 年 12 月 19 日	国法备字［2018000061］

续表

法规名称	公布日期	备案登记编号
镇江市长江岸线资源保护条例	2017 年 12 月 11 日	国法备字［2018000062］
泰州市道路交通安全条例	2017 年 12 月 14 日	国法备字［2018000063］
宿迁市住宅物业管理条例	2017 年 12 月 8 日	国法备字［2018000064］
浙江省公共文化服务保障条例	2017 年 11 月 30 日	国法备字［2017001665］
浙江省公益林和森林公园条例	2017 年 11 月 30 日	国法备字［2017001666］
浙江省城市景观风貌条例	2017 年 11 月 30 日	国法备字［2017001667］
浙江省人大常委会关于修改《浙江省南麂列岛国家级海洋自然保护区管理条例》的决定	2017 年 11 月 30 日	国法备字［2017001668］
浙江省人大常委会关于修改《浙江省水资源管理条例》等十九件地方性法规的决定	2017 年 11 月 30 日	国法备字［2017001669］
浙江省人大常委会关于修改《浙江省水污染防治条例》和《浙江省曹娥江流域水环境保护条例》的决定	2017 年 11 月 30 日	国法备字［2017001670］
浙江省人大常委会关于废止《浙江省核电厂辐射环境保护条例》等三件地方性法规的决定	2017 年 11 月 30 日	国法备字［2017001671］
浙江省社会治安综合治理条例(修订)	2017 年 11 月 30 日	国法备字［2017001672］
浙江省人民代表大会常务委员会关于大气污染物和水污染物适用税额的决定	2017 年 11 月 30 日	国法备字［2018000007］
福建省人大常委会关于修改《福建省森林和野生动物类型自然保护区管理条例》的决定	2017 年 11 月 24 日	国法备字［2017001580］
福建省人大常委会关于修改《福建省人口与计划生育条例》的决定	2017 年 11 月 24 日	国法备字［2017001581］

续表

法规名称	公布日期	备案登记编号
福建省促进科技成果转化条例	2017 年 11 月 24 日	国法备字［2017001582］
福建省违法建设处置若干规定	2017 年 11 月 24 日	国法备字［2017001583］
武夷山国家公园条例(试行)	2017 年 11 月 24 日	国法备字［2017001584］
福建省法治宣传教育条例	2017 年 11 月 24 日	国法备字［2017001585］
福建省多元化解纠纷条例	2017 年 11 月 24 日	国法备字［2017001586］
福州市闽菜技艺文化保护规定	2017 年 12 月 4 日	国法备字［2017001594］
福州市人大常委会关于修改《福州市闽江河口湿地自然保护区管理办法》的决定	2017 年 12 月 7 日	国法备字［2017001595］
厦门市海上交通安全条例	2017 年 11 月 30 日	国法备字［2017001596］
龙岩市红色文化遗存保护条例	2017 年 11 月 24 日	国法备字［2017001597］
江西省社会科学普及条例	2017 年 11 月 30 日	国法备字［2017001564］
江西省特种设备安全条例	2017 年 11 月 30 日	国法备字［2017001565］
江西省林木种子条例	2017 年 11 月 30 日	国法备字［2017001660］
开封市城市绿化条例	2017 年 10 月 30 日	国法备字［2017001515］
南阳市城市绿化条例	2017 年 11 月 9 日	国法备字［2017001516］
洛阳市洛浦公园管理条例	2017 年 10 月 29 日	国法备字［2017001517］

续表

法规名称	公布日期	备案登记编号
平顶山市城乡规划建设管理条例	2017年11月7日	国法备字［2017001518］
焦作市城市市容和环境卫生管理条例	2017年11月1日	国法备字［2017001519］
漯河市城市市容和环境卫生管理条例	2017年10月27日	国法备字［2017001520］
商丘市城市市容和环境卫生管理条例	2017年11月8日	国法备字［2017001521］
信阳市城市市容和环境卫生管理条例	2017年11月2日	国法备字［2017001522］
驻马店市城市市容和环境卫生管理条例	2017年11月2日	国法备字［2017001523］
三门峡市白天鹅及其栖息地保护条例	2017年10月23日	国法备字［2017001524］
周口市城市市容和环境卫生管理条例	2017年11月13日	国法备字［2017001563］
黄冈市革命遗址遗迹保护条例	2017年11月20日	国法备字［2017001631］
神农架国家公园保护条例	2017年11月29日	国法备字［2017001640］
湖北省人民代表大会常务委员会关于加强对司法工作监督的决定	2017年11月29日	国法备字［2017001641］
湖北省人民代表大会常务委员会关于进一步推进预算绩效管理的决定	2017年11月29日	国法备字［2017001661］
湖北省人民代表大会常务委员会关于应税大气污染物和水污染物环境保护税具体适用税额及项目数的决定	2017年11月29日	国法备字［2018000011］
湖北省人大常委会关于集中修改、废止部分省本级地方性法规的决定	2017年11月29日	国法备字［2018000044］
湖南省人大常委会关于修改《湖南省散居少数民族工作条例》的决定	2017年11月30日	国法备字［2017001632］

续表

法规名称	公布日期	备案登记编号
湖南省人民代表大会常务委员会关于湖南省大气污染和水污染环境保护税适用税额的决定	2017 年 11 月 30 日	国法备字［2018000019］
广东省气瓶安全条例	2017 年 11 月 30 日	国法备字［2017001676］
广东省人大常委会关于修改《广东省安全生产条例》的决定	2017 年 11 月 30 日	国法备字［2017001677］
广东省各级人民代表大会常务委员会讨论决定重大事项规定(修订)	2017 年 11 月 30 日	国法备字［2017001678］
广东省人民代表大会常务委员会关于广东省大气污染物和水污染物环境保护税适用税额的决定	2017 年 11 月 30 日	国法备字［2018000006］
广西壮族自治区人大常委会关于修改《广西壮族自治区各级人民代表大会常务委员会讨论决定重大事项的规定》的决定	2017 年 12 月 1 日	国法备字［2017001566］
广西壮族自治区消费者权益保护条例	2017 年 12 月 1 日	国法备字［2017001567］
广西壮族自治区扶贫开发条例(修订)	2017 年 12 月 1 日	国法备字［2017001568］
玉林市九洲江流域水质保护条例	2017 年 10 月 20 日	国法备字［2017001502］
河池市非物质文化遗产保护条例	2017 年 10 月 18 日	国法备字［2017001526］
贵港市太平天国金田起义遗址保护条例	2017 年 10 月 20 日	国法备字［2017001527］
海南省人民代表大会常务委员会任免海南省监察委员会副主任、委员暂行办法	2017 年 12 月 22 日	国法备字［2017001680］
海南省人民代表大会常务委员会关于海南省大气污染物和水污染物环境保护税适用税额的决定	2017 年 11 月 30 日	国法备字［2018000009］

续表

法规名称	公布日期	备案登记编号
重庆市老年人权益保障条例	2017 年 11 月 30 日	国法备字［2017001579］
重庆市人民代表大会代表建议批评和意见工作条例	2017 年 11 月 30 日	国法备字［2017001593］
重庆市献血条例(修订)	2017 年 11 月 30 日	国法备字［2017001607］
四川省人大常委会关于修改《四川省政府投资建设项目审计条例》的决定	2017 年 12 月 1 日	国法备字［2017001545］
贵州省人大常委会关于修改《贵州省建筑市场管理条例》等二十五件法规个别条款的决定	2017 年 11 月 30 日	国法备字［2017001673］
贵州省安全生产条例	2017 年 11 月 30 日	国法备字［2018000032］
贵州省促进科技成果转化条例	2017 年 11 月 30 日	国法备字［2018000033］
贵州省水污染防治条例	2017 年 11 月 30 日	国法备字［2018000034］
贵州省动物防疫条例	2017 年 11 月 30 日	国法备字［2018000035］
云南省安全生产条例	2017 年 11 月 30 日	国法备字［2017001569］
楚雄彝族自治州元谋土林保护管理条例	2017 年 12 月 4 日	国法备字［2017001570］
昆明市城乡规划条例	2017 年 12 月 13 日	国法备字［2017001647］
昆明市气象灾害防御条例	2017 年 12 月 13 日	国法备字［2017001648］
玉溪市城镇绿化条例	2017 年 12 月 5 日	国法备字［2017001649］
陕西省人大常委会关于修改《陕西省档案条例》等四部地方性法规的决定	2017 年 11 月 30 日	国法备字［2017001642］

续表

法规名称	公布日期	备案登记编号
陕西省人大常委会关于废止《陕西省经纪人条例》的决定	2017 年 11 月 30 日	国法备字［2017001643］
陕西省人民代表大会常务委员会关于批准《陕西省环境保护税适用税额和应税污染物项目数方案》的决定	2017 年 12 月 7 日	国法备字［2018000010］
西安市特种行业治安管理条例	2017 年 11 月 17 日	国法备字［2017001644］
西安市不可移动文物保护条例	2017 年 11 月 17 日	国法备字［2017001645］
西安市销售燃放烟花爆竹安全管理条例(修订)	2017 年 11 月 17 日	国法备字［2017001646］
甘肃省临夏回族自治州旅游条例	2017 年 11 月 2 日	国法备字［2017001488］
甘肃祁连山国家级自然保护区管理条例	2017 年 11 月 30 日	国法备字［2017001525］
青海省行政许可监督管理条例	2017 年 11 月 30 日	国法备字［2017001589］
宁夏回族自治区食品生产加工小作坊小经营店和食品小摊点管理条例(修订)	2017 年 11 月 30 日	国法备字［2017001598］
宁夏回族自治区畜禽屠宰管理条例	2017 年 11 月 30 日	国法备字［2017001599］
宁夏回族自治区清真食品管理条例(修订)	2017 年 11 月 30 日	国法备字［2017001600］
宁夏回族自治区人大常委会关于修改《宁夏回族自治区六盘山、贺兰山、罗山国家级自然保护区条例》的决定	2017 年 11 月 30 日	国法备字［2017001601］
银川市人大常委会关于废止《银川市政府投资项目审计监督条例》的决定	2017 年 12 月 1 日	国法备字［2017001602］
石嘴山市工业固体废物污染环境防治条例	2017 年 12 月 4 日	国法备字［2017001603］

续表

法规名称	公布日期	备案登记编号
吴忠市红色文化遗址保护条例	2017 年 12 月 1 日	国法备字［2017001604］
固原市须弥山石窟保护条例	2017 年 12 月 1 日	国法备字［2017001605］
中卫市城乡居民饮用水安全保护条例	2017 年 12 月 4 日	国法备字［2017001606］
张家口市禁牧条例	2017 年 10 月 27 日	国法备字［2017001496］

自治州的单行条例

条例名称	公布日期	备案登记编号
延边朝鲜族自治州人大常委会关于修改《延边朝鲜族自治州城市饮用水水源环境保护条例》的决定	2017 年 12 月 12 日	国法备字［2018000029］

地方政府规章

规章名称	公布日期	备案登记编号
北京市人民政府关于修改《北京市小客车数量调控暂行规定》的决定	2017 年 12 月 11 日	国法备字［2017001559］
邯郸市人民政府关于废止部分政府规章的决定	2017 年 11 月 19 日	国法备字［2017001499］
邯郸市规范性文件管理办法修正案	2017 年 11 月 24 日	国法备字［2017001592］
邯郸市城市河道管理办法	2017 年 12 月 4 日	国法备字［2017001650］

续表

规章名称	公布日期	备案登记编号
秦皇岛市公共安全技术防范管理办法	2017 年 12 月 26 日	国法备字［2017001664］
山西省机关事务管理办法	2017 年 11 月 18 日	国法备字［2017001507］
山西省水上交通安全管理办法	2017 年 11 月 23 日	国法备字［2017001557］
山西省税收保障办法	2017 年 12 月 6 日	国法备字［2017001655］
呼和浩特市人民政府关于废止《呼和浩特市渔政管理办法》等 16 件政府规章的决定	2017 年 11 月 20 日	国法备字［2017001547］
辽宁省政府规章制定办法	2017 年 11 月 29 日	国法备字［2017001637］
辽宁省无障碍环境建设管理规定	2017 年 11 月 29 日	国法备字［2017001638］
辽宁省人民政府关于废止和修改部分省政府规章的决定	2017 年 11 月 29 日	国法备字［2017001639］
沈阳市优化营商环境办法	2017 年 11 月 30 日	国法备字［2017001591］
大连市居住证暂行办法	2017 年 11 月 18 日	国法备字［2017001485］
大连市急救医疗管理办法	2017 年 11 月 18 日	国法备字［2017001486］
大连市人民政府制定地方性法规草案和规章程序规定	2017 年 11 月 18 日	国法备字［2017001487］
中国(辽宁)自由贸易试验区大连片区管理办法	2017 年 11 月 25 日	国法备字［2017001513］
大连市人民政府关于废止 42 件市政府规章的决定	2017 年 11 月 21 日	国法备字［2017001514］
本溪市机动车停车场管理办法	2017 年 12 月 11 日	国法备字［2017001616］

续表

规章名称	公布日期	备案登记编号
本溪市气瓶安全管理办法	2017 年 12 月 5 日	国法备字［2017001617］
辽阳市水土保持管理办法	2017 年 11 月 13 日	国法备字［2017001555］
营口市再生资源回收管理办法	2017 年 11 月 23 日	国法备字［2017001498］
锦州市森林防火实施办法	2017 年 11 月 27 日	国法备字［2017001534］
锦州市湿地保护管理办法	2017 年 11 月 27 日	国法备字［2017001535］
锦州市建筑物配建机动车停车设施规划管理暂行规定	2017 年 11 月 27 日	国法备字［2017001536］
锦州市城市供水管理办法	2017 年 11 月 30 日	国法备字［2017001537］
通化市国有土地上房屋征收与补偿办法	2017 年 11 月 28 日	国法备字［2017001532］
黑龙江省行政执法责任制规定	2017 年 11 月 30 日	国法备字［2017001659］
黑河市人民政府立法工作规定	2017 年 12 月 28 日	国法备字［2018000043］
上海市传染病防治管理办法	2017 年 11 月 29 日	国法备字［2017001529］
上海市居住证管理办法	2017 年 11 月 27 日	国法备字［2017001560］
上海市人民政府关于修改《上海市实有人口服务和管理若干规定》的决定	2017 年 11 月 27 日	国法备字［2017001561］
苏州市人民政府关于废止《苏州市政府信息公开规定》的决定	2017 年 11 月 29 日	国法备字［2017001531］
常州市非物质文化遗产保护办法	2017 年 11 月 18 日	国法备字［2017001497］

续表

规章名称	公布日期	备案登记编号
常州市餐饮业污染防治管理办法	2017 年 12 月 13 日	国法备字［2017001657］
连云港市餐厨废弃物管理办法	2017 年 9 月 3 日	国法备字［2017001491］
连云港市文物保护管理办法	2017 年 9 月 30 日	国法备字［2017001492］
淮安市非物质文化遗产保护实施办法	2017 年 12 月 20 日	国法备字［2017001656］
浙江省地理国情监测管理办法	2017 年 12 月 4 日	国法备字［2017001612］
浙江省人民政府关于修改《浙江省社会消防组织管理办法》的决定	2017 年 11 月 28 日	国法备字［2017001613］
杭州市城市照明管理办法	2017 年 12 月 13 日	国法备字［2017001614］
杭州市人民政府关于废止《杭州市组织机构代码管理办法》等 5 件规章的决定	2017 年 12 月 12 日	国法备字［2017001615］
金华市扬尘污染防治管理办法	2017 年 11 月 14 日	国法备字［2017001506］
合肥市活禽交易管理办法	2017 年 12 月 11 日	国法备字［2017001651］
蚌埠市爱国卫生工作管理办法	2017 年 11 月 1 日	国法备字［2017001505］
蚌埠市烟花爆竹燃放管理规定	2017 年 12 月 2 日	国法备字［2018000005］
滁州市人民政府规章制定程序规定	2017 年 11 月 27 日	国法备字［2017001577］
福建省数字档案共享管理办法	2017 年 12 月 1 日	国法备字［2017001619］
福建省人民政府关于修改部分涉及“放管服”改革规章的决定	2017 年 12 月 1 日	国法备字［2017001620］

续表

规章名称	公布日期	备案登记编号
福建省人民政府关于修改部分涉及生态文明建设和环境保护规章的决定	2017年12月1日	国法备字［2017001621］
福建省人民政府关于废止部分涉及“放管服”改革规章的决定	2017年12月1日	国法备字［2017001622］
福州市公共信用信息管理暂行办法	2017年11月17日	国法备字［2017001546］
厦门市城乡建设档案管理办法	2017年11月21日	国法备字［2017001541］
三明市建筑工程施工扬尘防治管理办法	2017年11月30日	国法备字［2018000013］
宁德市中心城区建筑垃圾管理办法	2017年11月14日	国法备字［2017001484］
江西省人民政府关于废止和修改部分省政府规章的决定	2017年12月4日	国法备字［2017001542］
江西省无障碍环境建设办法	2017年12月4日	国法备字［2017001543］
江西省人民政府关于由赣江新区行使部分省级经济社会管理权限的决定	2017年12月12日	国法备字［2018000012］
济南市气象灾害预警信号发布与传播管理办法	2017年12月22日	国法备字［2017001663］
青岛市电梯安全监督管理办法	2017年11月15日	国法备字［2017001500］
淄博市人民政府关于修改《淄博市重大行政决策程序规定》的决定	2017年12月11日	国法备字［2018000004］
济宁市城市河道管理办法	2017年12月20日	国法备字［2018000015］
济宁市餐厨废弃物管理办法	2017年12月20日	国法备字［2018000016］
济宁市生产安全事故应急救援办法	2017年12月20日	国法备字［2018000017］

续表

规章名称	公布日期	备案登记编号
威海市户外广告设置管理办法	2017年12月8日	国法备字［2017001625］
枣庄市文物保护管理办法	2017年11月29日	国法备字［2017001628］
日照市政府规章制定程序规定	2017年11月30日	国法备字［2017001573］
聊城市燃气管理办法	2017年12月15日	国法备字［2017001626］
滨州市户外广告设置管理办法	2017年12月12日	国法备字［2018000014］
郑州市地方志工作规定	2017年11月21日	国法备字［2017001608］
郑州市城市雕塑管理办法	2017年11月21日	国法备字［2017001609］
安阳市燃煤污染防治办法	2017年11月23日	国法备字［2017001533］
湖北省社会保险基金监督办法	2017年11月21日	国法备字［2017001493］
湖北省文物安全管理办法	2017年12月7日	国法备字［2017001629］
武汉市行政调解暂行办法	2017年11月22日	国法备字［2017001556］
宜昌市城区建筑垃圾管理办法	2017年11月21日	国法备字［2017001540］
广东省自然灾害救助办法	2017年11月14日	国法备字［2017001530］
广东省人民政府关于将一批涉及省级职教基地（清远）建设的行政职权事项委托清远市实施的决定	2017年11月17日	国法备字［2017001539］
广州市人民政府关于废止和宣布失效部分政府规章的决定	2017年11月17日	国法备字［2017001495］

续表

规章名称	公布日期	备案登记编号
深圳市人民政府关于废止《深圳市坪山新区管理暂行规定》的决定	2017 年 12 月 15 日	国法备字［2017001624］
佛山市违法建设查处暂行办法	2017 年 12 月 18 日	国法备字［2017001623］
梅州市房屋使用安全管理办法	2017 年 12 月 1 日	国法备字［2017001610］
肇庆市人民政府起草地方性法规草案和制定政府规章程序规定	2017 年 11 月 7 日	国法备字［2017001494］
清远市教育设施规划建设管理规定	2017 年 11 月 30 日	国法备字［2017001578］
梧州市人民政府拟定地方性法规草案和制定政府规章程序规定	2017 年 12 月 10 日	国法备字［2017001658］
海口市人民政府关于公布废止保留拟修改市政府规章目录的决定	2017 年 11 月 23 日	国法备字［2017001512］
三亚市政府规章制定程序规定	2017 年 12 月 14 日	国法备字［2017001652］
四川省人民政府关于修改部分规章的决定	2017 年 11 月 28 日	国法备字［2017001575］
四川省人民政府关于修改《四川省工程建设场地地震安全性评价管理规定》的决定	2017 年 11 月 30 日	国法备字［2017001576］
四川省行政机构设置和编制管理规定	2017 年 12 月 12 日	国法备字［2017001590］
成都市机动车和非道路移动机械排气污染防治办法	2017 年 9 月 30 日	国法备字［2017001550］
成都市人民政府关于废止《部分政府规章和行政规范性文件》的决定	2017 年 11 月 28 日	国法备字［2017001551］
成都市住宅专项维修资金管理办法	2017 年 12 月 8 日	国法备字［2017001611］
贵阳市政府数据资源管理办法	2017 年 11 月 23 日	国法备字［2017001511］

续表

规章名称	公布日期	备案登记编号
贵阳市综合行政执法办法	2017 年 11 月 28 日	国法备字［2017001627］
云南省国家档案馆管理办法	2017 年 11 月 20 日	国法备字［2017001508］
云南省行政规范性文件制定和备案办法	2017 年 11 月 20 日	国法备字［2017001509］
云南省人民政府关于修改《云南省政府投资建设项目审计办法》的决定	2017 年 11 月 30 日	国法备字［2017001574］
云南会泽黑颈鹤国家级自然保护区管理办法	2017 年 11 月 29 日	国法备字［2017001588］
西藏自治区电话用户真实身份信息登记管理办法	2017 年 12 月 5 日	国法备字［2017001654］
陕西省工程建设活动引发地质灾害防治办法	2017 年 11 月 22 日	国法备字［2017001548］
陕西省电梯安全监督管理办法	2017 年 12 月 7 日	国法备字［2017001618］
中国(陕西)自由贸易试验区管理办法	2017 年 12 月 14 日	国法备字［2018000042］
安康市人民政府规章制定程序规定	2017 年 11 月 15 日	国法备字［2017001549］
甘肃省人民政府关于废止《甘肃省扫除文盲办法》等 8 件政府规章的决定	2017 年 11 月 23 日	国法备字［2017001490］
甘肃省人民政府关于废止《甘肃省城镇土地使用税暂行条例实施办法》等 18 件政府规章的决定	2017 年 8 月 28 日	国法备字［2017001572］
嘉峪关市重大行政执法决定法制审核办法	2017 年 11 月 22 日	国法备字［2017001510］
西宁市人民政府关于废止部分政府规章的决定	2017 年 11 月 6 日	国法备字［2017001571］
宁夏回族自治区林业有害生物防治办法	2017 年 11 月 17 日	国法备字［2017001528］

续表

规章名称	公布日期	备案登记编号
宁夏回族自治区人民防空工程建设管理规定	2017 年 11 月 30 日	国法备字［2017001558］

二、2017 年 12 月份报国务院备案并予以登记，本汇编未收的国务院部门规章目录

民用航空空中交通管理规则

（2017 年 9 月 29 日交通运输部令 2017 年第 30 号公布　自 2018 年 5 月 1 日起施行　国法备字［2017 001562］）

三、2017 年明令废止的行政法规目录

城乡集市贸易管理办法

（1983 年 2 月 5 日国务院公布）

工资基金暂行管理办法

（1985 年 9 月 24 日国务院公布）

中华人民共和国统计法实施细则

（1987 年 1 月 19 日国务院批准　1987 年 2 月 15 日国家统计局发布　自发布之日起施行）

楼堂馆所建设管理暂行条例

（1988 年 7 月 26 日国务院第 14 次常务会议通过　1988 年 9 月 22 日中华人民共和国国务院令第 15 号发布　自发布之日起施行）

国家体育锻炼标准施行办法

（1989 年 12 月 9 日国务院批准　1990 年 1 月 6 日国家体育运动委员会令第 10 号公布）

盐业管理条例

（1990 年 2 月 9 日国务院第 54 次常务会议通过　1990 年 3 月 2 日中华人民共和国国务院令第 51 号发布　自发布之日起施行）

中华人民共和国营业税暂行条例

（1993 年 11 月 26 日国务院第 12 次常务会议通过　1993 年 12 月 13 日中华人民共和国国务院令第 136 号公布　自 1994 年 1 月 1 日起施行）

中华人民共和国国家安全法实施细则

（1994 年 5 月 10 日国务院第 19 次常务会议通过　1994 年 6 月 4 日中华人民共和国国务院令第 157 号发布　自发布之日起施行）

中华人民共和国统计法实施细则

（1987年1月19日国务院批准 1987年2月15日国家统计局公布 2000年6月2日国务院批准修订 2000年6月15日国家统计局令第5号发布 自发布之日起施行）

排污费征收使用管理条例

（2002年1月30日国务院第54次常务会议通过 2003年1月2日中华人民共和国国务院令第369号公布 自2003年7月1日起施行）

无照经营查处取缔办法

（2002年12月18日国务院第67次常务会议通过 2003年1月6日中华人民共和国国务院令第370号公布 自2003年3月1日起施行 根据2011年1月8日《国务院关于废止和修改部分行政法规的决定》修订）

国务院关于修改《中华人民共和国统计法实施细则》的决定

（2005年12月16日中华人民共和国国务院令第453号公布）

中华人民共和国统计法实施细则

（1987年1月19日国务院批准 1987年2月15日国家统计局公布 2000年6月2日国务院批准修订 2000年6月15日国家统计局公布 根据2005年12月16日《国务院关于修改〈中华人民共和国统计法实施细则〉的决定》修订）

中华人民共和国烟叶税暂行条例

（2006年4月28日中华人民共和国国务院令第464号公布 自公布之日起施行）

中华人民共和国营业税暂行条例

（1993年12月13日中华人民共和国国务院令第136号公布 2008年11月5日国务院第34次常务会议修订通过 2008年11月10日中华人民共和国国务院令第540号公布 自2009年1月1日起施行）

中华人民共和国船舶吨税暂行条例

（2011年11月23日国务院第182次常务会议通过 2011年12月5日中华人民共和国国务院令第610号公布 自2012年1月1日起施行）

四、2017年国务院部门明令废止的规章目录

关于颁发建设项目进行可行性研究的试行管理办法的通知

（1983年2月2日国家计委计资[1983]116号）

关于印发《关于改进工程建设概预算定额管理工作的若干规定》等三个文件的通知

（1985年3月5日国家计委、中国

人民建设银行计标[1985]352号公布）

关于未取得居留证件的外国人和来中国留学的外国人在中国就业的若干规定

（1987年10月5日劳人培[1987]22号公布）

城建监察规定

（1992年6月3日建设部令第20号发布　自1992年11月1日起施行）

国家粮油仓库仓储设施管理试行办法

（1992年10月1日商业部商储[粮]字[1992]211号公布）

民用航空器适航委任代表及委任单位代表的规定

（1992年12月11日民航总局公布　1997年1月6日民航总局令第28号修订）

化妆品广告管理办法

（1993年7月13日国家工商行政管理局令第12号公布　2005年9月28日国家工商行政管理总局令第21号修订）

定期国际航空运输管理规定

（1993年7月29日民航总局令第36号）

跨越国家航道的桥梁通航净空尺度和技术要求的审批办法

（1994年9月10日交通部交基发〔1994〕906号发布　自1994年10月1日起施行）

环境保护档案管理办法

（1994年10月6日国家环保局、国家档案局第13号令公布　自公布之日起施行）

对外贸易经济合作部关于审批和管理外国企业在华常驻代表机构的实施细则

（1995年2月13日对外贸易经济合作部令第3号发布　自发布之日起施行）

关于发布《乡镇煤矿管理条例实施办法》的通知

（1995年3月29日煤炭工业部煤办字[1995]151号公布）

兽药广告审查办法

（1995年4月7日国家工商行政管理局、农业部令第29号公布　1998年12月22日国家工商行政管理局、农业部令第88号修订）

农药广告审查办法

（1995年4月7日国家工商行政管理局、农业部令第30号公布　1998年12月22日国家工商行政管理局、农业部令第88号修订）

母乳代用品销售管理办法

（1995年6月13日卫生部、国内贸易部、广播电影电视部、新闻出版署、国家工商行政管理局、中国轻工总会发布）

母婴保健监督员管理办法

（1995年8月7日卫生部卫妇发〔1995〕第7号）

母婴保健医学技术鉴定管理办法

（1995年8月7日卫生部卫妇发〔1995〕第7号）

酒类广告管理办法

（1995年11月17日国家工商行政管理局令第39号公布 2005年9月28日国家工商行政管理总局令第21号修订）

烟草广告管理暂行办法

（1995年12月20日国家工商行政管理局令第46号公布 自公布之日起施行）

粮食政策性财务挂帐利息补贴专户管理办法

（1996年6月25日财商字(1996)140号公布 自1996年1月1日起执行）

关于废物进口环境保护管理暂行规定的补充规定

（1996年7月26日国家环保局、外经贸部、海关总署、国家工商局、国家商检局环控〔1996〕829号公布 自1996年8月1日起施行）

关于台湾海峡两岸间货物运输代理业管理办法

（1996年8月21日对外贸易经济合作部〔1996〕外经贸运发第461号公布）

企业职工培训规定

（1996年10月30日劳动部、国家经贸委劳部发［1996］370号印发 自颁布之日起实行）

国外著作权认证机构在中国设立常驻代表机构管理办法

（1996年12月30日国权联〔1996〕35号公布）

关于发布《并网核电厂电力生产安全管理规定》的通知

（1997年4月28日电力工业部电安生［1997］239号公布）

中华人民共和国交通部港口收费规则(外贸部分)

（1997年4月29日交通部令1997年第3号公布 自1997年6月20日起施行）

中华人民共和国交通部港口收费规则(外贸部分)

（2011年12月24日交通部令2001年第11号修改 自2002年1月1日起实行）

中央水利建设基金财务管理暂行办法

（1997年7月28日财政部财农字(1997)158号颁布 自1997年1月1日起执行）

中华人民共和国进出口企业代码管理办法实施细则

（1997年8月25日对外贸易经济合作部外经贸办发字［498］号发布 自发布之日起实施）

中华人民共和国进出口企业代码管理办法外商投资企业实施细则

（1997年8月25日对外贸易经济合作部外经贸办发字［498］号发布 自发布之日起实施）

合同争议行政调解办法

(1997年11月3日国家工商行政管理局令第79号公布)

国家计委、铁道部关于印发铁路货物运输延伸服务收费管理办法和收费项目及清理整顿铁路货物运输延伸服务收费的通知

(1997年11月17日国家计委、铁道部计价管[1997]第2272号)

公务员申诉案件办案规则

(1998年8月20日人事部人发〔1998〕76号印发 自发布之日起施行)

公路工程质量管理办法

(1999年2月24日交通部交公路发〔1999〕90号发布)

卫生部健康相关产品检验机构认定与管理办法

(1999年3月15日卫生部发布)

中国民用航空空中交通管理规则

(1999年7月5日中国民用航空总局令第86号)

关于发布《农产品成本调查管理办法》的通知

(1999年7月5日国家计委计价格[1999]797号公布)

医师执业注册暂行办法

(1999年7月16日卫生部令第5号颁布 自颁布之日起施行)

中小学接受外国学生管理暂行办法

(1999年7月21日教育部令第4号发布)

农药管理条例实施办法

(1999年7月23日农业部令第20号公布 2002年7月27日农业部令第18号第一次修订 2004年7月1日农业部令第38号第二次修订 2007年12月8日农业部令第9号第三次修订)

特大防汛抗旱补助费使用管理办法

(1999年8月11日财政部、水利部财农字〔1999〕238号公布)

部门统计调查项目管理暂行办法

(1999年10月27日国家统计局令第4号公布 自公布之日起施行)

进口废物原料装运前检验机构认可管理办法(试行)

(1999年11月22日国家出入境检验检疫局令第2号)

《中华人民共和国海关稽查条例》实施办法

(2000年1月11日海关总署令第79号公布)

高等学校接受外国留学生管理规定

(2000年1月31日教育部、外交部、公安部令第9号发布 自发布之日起施行)

印发《拒绝提供价格监督检查所需资料或者提供虚假资料行为的处罚办法》的通知

(2000年3月7日国家计委计价检[2000]226号)

水运工程质量监督规定

(2000年6月7日交通部令2000年第3号发布)

招标公告发布暂行办法

（2000 年 7 月 1 日国家发展计划委员会令第 4 号公布　自 2000 年 7 月 1 日起施行）

建筑工程设计招标投标管理办法

（2000 年 10 月 18 日建设部令第 82 号发布　自发布之日起施行）

中国民用航空空中交通管理规则

（2001 年 3 月 19 日中国民用航空总局令第 99 号）

钨品、锑品出口供货企业资格认证暂行办法

（2001 年 4 月 28 日国家经济贸易委员会、对外贸易经济合作部令第 21 号公布　自 2001 年 5 月 1 日起施行）

证券交易所管理办法

（2001 年 12 月 12 日中国证券监督管理委员会令第 4 号公布　自公布之日起施行）

国家质量监督检验检疫总局规章制定程序规定

（2001 年 12 月 29 日国家质量监督检验检疫总局令第 15 号公布）

赴国外租买频道和设台管理暂行规定

（2002 年 2 月 10 日国家广播电影电视总局令第 12 号公布　自 2002 年 3 月 10 日起施行）

互联网出版管理暂行规定

（2002 年 6 月 27 日中国新闻出版总署、中国信息产业部令第 17 号公布　自 2002 年 8 月 1 日起施行）

农药限制使用管理规定

（2002 年 6 月 28 日农业部令第 17 号公布）

危险化学品经营许可证管理办法

（2002 年 10 月 8 日国家经济贸易委员会令第 36 号公布）

信息产业部行政复议实施办法

（2002 年 10 月 22 日信息产业部令第 25 号公布　自 2002 年 12 月 1 日起施行）

排污费征收标准管理办法

（2003 年 2 月 28 日国家发展计划委员会、财政部、国家环境保护总局、国家经济贸易委员会令第 31 号公布）

交通建设项目环境保护管理办法

（2003 年 5 月 13 日交通部令 2003 年第 5 号公布　自 2003 年 6 月 1 日起施行）

药物非临床研究质量管理规范

（2003 年 8 月 6 日国家食品药品监督管理局令第 2 号发布　自 2003 年 9 月 1 日起施行）

关于设立外商投资出口采购中心管理办法

（2003 年 11 月 17 日商务部、海关总署、国家税务总局、国家外汇管理局令 2003 年第 3 号发布　自发布之日起 30 日后施行）

企业年金试行办法

（2004 年 1 月 6 日劳动和社会保障部令第 20 号公布　自 2004 年 5 月 1 日起施行）

煤矿企业安全生产许可证实施办法
（2004年5月17日国家安全生产监督管理局、国家煤矿安全监察局令第8号公布　自公布之日起施行）
煤矿企业安全生产许可证实施办法
（2004年5月17日国家安全监管局、国家煤监安监局令第8号公布　根据2015年6月8日国家安全监管总局令第81号修正）
生物制品批签发管理办法
（2004年7月13日国家食品药品监督管理局令第11号公布）
政府采购供应商投诉处理办法
（2004年8月11日财政部令第20号公布）
政府采购货物和服务招标投标管理办法
（2004年8月11日财政部令第18号公布　自2004年9月11日起施行）
汽车贷款管理办法
（2004年8月16日中国人民银行、中国银行业监督管理委员会令〔2004〕第2号公布　2004年10月1日起施行）
中央储备粮代储资格认定办法
（2004年10月8日国家发展和改革委员会、财政部令第20号发布　自2004年12月1日起施行）
农药生产管理办法
（2004年10月11日国家发展改革委第23号令）
民用机场建设管理规定
（2004年10月12日中国民用航空总局令第129号公布　自2004年12月1日起施行）
中国互联网络域名管理办法
（2004年11月5日信息产业部令第30号公布　自2004年12月20日起施行）
民用航空器驾驶员学校合格审定规则
（2004年12月16日中国民用航空总局令第135号公布　自2005年1月15日起施行）
中国民用航空总局关于修订《民用航空器驾驶员、飞行教员和地面教员合格审定规则》的决定
（2004年12月16日中国民航总局令第137号公布　自2005年1月15日起施行）
会计师事务所审批和监督暂行办法
（2005年1月18日财政部令第24号公布　自2005年3月1日起施行）
会计从业资格管理办法
（2005年1月22日财政部令第26号公布）
农作物种子检验员考核管理办法
（2005年2月6日农业部令第49号公布　2013年12月31日农业部令2013年第5号修订）
汽车品牌销售管理实施办法
（2005年2月21日商务部、发展改革委、工商总局令2005年第10号公布　自2005年4月1日起施行）

工程咨询单位资格认定办法
（2005年3月4日国家发展和改革委员会令第29号发布 自发布之日起施行）
城市公共汽电车客运管理办法
（2005年3月23日建设部令第138号发布 自2005年6月1日起施行）
普通高等学校学生管理规定
（2005年3月25日教育部令第21号发布 自2005年9月1日起施行）
公路工程质量监督规定
（2005年5月8日交通部令2005年第4号发布）
中外合作经营企业外国合作者先行回收投资审批办法
（2005年6月9日财政部令第28号 自2005年9月1日起施行）
国家农业综合开发资金和项目管理办法
（2005年8月22日财政部令第29号公布 自2005年10月1日起施行）
国家体育总局规章制定程序规定
（2005年9月20日国家体育总局令第7号公布）
互联网新闻信息服务管理规定
（2005年9月25日国务院新闻办公室、原信息产业部令第37号公布 自公布之日起施行）
气象行业管理若干规定
（2005年12月6日中国气象局令第12号公布 国法备字[2017000294]）
上市公司股权激励管理办法（试行）
（2005年12月31日中国证券监督管理委员会证监公司字[2005]151号公布 自2006年1月1日起施行）
政府制定价格成本监审办法
（2006年1月17日国家发展和改革委员会令第42号公布）
电力监管机构行政处罚程序规定
（2006年1月24日国家电力监管委员会令第16号公布）
关于修改《社会力量设立科学技术奖管理办法》的决定
（2006年2月5日科学技术部令第10号公布）
社会力量设立科学技术奖管理办法
（1999年12月26日科学技术部令第3号公布 根据2006年2月5日科学技术部《关于修改〈社会力量设立科学技术奖管理办法〉的决定》修订）
政府制定价格行为规则
（2006年3月17日国家发展和改革委员会令第44号公布）
中央企业投资监督管理暂行办法
（2006年6月28日国务院国有资产监督管理委员会令第16号公布 自2006年7月1日起施行）
统计执法检查规定
（2006年7月17日国家统计局令第9号公布）
普通高等学校辅导员队伍建设规定
（2006年7月23日教育部令第24号公布）

卫生系统内部审计工作规定
（2006年8月16日卫生部令第51号公布）
棉花加工资格认定和市场管理暂行办法
（2006年10月10日国家发展和改革委员会、国家工商行政管理总局、国家质量监督检验检疫总局令第49号公布　自公布之日起施行）
无线电设备发射特性核准检测机构认定办法
（2006年10月16日信息产业部令第41号公布）
金融机构大额交易和可疑交易报告管理办法
（2006年11月14日中国人民银行令第2号公布）
气象行政许可实施办法
（2006年11月24日中国气象局令第15号公布）
国土资源管理规范性文件合法性审查办法
（2006年11月27日国土资源部令第36号公布）
无规定动物疫病区评估管理办法
（2007年1月23日农业部令第1号公布　自2007年3月1日起施行）
公路水运工程安全生产监督管理办法
（2007年2月14日交通部令2007年第1号公布）
民用航空产品和零部件合格审定规定
（2007年3月15日中国民用航空总局令第183号公布　自2007年4月15日起施行）
关于环境保护主管部门移送涉嫌环境犯罪案件的若干规定
（2007年5月17日国家环境保护总局、公安部、最高人民检察院环发〔2007〕78号公布）
中华人民共和国船舶签证管理规则
（2007年5月31日交通部令第7号公布　自2007年10月1日起施行）
金融机构报告涉嫌恐怖融资的可疑交易管理办法
（2007年6月11日中国人民银行令第1号公布）
边境地区地面无线电业务国际频率协调暂行规定
（2007年7月19日信息产业部信部无〔2007〕336号发布）
统计调查证管理办法
（2007年8月27日国家统计局令第11号公布）
中国民用航空总局关于修订《中国民用航空空中交通管理规则》的决定（未收）
（2007年11月4日中国民用航空总局令第190号公布）
中国民用航空空中交通管理规则
（1999年7月5日中国民用航空总局令第86号公布　根据2001年3月19日《中国民用航空总局关于修订〈中国民用航空空中交通管理规则〉的决定》第一次修订　根据2007年11月4日《中国民用航空总局关于修订〈中国民用航空空中交通管理规则〉的决定》第二次修订）

关于修订《农药管理条例实施办法》的决定
(2007 年 12 月 8 日农业部令第 9 号公布)
农药登记资料规定(未收)
(2007 年 12 月 8 日农业部令第 10 号公布)
道路交通事故处理程序规定
(2008 年 8 月 17 日公安部令第 104 号公布 自 2009 年 1 月 1 日起施行)
中国气象局关于修改《气象行政许可实施办法》的决定
(2008 年 10 月 9 日中国气象局令第 17 号公布 气象行政许可实施办法 2006 年 11 月 24 日中国气象局令第 15 号公布 根据 2008 年 10 月 9 日《中国气象局关于修改〈气象行政许可实施办法〉的决定》修正)
劳动人事争议仲裁办案规则
(2009 年 1 月 1 日人力资源和社会保障部令第 2 号公布)
土地利用总体规划编制审查办法
(2009 年 2 月 4 日国土资源部令第 43 号公布)
电信业务经营许可管理办法
(2009 年 3 月 5 日工业和信息化部令第 5 号公布)
新能源汽车生产企业及产品准入管理规则
(2009 年 6 月 17 日工业和信息化部工产业[2009]第 44 号公布 自 2009 年 7 月 1 日起施行)
报刊记者站管理办法
(2009 年 8 月 6 日新闻出版总署令第 43 号公布)
进口可用作原料的固体废物检验检疫监督管理办法
(2009 年 8 月 21 日国家质检总局令第 119 号公布)
农业生产资料市场监督管理办法
(2009 年 9 月 14 日国家工商行政管理总局令第 45 号公布)
对外承包工程资格管理办法
(2009 年 9 月 28 日商务部、住房和城乡建设部令第 9 号公布)
中华人民共和国船舶安全检查规则
(2009 年 11 月 30 日交通运输部令第 15 号公布 自 2010 年 3 月 1 日起施行)
劳动人事争议仲裁组织规则
(2010 年 1 月 20 日人力资源和社会保障部令第 5 号公布)
税收规范性文件制定管理办法
(2010 年 2 月 10 日国家税务总局令第 20 号公布)
中国保险监督管理委员会行政处罚程序规定
(2010 年 4 月 27 日中国保险监督管理委员会令 2010 年第 5 号公布)
中华人民共和国海关最不发达国家特别优惠关税待遇进口货物原产地管理办法
(2010 年 6 月 28 日海关总署令第 192 号公布)

国家农业综合开发资金和项目管理办法
(2005 年 8 月 22 日财政部令第 29 号公布　2010 年 9 月 4 日财政部令第 60 号修订　自 2005 年 10 月 1 日起施行)

固定资产投资项目节能评估和审查暂行办法
(2010 年 9 月 17 日国家发展和改革委员会令第 6 号公布)

专业技术人员资格考试违纪违规行为处理规定
(2011 年 3 月 15 日人力资源和社会保障部令第 12 号公布)

医疗器械召回管理办法(试行)
(2011 年 5 月 20 日卫生部令第 82 号公布)

认证机构管理办法
(2011 年 7 月 20 日国家质量监督检验检疫总局令第 141 号公布)

出口食品生产企业备案管理规定
(2011 年 7 月 26 日国家质量监督检验检疫总局令第 142 号公布)

防雷工程专业资质管理办法
(2011 年 7 月 29 日中国气象局令第 22 号公布)

资产评估机构审批和监督管理办法
(2011 年 8 月 11 日财政部令第 64 号公布)

电力争议纠纷调解规定
(2011 年 9 月 30 日国家电力监管委员会令第 30 号公布)

中央企业境外投资监督管理暂行办法
(2012 年 3 月 18 日国务院国有资产监督管理委员会令第 28 号公布)

建设项目职业卫生“三同时”监督管理暂行办法
(2012 年 4 月 27 日国家安全生产监督管理总局令第 51 号公布)

发明专利申请优先审查管理办法
(2012 年 6 月 19 日国家知识产权局令第 65 号公布)

国土资源行政复议决定履行与监督规定
(2012 年 9 月 6 日国土资源部令第 54 号公布)

会计从业资格管理办法
(2012 年 12 月 10 日财政部令第 73 号公布)

港口危险货物安全管理规定
(2012 年 12 月 11 日交通运输部令第 9 号公布)

中央企业负责人经营业绩考核暂行办法
(2003 年 11 月 25 日国务院国有资产监督管理委员会令第 2 号公布　2006 年 12 月 30 日国务院国有资产监督管理委员会令第 17 号第一次修订　2009 年 12 月 28 日国务院国有资产监督管理委员会令第 22 号第二次修订　2012 年 12 月 29 日国务院国有资产监督管理委员会令第 30 号第三次修订)

拍卖监督管理办法

（2013年1月5日国家工商行政管理总局令第59号公布）

国家林业局委托实施野生动植物行政许可事项管理办法

（2013年1月22日国家林业局令第30号公布）

煤矿矿长保护矿工生命安全七条规定

（2013年1月24日国家安全生产监督管理总局令第58号公布　自公布之日起施行）

关于修改《集邮市场管理办法》的决定

（2013年4月12日交通运输部令2013年第7号公布）

集邮市场管理办法

（2011年5月6日交通运输部令2011年第6号公布　根据2013年4月12日交通运输部《关于修改〈集邮市场管理办法〉的决定》修正）

中西部地区外商投资优势产业目录（2013年修订）

（2013年5月9日国家发展和改革委员会、商务部令第1号公布）

中国气象局关于修改《防雷工程专业资质管理办法》的决定

（2013年5月31日中国气象局令第25号公布）

防雷工程专业资质管理办法

（2011年7月29日中国气象局令第22号公布　根据2013年5月31日《中国气象局关于修改〈防雷工程专业资质管理办法〉的决定》修订）

中央预算内投资补助和贴息项目管理办法

（2013年6月15日国家发展和改革委员会令第3号公布）

海关总署关于修改《中华人民共和国海关最不发达国家特别优惠关税待遇进口货物原产地管理办法》的决定

（2013年7月1日海关总署令第210号公布）

中华人民共和国海关最不发达国家特别优惠关税待遇进口货物原产地管理办法

（2010年6月28日海关总署令第192号公布　根据2013年7月1日《海关总署关于修改〈中华人民共和国海关最不发达国家特别优惠关税待遇进口货物原产地管理办法〉的决定》修正）

烟花爆竹企业保障生产安全十条规定

（2013年7月17日国家安全生产监督管理总局令第61号公布　自公布之日起施行）

化工（危险化学品）企业保障生产安全十条规定

（2013年9月18日国家安全生产监督管理总局令第64号公布　自公布之日起施行）

境外投资项目核准和备案管理办法

（2014年4月8日国家发展和改革委员会令第9号公布）

政府核准投资项目管理办法

（2014年5月14日国家发展和改革委员会令第11号公布）

非煤矿山企业安全生产十条规定
(2014年6月20日国家安全生产监督管理总局令第67号公布　自公布之日起施行)
严防企业粉尘爆炸五条规定
(2014年8月15日国家安全生产监督管理总局令第68号公布　自公布之日起施行)
有限空间安全作业五条规定
(2014年9月29日国家安全生产监督管理总局令第69号公布　自公布之日起施行)
企业安全生产风险公告六条规定
(2014年12月10日国家安全生产监督管理总局令第70号公布　自公布之日起施行)
安全评价与检测检验机构规范从业五条规定
(2015年2月2日国家安全生产监督管理总局令第71号公布　自公布之日起施行)
劳动密集型加工企业安全生产八条规定
(2015年2月15日国家安全生产监督管理总局令第72号公布　自公布之日起施行)
企业安全生产应急管理九条规定
(2015年2月28日国家安全生产监督管理总局令第74号公布　自公布之日起施行)
外商投资产业指导目录(2015年修订)
(2015年3月10日国家发展和改革委员会、商务部令第22号公布　自2015年4月10日起施行)
用人单位职业病危害防治八条规定
(2015年3月24日国家安全生产监督管理总局令第76号公布　自公布之日起施行)
建设项目环境影响评价分类管理名录
(2015年4月9日环境保护部令第33号公布　自2015年6月1日起施行)
中国保险监督管理委员会关于修改《中国保险监督管理委员会行政处罚程序规定》的决定
(2015年4月21日中国保险监督管理委员会令2015年第2号公布　自公布之日起施行)
中国保险监督管理委员会行政处罚程序规定
(2010年4月27日中国保险监督管理委员会令2010年第5号公布　根据2015年4月21日《中国保险监督管理委员会关于修改〈中国保险监督管理委员会行政处罚程序规定〉的决定》修订)
国家质量监督检验检疫总局关于修改《认证机构管理办法》的决定
(2015年5月11日国家质量监督检验检疫总局令第164号公布　自2015年8月1日起施行)
认证机构管理办法
(2011年7月20日国家质量监督检验检疫总局令第141号公布　根据2015年5月11日《国家质量监督检验检疫总局关于修改〈认证机构管理办法〉的决定》修订)

强化煤矿瓦斯防治十条规定

（2015年7月9日国家安全生产监督管理总局令第82号公布　自公布之日起施行）

油气罐区防火防爆十条规定

（2015年8月4日国家安全生产监督管理总局令第84号公布　自公布之日起施行）

公共航空旅客运输飞行中安全保卫规则

（2016年3月4日交通运输部令2016年第5号公布　自2016年4月4日起施行）

交通运输部关于修改《公路水运工程安全生产监督管理办法》的决定

（2016年3月7日交通运输部令2016年第9号公布　自2016年3月7日起施行）

公路水运工程安全生产监督管理办法

（2007年2月14日交通部令2007年第1号发布　根据2016年3月7日《交通运输部关于修改〈公路水运工程安全生产监督管理办法〉的决定》修正）

财政部关于修改《会计从业资格管理办法》的决定

（2016年5月11日财政部令第82号公布　自2016年7月1日起施行）

图书在版编目(CIP)数据

中华人民共和国新法规汇编. 2018年. 第1辑:总第251辑/国务院法制办公室编. —北京:中国法制出版社,2018.2

ISBN 978-7-5093-9248-5

Ⅰ. ①中… Ⅱ. ①国… Ⅲ. ①法规-汇编-中国-2018 Ⅳ. ①D920.9

中国版本图书馆CIP数据核字(2018)第028891号

中华人民共和国新法规汇编

ZHONGHUA RENMIN GONGHEGUO XIN FAGUI HUIBIAN

(2018年第1辑)

编者/国务院法制办公室

经销/新华书店

印刷/三河市紫恒印装有限公司

开本/850毫米×1168毫米 32开　　印张/13.5　字数/369千

版次/2018年2月第1版　　2018年2月第1次印刷

中国法制出版社出版

书号 ISBN 978-7-5093-9248-5　　定价:18.00元

北京西单横二条2号

邮政编码 100031　　传真:66031119

网址:http://www.zgfzs.com　　**编辑部电话:66066621**

市场营销部电话:66033393　　**邮购部电话:66033288**

(如有印装质量问题,请与本社编务印务管理部联系调换。电话:010-66032926)